Die leistungsstörungsrechtlichen Grundstrukturen des deutschen, französischen und englischen Unternehmenskaufrechts im Vergleich

Saarbrücker Studien
zum Privat- und Wirtschaftsrecht

Herausgegeben von Johann Paul Bauer,
Michael Martinek (geschäftsführender Herausgeber)
und Helmut Rüßmann

Band 75

PETER LANG
Frankfurt am Main · Berlin · Bern · Bruxelles · New York · Oxford · Wien

Susanne Niesse

Die leistungsstörungs-rechtlichen Grundstrukturen des deutschen, französischen und englischen Unternehmenskaufrechts im Vergleich

PETER LANG
Internationaler Verlag der Wissenschaften

Bibliografische Information der Deutschen Nationalbibliothek
Die Deutsche Nationalbibliothek verzeichnet diese Publikation in der Deutschen Nationalbibliografie; detaillierte bibliografische Daten sind im Internet über http://dnb.d-nb.de abrufbar.

Zugl.: Saarbrücken, Univ., Diss., 2011

Gedruckt auf alterungsbeständigem,
säurefreiem Papier.

D 291
ISSN 1433-8866
ISBN 978-3-631-62262-9

www.peterlang.de

Danksagung

Die vorliegende Arbeit hat der Rechts- und Wirtschaftswissenschaftlichen Fakultät der Universität des Saarlandes im Wintersemester 2010/11 als Dissertation vorgelegen. Besonderen Dank schulde ich meinem Doktorvater Herrn Prof. Dr. Dr. Dr. h.c. mult. Michael Martinek für sein stetes Engagement, seine jederzeitige Ansprechbarkeit und die effiziente Betreuung dieser Arbeit ebenso wie Herrn Prof. Dr. Johann Paul Bauer für die zügige Erstellung des Zweitgutachtens. Großen Dank schulde ich auch meinem Mann Michael, dessen Verständnis und liebevolle Unterstützung mich durch dieses Projekt begleitet hat und meinen Eltern und Großeltern für die stete Förderung meiner Ausbildung.

Susanne Niesse

Frankfurt am Main, im März 2012

Inhaltsverzeichnis

Abkürzungsverzeichnis

a.A.	anderer Ansicht
aaO	am angegebenen Ort
Abs.	Absatz
AC	Appeal Cases
AcP	Archiv für die civilistische Praxis
a.E.	am Ende
a.F.	alte Fassung
AG	Aktiengesellschaft
A-G	Attorney General
AJDI	Actualité juridique Droit immobilier
AktG	Aktiengesetz
ALJR	Australian Law Journal Reports
All ER	All England Law Reports
All ER (D)	All England Direct
Anh.	Anhang
Anm.	Anmerkung
Ann.propr.ind	Annales de la propriété industrielle
App Cas	Appeal Cases
Art.	Artikel bzw. article
AT	Allgemeiner Teil
Aufl.	Auflage
B & Ad	Barnwell & Adolphus‘ Reports
BB	Der Betriebs-Berater
BCC	British Company Law Cases
Begr.	Begründer
BetrVG	Betriebsverfassungsgesetz
BGB	Bürgerliches Gesetzbuch
BGH	Bundesgerichtshof
BGHZ	Entscheidungen des Bundesgerichtshofs in Zivilsachen
Bing	Bingham's Common Pleas Reports
Bros	Brothers
BT	Bundestag
Bull.civ.	Bulletin des arrêts de la Cour de la Cassation (chambres civiles)
Bull.Joly	Bulletin Joly Sociétés
bzgl	Bezüglich
bzw.	Beziehungsweise
CA	Cour d'appel bzw. Court of Appeal
C.ass.	Code des assurances
Cass.ass.plén.	Cour de Cassation assemblée plénière

Cass.civ.	Cour de Cassation chamre civile
Cass.com.	Cour de Cassation chambre commerciale
Cass.req	Cour de Cassation chambre des requêtes
Cass.soc.	Cour de Cassation chambre sociale
CBNS	Common Bench Reports by Manning, Granger & Scott, New Series
CC	County Council
C.civ.	Code civil
C.com.	Code de commerce
C.consom.	Code de la consommation
chr	Chronique (recueil Dalloz)
Ch	Law Reports, Chancery (Division)
Cie	Compagnie
Civ	Civil
Cl & F	Clark & Finnelly's House of Lords Cases
CLC	Commercial Law Cases
CLJ	Cambridge Law Journal
CLR	Commonwealh Law Reports (Australia)
Co	Company
Comm	Commercial
Con LR	Construction Law Reports
Corpn	Corporation
C.trav.	Code du travail
D.	recueil Dalloz
DB	Der Betrieb
DE GJ & Sm	De Gex, Jones and Smith's Chancery Reports (1862-1866)
ders.	Derselbe
DH	Recueil hebdomadaire Dalloz
DLR	Dominion Law Reports (Canada)
DNotZ	Deutsche Notar-Zeitschrift
DP	Dalloz périodique
Drucks	Drucksache
DStR	Deutsches Steuerrecht
EBV	Eigentümer-Besitzer-Verhältnis
Edin LR	Edinburgh Law Review
EG	Estates Gazette bzw. Europäische Gemeinschaft
EGLR	Estates Gazette Law Reports
Einl	Einleitung
EIRL	Entrepreneur individuel à responsabilité limitée
EMLR	Entertainment and Media Law Reports
Eq	Exchequer
EURL	Entreprise unipersonelle à resonsabilité limitée

EWCA	England and Wales Court of Appeal
EWHC	England and Wales High Court
Exch	Law Reports, Exchequer
f	Folgende
FB	Finanzbetrieb
ff	Fortfolgende
Fn.	Fußnote
FS	Festschrift
Gaz.Pal.	Gazette du Palais
GmbH	Gesellschaft mit beschränkter Haftung
GmbHG	Gesetz über die Gesellschaft mit beschränkter Haftung
GmbHR	GmbH-Rundschau
Großkomm.	Großkommentar
GWB	Gesetz gegen Wettbewerbsbeschränkungen
HGB	Handelsgesetzbuch
h.M.	herrschende Meinung
Hrsg	Herausgeber
ICCLR	International Company and Commercial Law Review
ICR	Industrial Cases Reports
iE	im Ergebnis
Inc	Incorporated
Int TLR	International Trade Law and Regulation
IR	Irish Law Reports (Eire) bzw. Informations rapides (recueil Dalloz)
iSd	in Sinne des/der
iSv	im Sinne von
iVm	in Verbindung mit
J	Justice
JBL	Journal of Business Law
JCP G	Jurisclasseur périodique/ Semaine juridique Édition générale
JCP E	Jurisclasseur périodique/Semaine juridique Édition Entreprise et affaires
JCP N	Jurisclasseur périodique/Semaine juridique Édition notariale et immobilière
jur	Jurisprudence (recueil Dalloz)
JuS	Juristische Schulung
JZ	Juristenzeitung
Kap.	Kapitel
KB	Law Reports, King's Bench
KG	Kammergericht
KWG	Kreditwesengesetz
L	Loi

LGLR	Local Government Law Reports
LJ	Lord Justice
LJQB	Law Journal Queen's Bench
lit.	Litera
Ll Rep	Lloyd's List Law Reports (vor 1951)
Lloyd's Rep	Lloyd's List Law Reports (nach 1951)
Lloyd's Rep IR	Lloyd's Law Reports Insurance and Reinsurance
LMCLQ	Lloyds Maritime and Commercial Law Quarterly
LQR	Law Quarterly Review
LR	Law Reports
LRLR	Lloyd's Reinsurance Law Reports
LS	Legal Studies
LS Gaz	Law Society Guardian Gazette
LT	Law Times
Ltd	Limited
M & A	Mergers and Acquisitions
MDR	Monatsschrift für deutsches Recht
MLR	Modern Law Review
MünchKomm	Münchener Kommentar
mwN	mit weiteren Nachweisen
n°	Numéro
n.F.	neue Fassung
NJW	Neue Juristische Wochenschrift
NJW-RR	NJW-Rechtsprechungs-Report Zivilrecht
Nr.	Nummer
no.	Number
NSWCA	New South Wales Court of Appeal
NZLR	New Zealand Law Reports
OLG	Oberlandesgericht
OLGR	OLG-Report
p	Pence
para	Paragraph
paras	Paragraphs
P & CR	Property and Compensation Reports
PK-BGB	PraxisKommentar zum Bürgerlichen Gesetzbuch
plc	public limited company
Pty	Proprietary limited company
QB	Law Reports, Queen's Bench
QBD	Law Reports, Queen's Bench Division
R	Regina
RabelsZ	Rabels Zeitschrift für ausländisches und internationales Privatrecht

Re (in re)	in Sachen
Rev.sociétés	Revue des sociétés
RG	Reichsgericht
RGZ	Entscheidungen des Reichsgerichts in Zivilsachen
RIW	Recht der internationalen Wirtschaft
RJDA	Revue de jurisprudence de droit des affaires
Rly	Railway
Rn.	Randnummer
Rspr	Rechtsprechung
RTD civ.	Revue trimestrielle du droit civil
RTD com.	Revue trimestrielle du droit commercial
s	section
S.	Seite bzw. Satz
SA	Société anonyme
SARL	Société à resonsabilité limitée
Sasu	Société par actions simplifiée unipersonelle
Sc & Div	Scotch and Divorce Appeals, English Law Reports
SC	Session Cases (Scotland)
SKK	Systematischer Kommentar zum Kaufrecht
Slg	Sammlung der Rechtsprechung
SLT	Scots Law Times
SMG	Schuldrechtsmodernsierungsgesetz
sog.	Sogenannt
SOGA	Sale of Goods Act
somm	sommaires de jurisprudence (recueil Dalloz)
SpA	Società per Azioni
ss	Sections
TCC	Technology and Construction Court
TLR	Times Law Reports
UCTA	Unfair Contract Terms Act
UK	United Kingdom
UKHL	United Kingdom House of Lords
US	United States of America
v	versus bzw. vor
Var.	Variante
vgl.	Vergleiche
Vol	Volume
VR	Victorian Reports
WiB	Wirtschaftsrechtliche Beratung
WLR	Weekly Law Reports
WM	Zeitschrift für Wirtschafts- und Bankrecht
ZEuP	Zeitschrift für europäisches Privatrecht

ZGR	Zeitschrift für Unternehmens- und Gesellschaftsrecht
ZHR	Zeitschrift für das gesamte Handelsrecht und Wirtschaftsrecht
ZIP	Zeitschrift für Wirtschaftsrecht
ZVglRWiss	Zeitschrift für vergleichende Rechtswissenschaft

Kapitel 1 Einleitung

Der Kauf und Verkauf von Unternehmen und die damit verbundene, insbesondere gewährleistungsrechtliche Haftung des Unternehmensverkäufers ist ein Thema, das sich im wissenschaftlichen Schrifttum im Allgemeinen und als Thema einer Dissertation im Besonderen hierzulande in den letzten Jahren großer Beliebtheit erfreut hat. Dies gilt besonders im Hinblick auf die mit dem SMG erfolgten Neuerungen, die das deutsche Schuldrecht nach dem Willen des Gesetzgebers gerade auch im Bereich des Unternehmenskaufs für die Bedürfnisse der Praxis handhabbarer und zweckmäßiger werden lassen sollten. Angesichts dieser vielfältigen, teilweise herausragenden Bemühungen um mögliche Lösungsansätze der mit dem Unternehmenskauf im deutschen Recht verbundenen Probleme soll der Thematik mit dieser Arbeit nicht noch ein weiterer Versuch in dieser Richtung hinzugefügt werden. Vielmehr soll zunächst anhand typischer beim Unternehmenskauf auftretender faktischer Problemlagen deren rechtliche Behandlung in den einzelnen behandelten Rechtsordnungen aufgezeigt werden, deren Kenntnis unabdingbare Voraussetzung für das Erkennen von Gemeinsamkeiten und Unterschieden ist. In einem weiteren Schritt einer eigentlich vergleichenden Betrachtung soll insbesondere auf die Tauglichkeit des deutschen Rechts in der Form, die es durch das SMG gefunden hat, in den Blick genommen werden.[1]

Tatsächlich führt bereits die Komplexität des Vertragsgegenstandes dazu, dass die Einstandspflichten des Unternehmensverkäufers in der Praxis in umfangreichen Vertragswerken auf privatautonomer Grundlage festgelegt werden, welche ursprünglich aus dem anglo-amerikanischen Rechtskreis stammen, mittlerweile aber auch in den kontinental-europäischen Rechtsordnungen der Rechtspraxis entsprechen.[2] Zum Vergleich wird nur dasjenige Normenmaterial herangezogen, welches die jeweilige Rechtsordnung den Vertragsparteien im Fall einer fehlenden oder lückenhaften Parteivereinbarung an dispositiven Regelungen anbietet. Demgegenüber sollen diejenigen Regelungsmechanismen, mit welchen die einzelnen Rechtsordnungen die Schwächen des eigenen Systems durch eine gegenläufige kautelarjuristische Praxis auszugleichen suchen, außer Betracht bleiben. Ferner unberücksichtigt bleiben all diejenigen Rechtsinstrumente, die nicht eigentlich Fehler bei der Durchführung des Unternehmenskaufvertrages betreffen, sondern sich wie insbesondere Willensmängel oder Täuschungshandlungen auf Defekte bei Zustandekommen des Vertrages beziehen. Dass die Beschränkung nicht gänzlich durchgehalten werden kann, wird sich

---

1 Zu dieser zweistufigen methodischen Herangehensweise der Rechtsvergleichung Zweigert/Kötz, Rechtsvergleichung, § 3 V.

2 Übersicht über typische Regelungen etwa bei Schrader/Seibt, in: Seibt (Hrsg), Formularbuch M & A, S. 117 ff für den Share Deal.

insbesondere bei Behandlung der Lehre von der *misrepresentation* im englischen Recht zeigen. Den Schwerpunkt der Arbeit werden demnach diejenigen Vorschriften bilden, welche die Einstandspflicht des Unternehmensverkäufers bei fehlender privatautonomer Regelung bestimmen. Das sind in den kontinental-europäischen Rechtsordnungen die Vorschriften des Gewährleistungsrechts, im englischen Recht aufgrund einer nicht vergleichbar umfassenden Regelung ferner diejenigen Regelungen, denen eine vergleichbare Funktion der Risikoallokation zukommt.

Der Prämisse der Rechtsvergleichung entsprechend, wonach für die gleiche faktische Problemlage im Ergebnis entsprechende Lösungen vermutet werden, erfolgt die Darstellung nach einer Einführung in die rechtlichen Grundlagen des Unternehmenskaufs anhand für den Unternehmenskauf typischer Problemlagen, nämlich anhand der Vergleichsgruppen der fehlerhaften Abschlussangaben und der Substratmängel. Erstere behandelt die Situation, dass bestimmte Tatsachenerklärungen des Unternehmensverkäufers zur Beschreibung des Unternehmens, insbesondere solche, die die Ertragsfähigkeit des Unternehmens beschreiben sollen, sich nach Übergang der unternehmerischen Leitungsmacht auf den Käufer als unzutreffend erweisen. Demgegenüber betrifft die weitere Fehlergruppe nicht Mängel des Unternehmens an sich, sondern die Relevanz und rechtliche Behandlung einzelner mangelhafter Vermögensgüter im Unternehmenssubstrat. Die Strukturen der englischen Rechtsordnung einerseits und der kontinental-europäischen Rechtsordnungen andererseits sind bereits im Ansatz so grundsätzlich verschieden, dass die Herstellung der Vergleichbarkeit große Schwierigkeiten bereitet, zumal sich im Lauf der Zeit auch innerhalb der germanischen und der romanischen Rechtsordnung auf dem Kontinent erhebliche Unterschiede herausgebildet haben.[3] Bereits eine adäquate Übersetzung der jeder Rechtsordnung eigenen Rechtssprache ist fast unmöglich, und um bei dem im deutschen Recht geschulten Leser nicht falsche Assoziationen zu wecken, wird der weitaus größte Teil der verwendeten Rechtsbegriffe ohne Übersetzung bleiben.

Grundlegende Kenntnisse des ausländischen Rechts ermöglichen dem praktisch tätigen Juristen gerade in einem Bereich, der durch Internationalität und durch die Übernahme mit bestimmten Regelungsmechanismen vielfach auch durch Institute des ausländischen, insbesondere des englischen Rechts, geprägt ist, das Verständnis für Sinn und Zweck bestimmter Regelungen ebenso wie die Erkenntnis, ob die Übernahme bestimmter Regelungen ohne Anpassung an die eigene Rechtsordnung in der gegebenen Situation überhaupt wünschenswert ist. Der deutsche Jurist kann dabei eine der eigenen Jurisdiktion vergleichbare wissenschaftliche Durchdringung der Thematik und eine entsprechende Aufbereitung des vorhandenen Materials in den Nachbarrechtsordnungen nicht erwarten. Während hierzulande zahlreiche Werke zu möglichen Haftungsrisiken des

---

3 Zu den Schwierigkeiten eines Vergleichs von Rechten unterschiedlicher Rechtsfamilien Legais, Grands systèmes de droit contemporains, n°427 ff.

Unternehmensverkäufers und entsprechenden Hinweisen zur Vertragsgestaltung zur Verfügung stehen, ist die Auswahl schon im französischen Recht äußerst dürftig und beschränkt sich im englischen Recht im Wesentlichen auf Anleitungen der praktischen Vornahme der einzelnen Stadien einer Transaktion, ohne dass Hinweise auf die ohne umfangreiche eigene Vertragsgestaltung geltende Rechtslage erfolgen. Auch in diesen Rechtsordnungen befindet sich die Rechtsentwicklung im stetigen Fluss, aktuelle deutschsprachige Literatur ist gerade zur Rechtslage in Frankreich nur in sehr beschränktem Umfang vorhanden. Während in den kontinental-europäischen Rechtsordnungen im Bereich der Konfliktlösung die Durchführung von Schiedsverfahren vor der Anrufung der staatlichen Gerichten dominiert, neuere speziell den Unternehmenskauf betreffende Rechtsprechung daher überschaubar ist, gilt dies für das englische Recht wieder nicht, da sich dort das weit verzweigte Fallrecht, das in der Sache nach auch auf den Unternehmenskauf Anwendung findet, stetig weiterentwickelt und die Rechtslage auch in diesem Bereich stetig beeinflusst.

Der Blick in die Nachbarrechtsordnungen erscheint vor allem auch deshalb lohnend, weil viele Zweifelsfragen, die Literatur und Rechtsprechung in Deutschland schon vor Inkrafttreten des SMG beschäftigt haben, bis heute nicht abschließend beantwortet sind bzw. sich heute in leicht verändertem Gewand immer noch stellen.[4] Die Art und Weise, wie diese in den Nachbarrechtsordnungen in vergleichbarer Weise zu Tage tretenden Probleme und Unschärfen behandelt werden, ermöglicht Rückschlüsse auf die Tauglichkeit des deutschen Rechts in seiner jetzigen Gestalt, kann gegebenenfalls Auslegungsleitlinien zu bestehenden Zweifelsfragen anbieten. Auch unerwünschte Entwicklungen in der eigenen Rechtsordnung können aufgedeckt werden, Ziel auslandsrechtlicher Studien kann die Vermeidung fehlerhafter Entwicklungen in der eigenen Rechtsordnung ebenso sein wie positive Entwicklungen. Dies gilt insbesondere vor dem Hintergrund, dass das französische Recht in Form des Rechtsinstituts des *fonds de commerce* im Bereich des *Asset Deals* zumindest eine fragmentarische spezialgesetzliche Regelung erfahren hat. Die Fähigkeit der einzelnen nationalen Rechtsordnungen, bestimmte faktische Problemlagen einer adäquaten Lösung zuzuführen wird vor dem Hintergrund einer sich im Unternehmensbereich immer weiter auflösenden Bindung an die eigene Rechtsordnung immer wichtiger. Die „*enabling function*" des Rechts, also das Anbieten für den Einzelfall angemessener und passender Regelungen wird die privatrechtliche Forschung auch in Zukunft vor neue Herausforderungen stellen.[5]

---

4 Zu dieser speziellen Funktion der Rechtsvergleichung nach Inkrafttreten des SMG Gruber, ZVglRWiss 101 (2002) 37, 40 ff.

5 Vgl. Paillusseau, D. 2003, 260, 261; Merkt, ZGR 2007, 532, der sich generell auf das „Unternehmensrecht" zur Verhaltenssteuerung bezieht, dessen Ausführungen in einem internationalen Kontext der Sache nach aber gleichermaßen auf den Unternehmenskauf zutreffen.

Kapitel 2 Grundlagen

Die unterschiedliche Herangehensweise der zum Vergleich gewählten Rechtsordnungen an die mit dem Unternehmenskauf verbundenen Probleme macht es erforderlich, vor Behandlung der gewählten Vergleichsgruppen einige Grundlagen zu erörtern. Diese betreffen angesichts der Komplexität des Vertragsgegenstandes und insbesondere der besseren Verständlichkeit des dem französischen Recht eigenen Rechtsinstituts des *fonds de commerce* wegen zum einen Begriff und Rechtsnatur des Unternehmens und dessen einzelne Bestandteile. Zum anderen sollen das Pflichtenprogramm des Unternehmensverkäufers und die Rechtsgrundlagen in den Blick genommen werden, welche die jeweilige Rechtsordnung zur Bestimmung der rechtlichen Verantwortlichkeit des Unternehmensverkäufers in den gewählten Vergleichsgruppen zur Verfügung stellt.

I Begriff und Rechtsnatur des Unternehmens

Neben der überwiegend in Frage gestellten Angemessenheit der gesetzlichen Gewährleistungshaftung auf den modernen Vertragstyp des Unternehmenskaufs trägt bereits die Komplexität des Vertragsgegenstandes wesentlich zu den spezifischen Schwierigkeiten der Vertragsgestaltung bei. Die Schwierigkeiten, denen sich das Unternehmen als Gegenstand eines Kaufvertrages gegenüber sieht, liegen in der Tatsache begründet, dass es sich um eine individuell verschiedene Gesamtheit von Sachen und Rechten handelt, die sich in den kontinentaleuropäischen Rechtsordnungen bereits nicht in die systemimmanenten Kategorien der Rechtssubjekte und Rechtsobjekte einordnen lässt und auch im englischen Recht keine Systematisierung erfährt. Das Unternehmen selbst stellt –anders als die unternehmenstragende Gesellschaft– kein Rechtssubjekt dar.[6] Im deutschen Recht ergibt sich dies bereits auf Grundlage der auf *Savigny* zurückgehenden Fiktionstheorie, wonach die Anerkennung einer juristischen Person mit eigenen Rechten und Pflichten eines entsprechenden Aktes der Rechtsordnung bedarf.[7] Nach der vom französischen Kassationsgerichtshof vertretenen Theorie der Realität juristischer Personen entscheiden allein faktische Umstände –nämlich die Möglichkeit zum Ausdruck eines kollektiven Willens und das Vorhandensein eigener schützenswerter Interessen– über das Vorliegen eigener

---

6 Sonnenberger/Dammann, Französisches Handels- und Wirtschaftsrecht, IV 3; Decocq, Droit commercial, n°230; a.A. insbesondere Despax, L'entreprise et le droit, passim.

7 Hueck/Windbichler, Gesellschaftsrecht, § 2 Rn 8; ausführlich zur theoretischen Entwicklung Larenz/Wolf, Bürgerliches Recht, § 9 Rn. 6 ff; Flume, Juristische Person, § 1 I; vgl. die konstitutive Wirkung der §§ 41 Abs. 1 S. 1 AktG, 11 Abs. 1 GmbHG.

Rechtspersönlichkeit.[8] Jedoch besteht auch in der französischen Rechtswissenschaft Einigkeit darüber, dass das Unternehmen nicht über hinreichend eigene Interessen verfügt, die sich von denen seines bzw. seiner Inhaber unterscheiden und eines eigenständigen Schutzes bedürfen.[9] Einer Qualifizierung als Rechtsobjekt steht deren klassische Zweiteilung in Sachen und Rechte entgegen, der sich das Unternehmen als eine über diese Kategorien hinausgehende Gesamtheit nicht unterordnen lässt. Verwiesen wird in diesem Zusammenhang insbesondere auch auf zugehörige Arbeitsverhältnisse, die sich nicht als gewöhnliche Schuldverhältnisse darstellen und einer ausschließlich vermögensrechtlichen Qualifizierung entgegenstehen.[10]

1 Kein einheitlicher Unternehmensbegriff im Privatrecht

Einigkeit besteht, dass eine einheitliche Begriffsdefinition, die für alle Gebiete des Privatrechts gleichermaßen Gültigkeit beanspruchen kann, nicht existiert.[11] Im deutschen Recht haben sich insbesondere im Konzern- und Wettbewerbsrecht den jeweiligen Normzwecken dienende Unternehmensbegriffe herausgebildet, ebenso im Bereich der Mitbestimmung der Arbeitnehmer, im Wertpapierhandelsrecht, im Bereich der Bankaufsicht oder in bilanzrechtlichen Vorschriften. Im deutschen Handelsgesetzbuch findet sich der Begriff an etlichen Stellen,[12] jedoch kommt ihm aufgrund der im deutschen Handelsrecht zentralen Stellung der Begriffe des Kaufmannes und des Gewerbebetriebes keine eigenständige Bedeutung zu.[13] Auch in den großen Kodifikationen des *Code civil* aus dem Jahr 1804 und dem *Code de commerce* aus dem Jahr 1807 findet sich der Begriff des Unternehmens seit deren Inkrafttreten. Er wird aber erst seit dem 20. Jahrhundert mit dem heutigen Begriffsverständnis gedeutet und –ebenso wie

---

8 Vgl. Cass. 2ème civ., 28. Januar 1954, n°54.07.081; Anm. Levasseur, D. 1954, jur 217 ff. Im Bereich des Gesellschaftsrechts wird diese Theorie freilich auch im französischen Recht durch dem deutschen Recht entsprechende Eintragungserfordernisse überlagert, ausführlich zu dieser Gegensätzlichkeit Paillusseau, RTD civ. 1993, 705, 706 ff.

9 Vgl. Paillusseau, D. 1999, chr 157, 160 f; Lamarche, RTD com. 2006, 709, 715.

10 Lamarche, RTD com. 2006, 709, 718.

11 Vgl. Oppetit/Sayag, Les structures juridiques de l'entreprise, S. 16 ff; Danet, RTD com. 1992, 315, 316 ff; aus dem deutschen Schrifttum Hüffer, in: Staub Großkomm. HGB, Vor § 22 Rn. 3; Hopt, in: Baumbach/Hopt HGB, Einl v § 1 Rn. 31; K. Schmidt, Handelsrecht, § 4 I 1; Picot, Handbuch M &A, I 3, S. 15; Gieseke, in: FS Heymann, S. 112, 122 ff; Raisch, Sinnwandlung des Handelsrechts, S. 120; Baur/Stürner, Sachenrecht, § 28 Rn. 2; Gierke/Sandrock, Handels- und Wirtschaftsrecht, § 13 II 2; Brecher, Das Unternehmen als Rechtsgegenstand, S. 128; zum Konzernrecht auch Fett, in: Bürgers/Körber AktG, § 15 Rn. 6.

12 Siehe etwa §§ 28 Abs. 3, 93 Abs. 3, 105 Abs. 2, 160 Abs. 3, 407 Abs. 3 HGB.

13 Vgl. Canaris, Handelsrecht, § 3 Rn. 6.

im deutschen BGB– nicht als Systembegriff des Privatrechts verwendet.[14] Die deutsche höchstrichterliche Rechtsprechung etwa hat in einem wettbewerbsrechtlichen Urteil betont, dass der dortige Begriff des Unternehmens „nicht den gleichen Sinn hat wie in anderen Rechtsgebieten", und dass sich „auch für diese anderen Rechtsgebiete kein einheitlicher Inhalt des Begriffs feststellen" lassen könne.[15] Bei Ermittlung des Begriffsinhaltes müsse vielmehr „insbesondere der Zweck des Gesetzes berücksichtigt werden".[16] Die Maßgeblichkeit des Zwecks der im konkreten Fall anzuwendenden Norm ist in der weiteren höchstrichterlichen Rechtsprechung bestätigt worden.[17] Durchgesetzt hat sich aufgrund der Vielgestaltigkeit des Unternehmens und den zahlreichen Berührungspunkten mit dem Ordnungsanspruch der Rechtsordnung nicht nur im deutschen Recht daher die Erkenntnis, dass der Unternehmensbegriff allenfalls einen Rahmenbegriff darstellen kann, der im jeweiligen Kontext je nach Sinn und Zweck der einzelnen Normenkomplexe zu interpretieren ist (teleologischer Unternehmensbegriff).[18]

2 Das Unternehmen als Gegenstand eines Kaufvertrages

Die mit der Übertragung des komplexen Vertragsgegenstandes Unternehmen verbundenen Schwierigkeiten stellen sich in erster Linie, wenn die einzelnen Vermögensgüter des Unternehmens im Wege der Singularsukzession auf den Erwerber übertragen werden (echter Unternehmenskauf, im anglisierten Sprachgebrauch auch als *Asset Deal* oder *Asset Acquisition* bezeichnet), da hier ein Eigentümerwechsel an den Vermögensgütern selbst stattfindet. Ein *Asset Deal* stellt sich zugleich als Unternehmenskauf dar, wenn nicht bloß einzelne Wirtschaftsgüter auf den Erwerber übertragen werden, sondern ein Inbegriff von Sachen, Rechten und sonstigen Vermögenswerten, die den Erwerber zur Fortführung der unternehmerischen Tätigkeit befähigen sollen.[19] Maßgeblich ist eine

---

14 Lamarche, RTD com. 2006, 709 f; Quéré, Acquisitions d'entreprises en France, in: Acquisitions d'entreprises, S. 171, 173 f.

15 BGHZ 31, 105, 108 f (Glasglühkörper).

16 BGHZ 31, 105, 109 (Glasglühkörper). In einer konzernrechtlichen Entscheidung zum Begriff von herrschendem und abhängigem Unternehmen iSd § 17 Abs. 1 AktG hat der BGH sogar betont, dass dieser „nicht nur je nach dem Rechtsgebiet, auf dem er verwendet wird, einen unterschiedlichen Inhalt" hat, sondern bereits im Bereich des Aktienrechts allein „eine nach Art und Zweck der einzelnen Vorschriften differenzierende Auslegung" erfahren müsse, BGHZ 69, 334, 336 (VEBA).

17 BGHZ 74, 359, 364 (Paritätische Beteiligung (WAZ)).

18 Hölters, in: Handbuch Unternehmens- und Beteiligungskauf, I Rn. 2; Sonnenberger/Dammann, Französisches Handels- und Wirtschaftsrecht, IV 3; Decocq, Droit commercial, n°226; vgl. auch Idot, Rev. sociétés 2001, 191 ff.

19 BGH NJW 2002, 1042, 1043.

wirtschaftliche Gesamtbetrachtung.[20] Der Übertragung dieser Vermögenswerte entspricht im französischen Recht regelmäßig die Übertragung des *fonds de commerce*, einer faktischen Gesamtheit bestimmter Vermögenswerte,[21] die dem deutschen Recht in vergleichbarer Weise nicht bekannt ist und die im Folgenden erläutert wird. Ist das zum Verkauf stehende Unternehmen gesellschaftsrechtlich verfasst, lässt sich das mit dem Unternehmenserwerb bezweckte wirtschaftliche Ergebnis auch in der Weise herbeiführen, dass statt der einzelnen Vermögensgüter die Anteile an der unternehmenstragenden Gesellschaft auf den Erwerber übertragen werden (Anteilskauf, im anglisierten Sprachgebrauch auch als *Share Deal* oder *Share Acquisition* bezeichnet). Diese selbst stellen dann den maßgeblichen Vertragsgegenstand dar, die Zuordnung des Eigentums an den Vermögensgütern des Unternehmens verbleibt bei der unternehmenstragenden Gesellschaft. Ein Anteilskauf stellt sich als Unternehmenskauf dar, wenn er sich bei einer wirtschaftlichen Betrachtung als Übernahme des Unternehmens selbst mit all seinen Chancen und Risiken darstellt.[22] Trotz der wirtschaftlichen Entsprechung des Ergebnisses handelt es sich bei beiden Erwerbsvarianten um rechtlich unterschiedliche Vorgänge, auf die in der Darstellung der gewählten Vergleichsgruppen immer wieder hinzuweisen sein wird.

a Deutschland

Im deutschen Privatrecht wurde die Diskussion um den Unternehmensbegriff lange Zeit durch einen handelsrechtlichen Ansatz geprägt, der das Unternehmen als Systembegriff des Handelsrechts zu etablieren und die Anknüpfung handelsrechtlicher Normen an den Begriff des Kaufmannes durch einen unternehmensrechtlichen Ansatz zu ersetzen suchte.[23] Im Kern geht es bei dieser Debatte um die Bestimmung eines von der Allgemeinheit zu unterscheidenden Personenkreises, der –wenn auch nicht zwangsläufig im gleichen Umfang– den Rechtsfolgen des Handelsrechts unterworfen sein soll und damit seit der Neufassung des § 2 HGB im Zuge der Handelsrechtsreform 1998 im Wesentlichen um die Erfassung der freien Berufe.[24] Auf die rechtliche Erfassung des Unternehmens als Gegenstand eines Kaufvertrages wirkt sich diese Diskussion nicht aus und soll daher nicht vertieft werden. Bis etwa in die fünfziger Jahre des vergangenen Jahrhunderts aber wurden auch immer wieder Definitionsbemühungen unternommen mit dem Ziel, das Unternehmen als Rechtsobjekt im BGB zu verankern. Auf diese Weise sollte ein einheitlicher Vertragsgegenstand geschaffen

---

20 Vgl. Alpmann-Pieper, in: juris PK-BGB, § 453 Rn. 19.
21 Quéré, Acquisitions d'entreprises en France, S. 171, 175 f.
22 BGH NJW 1976, 236.
23 Aus dem neueren Schrifttum insbesondere K. Schmidt, JuS 1985, 249 ff.
24 Vgl. Henssler, ZHR 161 (1997) 13, 45; Raisch, Sinnwandlung des Handelsrechts, S. 181.

und das Unternehmen als Gegenstand eines Kaufvertrages in der Praxis handhabbarer gemacht werden. *Pisko* (1907) etwa war der Ansicht, das Unternehmen bilde „eine den Erfolg einer Erwerbstätigkeit sichernde oder fördernde Organisation der Produktionsmittel oder gesicherte Absatzgelegenheit, die der Gewerbetreibende entweder durch eigene Arbeit oder durch Überlassung an einen Dritten zum Zwecke der Förderung seiner gleichartigen Erwerbstätigkeit verwerten kann“.[25] *Isay* (1910) verstand das Unternehmen als „zweckmäßig organisierten Inbegriff von Personen und wirtschaftlichen Gütern“, in dem sich ein „durch die Arbeit des Unternehmers geschaffenes Immaterialgut“ verkörpert“.[26] Auch *Oppikofer* (1927) wollte ein „einheitliches Recht am Unternehmen“[27] anerkannt wissen. Letztlich konnte sich jedoch keiner dieser Ansätze durchsetzen, da auch die Betonung des immateriellen Charakters des Unternehmenswertes nicht über die Tatsache hinweghalf, dass die Dogmatik des BGB *de lege lata* nur Sachen und Rechte als Rechtsobjekte kennt und das Unternehmen als Sach- und Rechtsgesamtheit in seinem über diese Bestandteile hinausgehenden Mehrwert nicht zu erfassen vermag.[28] Die theoretische Konstruktion des Unternehmens als einheitliches Immaterialgut schließlich beruht auf einer Auslegung des Zubehörbegriffs *contra legem*, da nach § 97 Abs. 1 BGB Zubehör nur solche beweglichen Sachen sein können, die gerade nicht Bestandteil der Hauptsache sind. Solange nicht ein entsprechendes Register existiert, das im Fall der Unternehmensveräußerung die notwendige Publizität für einen Eigentumsübergang *uno actu* schafft, bleiben theoretische Bemühungen vergeblich und werden in jüngerer Zeit im wissenschaftlichen Schrifttum auch nicht mehr angestrengt.

Über die Tatsache, dass das Unternehmen Gegenstand eines subjektiven Rechts sein kann besteht jedenfalls Einigkeit.[29] Seine Verkehrsfähigkeit ergibt sich aus §§ 22 ff HGB sowie mittelbar aus § 1822 Nr. 3 und 4 BGB sowie aus § 32 Abs. 2 Nr. 3 AktG.[30] In Abgrenzung zum Begriff des Handelsgewerbes (Erwerbsgeschäfts) umfasst der Begriff des Unternehmens auch freiberufliche Praxen.[31] Die Rechtsprechung hat zu den Definitionsbemühungen in der Literatur überhaupt nie Stellung bezogen und eine pragmatische Handhabung der Thematik favorisiert. Bereits das Reichsgericht hatte in einem *obiter dictum* festgestellt, dass es sich bei einem Unternehmen „weder um eine Sache noch um ein Recht“ handele[32] und die mit der Komplexität des Vertragsgegenstandes einher-

---

25 Pisko, Unternehmen als Gegenstand des Rechtsverkehrs, S. 19.

26 Isay, Recht am Unternehmen, S. 41.

27 Oppikofer, Unternehmensrecht, S. 137 ff.

28 Vgl. Larenz, Lehrbuch des Schuldrechts II/1 § 45 II a).

29 So bereits Ballerstedt, in: FS Duden, S. 15; vgl. auch Beisel/Klumpp, Unternehmenskauf, 1. Kap. Rn. 20.

30 Vgl. Baur/Stürner, Sachenrecht, § 28 Rn. 4, 6 ff.

31 Vgl. H.P. Westermann, in: MünchKomm BGB, § 453 Rn. 17; Hopt, in: Baumbach/Hopt HGB, Einl v § 1 Rn. 45; anders der fonds de commerce, siehe unten B I 2 (1).

32 RGZ 63, 57, 58 f (Fischladen).

gehenden Probleme bei der Veräußerung stets im jeweiligen rechtlichen Kontext behandelt. Nicht zuletzt hat sich die Rechtsprechung durch Anerkennung eines Rechts am eingerichteten und ausgeübten Gewerbebetrieb als absolutes Schutzgut iSd § 823 Abs. 1 BGB zu einem subjektivem Recht am Unternehmen selbst bekannt, das über den Schutz der bloßen Einzelbestandteile hinausgeht.[33]

b Frankreich

Der im deutschen Recht um den Unternehmensbegriff geführten Diskussion kommt im französischen Recht –soweit es um das Unternehmen als Gegenstand eines Kaufvertrages geht– kaum Bedeutung zu. Der Gesetzgeber hat mit dem im Folgenden näher zu erörternden Rechtsinstitut des *fonds de commerce* einen einheitlichen Vermögenswert geschaffen, der zwar nicht legaldefiniert wird, von seinem Bedeutungsgehalt her jedoch weitaus klarere Konturen aufweist als der unscharfe Begriff des Unternehmens. Soweit sich der Unternehmenserwerb im Wege eines *Asset Deals* vollzieht, stellt der *fonds de commerce* selbst den Vertragsgegenstand dar, darüber hinausgehende Definitionsbemühungen des Unternehmensbegriffs sind entbehrlich.

(1) Begriff und historische Entwicklung des fonds de commerce

Der *fonds de commerce* ist ein dem französischen Recht eigenes Rechtsinstitut, welches in vergleichbarer Weise nur im belgischen Recht in Erscheinung tritt. Dort ist jedoch nur die Verpfändung spezialgesetzlich regelt und der Verkauf den allgemeinen Vorschriften unterstellt.[34] Der Begriff kann am ehesten mit „Handelsgeschäft" übersetzt werden, entspricht in der Sache aber eher der „Firma" iSd § 22 HGB, wenngleich er sich durch den Ausschluss von Passiva maßgeblich von dieser unterscheidet.[35] Seiner Eigenart wegen soll der Begriff im Folgenden nicht übersetzt werden. Der Sache nach handelt sich um einen zusammengesetzten Vermögenswert, der aus beweglichen Sachen und aus Rechten besteht, die im einzelnen Fall zum Betrieb eines Handelsgewerbes erforderlich sind und deren Einsatz dem Unternehmer den Aufbau einer Kundschaft ermög-

---

33 Wagner, in: MünchKomm BGB, § 823 Rn. 180; vgl. auch Gieseke, Rechtsbegriff des Unternehmens, S. 36, 49.

34 Ripert/Roblot, Droit commercial, n°441; ausführlich Lévi, in: Lamy Droit commercial, Fonds de commerce, n°15 ff.

35 Aus dem deutschen Schrifttum etwa Lutz, in: Unternehmenserwerb in Frankreich, S. 24 ff.

lichen soll.[36] Die Übertragung des *fonds de commerce* führt zum einen zum Übergang der ihn konstituierenden Bestandteile auf den Erwerber, zum anderen stellt er wie ein Anteilskauf auch eine Möglichkeit zur Übertragung der unternehmerischen Leitungsmacht auf den Erwerber dar.[37] Der Begriff weist einige inhaltliche Parallelen zum Begriff des Unternehmens auf. Er unterscheidet sich von diesem aber wesentlich dadurch, dass er überhaupt nur solche Unternehmen erfasst, die sich durch den Abschluss von Handelsgeschäften in Ausübung einer gewerblichen Tätigkeit auszeichnen.[38] Im Gegensatz zum Unternehmensbegriff des deutschen Rechts unterfallen ihm daher keine freiberuflichen Praxen, diese sind im Rahmen der Gesetzgebung zum *fonds libéral* einem eigenen Regelungsregime unterworfen. Zudem sind bestimmte Unternehmenswerte aus dem konstitutiven Bestand des *fonds* ausgeschlossen und ein Unternehmen kann je nach dem Diversifizierungsgrad seiner geschäftlichen Aktivität auch mehrere *fonds de commerce* betreiben.[39] Eine zahlenmäßige Erfassung der in Frankreich existierenden *fonds de commerce* ist nicht möglich, da ein entsprechendes Register nicht existiert.[40] Der Begriff ist jedoch in erster Linie mit kleinen und mittleren Unternehmen in Verbindung zu bringen, da die Bezeichnung bei größeren, in der Regel gesellschaftsrechtlich verfassten Unternehmen tatsächlich nicht mehr verwendet wird und das Gesellschaftsrecht mit der Möglichkeit einer Anteilsübertragung in den Vordergrund rückt.[41]

Der Begriff des *fonds de commerce* taucht im französischen Recht erst zum Ende des 18. Jahrhunderts auf, wohingegen der Begriff des *fonds* im Allgemeinen schon im Mittelalter bekannt war und der frühere *fonds de boutique* die Gesamtheit der zum Vermögen eines Kaufmanns gehörenden körperlichen Güter bezeichnete.[42] Mit zunehmender Verbreitung von Handelsgeschäften nach Einführung der Gewerbefreiheit nach der Französischen Revolution und der Aufhebung des Zunftzwanges trat daneben der immaterielle Wert des *fonds* immer

---

36 Cohen, Traité théorique et pratique des fonds de commerce, n°15; Lemeunir, Fonds de commerce, n°103.

37 Vgl. Hugon, Gaz.Pal. 2009, 1763.

38 Barret, Fonds de commerce, n°1. Bei Berufsgruppen, die diesem Anwendungsbereich von vornherein nicht unterfallen, haben Gesetzgeber und Rechtsprechung andere Möglichkeiten zur Nutzbarmachung als Sicherungsmittel geschaffen: Für Künstler hat ein Gesetz vom 5. Juli 1996 den sog. fonds artisanal eingeführt, für Landwirte ein Gesetz vom 5. Januar 2006 den sog. fonds agricole, und für die freien Berufe hat der Kassationsgerichtshof den sog. fonds libéral anerkannt, vgl. Lemeunir, Fonds de commerce, °104; zur Unterscheidung von einem fonds de commerce Rezek, Achat et vente de fonds de commerce, n°38 ff.

39 Vgl. Quéré, Acquisitions d'entreprises in France, in: Les Acquisitions d'entreprises, S. 171, 176.

40 Lévi, in: Lamy Droit commercial, Fonds de commerce, n°3.

41 Reygrobellet, Fonds de commerce, n°06.13; Niggemann, in: Unternehmenserwerb in Frankreich, S. 35, 38.

42 Zur Begriffsgeschichte des „fonds" ausführlich Koch, Fonds de commerce, S. 20 ff.

mehr in den Vordergrund und insbesondere der Wert der Kundschaft konnte von den Kaufleuten zu Finanzierungszwecken nutzbar gemacht werden.[43] Seitdem tritt auch die Bezeichnung des *fonds de commerce* in Erscheinung.[44] Zur Zeit des Inkrafttretens der großen Kodifikationen des *Code civil* (1804) und des *Code de commerce* (1807) jedoch war der Begriff noch nicht etabliert genug, um darin seinen Niederschlag zu finden.[45] Von einem steuerlich motivierten Gesetz vom 26. Februar 1872 abgesehen betraf das erste den *fonds de commerce* betreffende Gesetz vom 1. März 1898 (*loi Millerand*) eine Publiziätsverpflichtung im Fall der Verpfändung des *fonds* (*nantissement*).[46] Da eine Verpfändung ohne eine genaue Beschreibung der dem Pfandrecht unterliegenden Vermögenswerte eine hohe Missbrauchsgefahr mit sich brachte, folgte schon bald das Gesetz vom 17. März 1909 (*loi Cordelet*), welches die einzelnen einer Verpfändung unterliegenden Vermögenswerte präzisierte.[47]

Ebenso wenig wie die später ergangenen Regelwerke enthielten diese Gesetze jedoch eine Definition des *fonds de commerce*, die eine abstrakte Begriffsbestimmung ohne Rücksicht auf das konkret in Rede stehende Rechtsgeschäft vornimmt. Trotz zahlreicher Bemühungen in der französischen Literatur ist es bis zum heutigen Tage nicht gelungen, sich auf eine einheitliche und abschließende Begriffsbestimmung zu einigen.[48] Als zwingende Bestandteile eines am *fonds de commerce* zu bestellenden Pfandrechts nennt die heute maßgebliche Vorschrift des Art. L 142-2 Abs. 3 C.com. lediglich Firmenzeichen und Handelsnamen, das Recht der Geschäftsraummiete, die Kundschaft und einige weitere dem Betrieb des *fonds* im Einzelfall dienende Vermögenswerte. Diese Inhaltsbestimmung wird von der Rechtsprechung auch außerhalb der Bestimmung des Inhalts eines Pfandrechts in einem weiteren Sinne zur Definition des *fonds de commerce* herangezogen, und ist somit auch bei dessen Verkauf zur Bestimmung des Vertragsgegenstandes heranzuziehen.[49] Einigkeit besteht insoweit, dass das Vorhandensein einer Kundschaft unverzichtbare Voraussetzung für das Vorliegen eines *fonds de commerce* ist.[50] Im französischen internationalen Privatrecht wird der *fonds de commerce* wie eine Immobilie behandelt. Der Begriff beurteilt sich mithin nach den Grundsätzen der *lex rei sitae* zwingend nach französischem Recht, so dass eine eigenständige Begriffsbestimmung durch Vereinbarung eines anderen Schuldstatuts nicht möglich ist.[51]

---

43 Monèger, AJDI 2001, 1042 ff; Lutz, in: Unternehmenserwerb in Frankreich, S. 24.

44 Cohen, Traité théorique et pratique des fonds de commerce, n°2.

45 Vgl. Chilstein, Le fonds de commerce, S. 305.

46 Reygrobellet, Fonds de commerce, n°04.21; Monèger, AJDI 2001, 1042 ff.

47 Lévi, in: Lamy Droit commercial, Fonds de commerce, n°24.

48 Decocq, Droit commercial, n°426.

49 Sonnenberger/Dammann, Französisches Handels- und Wirtschaftrecht, IV 4.

50 Vgl. Lemeunir, Fonds de commerce, n°103 mwN.

51 Witz/Zierau, in: Unternehmenserwerb in Frankreich, S. 9, 11 f; Lemeunir, Fonds de commerce, n°105.

(2) *Rechtsnatur des fonds de commerce*

Die spezialgesetzlichen Regelungen betreffend den *fonds de commerce* haben mit der Aufstellung von Vorschriften zum Verfahren der Verpfändung und des Verkaufs des *fonds* nur eine fragmentarische Regelung dieses Rechtsinstituts getroffen. Zur Beantwortung auftretender Zweifelsfragen ist daher maßgeblich auf dessen Rechtsnatur abzustellen. Einigkeit besteht, dass dem *fonds* keine eigene Rechtssubjektivität zukommt. Auch wenn es nach der vom Kassationsgerichtshof vertretenen Theorie der Realität juristischer Personen keiner entsprechenden Anerkennung durch die Rechtsordnung bedarf und sich die Anerkennung einer juristischen Person nach den tatsächlichen Umständen bemisst,[52] besteht doch Einvernehmen, dass der *fonds de commerce* –ebenso wie das Unternehmen– bereits nicht über hinreichend eigene, über die seines bzw. seiner Inhaber hinausgehende Interessen verfügt.[53] Unstreitig handelt es sich um ein Rechtsobjekt, zu dessen genauer Qualifikation im französischen Recht im Wesentlichen drei Theorien vertreten werden, nämlich die einer Rechtsgesamtheit und damit verwandt die Annahme eines Zweckvermögens, die eines einheitlichen Immaterialguts und die einer faktischen Gesamtheit.

Das Verständnis des *fonds de commerce* als einer Rechtsgesamtheit (*universalité de droit*) bezieht in diesen nicht nur Aktiva, sondern auch Passiva ein. Noch weitergehend wird das dem Betrieb des *fonds* gewidmete Vermögen als ein zweckgebundenes Sondervermögen (*patrimoine d'affectation)* verstanden. Zur Begründung wird darauf verwiesen, dass dem *fonds* diese Wirkung im Bilanz- und Steuerrecht bereits zukomme, dieser nämlich seit der 4. EG-Richtlinie über den Jahresabschluss von Gesellschaften bestimmter Rechtsformen als einheitlicher Wert der unternehmenstragenden Gesellschaft bilanziert werden kann.[54] Die Theorie ist *de lege lata* jedoch nicht haltbar, da sie zu einer mit dem Grundsatz des Art. 2284 C.civ. nicht zu vereinbarenden Aufspaltung des Vermögens des Inhabers des *fonds* in ein privates und ein gewerbliches Vermögen führen würde, die rechtstatsächlich nicht durchführbar wäre. Die den *fonds* konstituierenden Vermögenswerte sind integraler Bestandteil eines einheitlichen Vermögens seines Inhabers.[55] Ein solche Aufspaltung des Vermögens müsste aus Gesichtspunkten des Gläubigerschutzes zudem mit bestimmten Publizitätsanforderungen einhergehen, die gerade für kleinere Unternehmen den Rahmen

---

52 Vgl. Cass. 2ème civ., 28. Januar 1954, n°54.07.081; Anm. Levasseur, D. 1954, jur 217 ff.

53 Lévi, in: Lamy Droit commercial, Fonds de commerce, n°182.

54 Reygrobellet, Fonds de commerc, n°01.21.

55 Decocq, Droit commercial, n° 449 f; Barret, Fonds de commerce, n°31. Eine Möglichkeit zur Abspaltung bestimmter Vermögenswerte in ein unternehmerisches Zweckvermögen hat der Gesetzgeber jedoch kürzlich mit Gesetz vom 15. Mai 2010 durch die Rechtsfigur des Entrepreneur individuel à responsabilité limitée (EIRL) geschaffen, vgl. Marmoz, D. 2010, 1570 ff.

der Praktikabilität sprengen dürften.[56] Die zunehmenden Ausnahmen der Integration auch von Passiva in den *fonds de commerce*, etwa durch die immer weitgehendere Befürwortung der Einbeziehung von Verträgen in seinen Bestand oder durch die Möglichkeit des Betriebs eines *fonds* nun auch in der Rechtsform einer *entreprise unipersonelle à responsabilité limitée* (EURL), die der deutschen Einmann-GmbH vergleichbar ist, sind weder zahlreich noch weitreichend genug, um diese These zu untermauern.[57] Hieran hat sich auch durch die neueste im französischen Recht eingeführte Möglichkeit der Beschränkung der Haftungsmasse einer natürlichen als Unternehmer handelnden Person in Form der Rechtsfigur des *entrepreneur individuel à responsbilitée limitée* (EIRL) mit Gesetz vom 15. Mai 2010 nichts geändert.[58] Die immer weitreichenderen Möglichkeiten zur Schaffung eines vom Privatvermögen des Unternehmers trennbaren Zweckvermögens bestätigen vielmehr, dass die Annahme eines derartigen Zweckvermögens der gesetzgeberischen Bestätigung bedarf. Vom *fonds de commerce* eines kaufmännischen Unternehmers unterscheidet sich das auf Grundlage der EIRL geschaffene Zweckvermögen bereits durch den möglichen Einschluss aller beweglichen und unbeweglichen, körperlichen oder unkörperlichen Vermögenswerte, auch solcher, die wie Grundstücke aus dem Bestand des *fonds de commerce* traditionell ausgeschlossen sind.[59] Wenngleich eine Qualifizierung des *fonds de commerce* als Rechtsgesamtheit und Zweckvermögen *de lege ferenda* auch wünschenswert sein mag, ist sie in Ermangelung eines entsprechenden Konstitutionsaktes durch den Gesetzgeber *de lege lata* nicht anzuerkennen.

Noch weiter geht die insbesondere von *Ripert* und *Roblot* vertretene These, wonach sich das Recht an der Kundschaft eines *fonds de commerce* gleich dem Patent eines Erfinders zu einem hiervon losgelösten Immaterialgut (*propriété incorporelle*) verdichtet.[60] Da ein vergleichbares Recht an der Kundschaft jedoch nicht besteht, diese ihre Geschäftsbeziehungen vielmehr jederzeit in anderer Weise ausgestalten kann, hat diese Theorie indes kaum nennenswerten Zuspruch erfahren.

Durchgesetzt hat sich die theoretische Erfassung des *fonds de commerce* als einer faktischen Gesamtheit (*universalité de fait*), die den *fonds* als eine Gesamtheit von Gütern versteht, die nach dem Parteiwillen zu einer Einheit zusammengefasst sind und einem gemeinsamen Zweck, dem Betrieb des Unternehmens, gewidmet sind.[61] Das Verständnis einer Einheitlichkeit wird im Bereich des Kaufes jedoch dadurch durchbrochen, dass zumindest im Bereich der

56 Barret, Fonds de commerce, n°31.
57 Lévi, in: Lamy Droit commercial, Fonds de commerce, n°186.
58 Ausführlich zur Rechtskonstruktion des EIRL Marmoz, D. 2010, 1570 ff.
59 Vgl. Marmoz, D. 2010, 1570, 1575.
60 Ripert/Roblot, Droit commercial, n°443; 446.
61 Vgl. Lévi, in: Lamy Droit commercial, Fonds de commerce, n°187 mwN.

Forderungsabtretung und der Abtretung des gewerblichen Mietrechts neben den Vorschriften über den Verkauf des *fonds* auch die für diese Bestandteile einschlägigen Vorschriften zu beachten sind.[62] Diese Theorie kann für sich in Anspruch nehmen, dass sie den Mehrwert, der den *fonds* gegenüber der Gesamtheit seiner einzelnen Bestandteile prägt, unabhängig von seinem wechselnden Bestand zutreffend zu erfassen vermag, wobei sie über diese Feststellung hinaus freilich nur bedingt zu praktischem Nutzen beiträgt.[63]

Im Ergebnis ist festzuhalten, dass keine der vertretenen Theorien die Rechtsnatur des *fonds de commerce* abschließend umschreiben kann, die Erfassung als Rechtsgesamtheit oder als abstraktes Immaterialgut ist *de lege lata* nicht haltbar, und die Theorie einer faktischen Gesamtheit trägt über die selbstverständliche Feststellung einer einheitlichen Zusammenfassung hinaus kaum zu praktischem Nutzen bei. Einigkeit besteht lediglich insoweit, als es sich um ein bewegliches Immaterialgut handelt.[64] Beweglich, weil im *fonds* nur bewegliche Gegenstände zusammengefasst werden,[65] auch wenn die im Rahmen eines Verkaufs einzuhaltenden Publizitätsvorschriften eine gewisse Nähe zu ähnlichen bei Grundstückskäufen zu beachtenden Formvorschriften aufweisen und der *fonds* auch in seiner wirtschaftlichen Wertigkeit im Vermögen seines Inhabers der eines Grundstücks in vielen Fällen entsprechen wird.[66] Immateriell, weil nur diese Qualifizierung auf Grundlage der vorherrschenden Theorie einer faktischen Gesamtheit den Fortbestand des *fonds* bei wechselndem Bestand der einzelnen ihn konstituierenden Bestandteile erklären kann.[67]

(3) Kritische Würdigung des Rechtsinstituts

Die in der französischen Literatur geäußerte Kritik am Rechtsinstitut des *fonds de commerce* resultiert im Wesentlichen aus dem Umstand, dass der Gesetzgeber damit kein einheitliches und umfassendes Regelungskonzept verfolgt. Lediglich einzelne häufig vorgenommene Rechtsgeschäfte unterliegen partiell einer Regelung, die nicht zu dem Unternehmensrecht ausgestaltet wurden, die sie hätte sein können und sollen.[68] In erster Linie bemängelt wird der Ausschluss von Grundstücken und vergleichbaren Immobiliarrechten sowie von Forderungen, Schulden und generell von Verträgen. Gerade der Ausschluss von Verträ-

[62] Für die Forderungsabtretung Cass.com., 11. Juni 1981, n°79-16.748.
[63] Vgl. Barret, Fonds de commerce, n°32.
[64] Lemeunir, Fonds de commerce, n° 105.
[65] Kritisch unter Hinweis auf den Einschluss der dem deutschen Erbbaurecht vergleichbaren concession immobilière Barret, Fonds de commerce, n°34.
[66] Reygrobellet, Fonds de commerce, n°07.31.
[67] Lévi, in: Lamy Droit commercial, Fonds de commerce, n°191.
[68] Barret, Fonds de commerce, n°4.

gen, die im Einzelfall für das Fortbestehen des *fonds de commerce* unerlässlich sein können, wird vielfach kritisiert und eine generelle Überleitungspflicht zumindest der Verträge befürwortet, die nicht an die Person des Inhabers gebunden sind (*intuitu rei*), während andere diese Unterscheidung als praktisch nicht handhabbar erachten.[69] Der Ausschluss von Schulden und Forderungen aus dem *fonds de commerce* trägt umso mehr zur Inkohärenz seiner Rechtskonstruktion bei, als diese Elemente im Bilanzrecht durchaus dem *fonds* als eigenständigem Zweckvermögen zugeordnet werden.[70]

Als weiterer Schwachpunkt der spezialgesetzlichen Regelung werden zunehmend die in der Vergleichsgruppe der fehlerhaften Abschlussangaben näher erörterten Pflichtangaben (*mentions obligatoires*) wahrgenommen.[71] Insbesondere die Verpflichtung zur Mitteilung der Umsätze und Gewinne der drei dem Verkauf vorausgegangenen Geschäftsjahre bezweckte im Zeitpunkt ihrer Einführung im Jahr 1935 einen damals nach der Weltwirtschaftskrise von 1929 als notwendig erachteten Käuferschutz vor unlauteren Verkaufspraktiken und Spekulation, der den heutigen wirtschaftlichen Realitäten oft nicht mehr entspricht.[72] Zu Gunsten einer Abschaffung dieser Vorschriften wird vor allem darauf verwiesen, dass sie bei einem Unternehmenskauf im Wege eines *Share Deals* keine Anwendung finden, auch wenn damit das gleiche wirtschaftliche Ergebnis bezweckt wird.[73] Zudem sind vergleichbare Pflichtangaben auch in anderen Rechtsordnungen –wie auch in den hier verglichenen– nicht bekannt, und finden bei einem Verkauf eines *fonds artisanal*, der im Übrigen der Regelung des *fonds de commerce* nachgebildet ist, keine Anwendung.[74] Schließlich wird auf die auch in Frankreich immer weiter zunehmende Bedeutung einer *due diligence*-Prüfung verwiesen, durch welche sich der Käufer selbst ein Bild über die wirtschaftliche Situation des angestrebten Erwerbsobjekts machen müsse.[75] Gerade die Mitteilung der Umsätze und Gewinne der letzten drei der Veräußerung des *fonds* vorausgegangenen Geschäftsjahre entspreche durch Vorlage der Bilanzen ohnehin der Rechtspraxis, ohne dem Käufer an sich hinreichenden Schutz zu gewähren, so dass neben der Abschaffung der Pflichtangaben teilweise auch deren Ersetzung durch eine allgemeine Informationspflicht des Verkäufers über die wirtschaftlich und juristisch grundlegenden Sachverhalte gefordert wird.[76] Entsprechendes gilt für die durch Art. L 141-2 Abs. 1 C.com. vorgesehene Pflicht der Vertragsparteien zur gemeinsamen Durchsicht der Buchhaltungs-

---

69 Vgl. Lévi, in: Lamy Droit commercial, Fonds de commerce, n°58.

70 Vgl. Reygrobellet, Fonds de commerce n°01.21.

71 Dagot, Defrénois 2007, 191, 191 f; Rezek, JCP N 2006, 1716; zu diesen ausführlich unten C I 1.

72 Mazan/Samson, JCP E 2009, n°19 S. 9; Le Mazier, Defrénois 1990, 271, 275.

73 Le Mazier, Defrénois 1990, 271, 276.

74 Rezek, JCP N 2006, 1716, 1724.

75 Le Mazier, Defrénois 1990, 271, 276.

76 Mazan/Samson, JCP E 2009, n°19, S. 9, 13.

unterlagen, die in der Praxis meist ohnehin durch einen entsprechenden Hinweis ersetzt wird, um die Schnelligkeit und Reibungslosigkeit der Transaktion zu verbessern.[77]

Man kann daher die berechtigte Frage stellen, ob sich das Rechtsinstitut des *fonds de commerce* nicht selbst überlebt hat und insgesamt abgeschafft werden sollte. Nur punktuelle Änderungen werden den Übergang dieses partikularen Rechtsinstituts hin zu einem Recht des Unternehmens nicht bewerkstelligen können. Eine Neuregelung durch den Gesetzgeber ist zwar immer wieder gefordert worden, derzeit aber nicht ersichtlich. Wer die genannten Schwachstellen der Rechtskonstruktion des *fonds de commerce* umgehen möchte, hat die Möglichkeit, den *fonds* als Sacheinlage in eine Gesellschaft einzubringen, deren Gesellschaftsrechte dann den Eigentümern des *fonds* zugeordnet sind. Mit Einführung der der deutschen Einmann-GmbH vergleichbaren EURL mit Gesetz vom 11. Juli 1985 und später auch der Einmann-AG Sasu kann sogar der Alleineigentümer eines *fonds* von dieser Möglichkeit Gebrauch machen.[78] Damit ist zum einen eine exakte Bewertung des als Sacheinlage eingebrachten *fonds* erforderlich. Zum anderen sind mit dieser Vorgehensweise auch für Gläubiger und sonstige Dritte wie potentielle Erwerber gewisse Vorteile verbunden, da der Vermögenswert *fonds de commerce* und nicht seine einzelnen Bestandteile in der Bilanz als Buchungsposten behandelt wird, daher im *fonds de commerce* selbst nicht enthaltene Einzelbestandteile wie Grundstücke, Schulden und Forderungen zu berücksichtigen sind. Auf diese Weise wird ein weitaus zutreffenderes Bild der wirtschaftlichen Situation des *fonds* ermöglicht als bei seiner alleinigen Bewertung.[79] Die Jahresabschlüsse der SARL und der SA als der zu diesem Zweck in Frankreich am weitesten verbreiteten Rechtsformen sind nach Art. L 232-22 und L 232-23 C.com. beim Handelsregister zu veröffentlichen, während mit der alleinigen Eintragung der Kaufmannseigenschaft im Handelsregister kein derartiger Informationswert verbunden ist.[80] Dennoch kann es im Einzelfall gute Gründe geben, die gegen die Einbringung des *fonds* in eine Gesellschaft sprechen, wie die dann durch zwingende Erfordernisse des Gesell-

---

77 Le Mazier, Defrénois 1990, 271, 276; zu dieser Verpflichtung siehe unten B III 2 b.

78 Beide Gestaltungsformen haben in der Rechtspraxis aufgrund der mit ihnen verbundenen gesellschaftsrechtlichen Haftungsrisiken für die Geschäftsführung und der im Fall der Sasu für den Einzelunternehmer zu komplexen Ausgestaltung jedoch nicht den vom Gesetzgeber erhofften Erfolg gezeitigt, weshalb der Gesetzgeber mit Gesetz Nr. 2010-658 vom 15. Mai 2010 durch Einführung des Entrepreneur individuel à responsabilité limitée (EIRL) für Unternehmer in ihrer Eigenschaft als natürliche Personen die Möglichkeit zur Schaffung eines Zweckvermögens eingeführt hat, der diesem die Abspaltung eines geschäftlichen Vermögens von seinem Privatvermögen ermöglichen soll, ohne diese gesonderte Haftungsmasse in eine Gesellschaft einbringen zu müssen, zum Ganzen Marmoz, D. 2010, 1570.

79 Lévi, in: Lamy Droit commercial, Fonds de commerce, n°183.

80 Lévi, in: Lamy Droit commercial, Fonds de commerce, n°183.

schaftsrechts beschränkte Organisationsfreiheit des Inhabers, insbesondere was den Umfang von Geschäftsführungsbefugnissen anbelangt. Insofern muss die Praxis auf die Anpassungsfähigkeit dieses Rechtsinstituts an die Bedürfnisse des Rechtsverkehrs vertrauen, die es in der langen Zeit seiner Existenz auch bisher an den Tag gelegt hat.[81] Dass die rechtliche Konstuktion des *fonds de commerce* trotz seiner Schwächen und Inkohärenzen gerade im Bereich kleinerer Unternehmen, die eher selten gesellschaftsrechtlich verfasst sind, tatsächlich den Bedürfnissen der Praxis zu entsprechen scheint, hat schließlich die Einführung des *fonds artisanal* gezeigt, dessen gesetzliche Regelung weitgehend dem Modell des *fonds de commerce* nachgebildet ist.[82]

c England

Die Bemühungen der kontinental-europäischen Rechtsordnungen um eine Systematisierung des Unternehmensbegriffs sind dem englischen Recht fremd. Insbesondere der im deutschen Recht geführte Diskurs um eine Verankerung des Unternehmens als Systembegriff des Handelsrechts ist nach der Konzeption des englischen Rechts nicht nötig, da ein Handelsgesetzbuch oder überhaupt ein Handelsrecht im Sinne eines „Sonderprivatrechts der Kaufleute“ wie es die deutsche und französische Rechtsordnung mit unterschiedlichen Anknüpfungspunkten kennen, nicht existiert.[83] Aber auch sonstige Bemühungen zur Konturie-

[81] Insgesamt positiv zur Anpassung der Rechtsfigur an veränderte Anforderungen Monèger, AJDI 2001, 1076, passim.

[82] Vgl. Chilstein, Le fonds de commerce, S. 305, 312 ff; Barret, Fonds de commerce, n°5; nicht in das Regelungsmodell des fonds artisanal übernommen wurden jedoch die Pflichtangaben.

[83] Triebel/Hodgson/Kellenter/Müller, Englisches Handels- und Wirtschaftsrecht, Rn. 58; vgl. auch Samuel, 102 LQR (1986) 569 ff. Zwar galt im Mittelalter in England ebenso wie in anderen europäischen Staaten die lex mercatoria, eine lose Zusammenfassung von Handelsbräuchen und Gewohnheitsrecht, die von gesonderten, mit Kaufleuten besetzten Gerichten auf grenzüberschreitende Handelsgeschäfte angewendet wurden, diese hat sich aber nicht wie in den kontinental-europäischen Rechtsordnungen in ein gesondert behandeltes Rechtsgebiet des Privatrechts entwickelt, sondern ist im Lauf der Zeit in der Rechtsprechung der Common Law-Gerichte aufgegangen, ausführlich Trakman, Law Merchant, S. 23 ff und Teeven, History of the Anglo-American Law of Contract, S. 113 ff. Diese hat in den zum Ende des 19. Jahrhunderts verabschiedeten Gesetzen Niederschlag gefunden und ist heute noch an der dem SOGA 1893 entsprechenden Nachfolgevorschrift s 62 (2) SOGA 1979 erkennbar, die ergänzend die Regeln des Common Law und des Law Merchant für anwendbar erklärt. Heute werden Verträge zwischen Kaufleuten nach den gleichen allgemeinen Grundsätzen behandelt wie andere Verträge auch, wobei die Anforderungen des Geschäftsverkehrs sich freilich auf die Art und Weise der Auslegung einzelner Vertragsbestimmungen niederschlagen, vgl. Mukwiri, Commercial Contracts, S. 1 f; Goode on Commercial Law, S. 13 ff; 154 ff.

rung des Unternehmensbegriffs sucht man in der englischen Rechtsliteratur vergebens. Der Grund dafür liegt zum einen in der Methode der Entscheidungsfindung im englischen Recht, die induktiv aus den vorhandenen Grundlagen des Rechts die Lösung neu auftretender Probleme sucht, und der Generalisierung und Abstrahierung juristischer Konzepte und Ideen ohnehin mit Skepsis begegnet.[84] Die pragmatische Art der Entscheidungsfindung macht derartige Systematisierungsbemühungen auch weitgehend entbehrlich. Zum anderen wird das Prinzip der Vertragsfreiheit im englischen Recht graduell noch etwas höher bewertet als dies in den kontinental-europäischen Rechtsordnungen der Fall ist, was insbesondere durch die im Folgenden im Rahmen der auf den Erwerber zu übertragenden Einzelbestandteile des Unternehmens zu erörternden etwas anderen Auslegungsprärogativen zum Ausdruck kommt: Die Festlegung des Pflichtenprogramms der Vertragspartner obliegt in erster Linie diesen selbst. Das englische Recht ist mit der Annahme über die konkrete Parteivereinbarung hinausgehender, bei bestimmten Arten von Geschäften stets als gewollt zu unterstellenden Pflichten sehr zurückhaltend. Eine von den konkreten Parteiinteressen losgelöste Diskussion um den Begriff des Unternehmens als Gegenstand eines Kaufvertrages findet im englischen Recht also nicht statt.

II Einzelbestandteile

Die Frage, welche dem Unternehmensvermögen zuzuordnenden Güter bei einem Unternehmenskauf im Wege eines *Asset Deals* im Einzelfall auf den Erwerber zu übertragen sind, unterliegt in Ermangelung eines klar definierbaren Unternehmensbegriffes grundsätzlich der Parteivereinbarung. Fraglich ist jedoch, wie die einzelnen verglichenen Rechtsordnungen Zweifelsfälle behandeln, in denen eine explizite Parteivereinbarung fehlt oder lückenhaft ist. Bevor auf die einzelnen Kategorien von Vermögenswerten –Grundstücke, bewegliche Gegenstände des Anlage- und Umlaufvermögens und immaterielle Vermögenswerte– und deren Übertragung einzugehen sein wird, werden zum besseren Verständnis die leicht voneinander abweichenden Grundsätze herausgearbeitet.

1 Grundsätzliches

Während die französische spezialgesetzliche Regelung des *fonds de commerce* eine Orientierungshilfe anbietet und –zumindest im Bereich der materiellen

---

[84] Vgl. Radbruch, Der Geist des englischen Rechts, S. 8; Kötz, in: FS Heldrich, S. 771, 775 ff.

Unternehmenswerte– diejenigen Bestandteile benennt, die in jedem Fall auf den Erwerber zu übertragen sind, müssen sowohl die deutsche als auch die englische Rechtsordnung auf eine Auslegung der Parteivereinbarung zurückgreifen. Im deutschen Recht hat der Verkäufer dem Käufer das Unternehmen so zu verschaffen, dass dieser zur Fortführung der unternehmerischen Tätigkeit in die Lage versetzt wird.[85] Neben der weiteren, im Folgenden erörterten Pflicht der Einweisung in den Tätigkeitsbereich sind also grundsätzlich sämtliche dem Unternehmen zuzuordnenden materiellen und immateriellen Vermögenswerte einschließlich der Geschäftsverbindlichkeiten auf den Erwerber überzuleiten.

a Spezialgesetzliche Ausgestaltung des fonds de commerce

Die einzelnen Bestandteile eines *fonds de commerce* ergeben sich aus den Artikeln L 142-2 Abs. 1, L 141-5 Abs 2 C.com. Die dort enthaltene Aufzählung nennt die zur Zeit der Einführung dieses Rechtsinstituts verbreitet als erforderlich angesehenen Elemente, ist aber keineswegs vollständig oder gar abschließend.[86] Da es sich beim *fonds de commerce* wie gesehen nicht um ein vom Vermögen seines Inhabers abtrennbares Zweckvermögen handelt und dem *fonds* somit die rechtliche Selbständigkeit fehlt, ist die Bedeutung seiner einzelnen Bestandteile und seine konkrete Zusammensetzung je nach Zusammenhang verschieden, je nachdem, ob eine Verpfändung (*nantissement*), ein Verkauf (*vente*) oder eine Verpachtung (*location-gérance*) bezweckt wird oder sonstige Rechte wie etwa das Verkäuferprivileg (*privilège du vendeur*) betroffen sind. Im Folgenden sollen nur die Bestandteile behandelt werden, die im Fall eines Kaufs maßgeblich sind. Was außer dem prägenden Element der Kundschaft auf den Erwerber zu übertragen ist, ist auch im französischen Recht im Grundsatz eine Frage des Einzelfalls und unterliegt der Privatautonomie.[87] In Ermangelung einer konkreten Vertragsvereinbarung geht die Rechtsprechung jedoch von der Vermutung aus, dass jedenfalls die nach Art. L 141-5 Abs. 2 C.com. dem Verkäuferprivileg unterliegenden Bestandteile auf den Erwerber zu übertragen sind.[88]

---

85 Vgl. Hüffer, in: Staub Großkomm. HGB, Vor § 22 Rn. 15.
86 Reygrobellet, Fonds de commerce, n°11.11.
87 Barret, Fonds de commerce, n°110.
88 Zu weiteren Vermutungen der Rechtsprechung Barret, Fonds de commerce, n°116.

b Auslegungsprärogativen im englischen Recht

Derartige spezialgesetzliche Orientierungsleitlinien existieren im englischen Recht nicht. Wie auch im deutschen Recht ist die Parteivereinbarung zur Ermittlung des im Einzelfall auf den Erwerber zu übertragenden Unternehmensvermögens auszulegen. Sinn und Zweck der Auslegung ist –wie im deutschen Recht– die Etablierung des gemeinsamen Parteiwillens. Die Auslegung ist auf objektiver Grundlage vorzunehmen, und hat dabei all die Umstände einzubeziehen, die eine vernünftige Person in der Situation des Vertragspartners berücksichtigen würde.[89] Dies entspricht im Wesentlichen der aus dem deutschen Recht bekannten Auslegung nach dem „objektivierten Empfängerhorizont". Da die Auslegung im englischen Recht verschiedene Prinzipien jedoch anders gewichtet, ist der Parteivereinbarung insgesamt ein höherer Stellenwert einzuräumen. Dagegen tritt ein allgemeiner Grundsatz dahingehend, dass das gesamte Unternehmensvermögen auf den Erwerber zu übertragen ist, eher in den Hintergrund.

Die Ermittlung der konkret zu übertragenden Vermögenswerte wird durch die stärkere Abneigung der englischen Gerichte geprägt, den Parteien nicht ausdrücklich als solche bezeichnete Abreden als gewollt zu unterstellen.[90] Dies kommt zum einen in einer stärkeren Wortlautorientierung der Auslegung zum Ausdruck, etwa in der sog. *golden rule*, wonach eine Auslegung grundsätzlich nach dem gewöhnlichen Bedeutungsinhalts eines Wortes zu erfolgen hat.[91] Durch die sog. *ejusdem-generis rule*, wonach bei einer Aufzählung der gleichen Gattung angehörender Gegenstände als weiter zugehörig nur solche Gegenstände erfasst werden, die dieser Gattung angehören,[92] erfährt die im deutschen Recht übliche Formulierung „insbesondere" zur Indikation ähnlicher Sachverhalte grundsätzlich eine besonders enge Auslegung. Zur Vermeidung der damit verbundenen Schwierigkeiten wird die Anwendung dieser Auslegungsregel in Unternehmenskaufverträgen oft ausgeschlossen.[93] Zum anderen werden außerhalb einer schriftlichen Vertragsurkunde befindliche Beweismittel nur in weitaus

---

89 Vgl. Goode on Commercial Law, S. 98 f; Investors Compensation Scheme Ltd v West Bromwich Building Society [1998] 1 WLR 896, 912.

90 „Making" statt „construing/interpreting a contract"; Goode on Commercial Law, S. 104; Triebel/Hodgson/Kellenter/Müller, Englisches Handels- und Wirtschaftsrecht, Rn. 106; Kötz, in: FS Heldrich, S. 771, 775 ff; Bugg, Contracts in English, 5.2.1; ausführlich auch Burrows, MLR 31 (1968) 390 ff.

91 Lewison, Interpretation of Contracts, 5.01; Christou, Boilerplate: Practical Clauses, S. 35. Etwas großzügiger wird im Bereich der „mercantile contracts" verfahren, die bestehenden Handelsbräuchen entsprechend auszulegen sind, vgl. Guest, in: Chitty on Contracts, Vol I, 12-057. Ob Unternehmenskaufverträge hierzu zu rechnen sind, dürfte nicht zuletzt von der Geschäftserfahrenheit der Akteure abhängig sein.

92 Anderson/Warner, Drafting and Negotiating Commercial Contracts, 5.5.17; vgl. auch Lambourn v McLellan [1903] 2 Ch 268.

93 Sinclair on Indemnities, 4-27 f mit Klauselbeispiel.

beschränkterem Umfang als Auslegungsmaterial zugelassen. Ausdruck dessen ist insbesondere die sog. *parol evidence rule*, wonach bei einem schriftlichen Vertrag über weitere mündliche Vereinbarungen ein Zeugenbeweis nicht zulässig ist: Eine Vereinbarung, die den Anschein eines Vertrages erweckt, wird grundsätzlich so behandelt, als beinhalte sie die getroffenen Vereinbarungen erschöpfend.[94] Dieses Prinzip hat seinen Regelcharakter aufgrund zahlreicher Ausnahmen zwar schon lange verloren, außerhalb der Vertragsurkunde befindliche Beweismittel sind etwa über den angestrebten Zweck des Geschäfts zugelassen worden,[95] über das Bestehen eines Kollateralvertrages[96] und insbesondere auch dann, wenn unter Beweis gestellt wird, dass die Vertragsurkunde die zwischen den Parteien getroffenen Abreden nicht erschöpfend wiedergeben sollte.[97] Dennoch wirkt dieses Prinzip als Leitlinie bei der gerichtlichen Entscheidungsfindung fort. Folge dieser Besonderheiten bei der Auslegung im englischen Recht ist, dass man bei fehlender oder lückenhafter Parteivereinbarung nur in weitaus beschränkterem Umfang auf die Verkehrsanschauung abstellen kann. Solange nicht die später zu behandelnden *implied terms* als dispositives Regelungsgeflecht zur Anwendung gebracht werden können, ist damit grundsätzlich kein Raum für einen Rückgriff auf nicht in der Vertragsurkunde enthaltene Parteiabreden.

2 Grundstücke

Je nach Art der operativen Tätigkeit des vertragsgegenständlichen Unternehmens werden oft Grundstücke zu dessen Vermögen gehören, deren Übergang auf den Erwerber aufgrund ihrer generellen wirtschaftlichen Bedeutung von besonderer Wichtigkeit ist. Die Übertragung von Grundstücken und Rechten an Grundstücken anlässlich des Übergangs eines Unternehmens unterscheidet sich in der Regel nicht wesentlich von einem gewöhnlichen Grundstücksgeschäft, muss jedoch in den geplanten Transaktionsrahmen eingepasst werden.

---

94 Anson's Law of Contract, S. 132; Wedderburn [1959] CLJ 58, 59 ff; Rabin v Gerson Berger Association Ltd [1986] 1 WLR 526, 530; ausführlich Lewison, Interpretation of Contracts, 3.07; Anderson/Warner, Drafting and Negotiating Commercial Contracts, 5.5.5.

95 Charter Reinsurance Co v Fagan [1996] 2 Lloyd's Rep 113, 119.

96 Anson's Law of Contract, S. 132 f.

97 J. Evans & Son (Portsmouth) Ltd v Andrea Merzario Ltd [1976] 1 WLR 1078, 1083.

a Deutschland

Im deutschen Recht sind zum Unternehmensvermögen gehörende Grundstücke grundsätzlich nach §§ 873, 925 BGB durch dingliche Einigung (Auflassung) und Eintragung in das Grundbuch auf den Erwerber zu übertragen. Eine den Bedürfnissen des Rechtsverkehrs genügende zweifelsfreie Bezeichnung genügt, wobei eine falsche Bezeichnung bei übereinstimmendem gegenteiligen Parteiwillen unschädlich ist.[98] Gebäude als wesentliche Bestandteile des Grundstücks (§ 94 BGB) gehen mit Veräußerung automatisch auf den Erwerber über, es sei denn, dass sie nur zu einem vorübergehenden Zweck errichtet wurden (sog. Scheinbestandteile, § 95 BGB). Gleiches gilt für Zubehör iSd § 97 BGB, das wegen dem wirtschaftlichen Zusammenhang mit der Hauptsache deren rechtliches Schicksal teilt und für gewerbliches und landwirtschaftliches Inventar nach § 98 BGB.[99] Nach der Auslegungsregel des § 311c BGB erstreckt sich das Verpflichtungsgeschäft zur Veräußerung einer Sache auf ihr Zubehör und nach § 926 Abs. 1 S. 2 BGB gilt dies im Zweifel auch für die Veräußerung selbst. Um Rechtsunsicherheit über die Eigenschaft einzelner Gegenstände als Zubehör und Scheinbestandteile zu vermeiden, sollten über deren Übergang jedoch gesonderte ausdrückliche Vereinbarungen getroffen werden.[100]

b Frankreich

Im französischen Recht hingegen sind Grundstücke nach ständiger Rechtsprechung und herrschender Ansicht der Lehre nicht in den Vermögenswerten des *fonds de commerce* enthalten. Zur Begründung wird zum einen auf die abschließende Aufzählung in Art. L 142-2 Abs. 1 C.com. verwiesen, die Grundstücke als mögliche Gegenstände eines Pfandrechts ausdrücklich nicht erwähnt und zum anderen auf die rechtliche Qualifizierung des *fonds de commerce* als beweglichen Vermögenswert.[101] Weiterhin besteht Einigkeit, dass auch andere Immobiliarrechte (*droit réels immobiliers*) wie ein Nießbrauch oder eine Dienstbarkeit aus dem *fonds* ausgeschlossen sind.[102] Die Tatsache, dass das mit Gesetz vom 30. Dezember 1967 eingeführte, dem Erbbaurecht des deutschen Rechts vergleichbare Immobiliar-Konzessionsrecht (*droit de concession immobilière*) als Bestandteil des *fonds* anzusehen ist, lässt sich mit diesem Grundsatz

---

98 Vgl. Bassenge, in: Palandt BGB, § 925 Rn. 13 f; Beisel/Klumpp, Unternehmenskauf, 1. Kap. Rn. 20.

99 Beispiele aus der Rechtsprechung bei Gierke/Sandrock, Handels- und Wirtschaftsrecht, § 13 III 1.

100 Vgl. Beisel/Klumpp, Unternehmenskauf, 4. Kap. Rn. 18.

101 Vgl. Decocq, Droit commercial, n°446.

102 Lévi, in: Lamy Droit commercial, Fonds de commerce, n°39.

nicht ohne Weiteres vereinbaren und ist vielfacher Kritik ausgesetzt.[103] Vereinzelte Versuche in der Rechtsprechung, die Einbeziehung von Grundstücken in den *fonds de commerce* über deren vertragliche Qualifikation als bewegliche Sachen (*meubles par la volonté des parties*) zu erreichen, sind mit dem geltenden französischen Recht nicht zu vereinbaren und daher abzulehnen.[104]

Den Grundstücken gleichgestellt sind *immeubles par nature* ebenso wie *immeubles par destination*, also bewegliche Sachen, die dem wirtschaftlichen Zweck des Grundstücks zu dienen bestimmt sind (Art. 524 C.civ.) und solche, die dauerhaft mit Grund und Boden verbunden sind (Art. 525 C.civ.). Der Ausschluss von Grundstücken würde somit zu dem Ergebnis führen, dass Betriebseinrichtung nur dann als mitverkauft anzusehen wäre, wenn der Inhaber des *fonds de commerce* zugleich Pächter der Räumlichkeiten ist, in denen er seine Geschäftstätigkeit ausübt, nicht hingegen wenn er deren Eigentümer ist.[105] Das Argument, die Geschäftseinrichtung diene nicht dem Grundstück, sondern dem *fonds* selbst, hat der Kassationsgerichtshof verworfen.[106] Allerdings hat die Rechtsprechung anerkannt, dass *immeubles par destination* im Fall eines Verkaufs des *fonds de commerce* wieder als bewegliche Gegenstände angesehen werden können, so dass sie im Einzelfall doch als in den verkauften *fonds* eingeschlossen anzusehen sind.[107]

Der generelle Ausschluss von Grundstücken und das Erfordernis eines gesonderten Vertrages im Fall einer gewünschten Übertragung ist nicht ohne Kritik geblieben.[108] Wenngleich der Einschluss von Grundstücken in den *fonds de commerce* prinzipiell *de lege ferenda* wünschenswert sein mag, ist *de lege lata* in jedem Fall ein entsprechender Vertrag abzuschließen. Der gleichzeitige Verkauf eines *fonds de commerce* und des seinem Betrieb dienenden Grundstücks an den gleichen Erwerber ist durch eine sorgfältige Kopplung der Verträge zu bewirken.[109] Um den Erwerber eines in eigenen Räumlichkeiten eines Veräußerers betriebenen *fonds de commerce*, der nicht zugleich auch das Gebäude erwirbt, nicht gegenüber dem Erwerber eines in gemieteten Räumlichkeiten betriebenen *fonds*, der von einem Anspruch auf Verlängerung des Rechts der Geschäftsraummiete (*bail commercial*) profitiert und somit letztlich auch in den Genuss des Grundstücks kommt, nicht zu benachteiligen, wird der Veräußerer eines in eigenen Räumlichkeiten betriebenen *fonds* für verpflichtet gehalten,

---

103 Vgl. Barret, Fonds de commerce, n°11.
104 Vgl. Lévi, in: Lamy Droit commercial, Fonds de commerce, n°40.
105 Vgl. Sonnenberger/Dammann, Französisches Handels- und Wirtschaftsrecht, IV 17.
106 Vgl. Lévi, in: Lamy Droit commercial, Fonds de commerce, n°45 mwN.
107 CA Aix-en-Provence, 29. Dezember 1949, JPC G 1950, II, n°5571.
108 Vgl. Decocq, Droit commercial, n°446.
109 Vgl. Ripert/Roblot, Droit commercial, n°459.

dem Käufer ein Nutzungsrecht an den Räumlichkeiten, meist durch Einräumung eines entsprechenden Mietrechts, zu verschaffen.[110]

c *England*

Zusammen mit dem Grundstück sind –soweit eine beschränkende Abrede nicht besteht–[111] die den wesentlichen Bestandteilen des deutschen Rechts entsprechenden „*fixtures*“ auf den Erwerber zu übertragen.[112] Im Gegensatz zu den als „*chattels*“ bezeichneten sonstigen beweglichen Gegenständen handelt es sich hierbei um solche, die derart mit dem Grundstück oder einem ihm aufstehenden Gebäude verbunden sind, dass sie als dessen Bestandteil anzusehen sind.[113] Diese Eigenschaft kann sich zum einen aus der Art der Befestigung ergeben (*degree of annexation*), zum anderen aus der Zweckbestimmung (*object of annexation*).[114] Das Eigentum an einem Grundstück geht –anders als dies regelmäßig bei beweglichen Sachen der Fall ist– nicht direkt mit Vertragsschluss auf den Erwerber über. Dieser erwirbt vielmehr ein „*equitable interest*“ an dem Grundstück, das nach den Grundsätzen der *Equity* immer dann entsteht, wenn ein Vertrag dem Erfüllungsanspruch einer *specific performance* zugänglich ist und zwar so lange, wie dieses Recht im Grundsatz durchgesetzt werden kann.[115] Das *equitable interest* entspricht dabei dem *legal interest*, der nach den Grundsätzen des *Common Law* bei ordnungsgemäßer Erfüllung des Vertrages entstünde.[116] Durch dieses Recht wird der Verkäufer auf Grundlage des englischen Rechtsinstituts des *trust* mit einem modifizierten Pflichtenprogramm zum Treuhänder für die Interessen des Käufers.[117] Umgekehrt erhält der Grundstücksverkäufer mit Vertragsabschluss ein Sicherungsrecht an dem veräußerten Grundstück (*lien*).[118] Das bei gewöhnlichen Grundstücksgeschäften regelmäßig bereits mit Vertragsschluss auf den Erwerber übergehende Versicherungsrisiko wird daher auch im

---

110 Ein entsprechender Anspruch des Käufers besteht jedoch nicht, vgl. Lévi, in: Lamy Droit commercial, Fonds de commerce, n°41; Ripert/Roblot, Droit commercial, n°459.

111 Vgl. Standard Portland Cement Co Pty Ltd v Good [1982] 57 ALJR 151.

112 Mofatt v Kazana [1969] 2 QB 152; Deen v Andrews [1986] 52 P & CR 17.

113 Cheshire and Burn's Modern Law of Real Property, S. 156; vgl. auch Elitestone v Morris [1997] 1 WLR 687.

114 Butt, Land Law, S. 41 ff; Bridge, Sale of Goods, 2.12.

115 Cheshire and Burn's Modern Law of Real Property, S. 877; Sookraj v Samaroo [2004] UKPC 50.

116 Grundlegend Walsh v Lonsdale [1882] 21 Ch D 9.

117 Cheshire and Burn's Modern Law of Real Property, S. 877 f.; ausführlich Oakley, Constructive Trusts, S. 275 ff; Thompson, Modern Land Law, S. 193 ff; Pettit, Equity and the Law of Trusts, S. 164 ff.

118 Re Birmingham, Savage v Stannard [1959] Ch 523; Barclays Bank plc v Estates and Commercial Ltd [1997] 1 WLR 415.

englischen Recht auf den Zeitpunkt des tatsächlichen Übergangs der Berechtigung hinausgeschoben.[119]

Zu beachten ist jedoch, dass das englische Recht keine absoluten Rechte an Grundstücken in dem Sinne kennt, wie sie der in einer kontinental-europäischen Rechtsordnung ausgebildete Jurist versteht. Die dem englischen Grundstücksrecht bekannten Rechte stellen eine Kombination der Grundherrschaft mit verschiedenen persönlichen Rechten dar, was letztlich zu unterschiedlich weitreichenden Berechtigungen an einem Grundstück führt.[120] Dies erklärt sich vor dem historischen Hintergrund, dass –zumindest rechtstheoretisch– jeglicher Grundbesitz als Eigentum der Krone angesehen wird.[121] *Freeholds* räumen dem Berechtigten die Nutzung auf unbestimmte Zeit ein, und kommen damit dem uns bekannten absoluten Eigentumsrecht an einem Grundstück am nächsten. Eine Übertragung im Rahmen eines Unternehmenskaufs bereitet daher keine besonderen Schwierigkeiten.[122] Anders ist dies bei einem bloßen *leasehold*, ein Besitzrecht von bestimmter oder doch zumindest bestimmbarer Dauer, das am ehesten dem deutschen Rechtsinstitut des Erbbaurechts vergleichbar ist und ein Hybrid zwischen einem Eigentumsrecht und einem (Miet-)Vertrag darstellt.[123] Die in den meisten Fällen aufgrund der Bestimmungen dieses Vertrages erforderliche Zustimmung des Vermieters zur Übertragung des Rechts aus dem *leasehold* erfordert gesonderte Aufmerksamkeit.[124] Der Unternehmenskaufvertrag muss insofern genaue Bestimmungen enthalten, wer die Zustimmung zu erreichen hat, wann diese vorliegen muss oder ob dem Vermieter Garantien angeboten werden sollen.[125] Insbesondere ist auch eine Vereinbarung bezüglich der weiteren Vorgehensweise für den Fall zu treffen, dass der Vermieter seine Zustimmung zur Übertragung des Rechts versagen sollte.[126]

Da in England kein dem deutschen Grundbuch vergleichbares Register existiert, sind bei Vornahme von Geschäften, die Rechte an einem Grundstück übertragen, oft umfangreiche Ermittlungen zur Berechtigung des sein Recht Übertragenden notwendig: Der Nachweis der Berechtigung wird mit Hilfe von Urkunden (*title deeds*) erbracht, die zusammen mit früheren Dokumenten eine lücken-

119 Vgl. Knight, Acquisition of Private Companies and Business Assets, S. 199.

120 Diese Herrschaftsrechte werden „estates“ vom lateinischen „status“ genannt, Graf von Bernstorff, Einführung in das englische Recht, S. 121.

121 Smith & Keenan's English Law, S. 590; Graf von Bernstorff, Einführung in das englische Recht, S. 122.

122 Vgl. Knight, Acquisition of Private Companies and Business Assets, S. 200.

123 Linden Gardens Trust Ltd v Lenesta Sludge Disposal Ltd [1994] 1 AC 85, 108; ausführlich Gravells, Land Law, S. 359 ff.

124 Vgl. Tromans, Commercial Leases, S. 180.

125 Vgl. Knight, Acquisition of Private Companies and Business Assets, S. 200 f; Evans, ICCLR 6 (1995) 195, 197 f.

126 Zur Berechtigung einer Versagung Tromans, Commercial Leases, S. 187 ff.

lose Kette zu bilden haben.[127] Es gibt zwar Bestrebungen zur Schaffung eines umfassenden Grundstücksregisters, die insbesondere durch den *Land Registration Act* 2002 vorangetrieben werden.[128] Aber selbst die dort publizierten Inhalte vermögen einen dem deutschen Grundbuch entsprechenden guten Glauben an die tatsächliche Berechtigung nicht zu begründen.[129] Während bei gewöhnlichen Grundstücksgeschäften Nachforschungen zur Berechtigung des Veräußerers üblicherweise erst nach Vertragsschluss und vor Übertragung des jeweiligen Grundstücksrecht (*conveyance*)[130] erfolgen, wird diese Prüfung bei einer Veräußerung im Rahmen eines Unternehmenskaufs aufgrund des besonderen Sicherheitsbedürfnisses der Parteien meist bereits vor Vertragsschluss vorgenommen.[131]

3 Bewegliche Sachen des Anlage- und Umlaufvermögens

Im deutschen und französischen Recht besteht eine Vermutung dahingehend, dass grundsätzlich sämtliche zum Unternehmensvermögen gehörenden beweglichen Vermögensgüter des Anlage- und Umlaufvermögens auf den Erwerber zu übertragen sind, im englischen Recht hingegen nur insoweit, als eine entsprechende vertragliche Vereinbarung dies vorsieht.[132]

a Deutschland

Der sachenrechtliche Spezialitätsgrundsatz erfordert in besonderem Maße die ausreichende Bestimmtheit des Vertragsgegenstandes; anders als bei der schuld-

---

[127] Vgl. Graf von Bernstorff, Einführung in das englische Recht, S. 125; Gravells, Land Law, S. 109 f.

[128] Vgl. Cheshire and Burn's Modern Law of Real Property, S. 145 ff; zur vorherigen Rechtslage nach dem Land Registration Act 1925 Thompson, Modern Land Law, S. 62 ff.

[129] Vgl. Graf von Bernstorff, Einführung in das englische Recht, S. 123; zum Grundstücksrecht in England auch Wischermann, Rückabwicklung fehlgeschlagener Grundstückskaufverträge, S. 20 ff.

[130] Streng genommen bezeichnet dieser Begriff nur das Procedere der Übertragung nicht registrierter Grundstücke, was mit derem allmählichen Schwinden immer seltener wird; der Begriff wird im weiteren Sinne jedoch für jegliche Übertragung von Rechten an Grundstücken verwendet.

[131] Knight, Acquisition of Private Companies and Business Assets, S. 199. Durch die zunehmende Beteiligung von Finanzinvestoren ist es jedoch auch üblich geworden, die Berechtigung durch im Auftrag des Verkäufers erstellte certificates of titel zu ersetzen, zu den Vor- und Nachteilen von Bismarck, in: Corporate Acquisitions and Mergers, S. 85 ff.

[132] Vgl. Knight, Acquisition of Private Companies and Business Assets, S. 192 ff.

rechtlichen Abrede reicht bloße Bestimmbarkeit nicht aus.[133] Die beim Unternehmenskauf durch Singularsukzession zu übertragenden Sachgesamtheiten können nur durch eine qualitative Zurechnung ausreichend bestimmt werden.[134] Eine bloß quantitative Erfassung ist grundsätzlich ungenügend.[135] Um eine zureichende qualitative Zurechnung zu erreichen, können sog. „All-Formeln" verwendet werden, die sich auf räumliche oder zeitliche Verhältnisse, auf die Beschreibung von Eigenschaften oder die Angabe von Zähl- und Bestimmungsverfahren beziehen können.[136] Auf diese Weise ist auch die ausreichende Bestimmung künftiger Sachen möglich.[137] Kassenbestände verbleiben in der Regel beim Veräußerer.

b Frankreich

Im französischen Recht wird bei den beweglichen Sachen üblicherweise zwischen Betriebsmitteln und Handwerkszeug (*matériel und outillage*) und den Waren (*marchandises*) unterschieden. In die erstgenannte Kategorie fallen alle Gegenstände, die wie Maschinen, Werkzeuge oder Ladeneinrichtung im Einzelfall zum Betrieb des Unternehmens benötigt werden; ein Unterschied in der Sache ist mit der sprachlichen Unterscheidung nicht verbunden.[138] Die Betriebseinrichtung ist insoweit auf den Erwerber zu übertragen, als sie im Eigentum des Veräußerers steht, bloß zur Nutzung überlassene oder noch unter Eigentumsvorbehalt stehende Gegenstände sind nicht erfasst.[139] Dies ist auf die generellen Schwierigkeiten zurückzuführen, denen das französische Recht einer Übertragung von Verträgen im Rahmen des Verkaufs eines *fonds de commerce* begegnet. Von der Pflicht zur Übertragung können schließlich solche Gegenstände ausgenommen sein, die der Inhaber des *fonds*, der zugleich Eigentümer des dem Geschäftsbetrieb dienenden Gebäudes ist, dessen Nutzung gewidmet hat (*immeubles par destination*) und solche, die er seiner privaten Nutzung zugeordnet hat, was zu nicht immer einfach zu handhabenden Abgrenzungsschwierigkeiten führen kann.[140] In der hierarchischen Ordnung der Wichtigkeit der einzelnen der den *fonds de commerce* konstituierenden Bestandteile kommt der Geschäftseinrichtung –im Vergleich zu dem prägenden Element der Kundschaft– grundsätzlich nur eine untergeordnete Bedeutung zu, wobei ihre Übertragung in Zweifels-

---

133 Bassenge, in: Palandt BGB, § 930 Rn. 2; BGH NJW 1995, 2348, 2350.
134 Quack, in: MünchKomm BGB § 929 Rn. 81.
135 BGHZ 21, 52, 55 ff.
136 Quack, in: MünchKomm BGB, § 929 Rn. 83 ff.
137 Vgl. Beisel/Klumpp, Unternehmenskauf, 4. Kap. Rn. 24.
138 Lemeunir, Fonds de commerce, n° 137.
139 Decocq, Droit commercial, n°444.
140 Lévi, in: Lamy Droit commercial, Fonds de commerce, n°67 f.

fällen den Ausschlag für eine gewollte Übertragung des *fonds* geben[141] und im Fall der Unverzichtbarkeit hierfür auch allein maßgeblich sein kann.[142] Die Abgrenzung zu den ebenfalls im *fonds* enthaltenen Waren –wozu alle beweglichen Gegenstände die zum Verkauf bestimmt sind zählen– ist gleichfalls nicht immer einfach.[143] Die Unterscheidung kann sich an der bilanziellen Erfassung als Anlage- oder Umlaufvermögen orientieren.[144] Sie ist keineswegs nur von theoretischem Interesse, da die Parteien nach Art. L 141-5 Abs. 3 C.com. für beide Kategorien gesonderte Preise anzugeben haben. Nach Art. L 141-5 Abs. 5 C.com. nämlich unterscheidet sich das Verkäuferprivileg in der Reichweite seiner Anwendung, sind Teilzahlungen zuerst auf die Waren anzuwenden und im Fall einer Verpfändung des *fonds* erstreckt sich diese nach Art. L 142-2 Abs. 1 C.com. nicht auf die Waren. Auch wenn Betriebsmittel und Waren somit generell auch stillschweigend als mitveräußert anzusehen sind, macht bereits das Erfordernis getrennter Preisangaben und nicht zuletzt ein praktisches Bedürfnis eine exakte Bezeichnung notwendig.[145] Demgegenüber sind Buchhaltungsunterlagen (*documents comptables*) ohne anderslautende Vertragsabrede nicht im *fonds de commerce* enthalten.[146] Dies ergibt sich aus einem Umkehrschluss aus Art. L 141-2 Abs. 1 C.com., der den Verkäufer verpflichtet, dem Käufer die genannten Unterlagen für die Dauer von drei Jahren zur Verfügung zu stellen. Schließlich sind auch Kassenbestände nicht im *fonds* enthalten, unabhängig davon, ob es sich dabei um Barvorräte handelt oder sie auf ein Bankkonto gebucht sind.[147]

c *England*

Sowohl bei den Waren als auch bei einigen Bestandteilen des Anlagevermögens handelt es sich oft um Vermögensgüter, die den Vorschriften des SOGA 1979 unterfallen.[148] Nach s 14 (2) SOGA 1979 kann der Unternehmensverkäufer dann verpflichtet sein, die betroffenen Güter in handelsüblicher Qualität (*merchantible quality*) zu liefern.[149] Kassenbestände sind regelmäßig nicht auf den Erwer-

---

[141] Cass.soc., 30. November 1983, Bull.civ. V, n°584.
[142] Cass.com., 2. August 1949, JCP G 1949, II, n°5188.
[143] Barret, Fonds de commerce, n°19.
[144] Lemeunir, Fonds de commerce, n°138.
[145] Sonnenberger/Dammann, Französisches Handels- und Wirtschaftrecht, IV 16.
[146] Im Einzelnen handelt es sich hierbei um das livre-journal, das livre d'inventaire und das grand livre, siehe Lévi, in: Lamy Droit commercial, Fonds de commerce, n°64.
[147] Vgl. Lévi, in: Lamy Droit commercial, Fonds de commerce, n°55.
[148] Section 61 (1).
[149] Zu den implied terms siehe unten B IV 1 c (2) (b).

ber zu übertragen.[150] Bei sonstigen, nicht im Eigentum des Veräußerers stehenden Vermögensgegenständen sind die an ihnen bestehenden Rechte überzuleiten.[151] Um späteren Unklarheiten vorzubeugen, empfiehlt es sich bei einem Unternehmenskauf im Wege eines *Asset Deals* auch hier, die auf den Erwerber zu übertragenden Vermögenswerte als Anhang zum Unternehmenskaufvertrag zu nehmen und gleichzeitig eine Liste zu erstellen, welche Vermögenswerte im Eigentum des Veräußerers verbleiben sollen.[152]

4 Immaterielle Vermögenswerte

Die Überleitung der immateriellen Vermögenswerte eines Unternehmens ist für den Erwerber oftmals von größerer Bedeutung als die bloße Übertragung des materiellen Unternehmenssubstrats. Die immateriellen Vermögenswerte sind zur Fortführung der spezifischen Unternehmenstätigkeit in vielen Fällen unverzichtbar; häufig handelt es sich sogar um die eigentlich wertbildenden Faktoren des Unternehmens.[153] Erst durch die Übertragung sowohl des materiellen Unternehmensvermögens als auch der immateriellen Vermögenswerte wird dem Erwerber ein erfolgreiches Auftreten am Markt ermöglicht.[154] Die Überleitung betrifft ganz oder teilweise verrechtlichte Immaterialgüter, sonstige Beziehungen zur Außenwelt wie insbesondere den *good will* des Unternehmens sowie Verträge im Allgemeinen und Forderungen und geschäftlich begründete Verbindlichkeiten im Besonderen.

a Immaterialgüter

Soweit überzuleitende Immaterialgüter verrechtlicht sind, richtet sich die Übertragung primär nach spezialgesetzlichen Überleitungsvorschriften. Patente werden im deutschen Recht nach § 9 PatG übertragen, Marken nach § 27 MarkG. Subsidiär kommen die allgemeinen Vorschriften der §§ 398, 413 BGB zur Anwendung. Im englischen Recht vollzieht sich die Überleitung von Patenten nach Maßgabe von s 30 *Patents Act* 1977, die registrierter Warenzeichen nach s 24

---

150 Vgl. Knight, Acquisition of Private Companies and Business Assets, S. 192 f.

151 Vgl. Knight, Acquisition of Private Companies and Business Assets, S. 202.

152 Vgl. Beswick and Wine, Buying and Selling Private Companies and Businesses, S. 242.

153 Vgl. Beisel/Klumpp, Unternehmenskauf, 4. Kap. Rn. 30; Gierke/Sandrock, Handels- und Wirtschaftsrecht, § 13 III 2.

154 Lieb, in: MünchKomm HGB, Anh. § 25 Rn. 3; die Überleitung des good will und sonstiger nicht verrechtlichter immaterieller Vermögenswerte kommt in der Verkäuferpflicht der Einweisung in den Tätigkeitsbereich zum Ausdruck, A. III. 2.

Trade Marks Act 1994.[155] Nicht registrierte Warenzeichen können mit letztgenannten zusammen übertragen werden, einzeln nur in Verbindung mit dem *good will* des Unternehmens.[156] Auch das französische Recht kann in diesem Bereich aufgrund der Vielgestaltigkeit immaterieller Unternehmenswerte –anders als bei den materiellen Unternehmenswerten, die entweder der Kategorie der Geschäftseinrichtung oder der Waren angehören– keine abschließende Aufzählung vornehmen. Art. L 141-5 Abs. 2 C.com. nennt als typische Bestandteile den Handelsnamen und das Firmenzeichen, das gewerbliche Mietrecht und die Kundschaft. Art. L 142-2 Abs. 1 C.com. erweitert diese Liste um Patente (*brevets d'invention*), Lizenzen (*licences*), Herkunftszeichen und Handelsmarke (*marques de fabrique et de commerce*) und generell um gewerbliche Eigentumsrechte (*propriété industrielle*). Während die erstgenannte Gruppe von Immaterialgütern als Grundlage einer Verpfändung dient und das Gesetz ihr Vorliegen als besonders wichtig erachtet, sind die in der zweiten Gruppe genannten Rechte nur im Einzelfall vorhanden und nur bei ausdrücklicher Vereinbarung auf den Erwerber des *fonds de commerce* zu übertragen.[157] Letzters gilt in zunehmendem Maße auch für verwaltungsrechtliche Genehmigungen, die der Betrieb des *fonds* erfordert, sofern diese nicht an die Person des Veräußerers gebunden sind und eine Übertragbarkeit damit von vornherein ausgeschlossen ist.[158] Handelt es sich bei dem Inhaber des *fonds de commerce* um einen Großhändler, kann unter bestimmten Voraussetzungen auch eine dem französischen Recht eigene Verwaltungserlaubnis für die Tätigkeit auf Märkten von nationalem Interesse (*droit d'occupation privative d'un emplacement dans un marché d'intéret national* – MIN) auf den Erwerber zu übertragen sein.[159] Da es sich bei diesen jedoch nicht um typische Bestandteile handelt, ist ihr Übergang durch ausdrückliche Vereinbarung zu bewirken.[160]

Die Firma des Unternehmens geht im deutschen Recht nur bei entsprechender Absprache mit auf den Erwerber über, da anderenfalls das in § 22 HGB enthaltene Erfordernis einer „ausdrücklichen" Einwilligung in ihre Fortführung unterlaufen würde.[161] Demgegenüber geht der Handelsname (*nom commercial*) im französischen Recht mit Veräußerung des *fonds de commerce* ohne Weiteres auf den Erwerber über, wobei bei Identität mit dem bürgerlichen Namen des bisherigen Inhabers ein entsprechender Nachfolgezusatz erforderlich ist.[162] Der Handelsname dient zur Identifikation des jeweiligen *fonds* und ist die Bezeich-

---

155 Zum Ganzen auch Beswick and Wine, Buying and Selling Private Companies and Businesses, S. 245 f; von Bismarck, in: Corporate Acquisitions and Mergers, S. 75 ff.

156 Vgl. Knight, Acquisition of Private Companies and Business Assets, S. 204.

157 Lévi, in: Lamy Droit commercial, Fonds de commerce, n°98 ff.

158 Vgl. auch Barret, Fonds de commerce, n°11, 17.

159 Vgl. Lemeunir, Fonds de commerce, n°123 ff.

160 Lévi, in: Lamy Droit commercial, Fonds de commerce, n°79.

161 Vgl. Canaris, Handelsrecht, § 8 Rn. 8.

162 Sonnenberger/Dammann, Französisches Handels- und Wirtschaftrecht, IV 11.

nung, unter welcher der Inhaber seine Geschäftstätigkeit ausübt.[163] Er unterliegt als Immaterialgut grundsätzlich deliktsrechtlichem Schutz vor solchen Beeinträchtigungen, die sich als unlauterer Wettbewerb darstellen und mit der *action en concurrence déloyale*, die ihren Ursprung in den deliktsrechtlichen Vorschriften des Art. 1382 ff C.civ. hat, untersagt werden können.[164] Der Name wird nicht mit Registereintragung, sondern durch tatsächlichen Gebrauch erworben und ist mit der Firma iSd § 17 ff HGB nicht gleichzusetzen.[165] Im Fall der Veräußerung des *fonds de commerce* darf der frühere Inhaber diesen Namen für eigene Zwecke nicht mehr verwenden.[166] Während die isolierte Übertragung der Firma im deutschen Recht nicht möglich ist, wird die isolierte Veräußerung des Handelsnamens von der französischen Rechtsprechung und Lehre überwiegend als zulässig erachtet.[167] Das Firmenzeichen bezeichnet im Gegensatz zum Handelsnamen nicht das Unternehmen als solches, sondern die Räumlichkeiten des Geschäftsbetriebes.[168] Es kann mit dem Handelsnamen identisch sein, muss es aber nicht, sondern kann auch ein sonstiges Zeichen, Emblem oder Symbol sein.[169] Es wird ebenso wie der Handelsname durch tatsächlichen Gebrauch erworben und nicht durch Eintragung im Handelsregister.[170] Auch dem englischen Recht ist eine § 22 HGB entsprechende Vorschrift nicht bekannt; der Übergang der genannten Immaterialgüter unterliegt der Parteivereinbarung.

b Tätigkeitsbereich/Good Will/Kundschaft

Auch die sonstigen, für den Betrieb des Unternehmens notwendigen Beziehungen zur Außenwelt müssen auf den Erwerber übergeleitet werden. Die Überleitung der Kundschaft gehört zu den den Unternehmenskaufvertrag als Schuldverhältnis prägenden Pflichten und erfolgt durch die im Rahmen des Pflichtenprogramms des Unternehmensverkäufers zu erörternde Einweisung in den Tätigkeitsbereich.

---

163 CA Paris, 9. Juli 1907, Ann.propr.ind. 1908, 41.

164 Vgl. Decocq, Droit commercial, n°434.

165 Vgl. Sonnenberger/Dammann, Französisches Handels- und Wirtschaftrecht, IV 11.

166 Vgl. Decocq, Droit commercial, n°434. Dies gilt nicht, wenn es sich zugleich um den Familiennamen handelt, in diesem Fall kann bei Name unter Hinzunahme eines unterscheidenden Zusatzes fortgeführt werden, vgl. Lévi, in: Lamy Droit commercial, Fonds de commerce, n°95.

167 Vgl. Sonnenberger/Dammann, Französisches Handels- und Wirtschaftrecht, IV 11.

168 Lévi, in: Lamy Droit commercial, Fonds de commerce, n°96.

169 Lévi, in: Lamy Droit commercial, Fonds de commerce, n°85.

170 CA Paris, 15. März 1972, RTD com. 1972, 896, n°10.

(1) Good will im englischen und deutschen Recht

Die in den einzelnen Rechtsordnungen verwendete Terminologie ist sehr unterschiedlich, statt der Bezeichnung Tätigkeitsbereich hat sich mittlerweile auch im deutschen Recht die Bezeichnung des *good will* durchgesetzt, während das französische Recht weiterhin von der Kundschaft spricht. Der Sache nach geht es aber stets darum, das Wertschöpfungspotential des Unternehmens für den Erwerber nutzbar zu machen. Dieses spiegelt sich etwa im Ruf des Unternehmens, in seiner Marktposition, den Beziehungen zu Kunden, Lieferanten und Arbeitnehmern.[171] Zu denken ist hier etwa an die Aufklärung über Betriebs- und Geschäftsgeheimnisse, technisches oder kaufmännisches *Know-how* und die Mitteilung von Kundenstamm, Bezugs- und Absatzquellen, die Vorstellung bei Kunden, Mitarbeitern und Lieferanten und alle sonstigen tatsächlichen Beziehungen, die den Erwerber zur Fortführung der Unternehmenstätigkeit in die Lage versetzen sollen. Es empfiehlt sich, die Überleitung auf den Käufer im Unternehmenskaufvertrag ausführlich zu regeln, da bei einer Vertragsbrüchigkeit des Verkäufers dann auch eine entsprechende Kompensation gefordert werden kann.[172]

(2) Die Kundschaft im französischen Recht

Dem im englischen und auch im deutschen Recht so bezeichneten *good will* des Unternehmens entspricht im französischen Recht der immaterielle Vermögenswert einer Kundschaft (*clientèle und achalandage*), dessen Vorhandensein für die rechtliche Existenz des Rechtsinstitut des *fonds de commerce* konstitutive Wirkung entfaltet.

(a) Konstitutiver Bestandteil des fonds de commerce

Auch wenn die konkrete Zusammensetzung eines jeden *fonds de commerce* je nach dessen Art variieren kann, ist doch stets das Vorhandensein einer Kundschaft erforderlich. Der Begriff der *clientèle* bezeichnet dabei die Stammkundschaft, der der *achalandage* die Laufkundschaft, wobei die sprachliche Unterscheidung nicht mit unterschiedlichen Rechtsfolgen verbunden ist.[173] Die Kundschaft ist konstituierendes Element, wenn sie nicht (mehr) besteht, ist das Vor-

---

171 Vgl. Knight, Acquisition of Private Companies and Business Assets, S. 207.
172 Vgl. Knight, Acquisition of Private Companies and Business Assets, S. 207.
173 Le Floch, Fonds de commerce, n°124.

liegen eines *fonds de commerce* zu verneinen.[174] Schon lange wird in der Lehre darauf hingewiesen, dass die Kundschaft kein juristisches Gut und daher nicht eigentlicher Bestandteil des *fonds* sei, sondern vielmehr ein Recht und eine Möglichkeit zur Attraktion von Kundschaft darstelle.[175] Unter Hinweis auf die anderen Immaterialgütern nicht vergleichbare fehlende Absolutheit des Rechts auf Kundschaft (diese kann sich jederzeit anderweitig orientieren) wird auch diese These in der neueren Lehre in Frage gestellt und die Kundschaft nicht als Recht, sondern als bloße Geschäftschance (*chance d'affaires*) verstanden.[176] Der Gesetzeswortlaut des Art. L 142-2 Abs. 3 C.com. erachtet die Kundschaft jedoch eindeutig als Bestandteil des *fonds de commerce* und die ständige Rechtsprechung hält an einem entsprechenden Verständnis ebenso fest.[177] Nicht abschließend geklärt ist, ob der Verkauf der Kundschaft *allein* zur Annahme eines damit gleichzusetzenden Verkaufs auch des *fonds de commerce* führt.[178] Ein diese Frage bejahendes Urteil des Kassationsgerichtshofes[179] betraf eine sehr spezielle Fallgestaltung und da die Übertragung nur der Kundschaft ohne jegliches ihrer Attraktion dienendes Element praktisch kaum vorstellbar ist, soll diese Frage nicht weiter vertieft werden. Wegen der herausragenden Bedeutung der Kundschaft und ihrer konstitutiven Wirkung für den *fonds de commerce* sollen in der gebotenen Kürze die einzelnen von der Rechtsprechung an das Vorhandensein einer Kundschaft gestellten Anforderungen näher in den Blick genommen werden:

(b) Voraussetzungen einer Kundschaft

Ein Kundenstamm muss tatsächlich vorhanden sein (*clientèle certaine et réelle*), ein bloß potentielles Vorhandensein ist grundsätzlich nicht ausreichend.[180] Allerdings hat der Kassationsgerichtshof in einer viel beachteten Entscheidung

---

174 So bereits Cass.req., 15. Februar 1937, DP 1938, I, S. 13; vgl. auch Cass.com., 31. Mai 1988, n°86-13.486; grundsätzlich nicht zum Verlust der Kundschaft führt ein bloßer Umzug oder eine einstweilige Schließung, vgl. Lemeunir, Fonds de commerce, n°116. Andererseits bejaht die Rechtsprechung teilweise wenig kohärent die Übertragung eines fonds selbst dann, wenn die Kundschaft ausgenommen wird oder untergeht: Cass.com., 2. August 1949, JCP G 1949, II, n°5188. Diese Ausnahme in der Rechtsprechung erklärt sich aus Umgehungsversuchen des auf den fonds anwendbaren speziellen Regelungsregimes, vgl. Lévi, in: Lamy Droit commercial, Fonds de commerce, n°77.

175 Vgl. Ripert/Roblot, Droit commercial, n°446.

176 Vgl. Sonnenberger/Dammann, Französisches Handels- und Wirtschaftrecht, IV 10; Decocq, Droit commercial, n°430.

177 Ausführlich Lévi, in: Lamy Droit commercial, Fonds de commerce, n°78.

178 Kritisch Lévi, in: Lamy Droit commercial, Fonds de commerce, n°76 f.

179 Cass.req., 15. Februar 1937, DP 1938, I, S. 13.

180 Vgl. Cass.com., 13. März 1962, JurisData n° 1962-098158.

aus dem Jahr 1973 entschieden, dass bereits vor Eröffung einer von einem großen Mineralölhersteller verpachteten Tankstelle wegen dessen Bekanntheit eine Kundschaft vorliege, diese allerdings dem Hersteller und nicht dem Pächter zuzurechnen sei.[181] Nicht erforderlich ist eine bestimmte Anzahl von Kunden, wenige oder auch nur ein einziger können genügen.[182]

Die Kundschaft muss dem Geschäft zuzuordnen sein (*clientèle personelle*), sie darf nicht bloß durch die örtliche Lage des Ladengeschäftes angezogen werden und es darf sich nicht um von einem anderen Unternehmen abgeleitete Kundschaft (*clientèle derivée*) handeln. Dieses Merkmal bereitet insbesondere in Konstellationen Schwierigkeiten, in denen der Betreiber als Franchisenehmer oder sonstiger Vertriebspartner des Herstellers tätig wird oder sein Ladenlokal innerhalb eines größeren Komplexes wie einem Einkaufszentrum oder einem Supermarkt eröffnet (*commerce integré*).[183] Das Vorhandensein einer eigenen Kundschaft wird in der Rechtsprechung stark einzelfallbezogen beurteilt, wobei in jüngerer Zeit tendenziell geringere Maßstäbe angelegt werden:[184] So wird nun etwa auch dem Franchisenehmer –eine neben der Kundschaft des Franchisegebers bestehende– eigene Kundschaft zugesprochen.[185] Trotz einer günstigen örtlichen Anbindung an weitere Geschäfte rückt in gleicher Weise zunehmend die Attraktionsfähigkeit einer Kundschaft aufgrund der spezifischen eigenen Geschäftstätigkeit mehr in den Vordergrund, entscheidend ist eine weitestgehende Autonomie der Geschäftsführung.[186] Schließlich muss es sich um die Kundschaft eines Kaufmannes handeln (*clientèle commercial*), die im Gegensatz zu der Kundschaft der freien Berufe (*clientèle civile*) nicht nur von der persönlichen Qualifikation und Fähigkeit des Kaufmannes angezogen wird, sondern auch von objektiven Faktoren wie der Qualität der angepriesenen Waren oder Dienstleistungen oder der besonderen Lage oder Einrichtung des Geschäftes.[187]

---

[181] Cass.com., 27. Februar 1973, JurisData n° 1973-097101.

[182] Vgl. Cass. 3ème civ., 7. Dezember 1965, Bull.civ. III, n°630.

[183] Lévi, in: Lamy Droit commercial, Fonds de commerce, n°77.

[184] Vgl. Sonnenberger/Dammann, Französisches Handels- und Wirtschaftrecht, IV 10; Barret, Fonds de commmerce, n°24.

[185] Grundlegend Cass. 3ème civ. 27. März 2002, JurisData n°2002-013715; vgl. auch CA Paris, 4. Oktober 2000, D. 2001, 1718 f; Anm. Kenfack, D. 2001, 1719 ff; zustimmend Lemeunir, Fonds de commerce, n°111.

[186] Vgl. Cass. 3ème civ., 19. Januar 2005, n°03-15.283.

[187] Decocq, Droit commercial, n°431.

c *Verträge, Schulden und Forderungen*

Besondere Beachtung verdient schließlich die Frage, was mit laufenden Verträgen und im Rahmen des Geschäftsbetriebs entstandenen Schulden und Forderungen geschieht.

(1) Deutschland und England

Im Fall eines *Share Deals* verbleiben Schulden, Forderungen und sonstige Verträge der unternehmenstragenden Gesellschaft ohnehin bei dieser, so dass der Unternehmenskäufer diese in jedem Fall übernimmt. Im Fall eines *Asset Deals* ist der überleitungspflichtige Bestand im Wege der Auslegung zu ermitteln. Grundsätzlich gilt, dass eine weitestgehende Überleitung auf den Erwerber dann stattfindet, wenn der Unternehmenskaufvertrag einen nahezu vollständigen Übergang des Unternehmens bezweckt, der in seiner Intensität dem Kauf aller Anteile an der unternehmenstragenden Gesellschaft entspricht; nicht jedoch, wenn nur einzelne Vermögenswerte erworben werden.[188] Im englischen Recht existiert keine der aus dem amerikanischen Recht stammenden *trust funds doctrine* vergleichbare Regel, wonach die Gerichte den Unternehmenskäufer im Fall des Erwerbs eines weitreichenden Quantums der zum Unternehmensvermögen gehörenden Vermögenswerte zugleich zum Ausgleich der Unternehmensverbindlichkeiten heranziehen können.[189] Die gewünschte Übernahme der Verbindlichkeiten muss sich klar im Wege der Auslegung ergeben. Im Unterschied zu der Vermutung des grundsätzlichen Übergangs aller Unternehmenswerte im deutschen Recht ist jedoch die stärkere Wortlautorientierung und graduelle Höherbewertung der Privatautonomie im englischen Recht zu beachten, so dass sich der grundsätzlich gewünschte Übergang zumindest im Ansatz aus den vorhandenen Parteivereinbarungen ergeben muss. Im deutschen Recht ergibt sich eine gewisse Erleichterung für die Bestimmbarkeit der übergehenden Verbindlichkeiten zudem aus § 25 Abs. 1 S. 1 HGB, wonach der Erwerber bei Fortführung des Betriebes unter der bisherigen Firma grundsätzlich für alle im Betrieb begründeten Verbindlichkeiten des früheren Inhabers haftet, sofern nicht eine nach § 25 Abs. 2 HGB mögliche Enthaftungsvereinbarung getroffen wurde. Zur Ermittlung des konkreten Umfangs kann an Bilanzen und Handelsbücher ange-

---

188 Vgl. Hüffer, in: Staub Großkomm. HGB, Vor § 22 Rn. 15; Canaris, Handelsrecht, § 8 Rn. 11 ff; Knight, Acquisition of Private Companies and Business Assets, S. 195; Beswick and Wine, Buying and Selling Private Companies and Businesses, S. 244 f; üblicherweise wird ein derartiger Übergang dennoch ausdrücklich vereinbart, vgl. Sinclair on Indemnities 1-01.

189 Vgl. zum US-amerikanischen Recht Gaughan, Mergers, Acquisitions and Corporate Restructurings, S. 24.

knüpft werden kann.[190] Der übernommene Schuldenbestand soll sich nicht auf fällige und für den Erwerber unbekannte und völlig überraschende Schulden erstrecken; in Zweifelsfragen kann die Höhe des vereinbarten Kaufpreises Aufschluss geben.[191] Die auch dem bisherigen Schuldner gegenüber wirksame Abtretung einer Schuld erfordert die Zustimmung des jeweiligen Gläubigers.[192] Bei der Abtretung von Forderungen genügt anders als bei beweglichen Sachen deren Bestimmbarkeit.[193] Die Angabe von Höchstbeträgen kann nur im Hinblick auf einzelne Forderungen wirksam vereinbart werden, für die Abtretung von Forderungsgesamtheiten wie etwa Kundenforderungen müssen wie auch bei beweglichen Sachen gesonderte Vereinbarungen getroffen werden.[194] Die genannten Grundsätze können auf den Übergang sonstiger Verträge entsprechend angewendet werden, wobei wegen der damit auch verbundenen Schuldübernahme stets die Zustimmung des jeweiligen Vertragspartners erforderlich ist. Diese sollte bei für den Unternehmensbetrieb besonders wichtigen Verträgen wie Lizenz- oder sonstigen Vertriebsverträgen schon in einem frühen Verhandlungsstadium eingeholt werden.

(2) Frankreich

Im französischen Recht sind Schulden und Forderungen sowie sonstige Verträge ebenso wie Grundstücke aus dem überleitungspflichtigen Bestand des *fonds de commerce* ausgenommen, sofern die Vertragspartner keine gegenteilige Vereinbarung getroffen haben.

(a) Schulden und Forderungen

Zur Begründung dieses Ausschluss wird wie beim Ausschluss von Grundstücken auf die Nichterwähnung in den Vorschriften zur Verpfändung des *fonds* verwiesen. Ein eventuell vorhandener Pfandgläubiger soll sein Recht in Bezug auf die Aktiva selbst ausüben können, und nicht im Hinblick auf eine eventuell verbleibende positive Saldomasse.[195] Für den Verkauf besteht eine entsprechen-

---

[190] Hüffer, in: Staub Großkomm. HGB, Vor § 22 Rn. 26.

[191] Canaris, Handelsrecht, § 8 Rn. 12.

[192] Vgl. Beswick and Wine, Buying and Selling Private Companies and Businesses, S. 246; im deutschen Recht ist die Vorschrift des § 415 Abs. 1 BGB zur Schuldübernahme entsprechend heranzuziehen.

[193] Roth, in: MünchKomm BGB, § 398, Rn. 67 ff; Grüneberg, in: Palandt BGB, § 398 Rn. 14 ff.

[194] Vgl. BGHZ 71, 75, 79 f.

[195] Vgl. Lévi, in: Lamy Droit commercial, Fonds de commerce, n°53.

de Vorschrift zwar nicht, der Ausschluss von Passiva entsprach aber bereits vor Inkrafttreten der den *fonds de commerce* betreffenden Spezialgesetzgebung einer einheitlichen Handelspraxis und findet seine Erklärung im Wesentlichen in der Tatsache begründet, dass der *fonds* sich nicht als ein vom Vermögen seines Inhabers abtrennbares Zweckvermögen darstellt.[196] Eine dem § 25 HGB vergleichbare Vorschrift, die eine Zuordnung anlässlich der Geschäftstätigkeit entstandener Schulden und Forderungen zu dem Geschäft selbst ermöglicht, existiert im französischen Recht nicht. Dafür fehlt dem *fonds* die vermögensrechtliche Selbständigkeit vom Vermögen seines Inhabers. Eine gewisse Ausnahme ergibt sich aus Art. L 141-17 C.com., wonach der Erwerber, der nicht die vorgesehenen Publizitätsvorschriften einhält oder dem Verkäufer vor Ablauf der nach Veröffentlichung einzuhaltenden Zehntagesfrist den Kaufpreis zahlt, von dieser Verpflichtung gegenüber Dritten nicht frei wird.[197] Aus dem gleichen Grund sind auch Forderungen des Veräußerers ohne anderslautende vertragliche Vereinbarung nicht an den Erwerber abzutreten.[198] Obwohl einige Stimmen in der Literatur im Lauf des Geschäftsbetriebs des Veräußerers entstandene Forderungen grundsätzlich oder zumindest teilweise als generell mit dem *fonds de commerce* zu übertragende Bestandteile ansehen, hält der Kassationsgerichtshof doch an deren Auschluss fest.[199] Eine Ausnahme von diesem Grundsatz bejaht die Rechtsprechung bei Konkurrenzschutzklauseln, zu denen der Veräußerer sich anlässlich des Verkaufs seines *fonds de commerce* verpflichtet hat. Diese werden als Quasi-Bestandteil des *fonds* behandelt, so dass sich auch Rechtsnachfolger des Erwerbers direkt darauf berufen können sollen.[200] Werden sonstige Schulden und Forderungen übertragen, ist eine ausdrückliche Vereinbarung der Parteien notwendig. Es sind die jeweils einschlägigen Vorschriften zu beachten, um das Rechtsgeschäft auch Dritten gegenüber wirksam sein zu lassen.[201]

(b) Sonstige Verträge

Aus den vorgenannten Gründen sind auch von dem Unternehmensverkäufer geschlossene sonstige Verträge von der Übertragungspflicht grundsätzlich ausgenommen, selbst wenn diese wie im Fall von Lieferverträgen oder Patenten für den Bestand des *fonds de commerce* ausschlaggebend sind. Es bestehen jedoch einige gesetzliche Ausnahmen: Art. L 142-2 Abs. 1 C.com. ordnet für den Fall,

196 Vgl. Barret, Fonds de commerce, n°14; zur Rechtsnatur A. I. 2. b. (2).
197 Vgl. Lévi, in: Lamy Droit commercial, Fonds de commerce, n°54.
198 Vgl. Cass.com., 11. Juni 1981, n°79-16.748.
199 Cass.com., 11. Juni 1981, n°79.16.748.
200 Vgl. CA Lyon, 18. Dezember 1952, D. 1953, jur 241.
201 Barret, Fonds de commerce, n°114.

dass der Veräußerer den *fonds* in gemieteten Räumlichkeiten betreibt, ausdrücklich den Übergang des sogleich noch näher zu erläuternden Rechts der Geschäftsraummiete (*bail commercial*) auf den Erwerber an. Ferner gehen mit dem *fonds* nach Art. L 1224-1 C.trav. entsprechend der deutschen Vorschrift des § 613a BGB zum Betriebsübergang bestehende Arbeitsverhältnisse auf den Erwerber über, auch befristete.[202] Eine Abbedingung dieser Vorschrift ist selbst mit Zustimmung des betroffenen Arbeitnehmers nicht möglich.[203] Der Übergang bloß einzelner dem *fonds* zugehörender Vermögenswerte löst diese Rechtsfolge nicht aus.[204] Nach Art. L 121-10 Abs. 1 C.ass. geht bei Übertragung einer Sache zudem eine hierfür bestehende Versicherung auf den Erwerber über, ausgenommen sind nach Art. L 121-11 C.ass. Versicherungen für Kraftfahrzeuge. Generell fallen in den Anwendungsbereich der Vorschrift nur Schadensversicherungen für Sachen, nicht für Personen und auch keine sonstigen Versicherungen.[205] Der Übergang vollzieht sich von Rechts wegen, ein entsprechender Parteiwille oder die Beachtung irgendwelcher Formalitäten ist nicht notwendig.[206] Der Übergang sonstiger Verträge kann individualvertraglich vereinbart werden und erfordert die Zustimmung des Vertragspartners.[207]

(c) Ausnahme des Rechts der Geschäftsraummiete (*bail commercial*)

Eine wichtige Ausnahme von dem grundsätzlichen Ausschluss von Verträgen aus dem überleitungspflichtigen Bestand des Unternehmensvermögens stellt das Recht der Geschäftsraummiete (*bail commercial*) dar. Obgleich dieser Anspruch nicht zwingender Bestandteil eines *fonds de commerce* ist –schließlich kann der Betreiber seine Geschäftstätigkeit auch in eigenen Räumlichkeiten ausüben oder aus anderen Gründen ein gewerbliches Mietrecht nicht vorhanden sein– ist er doch als der neben der Kundschaft wichtigste anzusehen. Dies ergibt sich zum einen aus tatsächlichen Gründen, da eine gute örtliche Lage für den Erfolg der Geschäftstätigkeit vieler Unternehmen entscheidend ist, zum anderen aus rechtlichen Gründen, da gerade das gewerbliche Mietrecht für die rechtliche Konstruktion des *fonds de commerce* prägend ist. Der Anspruch auf Verlängerung des Mietvertrages wurde mit Dekret von 1953 eingeführt, nachdem mit Ende des zweiten Weltkrieges Gewerberaum knapp und die Unternehmensinhaber vor

---

202 Cass.com., 20. Juni 1962, n°61-40.342.

203 Cass.soc., 29. Januar 1981, n°79-40.825.

204 Cass.soc., 19. Dezember 1990, Bull.civ. V, n°677.

205 Vgl. Hugon, Gaz.Pal. 2009, 1763, 1768; Lévi, in: Lamy Droit commercial, Fonds de commerce, n°62.

206 Cass. 1ère civ., 23. Juni 1964, n°62-14.016; Lévi, in: Lamy Droit commercial, Fonds de commerce, n°62.

207 Vgl. Barret, Fonds de commerce, n°16, 114.

Spekulation mit gewerblich genutztem Raum geschützt werden sollten. Seitdem hat der Anspruch zahlreiche Änderungen erfahren, die allesamt der Stärkung der Rechte der Mieter dienten.[208] Heute erhält der Anspruch seine Bedeutung insbesondere durch die gerade in großen Städten bestehende Knappheit des gewerblich nutzbaren Raumes und den starken Anstieg der Gewerberaummieten. Das gewerbliche Mietrecht unterfällt grundsätzlich den Regelungen der Art. 1714 ff C.civ. über die Miete, als Ausnahmeregelungen sind die Sonderregelungen des C.com. eng auszulegen.[209] Es unterliegt zwingend dem an einem *fonds de commerce* zu bestellenden Pfandrecht und wird auch beim Unternehmenskauf nach Art. L 145-16 Abs. 1 C.com. ohne Zustimmungserklärung des Vermieters regelmäßig mitübertragen. Ein Ausschluss der Vorschrift ist demnach nicht möglich. Dem Mietrecht gleichgestellt sind alle Arten vertraglich begründeter Nutzungsrechte.[210] Dies ergibt sich auf gesetzlicher Grundlage ausdrücklich für das Immobiliar-Konzessionsrecht (*droit de concession immobilière*),[211] welches dem deutschen Erbbaurecht vergleichbar ist.

Der Anwendungsbereich der Vorschriften über das *bail commercial* wird durch ihren Schutzzweck determiniert, so dass stets der Betrieb eines Handelsgeschäfts mit der dafür erforderlichen eigenen Kundschaft notwendig ist. Liegen die Voraussetzungen vor, hat der Mieter einen Anspruch auf Verlängerung seines Mietvertrages, bei deren Verweigerung ihm grundsätzlich ein Schadensersatzanspruch zur Seite steht.[212] Dessen Höhe bemisst sich nach dem Wert des *fonds*. Der aus diesem faktischen Verlängerungszwang fließende hohe Schutz der Mieter gewerblich genutzter Räume und der damit einhergehende Bestandsschutz des *fonds de commerce* wird vielfach auch mit dem Schlagwort der „*propriété commerciale*“ zum Ausdruck gebracht.[213] Die Laufzeit eines gewerblichen Mietvertrages hat nach Art. L. 145-4 Abs. 1 C.com. mindestens neun Jahre zu betragen, wobei der Mieter den Vertrag alle drei Jahre kündigen und nach Abschluss des Mietvertrages auch einen Verzicht auf diese seinem Schutz dienenden Bestimmungen erklären kann. Dem Vermieter kommt ein zwischenzeit-

---

208 Die gesetzliche Sonderbehandlung des gewerblichen Mietrechts im Vergleich zum „gewöhnlichen“ Mietrecht des C.civ. nahm ihren Anfang allerdings bereits mit einem Gesetz vom 30. Juni 1926, das dem Mieter im Fall der Nichtverlängerung des Mietvertrages unter bestimmten Bedingungen einen Schadensersatzanspruch zugestand, hierzu und zu den zahlreichen Änderungen Decocq, Droit commercial, n°517.

209 Decocq, Droit commercial, n°520.

210 Lévi, in: Lamy Droit commercial, Fonds de commerce n°79.

211 Art. 51 Abs. 3 des Gesetzes L Nr. 67-1253 vom 30. Dezember 1967.

212 Ausnahmen gelten im Fall (schwerer) Vertragsbrüchigkeit des Mieters, bei Eigenbedarf des Vermieters und bei erforderlichen Baumaßnahmen, vgl. Decocq, Droit commercial, n°568.

213 Vgl. Lemeunir, Fonds de commerce, n°118; zum historischen Hintergrund Koch, Fonds de commerce, S. 65 ff.; kritisch Decocq, Droit commercial, n°519, der den Schutz der Mieter zu Lasten der Eigentümer für zu weitgehend hält.

liches Kündigungsrecht nur in Fällen zu, in welchen im weitesten Sinne bauliche Maßnahmen an dem Gebäude vorzunehmen sind. Nicht anzuwenden sind die Vorschriften über das *bail commercial* bei Mietverträgen, die bis zu einer Dauer von zwei Jahren abgeschlossen werden.[214] Gleiches gilt im Fall sog. *conventions d'occupation précaire*, also in Fällen, in denen der Gewerberaum bereits nach der faktischen Lage nur vorübergehend genutzt werden kann. Die Rechtsprechung hat entschieden, dass das Vorliegen einer prekären Situation sich nicht nur objektiv (etwa bei bevorstehender Enteignung) beurteilt, sondern auch im Fall rein subjektiver Gründe in der Person des Vermieters bejaht werden kann.[215] Dies ist in der Literatur kritisiert worden, da die Möglichkeit einer derartigen Vereinbarung den Schutz der das Recht der Geschäftsraummiete betreffenden zwingenden Vorschriften zu unterlaufen droht.[216] Verboten ist aber lediglich der generelle und absolute Ausschluss der Abtretung des Mietrechts *an einen potentiellen Erwerber*, weitere Einschränkungen im Einzelfall bleiben möglich.[217] Mit einer *clause d'agrément du cessionaire* kann sich der Vermieter zudem die Zustimmung hinsichtlich der Person des Zessionars vorbehalten, wobei eine Ablehnung des neuen Mieters nachvollziehbar zu begründen ist.[218] Damit die Abtretung des Mietrechts auch gegenüber dem Vermieter Wirkung entfaltet, müssen jedoch die für jede Forderungsabtretung einschlägigen Vorschriften der Art. 1690 ff C.civ. eingehalten werden, die bloße Zugehörigkeit zum *fonds de commerce* allein ist nicht ausreichend.

III Pflichtenprogramm des Unternehmensverkäufers

Das für den Unternehmenskauf abzusteckende Pflichtenprogramm des Verkäufers und dessen genaue Reichweite sind letztlich maßgebend für die rechtliche Verantwortlichkeit des Verkäufers in den untersuchten Vergleichsgruppen. Zu den Hauptpflichten des Unternehmensverkäufers gehört neben der im konkreten Fall von der gewählten Transaktionsstruktur abhängigen Übertragung des Unternehmensvermögens die Einweisung in den Tätigkeitsbereich, die den Käufer zur Fortführung der bisherigen operativen Tätigkeit in die Lage versetzen

[214] Diese Verträge sind allerdings nicht verlängerbar, selbst wenn die Gesamtlaufzeit eine Dauer von zwei Jahren nicht überschreitet. Verbleibt der Mieter nach Ablauf der Mietzeit vom Vermieter unwidersprochen in den Räumlichkeiten, soll erneut eine Laufzeit von 9 Jahren beginnen, wobei der Mieter nach Erwerb dieses Rechts wiederum verzichten kann, vgl. Decocq, Droit commercial, n°525.

[215] CA Paris, 24. September 1991, D. 1992, somm 369.

[216] Vgl. Decocq, Droit commercial, n°525.

[217] Vgl. Lévi, in: Lamy Droit commercial, Fonds de commerce, n°81.

[218] Vgl. Barret, Fonds de commerce, n°47; Cass. 3ème civ., 2. Oktober 2002, n°01-02.035.

soll. Ferner kommen in unterschiedlichem Umfang weitere Pflichten wie Wettbewerbsverbote oder Aufklärungspflichten in Betracht.

1 Übertragung des Unternehmensvermögens

Der Verkäufer hat das Unternehmensvermögen in vorgenanntem Umfang auf den Käufer zu übertragen. Auf welche Weise dies geschieht, hängt von der jeweiligen Transaktionsstruktur ab. Bei einem *Asset Deal* erstreckt sich die Übertragungspflicht, soweit nicht der Kaufvertrag eine anderweitige Vereinbarung enthält oder besondere Umstände eine andere Auslegung nahelegen, im deutschen und englischen Recht grundsätzlich auf sämtliche dem Unternehmensvermögen angehörenden Vermögenswerte, wobei im englischen Recht an die Annahme konkludenter Parteivereinbarungen höhere Anforderungen gestellt werden. Im französischen Recht gibt die spezialgesetzliche Ausgestaltung des *fonds de commerce* das zu übertragende Unternehmensvermögen –zumindest was die materiellen Unternehmenswerte betrifft– in weitem Umfang vor. Schließlich wird das zur Unternehmensübertragung erforderliche Pflichtenprogramm des Verkäufers durch die Regelung des Eigentumsübergangs in der jeweiligen Rechtsordnung konkretisiert.

a Übertragung von Gesellschaftsanteilen

Im Rahmen eines *Share Deals* hat der Verkäufer seine an der unternehmenstragenden Gesellschaft bestehenden Beteiligungsrechte auf den Erwerber zu übertragen, was durch eine entsprechende Abtretung zu bewerkstelligen ist (vgl. §§ 398 ff BGB, Art. 1689 ff C.civ., s 136 *Law of Property Act* 1925). Die Übertragung der Beteiligungsrechte dient letztlich der Überleitung der Gesellschafterstellung, die aus einem Komplex verschiedener Rechte und Pflichten besteht.[219] Unabhängig von der Rechtsform der unternehmenstragenden Gesellschaft ist jedenfalls das Kapitalkonto, das die Beteiligung an Vermögen, Ertrag und Willensbildung in der Gesellschaft verkörpert, auf den Erwerber zu übertragen.[220] Im deutschen Recht erstreckt sich diese Verschaffungspflicht entspre-

---

219 Vgl. Semler, in: Handbuch Unternehmens- und Beteiligungskauf, VII Rn. 100 ff.

220 Vgl. Semler, in: Handbuch Unternehmens- und Beteiligungskauf, VII Rn. 100, 104: Inwieweit demgegenüber bei den Personengesellschaften weitere Gesellschafterkonten auf den Erwerber zu übertragen sind, ist eine Frage der individuellen Vereinbarung.

chend § 433 Abs. 1 S. 2 BGB auf die Rechtsmängelfreiheit der Beteiligungsrechte.[221]

b Übertragung der einzelnen Vermögenswerte in Deutschland und England

Da das Unternehmen wie gesehen nicht als Rechtsobjekt im BGB verankert ist und auch im englischen Recht nicht *uno actu* übertragen werden kann, sind die einzelnen Bestandteile nach den jeweils einschlägigen Vorschriften auf den Erwerber überzuleiten. Bestehen Abgrenzungsschwierigkeiten zwischen dem Unternehmensvermögen und dem Privatvermögen des Verkäufers, kann die Bilanz als Auslegungshilfe herangezogen werden. Wurde aus Anlass des Unternehmensübergangs nicht ohnehin eine Übernahmebilanz erstellt, kann auf den letzten Jahresabschluss zurückgegriffen werden.[222] Der Nutzen der Heranziehung der Bilanz zur Ermittlung der Übertragungspflicht ist jedoch gerade im deutschen Recht eingeschränkt, als bei einer Bilanzierung nach den Grundsätzen ordnungsgemäßer Buchführung nach HGB erhebliche Werte nicht bilanzierungsfähig oder jedenfalls nicht bilanzierungspflichtig sind und im Übernahmevertrag gesondert aufgeführt werden müssen.[223] Zudem sind im deutschen Recht Minderkaufleute nach § 4 Abs. 1 HGB zur Aufstellung einer Bilanz von vornherein nicht verpflichtet. Werte, die erst nach dem vereinbarten Bilanzstichtag entstanden sind, können schließlich überhaupt nicht buchmäßig ausgedrückt werden.[224] Insbesondere die immateriellen Vermögenswerte sind in dem Vertrag genau zu beschreiben. Wegen des Zustimmungserfordernisses des Vertragspartners (entsprechend § 415 BGB)[225] kann die Verschaffungspflicht des Verkäufers im Fall überzuleitender Verträge nur dahingehen, auf die Erteilung der Zustimmung durch seinen Vertragspartner hinzuwirken.[226]

---

221 Inwieweit daneben auch das Sachmängelgewährleistungsrecht Anwendung finden kann, ist umstritten und wird im Rahmen der anwendbaren Normen erörtert, A. IV. 2.

222 Canaris, Handelsrecht, § 8 Rn. 7; Hüffer, in: Staub Großkomm. HGB, Vor § 22 Rn. 18.

223 Vgl. Beisel/Klumpp, Unternehmenskauf, 4. Kap. Rn. 29.

224 Ausführlich Hüffer, in: Staub Großkomm. HGB, Vor § 22 Rn. 19 ff.

225 Im deutschen Recht entsprechend § 415 BGB, vgl. Grüneberg, in: Palandt BGB, § 415 Rn. 3: Genehmigung oder Einwilligung; zum englischen Recht Knight, Acquisition of Private Companies and Business Assets, S. 209, 210 f.

226 Lieb, in: MünchKomm HGB, Anh. § 25 Rn. 22; vgl. auch Beisel/Klumpp, Unternehmenskauf, 4. Kap. Rn. 31.

c *Übertragung des fonds de commerce im französischen Recht*

Die Verpflichtung zur Übergabe der Kaufsache wird in Art. 1604 ff C.civ. konkretisiert. Nach Art. 1604 C.civ. ist unter Lieferung die Übergabe des Vertragsgegenstandes in die Verfügungsgewalt und den Besitz des Käufers zu verstehen. Diese Definition ist insofern unscharf, als sie sich weder auf den Übergang des Eigentums noch auf den Besitzübergang, wie ihn das deutsche Recht kennt, bezieht. Gemeint ist alleine die tatsächliche Gewahrsamsverschaffung.[227] Da es sich beim *fonds de commerce* um ein bewegliches Immaterialgut handelt und eine tatsächliche Übergabe somit nicht möglich ist, vollzieht sich der Besitzübergang nach Art. 1607 C.civ. durch eine im Einvernehmen mit dem Veräußerer erfolgende Rechtsübertragung. Die Überleitung der Kundschaft erfolgt durch die nachfolgend erörterte Einweisung in den Tätigkeitsbereich. Da es sich dabei um das den *fonds de commerce* prägende Element handelt, führt die vollständige oder auch nur teilweise Nichtübertragung in jedem Fall zur Nichterfüllung der Übergabeverpflichtung.[228] Die Übergabe der materiellen Bestandteile des *fonds de commerce* wie Ladeneinrichtung oder Waren ist nach Art. 1606 C.civ. durch eine tatsächliche Übergabe zu bewirken, kann im Einzelfall aber auch durch ein entsprechendes Einvernehmen ersetzt werden, wenn eine Übergabe derzeit nicht möglich ist oder wenn der Käufer die Sache bereits in seiner Verfügungsgewalt hat. Eine genaue Aufstellung der auf den Erwerber zu übertragenden Vermögenswerte ergibt sich trotz der spezialgesetzlichen Ausgestaltung des *fonds de commerce* auch in der französischen Rechtspraxis meist aus einem zum Unternehmenskaufvertrag genommenen Anhang. Im Fall einer Ungenauigkeit der vertraglichen Abrede sind die auf den Erwerber zu übertragenden Vermögenswerte anhand der äußeren Umstände wie auch der sonstigen vertraglichen Vereinbarungen zu ermitteln.[229] Flankiert wird diese Verpflichtung durch die noch zu erörtende Pflicht zur zeitweisen Überlassung der Buchhaltungsunterlagen. Da diese selbst nicht Bestandteil des *fonds* sind, werden sie von der Übertragungspflicht nicht erfasst.

d *Übergang des Eigentums*

Im deutschen Recht geht das Eigentum erst mit einem entsprechenden Publizitätsakt auf den Erwerber über. Das diesem Ergebnis zugrunde liegende Trennungs- und Abstraktionsprinzip ist der englischen und französischen Rechtsordnung nicht bekannt. Im französischen Recht vollzieht sich der Eigentumsüber-

---

[227] Vgl. Antonmattei/Raynard, Contrats spéciaux, n°174.
[228] Cass.com., 24. November 1992, RTD com. 1993, 489, n°5.
[229] CA Caen, 28. März 2002, RTD com. 2002, 651, n°2.

gang auf Grundlage des Konsensualprinzips bereits mit Abschluss des Kaufvertrages, weshalb die Verschaffung des Eigentums nicht im eigentlichen Sinne zu den Verkäuferpflichten zählt.[230] Der Eigentumsübergang vollzieht sich nach Art. 1583 C.civ. unabhängig davon, ob der Vertragsgegenstand in diesem Zeitpunkt bereits geliefert oder bezahlt worden ist.[231] Da der Verkäufer also bereits mit Abschluss des Kaufvertrages regelmäßig sein Eigentum verliert und somit die Gefahr des finanziellen Ausfalls des Käufers trägt, hält das französische Recht für den wirtschaftlich bedeutsamen Fall der Veräußerung eines *fonds de commerce* ein besonders ausgestaltetes Sicherungsmittel des Verkäufers in Form eines sog. Verkäuferprivilegs (*privilège du vendeur*) bereit.[232] Ferner steht dem Verkäufer im Fall der Nichtzahlung des Kaufpreises die Möglichkeit der Auflösung des Kaufvertrages (*action résolutoire*) zu.[233] Der Käufer wiederum trägt ab diesem Zeitpunkt die Gefahr der Verschlechterung oder des zufälligen Untergangs des Vertragsgegenstandes.[234] Dem Verkäufer obliegt bis zur tatsächlichen Besitzergreifung durch den Käufer zwar eine Bewahrungspflicht, eine Verpflichtung zum Schadensersatz bei Verschlechterung, Beschädigung oder Untergang des Vertragsgegenstandes kommt aber nur bei entsprechendem Verschulden in Betracht.[235] Um die hieraus resultierenden Risiken zu vermeiden sehen die französischen Unternehmenskaufverträge oft einen abweichenden Zeitpunkt des Eigentumübergangs vor, der dann meist mit dem Zeitpunkt der tatsächlichen Besitzeinsetzung zusammenfällt.[236]

Vergleichbar ist die Regelung des Eigentumsübergangs im englischen Recht: Ein „*sale of goods*“ wird für den Warenkauf nach der Legaldefinition in s 2 (1) SOGA 1979 als ein Vertrag definiert, wodurch sich der Verkäufer zur

---

230 Vgl. Mainguy, Contrats spéciaux, n°151; vgl. auch Barret, Fonds de commerce, n°215 zu den Rechtsfolgen bei mehrmaligem Verkauf.

231 Historischer Hintergrund ist eine allmähliche Aufweichung des aus dem römischen Recht übernommenen Trennungsprinzips, durch Umkehrung des Regel-/Ausnahmeverhältnisses eines schon damals möglichen Übergabesurrogat in Verbindung mit der Vereinbarung eines Besitzkonstituts durch entsprechende Vertragsklauseln, wonach der Gesetzgeber des Code civil die damals gängige Praxis auch als den gesetzlichen Regelfall festgeschrieben hat; vgl. Malaurie/Aynès/Gautier, Contrats spéciaux, n°252. Die Vorschrift unterliegt aber nicht dem ordre public und kann daher abbedungen oder modifiziert werden. Zum Eigentumsübergang an Anteilsrechten ausführlich Mémento Expert Cession de parts et actions, n° 75000 ff.

232 Zum Verkäuferprivileg Ripert/Roblot, Droit commercial, n°547 ff. Dieses erstreckt sich nur auf diejenigen Unternehmenswerte, die im Unternehmenskaufvertrag ausdrücklich als solche bestimmt werden, was einen hohen Anreiz zur präzisen Beschreibung des Vertragsinhalts darstellt, vgl. Sonnenberger/Dammann, Französisches Handels- und Wirtschaftsrecht, IV 44.

233 Vgl. Reygrobellet, Fonds de commerce, n°65.11.

234 Vgl. Barret, Fonds de commerce, n°215.

235 Vgl. Cass.com., 12. Mai 2004, n°01-11.735.

236 Barret, Fonds de commerce, n°217.

Übertragung des Eigentums an bestimmten Gütern gegen Erbringung einer Gegenleistung in Geld verpflichtet. Ein Vergleich mit einem Kaufvertrag iSd § 433 BGB liegt nahe, jedoch greift dieser Schluss zu kurz. Der Begriff bezeichnet nicht das schuldrechtliche Verpflichtungsgeschäft nach deutschem Rechtsverständnis, sondern den Eigentumsübergang. Das zugrunde liegende obligatorische Geschäft wäre nach englischer Rechtsterminologie als „*agreement to sell*" zu bezeichnen.[237] Ein gesonderter rechtsgeschäftlicher Akt ist zum Übergang des Eigentums jedoch nicht mehr erforderlich.[238] Der Eigentumsübergang bei einem Kauf bestimmt sich nach den Absichten der Vertragspartner.[239] An diese wird ein objektiver Maßstab angelegt: So bestimmt etwa s 17 (2) SOGA 1979 für den Warenkauf, dass zum Zwecke der Bestimmung der Absicht der Vertragsschließenden die konkreten Vertragsbestimmungen, das Verhalten der Parteien und die Umstände des konkreten Einzelfalls in die Betrachtung einzubeziehen sind. Sind keine Hinweise auf die Absichten der Parteien erkennbar, stellt s 18 SOGA 1979 eine Vermutung dahingehend auf, dass im Fall eines unbedingten Kaufvertrages über in einem lieferbaren Zustand befindliche bestimmte Vermögensgegenstände das Eigentum mit Vertragsschluss übergeht. Die Reichweite dieser Vermutungswirkung hat sich im Lauf der Zeit jedoch gelockert, so dass die Gerichte heute bei entsprechenden Anhaltspunkten eher zu einer gegenteiligen Betrachtung bereit sind.[240] Aufgrund der Koinzidenz des Gefahrübergangs mit dem Eigentumsübergang sind entsprechende Zirkelschlüsse in der Rechtsprechung nicht selten anzutreffen.[241] Eine derartige Konstruktion entspricht jedenfalls regelmäßig den Interessen der Vertragspartner eines Unternehmenskaufvertrages und die Praxis sieht regelmäßig eine entsprechende Regelung des Eigentumsübergangs vor.

2 Einweisung in den Tätigkeitsbereich

Neben der Verpflichtung zur Übertragung des Unternehmensvermögens hat der Verkäufer dem Käufer diejenigen Informationen zu übermitteln, die diesem die Fortführung der bisherigen operativen Tätigkeit ermöglichen und das Wertschöpfungspotential des Unternehmens für ihn nutzbar machen.[242] Dazu gehört

---

237 S 2, insbesondere (5) SOGA 1979; im Einzelnen Sealy, in: Benjamin's Sale of Goods, 1-025 ff.

238 Vgl. Graf von Bernstorff, Einführung in das englische Recht, S. 81.

239 Mukwiri, Commercial Contracts, S. 140; Cartwright, Contract Law, S. 51.

240 Bridge, Sale of Goods, 3.06 ff.

241 Vgl. Triebel/Hodgson/Kellenter/Müller, Englisches Handels- und Wirtschaftsrecht, Rn. 227.

242 H.P. Westermann, in: MünchKomm BGB, § 453 Rn. 42; Gieseke, Rechtsbegriff des Unternehmens, S. 36, 43; Weidenkaff, in: Palandt BGB, § 433 Rn. 34.

zunächst eine tatsächliche Einweisung des Unternehmenkäufers, deren konkrete Reichweite sich im Wesentlichen danach beurteilt, ob das Unternehmen im Wege eines *Asset* oder *Share Deals* übergeht. Im französischen Recht trifft den Verkäufer bei einem *Asset Deal* darüber hinaus eine weitere spezifische Verpflichtung zur Überlassung vorhandener Buchhaltungsunterlagen, die aus der spezialgesetzlichen Ausgestaltung des *fonds de commerce* resultiert.

a Tatsächliche Einführung des Käufers

Der Verkäufer muss nach deutschem und französischem Rechtsverständnis über alle Umstände aufklären, die zur Fortführung der Betriebstätigkeit von Bedeutung sind. Dazu gehört etwa die Unterrichtung über Bezugsquellen, Absatzwege, Produktionsverfahren und den Kundenstamm.[243] Entsprechende Unterlagen sind selbst dann herauszugeben, wenn es sich um Betriebs- oder Geschäftsgeheimnisse handelt.[244] Die Überleitung der Kundschaft kann durch eine Vorstellung des Käufers als neuen Inhabers oder durch Mitteilung der Namen und Adressen der Kunden geschehen. Der Verkäufer hat sich aus dem Unternehmen zurückzuziehen und es dem Erwerber insgesamt zu ermöglichen, dessen Geschicke selbst zu lenken.[245] Im französischen Recht wird der Übergang maßgeblich durch das den Verkäufer in der Folgezeit im Rahmen der Eviktionshaftung treffende Wettbewerbsverbot bewerkstelligt.[246] Bei der Einweisungspflicht handelt es sich im deutschen Recht nicht um eine bloße Nebenpflicht zur Übertragung des Unternehmensvermögens. Sie ist vielmehr Hauptpflicht, die den Unternehmenskauf als Vertragstyp vom Kauf einer reinen Sach- und Rechtsgesamtheit unterscheidet.[247] Etwas anderes kann ausnahmsweise dann gelten, wenn der Erwerber das Unternehmen nicht fortführen möchte, und einer Einweisung in die Unternehmenstätigkeit daher gar nicht bedarf.[248] Erfolgt der Unternehmenskauf im Wege eines *Share Deals*, kommt der Einweisung in den Tätigkeitsbereich keine vergleichbare Bedeutung zu, da die maßgeblichen immateriellen Geschäftswerte wie *Know-how* und Kenntnisse und Fertigkeiten der Mitarbeiter meist in Unterlagen der unternehmenstragenden Gesellschaft verkörpert sein werden und dem Erwerber als neuem Gesellschafter daher bereits zur Verfügung stehen.[249] So-

---

243 Hüffer, in: Staub Großkomm. HGB, Vor § 22 Rn. 17; Grunewald, NZG 2003, 372.

244 RGZ 107, 171.

245 Alpmann-Pieper, in: juris PK-BGB, § 453 Rn. 23.

246 Reygrobellet, Fonds de commerce, n°64.14; Lévi, in: Lamy Droit commercial, Fonds de commerce, n°641.

247 Hüffer, in: Staub Großkomm. HGB, Vor § 22 Rn. 16; anders Gaul, ZHR 166 (2002) 35, 55.

248 Vgl. BGH NJW 1972, 2123 (Baader).

249 Semler, in: Handbuch Unternehmens- und Beteiligungskauf, VII Rn. 85.

weit im Zuge der Unternehmensübertragung auch eine personelle Neubesetzung des Geschäftsführungsorgans erfolgt, ist für eine geeignete Einweisung des Erwerbers Sorge zu tragen.[250] Wie detailliert die Einweisung zu erfolgen hat, ist freilich vom tatsächlichen Informationsstand des Veräußerers abhängig: Ist dieser als nicht geschäftsführender Gesellschafter eines als Kapitalgesellschaft errichteten Unternehmensträgers über die laufende Geschäftstätigkeit nur bedingt informiert, werden an die geschuldeten Einweisungshandlungen geringere Anforderungen zu stellen sein, als wenn der Veräußerer zugleich mit Geschäftsführungsangelegenheiten betraut war und der Erwerber nun in diese Position nachrücken soll.[251] Im englischen Recht wird die Frage einer Einweisungspflicht in den Tätigkeitsbereich –soweit ersichtlich– nicht diskutiert. Der Sache nach wird man den Verkäufer aber auch dort für verpflichtet halten müssen, den Käufer zur Fortsetzung der bisherigen Geschäftstätigkeit faktisch in die Lage zu versetzen. Diese Pflicht wird sich jedoch insgesamt enger in Anlehnung an die sonstigen vertraglichen Vereinbarungen gleichsam als Annex ergeben. Es dürfte ihr daher, sofern nicht eine dahingehende vertragliche Vereinbarung vorliegt, kein vergleichbar eigenständiger Charakter wie in den kontinental-europäischen Rechtsordnungen zuzugestehen sein.

b Übergabe von Buchhaltungsunterlagen

Nach Art. L 141-2 Abs. 1 C.com. hat der Verkäufer zusammen mit dem Käufer am Tage der Übertragung des *fonds de commerce* alle Buchhaltungsunterlagen (*documents comptables*) durchzugehen, die der Verkäufer während der drei letzten dem Verkauf des *fonds* vorausgehenden Geschäftsjahre geführt hat. Bei einer geringeren Betriebszeit die während dieser geführten, ebenso wie eine Aufstellung der monatlichen Umsätze zwischen dem Abschluss des letzten Geschäftsjahres und dem der Veräußerung des *fonds* vorangehenden Monats.[252] Der Begriff der Buchhaltungsunterlagen ist nicht abschließend und erstreckt sich auf alle Dokumente, die zu führen der Verkäufer von Rechts wegen verpflichtet ist, ebenso wie auf zusätzlich vorhandene freiwillig geführte Dokumente.[253] Zum Beweis dieser Durchsicht ist eine Inventarliste zu erstellen, von der jeder Partei eine Abschrift auszuhändigen ist. In der Praxis wird die gemeinsame Durchsicht jedoch meist durch eine die Kenntnisnahme bestätigende Unterschrift auf der Inventarliste ersetzt.[254] Diese Unterlagen hat der Veräußerer dem Erwerber so-

250 Semler, in: Handbuch Unternehmens- und Beteiligungskauf, VII Rn. 85.

251 Vgl. Lieb, in: MünchKomm HGB, Anh. § 25 Rn. 119.

252 Im Einzelnen handelt es sich hierbei um das livre-journal, das livre d'inventaire und das grand livre, vgl. Lévi, in: Lamy Droit commercial, Fonds de commerce, n°64.

253 Reygrobellet, Fonds de commerce, n°62.382.

254 Mazan/Samson, JCP E 2009, n°19, S. 9, 12.

dann für die Dauer von drei Jahren zur Verfügung zu stellen, beginnend mit der Übertragung des *fonds*. Ein Übergang des Eigentums hieran ist damit nicht verbunden. Da diese Buchhaltungsunterlagen gegenüber dem Erwerber keiner Vertraulichkeit unterliegen,[255] kann der Verkäufer seiner Pflicht auch durch Bereitstellung der Buchhaltungsunterlagen bei einem Dritten nachkommen, solange einer tatsächlichen Konsultation kein Hindernis entgegensteht.[256] Der Käufer kann diese Verpflichtung nach Art. 1184 C.civ. durchsetzen.[257] Hintergrund dieser Vorschrift ist der Schutz des Käufers: Ihm soll zum einen die Möglichkeit der Überprüfung der Angaben des Verkäufers und zur eigenen Beurteilung des Wertes des gekauften *fonds de commerce* an die Hand gegeben werden, zum anderen sollen ihm im Fall eines notwendigen Prozesses gegen den Verkäufer aufgrund der diesem obliegenden Garantiehaftung bereits die notwendigen Beweismittel zugänglich gemacht werden.[258] Schwierigkeiten können sich ergeben, wenn sich der veräußerte *fonds de commerce* als Niederlassung oder sonstiger Bestandteil eines größeren Unternehmens darstellt und über keine gesonderte Buchführung verfügt. In diesem Fall soll es es ausreichend sein, im Kaufvertrag hierauf hinzuweisen und einen Verzicht des Käufers zu vereinbaren, den dieser nach Vertragsschluss zu erklären hat.[259] Die Unterlassung der genannten Verkäuferpflicht hat keine weiteren Konsequenzen; sie führt jedenfalls nicht zur Nichtigkeit des Kaufvertrages.[260] Die besondere Bedeutung der Vorschrift liegt darin begründet, dass im Fall der Nichtzugänglichmachung eine Beweislastumkehr anzunehmen sein soll, und der Beweis für die Richtigkeit des im Rahmen der im Folgenden noch zu erläuternden Pflichtangaben zu stellenden Zahlenmaterials dann dem Verkäufer obliegt.

3 Wettbewerbsverbot

Im französischen Recht wird der Unternehmenskäufer durch die Eviktionshaftung umfassend vor Beeinträchtigungen durch den Verkäufer geschützt. Deren wichtigste Ausprägung stellt in tatsächlicher Hinsicht ein auch ohne gesonderte vertragliche Abrede bestehendes Wettbewerbsverbot dar, welches den Käufer umfassend schützt und in zeitlicher Hinsicht praktisch nicht limitiert ist. Wegen seiner weitreichenden Bedeutung erfolgt eine umfassende Darstellung im Rahmen der Ausführungen zur französischen Eviktionshaftung.[261] Entsprechendes

---

255 Cass. 1ère civ., 27. Januar 1993, n°91-12.640.
256 Cass.com., 16. März 1993, n°90-21.527.
257 Reygrobellet, Fonds de commerce, n°62.386.
258 Reygrobellet, Fonds de commerce, n°62.381.
259 Paillusseau/Caussain/Lazarski/Peyramaure, Cession d'entreprise, n°725.
260 Barret, Fonds de commerce, n°150.
261 Siehe unten D I 2 c (2) (b).

gilt bei einem Unternehmenskauf im Wege des *Share Deals*, insoweit das gesetzliche Gewährleistungsrecht und damit auch die Grundsätze der Eviktionshaftung zur Anwendung kommen.
Die deutsche und englische Rechtsordnung sehen ein vergleichbar umfassendes Wettbewerbsverbot hingegen nicht vor. Auch im deutschen Recht kann der Verkäufer ohne gesonderte Vereinbarung zur Unterlassung von Wettbewerb verpflichtet sein. Die rechtliche Begründung wird teilweise generell in den Grundsätzen von Treu und Glauben (§ 242 BGB) erblickt, teilweise etwas konkreter als vertragliche Nebenpflicht iSd § 241 Abs. 2 BGB definiert.[262] Eine derartige Verpflichtung ist beim Unternehmenskauf anzunehmen, soweit die Unterlassung von Wettbewerb zur Überleitung des Unternehmens auf den Erwerber erforderlich ist, wenn also anderenfalls der Vertragszweck gefährdet würde.[263] Das kann jedoch allenfalls bei Eingriffen in den „Unternehmenskern" der Fall sein, etwa wenn dem Unternehmenskäufer die erworbenen Kundenbeziehungen durch die Konkurrenztätigkeit wieder entzogen oder wesentlich beeinträchtigt werden.[264] In zeitlicher Hinsicht dürfte eine Frist von zwei Jahren die Grenze der Erforderlichkeit in den weitaus meisten Fällen erreichen.[265] Die Annahme eines bereits von Gesetzes wegen bestehenden Wettbewerbsverbots wird also weitaus limitierter als im französischen Recht gehandhabt. Inwieweit der Verkäufer auch im Fall der Unternehmensveräußerung im Wege eines *Share Deals* zur Unterlassung von Wettbewerb verpflichtet ist, hängt ebenso wie die Reichweite einer Verpflichtung zur Einweisung in den Tätigkeitsbereich davon ab, inwieweit der Erwerber in eine Leitungsfunktion aufrücken soll.[266]

Das englische Recht sieht ein unabhängig von einer konkreten Parteivereinbarung bestehendes Wettbewerbsverbot zugunsten des Unternehmenskäufers überhaupt nicht vor. Die im Vergleich zu den kontinental-europäischen Rechtsordnungen graduell höhere Wertigkeit der Privatautonomie führt im Gegenteil dazu, dass wettbewerbsbeschränkende Klauseln als Beschränkung des freien Handels generell für unwirksam gehalten werden.[267] Die Vereinbarung einer entsprechenden Regelung (*restraint clause*) ist in der Vertragspraxis jedoch üblich und die Gerichte sind im Bereich des Unternehmenskaufs eher bereit, derartige Vereinbarungen aufrechtzuerhalten, als dies bei vergleichbaren Klauseln in Arbeitsverträgen der Fall ist.[268] Die Konkurrenzschutzklausel muss jedenfalls so ausgestaltet sein, dass sie den Interessen des Unternehmenskäufers in der

---

262 Vgl. Alpmann-Pieper, in: juris PK-BGB, § 453 Rn. 24.
263 Vgl. Renner, DB 2002, 1143 mwN.
264 Hüffer, in: Staub Großkomm. HGB, Vor § 22 Rn. 30; Gierke/Sandrock, Handels- und Wirtschaftsrecht, § 16 I 2.
265 Vgl. Renner, DB 2002, 1143, 1146.
266 Vgl. Lieb, in: MünchKomm HGB, Anh. § 25 Rn. 119.
267 Vgl. Stilton, Sale of Shares and Businesses, 18.12.2.
268 Beswick and Wine, Buying and Selling Private Companies and Businesses, S. 216.

eigenen Nutzbarmachung des erworbenen *good will* unterstützt. Dazu muss sie den Umständen nach angemessen sein und darf insbesondere nicht in räumlicher, zeitlicher oder sachlicher Hinsicht über das zum Schutz des Unternehmenskäufers erforderliche Maß hinausreichen.[269] Üblich sind Verbote, Kunden, Lieferanten oder Arbeitnehmer des veräußerten Unternehmens für eigene Zwecke zu umwerben oder in sonstiger Weise in Konkurrenz zu treten.[270] Die Angemessenheit ist stets anhand der konkreten Umstände des Einzelfalls zu beurteilen, so dass bei einem sehr kleinen relevanten Markt selbst ein weltweites Wettbewerbsverbot berechtigt sein kann.[271] Es findet sinngemäß jedenfalls das aus dem deutschen Recht der Allgemeinen Geschäftsbedingungen bekannte Verbot geltungserhaltender Reduktion Anwendung, so dass eine nicht mehr den Umständen angemessene Konkurrenzschutzklausel von den Gerichten auch nicht mehr insoweit aufrechterhalten wird, als die den Unternehmensverkäufer treffende Verpflichtung noch angemessen wäre.[272] Auf eine entsprechend sorgfältige Formulierung ist daher zu achten.

4 Aufklärungspflichten

Im Grundsatz gilt in allen drei verglichenen Rechtsordnungen in unterschiedlicher Reichweite das *caveat emptor*-Prinzip, wonach der Käufer sich hüten und den Gegenstand des Kaufvertrages genau untersuchen muss, so dass gesonderte Aufklärungspflichten nur in besonderen Fallkonstellationen anzuerkennen sind. Die in jüngerer Zeit zu beobachtende tatsächliche Zunahme und Verdichtung anerkannter Aufklärungspflichten des Verkäufers ist weniger auf eine gesetzliche Grundlage zurückzuführen, als auf Vorgaben der Rechtsprechung.[273] Diese Entwicklung betrifft freilich in erster Linie den täglichen Warenaustausch im Rahmen von Verbrauchsgütergeschäften und weniger ein individuell geprägtes Rechtsgeschäft wie den Unternehmenskauf, denn generell gilt, dass sich Umfang und Intensität der zu beachtenden Aufklärungspflichten nach den beteiligten Verkehrskreisen richten. Im Bereich der Übertragung eines *fonds de commerce* allerdings sieht das französische Recht in Art. L 141-1 Abs. 1 Nr. 1-5 C.com. spezielle mitteilungspflichtige Umstände und Sachverhalte (*mentions obligatoires*) vor, an deren Fehlerhaftigkeit oder Unterlassung besondere

---

[269] McKendrick, Contract Law, 15.14; zur Vertragsgestaltung auch Wilkinson, LS Gaz (1989), 25. Januar, 86 (18); das überwiegende Fallrecht zur erlaubten Reichweite von Wettbewerbsverboten findet sich jedoch im Arbeitsrecht, siehe etwa Huntley, EdinLR 2007, 246 ff.

[270] Stilton, Sale of Shares and Businesses, 18.12.1.

[271] Vgl. Nordenfelt v Maxim Nordenfelt [1894] AC 535.

[272] Stilton, Sale of Shares and Businesses, 18.12.5.

[273] Zum französischen Recht Malaurie/Aynès/Gautier, Contrats spéciaux, n°270.

Rechtsfolgen geknüpft sind.[274] Beim Unternehmenskauf mitteilungspflichtige Umstände werden in der Vergleichsgruppe der fehlerhaften Abschlussangaben angesprochen.

IV Anwendbare Normen

Das auf den Unternehmenskauf anwendbare Normengeflecht ist ebenso wie das Pflichtenprogramm des Verkäufers Grundlage der Reichweite der rechtlichen Verantwortlichkeit des Unternehmensverkäufers für etwaige Mängel. Dies gilt insbesondere für die Vergleichsgruppe der fehlerhaften Abschlussangaben, da eventuelle Gewährleistungsrechte dort nicht an das materielle Unternehmenssubstrat angeknüpft werden können. Maßgeblich zur Bestimmung der anwendbaren Normen ist die Art des Erwerbsvorgangs, ob also das Unternehmen im Wege eines *Asset* oder *Share Deals* erworben wird.

1 Asset Deal

Die Bestimmung der auf den *Asset Deal* anwendbaren Regelungen erfolgt aufgrund der spezialgesetzlichen Ausgestaltung des Kaufs eines *fonds de commerce* in den verglichenen Rechtsordnungen auf höchst unterschiedliche Weise. Wegen der weitreichenden systematischen Unterschiede zu den kontinentaleuropäischen Rechtsordnungen sind insbesondere die im englischen Recht heranzuziehenden Rechtsgrundlagen näher zu erläutern.

a Frankreich

Im französischen Recht wird der Unternehmenskauf im Wege des *Asset Deals* durch eine weitgehende spezialgesetzliche Regelung geprägt. Wesentliche Regelungsgrundlage war bis vor wenigen Jahren ein mehrfach ergänztes Gesetz vom 17. März 1909, das den Verkauf, die Einbringung in eine Gesellschaft und die Verpfändung des *fonds de commerce* zum Gegenstand hatte. Daneben enthielt ein Gesetz vom 29. Juni 1935 zum Zwecke des Gläubigerschutzes spezielle Vorgaben zur Bestimmung des Kaufpreises. Durch Dekret vom 30. September 1953 war zudem ein mit einer gewissen dinglichen Wirkung versehenes Mietrecht für gewerblich genutzte Räumlichkeiten (*bail commercial*) geschaffen

[274] Kritisch Mazan/Samson, JCP E 2009, n°19, S. 9, 13, die sich für die Ersetzung dieser Pflichtmitteilungen zugunsten einer allgemeineren Informationspflicht aussprechen.

worden, um auch denjenigen Unternehmensinhaber zu schützen, der sein Geschäft nicht in eigenen Räumlichkeiten betreibt. Die hier nicht weiter interessierende Verpachtung des *fonds de commerce* (*location-gérance*) wurde durch ein Gesetz vom 20. März 1956 reglementiert. Diese Regelungswerke wurden mittlerweile –ebenso wie das Insolvenz- und weite Teile des Gesellschaftsrechts–[275] im Zuge gesetzgeberischer Bemühungen zu einer einheitlichen Kodifikation des Handelsrechts durch *Ordonnance* vom 18. September 2000 in den *Code de commerce* integriert.[276] Die nunmehr in Art. L 141-1 bis L. 144-13 C.com. enthaltenen Regelungen betreffend den *fonds de commerce* wurden durch Dekret vom 25. März 2007 durch eine überarbeitete *partie réglementaire* ergänzt und vervollständigt.[277] Die Vorschriften betreffend die Geschäftsraummiete befinden sich nun in Art. L 145-1 ff C.com.[278] Als spezialgesetzliche Regelung besteht daneben nur noch ein Gesetz vom 6. Januar 1986 fort, welches ein Leasing (*crédit-bail*) des *fonds* ermöglicht.[279] Materielle Veränderungen waren mit dieser Kodifikation nicht bezweckt, auch wenn einige hinfällig gewordene Bestimmungen abgeschafft und insgesamt eine Herabstufung vormals formell legislativer Normen in die *partie regelmentaire* des C.com. stattgefunden hat.[280] Jegliche Rechtsunsicherheit hat mit den damit verbundenen Veränderungen jedoch nicht beseitigt werden können.[281] Diese speziellen Regelungen betreffend den *fonds de commerce* finden keine Anwendung, wenn eine Übertragung des Unternehmens sich im Wege des Umwandlungsrechts vollzieht.[282] Daneben finden die den Kauf regelnden Art. 1582 ff C.civ. auf den *fonds de commerce* ebenso Anwendung wie die sonstigen allgemeinen Vorschriften über die Geschäftsfähigkeit und ähnliche Sachverhalte, die in der Systematik des BGB dem Allgemeinen Teil unterfallen.[283] Durch die positivrechtliche Ausgestaltung ist zudem eine umfangreiche Rechtsprechung in diesem Zusammenhang ergangen. Die meisten Urteile ergehen durch die Handelskammer des Kassationsgerichtshofes, aber auch durch die anderen Zivilkammern, insbesondere durch die dritte Zivilkammer, die für Sachverhalte betreffend das Recht der Geschäftsraummiete zuständig ist.[284]

---

275 Vgl. Hübner/Constantinesco, Einführung in das französische Recht, S. 235 f.

276 Vgl. Legeais, Droit commercial, n°17.

277 Dekret Nr. 2007-431 bzgl der partie réglementaire des C.com.

278 Zur gesetzgetzgeberischen Umsetzung Auque, JCP G 2000, S. 2003 f.

279 Vgl. Sonnenberger/Dammann, Französisches Handels- und Wirtschaftrecht, IV 1.

280 Vgl. Lemeunir, Fonds de commerce, n°106; zu dieser Regelungstechnik Malinvaud, Introduction à l'étude du droit, n°110 ff.

281 Vgl. Legeais, Droit commercial, n°17.

282 Vgl. CA Paris, 10. April 1986, Rev. sociétés 1986, 428.

283 Vgl. Lemeunir, Fonds de commerce, n°106.

284 Vgl. Reygrobellet, Fonds de commerce, n°02.21.

b Deutschland

Im deutschen Recht bestimmt sich die gesetzliche Gewährleistungshaftung auch des Unternehmensverkäufers grundsätzlich nach den allgemeinen kaufrechtlichen Vorschriften. Vor Inkrafttreten des SMG ist die Einordnung des Verpflichtungsgeschäftes zur Übertragung eines Unternehmens im Wege der Singularsukzession als Kauf immer wieder in Zweifel gezogen worden, da § 433 BGB a.F. seinem Wortlaut nach keine Sachgesamtheiten erfasste und der Verpflichtete einer Unternehmensübertragung gegen Entgelt neben der Übertragung der einzelnen Vermögenswerte als spezifische Pflicht auch die zuvor erörterte Einweisung in den Tätigkeitsbereich schuldet. Gerade weil die maßgeblichen unkörperlichen Geschäftswerte keiner Übertragung im Rechtssinne zugänglich sind, wurde in der Literatur die Ansicht vertreten, der Vertrag über die Übertragung eines Unternehmens gegen Entgelt sei als Werkvertrag, als Dienstvertrag oder als Vertrag eigener Art einzuordnen.[285] Demgegenüber ordneten die herrschende Lehre und die Rechtsprechung den Vertragstyp der Unternehmensübertragung gegen Entgelt zwanglos als Kaufvertrag iSd § 433 BGB ein.[286] So urteilte bereits das Reichsgericht, dass die Vorschriften über den Kauf auf die Übertragung von Unternehmen entsprechende Anwendung finden, da der Gesetzgeber neben Sachen und Rechten andere Kaufgegenstände nicht habe ausschließen wollen.[287] Mit Inkrafttreten des SMG ist dieses Problem hinfällig geworden, da sich aus der Gesetzesbegründung zweifelsfrei ergibt, dass das Unternehmen als „sonstiger Gegenstand“ iSd § 453 Abs. 1 Var. 2 BGB der entsprechenden Anwendung der kaufrechtlichen Vorschriften unterfällt.[288] Die bereits zuvor gegen die Anwendung des kaufrechtlichen Gewährleistungsrechts vorgebrachten Bedenken sind damit keineswegs gegenstandslos geworden. Ob eine für die entsprechende Anwendung erforderliche vergleichbare Interessenlage vorliegt wird im jeweiligen Zusammenhang zu untersuchen sein.

[285] Darstellung des Meinungsstandes mwN bei Hommelhoff, Sachmängelgewährleistung, S. 5 ff; ders., ZHR 150 (1986) 255, 272 ff.

[286] So bereits RGZ 63, 57 (Fischladen); vgl. auch RGZ 67, 86 (Absteigequartier) und BGH NJW 1959, 1584, 1585; NJW 1977, 1538, 1539; NJW 1979, 33.

[287] RGZ 63, 57 (Fischladen); eine direkte Anwendung wurde wegen der bloß nebensächlichen Bedeutung der Übertragung der Sachgüter hingegen abgelehnt.

[288] BT-Drucks 14/6040, S. 242 und 208. Die Vorschrift betrifft zudem nur das Verpflichtungsgeschäft, ihr kann nicht entnommen werden, dass das Unternehmen zu einem einheitlichen Rechts- und Verfügungsobjekt geworden ist, das in einem einzigen Akt übertragen werden kann, weiterhin sind sämtliche Bestandteile dem sachenrechtlichen Bestimmtheitsgrundsatz genügend einzeln auf den Erwerber zu übertragen, vgl. Wolf/Kaiser, DB 2002, 411.

c England

Das englische Rechtssystem des *Common Law* unterscheidet sich von den kontinental-europäischen Rechtsordnungen in derart signifikanter Art und Weise, dass zunächst in der gebotenen Kürze ein Überblick über die Grundlagen des englischen Rechtssystems gegeben werden soll, bevor auf das für den Unternehmenskauf zur Verfügung stehende Normenmaterial einzugehen sein wird.[289] Dem Begriff des *Common Law* wohnen mehrere Bedeutungsinhalte inne, die einer näheren Betrachtung bedürfen. In seiner allgemeinsten Bedeutung bezeichnet der Begriff das englische Rechtssystem in Abgrenzung zu den Rechtsordnungen, die durch das *Civil Law* geprägt sind. Damit bezeichnete man in England früher das römische Recht, heute versteht man darunter insbesondere die kontinental-europäischen Rechtsordnungen.[290] Auf dieser Bedeutungsebene zeichet sich das *Common Law* vor allem dadurch aus, dass der im Lauf der Jahrhunderte gewachsene Korpus an Fallrecht neben dem Gesetzesrecht als gleichrangige Rechtsquelle anzusehen ist.[291]

(1) Das System des Common Law

Auf einer konkreteren Ebene ist der Begriff des *Common Law* von den weiteren Rechtsquellen der *Equity* und des *Statute Law* abzugrenzen. Die Nachzeichnung der historischen Entwicklung des Systems der englischen Rechtsquellen würde den Rahmen dieser Arbeit sprengen. Es muss an dieser Stelle die –notwendig stark vereinfachte– Feststellung genügen, dass sich das *Common Law* in seiner Bedeutung als *Case Law* nach der normannischen Eroberung Englands als dem ganzen Land „gemeines", königliches Recht im Lauf der Zeit gegenüber dem örtlichen Recht durchsetzte. Aus der ihm immanenten Schwäche, ein Rechtsmittel nur bei Bestehen eines geeigneten Verfahrens zur Durchsetzung des verletzten Rechts zu gewähren, entstand im Lauf der Zeit die *Equity*. Dabei handelt es sich um ein freilich nicht geschlossenes System von Entscheidungen, die von

---

289 Der wesentliche Unterschied zwischen den kontinental-europäischen und dem angloamerikanischen Rechtskreis liegt insgesamt weniger in unterschiedlichen formalen oder materiellen Aspekten, als in einer unterschiedlichen methodischen Herangehensweise, vgl. Rheinstein, Rechtsvergleichung, S. 100 f, deren Verständnis jedoch zumindest auch eine formale Kenntnis der Unterschiede erfordert. Grundrissartige Darstellungen zur englischen Rechtsgeschichte aus der deutschsprachigen Literatur etwa bei Will, in: David/Grasman (Hrsg), Rechtssysteme der Gegenwart, S. 436 ff; Zweigert/Kötz, Rechtsvergleichung, § 14.

290 Slapper/Kelly, English Legal System, 1.3.1.

291 Gillespie, English Legal System, S. 61.

dem Streben nach Einzelfallgerechtigkeit geprägt sind.[292] Abzugrenzen ist das *Common Law* schließlich vom *Statute Law*. Das auch in England existierende und in jüngerer Zeit beträchtlich zunehmende Gesetzesrecht wird nach traditioneller Auffassung als eigenständiger Korpus von Normen verstanden, der neben und unabhängig vom *Common Law* existiert, auf dessen Entwicklung keine Auswirkungen hat und dem nicht die Schaffung genereller Prinzipien des Rechts zuerkannt wird.[293] Diese Rolle kommt vielmehr dem *Common Law* in seiner inhaltlichen Bedeutung als *Case Law* zu. Während der Richter in den kontinental-europäischen Rechtsordnungen das vom Gesetzgeber verabschiedete Recht zwar auslegt, letztlich aber nur auf den zur Entscheidung stehenden Sachverhalt anwendet, ist der Richter des *Common Law* nach dortigem Verständnis zu einer originären Entscheidungsfindung berufen.[294] Den englischen Gesetzen kommt demgegenüber nur eine untergeordnete Bedeutung zu, sie korrigieren einzelne unerwünschte Auswirkungen, die die Fortführung einer bestimmten Rechtsprechung sonst zeitigen würde oder fassen einzelne Bereiche kodifikationsähnlich zusammen, wie etwa einzelne später näher zu erörternde Bestimmungen des Kaufrechts im SOGA 1979.[295] Die Unterschiede in der richterlichen Entscheidungsfindung dürfen jedoch nicht überbewertet werden, zum einen orientieren sich auch in den kontinental-europäischen Rechtsordnungen die Gerichte an den Entscheidungen der höheren Instanzen, zum anderen haben auch die englischen

---

292 Auch wenn dies für den im deutschen Recht ausgebildeten Juristen Assoziationen mit der höchstrichterlichen Entscheidungspraxis zu § 242 BGB hervorruft, darf das System der Equity hiermit keinesfalls gleichgesetzt werden. Ein geschlossenes System von Treu und Glauben ist dem englischen Recht bis heute nicht bekannt, auch wenn mittlerweile vereinzelte gegenläufige Tendenzen erkennbar sind und eine zukünftige Integration des Gutglaubenkonzepts in das englische Recht zwar nicht dem Namen nach, wohl aber in der Sache heute nicht mehr so fernliegend erscheint wie dies noch vor einigen Jahren der Fall war, vgl. Brownsword, Positive, Negative, Neutral: the Reception of Good Faith in English Contract Law, in: Brownsword/Hird/Howells (Hrsg), Good Faith in Contract, S. 13 ff. Mit dem 1875 in Kraft getretenen Judicature Act wurden zwar die Common Law-Gerichte und die Gerichte der Equity im High Court of Justice zusammengeführt und obwohl die Grundsätze des Common Law und der Equity heute von allen Gerichten angewendet werden, besteht die formale Trennung der Rechtsquellen fort, vgl. Smith & Keenan's English Law, S. 11.

293 Der Einfluss der Gesetzgebung auf die Grundsätze des Common Law ist dennoch nachweisbar, vgl. etwa Atiyah, MLR 48 (1985) 1, 6 ff und Beatson, LQR 117 (2001) 247, 251 ff.

294 Vgl. Alexander/Sherwin, Judges as Rule Makers, in: Edlin (Hrsg), Common Law Theory, S. 27 ff; Scarman, MLR 30 (1967) 1 ff; Kötz, in: FS Heldrich, S. 771, 774 ff; vgl. auch Kirby, LQR 123 (2007) 379 ff, 397 ff zum Urteilsstil und der besonderen Bedeutung von dissenting opinions.

295 Vgl. Bridge, Sale of Goods, 1.11 ff unter Hinweis auf s 62 (2) SOGA; Radbruch, Der Geist des englischen Rechts, S. 9 f; Triebel/Hodgson/Kellenter/Müller, Englisches Handels- und Wirtschaftsrecht, Rn. 35.

Gerichte durch die Möglichkeit des *distinguishing*, eines Differenzierens der jeweiligen Faktenlage, ein wirksames Instrument zur Hand, um von unliebsamen Entscheidungen der Obergerichte abweichen zu können.[296] Die Bindung an Präzedenzfälle ist in den letzten Jahren zudem auch im englischen Recht etwas gelockert worden; zumindest das *House of Lords* sieht sich an eigene frühere Urteile nicht mehr gebunden.

(2) Das englische Vertragsrecht

Das englische Privatrecht unterteilt sich traditionell nur in das Vertragsrecht (*law of contract*) und das Deliktsrecht (*law of tort*).[297] Eine eigenständige Existenz hat sich daneben nur noch das Bereicherungsrecht erworben (*law of unjust enrichment/restitution*).[298] Bereits der maßgebliche Begriff des Vertragsrechts macht deutlich, dass der Zugang des englischen Rechts zu der Rechtsmaterie, die auf dem Kontinent unter der enger gefassten Bezeichnung des Kaufrechts behandelt wird, ein anderer ist. Das englische Recht kennt keine vergleichbare Unterscheidung verschiedener vertraglicher Schuldverhältnisse wie dies in den kontinental-europäischen Rechtsordnungen der Fall ist. Diese uns bekannte, ursprünglich aus dem klassischen römischen Recht stammende Unterscheidung, wonach eine Vereinbarung nur durchgesetzt werden konnte, wenn sie einer der bekannten Vertragsarten entsprach, hat sich im englischen Recht nicht durchsetzen können.[299] Die auf einen Vertrag anwendbaren Rechtsregeln sind im Wesentlichen für alle Vertragsarten gleichermaßen im Fallrecht zu finden, wenn nicht ausnahmsweise gesetzliche Vorgaben bestehen, die das *Common Law* modifizieren oder ergänzen.[300] Vor diesem Hintergrund erklärt sich auch die Tatsache, dass die maßgeblichen Gerichtsentscheidungen zwar auch, aber nicht nur Kaufverträge betreffen. Entscheidungen, die speziell den Unternehmenskauf

---

296 Vgl. Zweigert/Kötz, Rechtsvergleichung, § 18 I ff.

297 Der Bereich der torts im englischen Recht reicht weit über das dem deutschen Juristen vertraute Recht der unerlaubten Handlungen hinaus, und umfasst neben deliktischen Schadensersatzansprüchen auch Herausgabe- und Unterlassungsansprüche sowie solche aus EBV, vgl. Graf von Bernstorff, Einführung in das englische Recht, S. 106.

298 Vgl. zu dieser Klassifizierung des Privatrechts Burrows, Dividing the Law of Obligations, in: Understanding the law of Obligations, S. 1 ff; Weinrib, The Juridical Classification of Obligations, in: Birks (Hrsg), Classification of Obligations, S. 37, 54 f; Tettenborn, An Introduction to the Law of Obligations, S. 3 ff; Samuel, Law of Obligations, S. 48 ff.

299 Triebel/Hodgson/Kellenter/Müller, Englisches Handels- und Wirtschaftsrecht, Rn. 63.

300 Cartwright, Contract Law, S. 53.

zum Gegenstand haben sind ohnehin eher selten zu finden.[301] Das bedeutet freilich nicht, dass das englische Recht nicht auch verschiedene Arten von Verträgen anerkennt. Die Herangehensweise und der Zugang, den der englische Jurist sich zu einem Vertragswerk schafft, ist von der Herangehensweise in den kontinental-europäischen Rechtsordnungen jedoch gänzlich verschieden. Das englische Recht typisiert nämlich nicht gedanklich zunächst den Inhalt eines Schuldverhältnisses, um daraus abstrakte Rechte und Pflichten der Parteien ableiten zu können, sondern ermittelt diese im Hinblick auf den konkreten Parteiwillen, ein weiteres Beispiel für die höhere Wertigkeit der Privatautonomie im englischen Privatrecht.

(a) SOGA 1979 und Case Law

Im Bereich des Kaufrechts besteht mit dem SOGA 1979 zwar ein positivrechtlicher Normenkomplex, dieser ist jedoch nicht mit der umfassenden positivrechtlichen Regelung vergleichbar, die das Rechtsgeschäft „Kauf" im BGB oder im *Code civil* erfahren hat. Ein umfassendes Gewährleistungsrecht in dem Sinne, wie es dem kontinental-europäischen Juristen vertraut ist, kennt das englische Recht nicht. Die negative Abweichung der Ist-Beschaffenheit von der vertraglich geschuldeten Soll-Beschaffenheit wird dort durch das weitere Konzept eines *breach of contract* sanktioniert, in welchem die wenigen sogleich erörterten *terms implied by statute* nur wenige gesetzliche Vorgaben enthalten. Die Anwendbarkeit des SOGA 1979 auf den Unternehmenskauf ist zudem sehr beschränkt. Sie kann im Rahmen eines *Asset Deals* allenfalls in Betracht kommen, wenn es sich bei den veräußerten Vermögensgegenständen um bewegliche Vermögensgüter des Anlage- oder Umlaufvermögens wie Maschinen oder Waren handelt.[302] Immobile Vermögenswerte, Forderungen und sonstige immateriellen Vermögenswerte als „*things in action*" sind von dessen Anwendungsbereich nach s 61 (1) ausdrücklich ausgenommen. Alle anderen den Käufer interessierenden Belange wie bestehende Verträge oder laufende Prozesse, umweltrechtliche oder steuerrechtliche Fragen oder solche der Geschäftsführung werden von der gesetzlichen Regelung nicht erfasst und sind über das bestehende Fallrecht zu lösen, das daher innerhalb der einschlägigen Rechtsgrundlagen auch den breitesten Raum einnimmt.[303] Aufgrund dieser Pluralität und des nicht geschlossenen Systems der maßgeblichen Rechtsquellen ist es zumindest missver-

[301] So auch Knight, Acquisition of Private Companies and Business Assets, S. 159 im Hinblick auf das in der Vergleichsgruppe der fehlerhaften Abschlussangaben zu behandelnde Recht der misrepresentation.

[302] Vgl. Sinclair on Indemnities, 1-01.

[303] Vgl. Beatson, LQR 117 (2001) 247, 250; Due Diligence, Disclosures and Warranties in the Corporate Acquisition Practice, S. 137.

ständlich, in diesem Zusammenhang von einem gesetzlichen Gewährleistungsrecht zu sprechen. Eine gesetzliche Grundlage im kontinental-europäischen Verständnis hält das englische Recht nur im Bereich der fehlerhaften Abschlussangaben in Form von s 2 (1) *Misrepresentation Act 1967* bereit, die für den Unternehmenskauf im Wege eines *Asset* oder *Share Deals* gleichermaßen Anwendung findet.

(b) Lückenfüllung durch implied terms

Das weitgehende Fehlen eines im Fall fehlender, lückenhafter oder unwirksamer Parteivereinbarung zur Verfügung stehenden dispositiven Regelungsgeflechts wird teilweise durch die Möglichkeit der Gerichte zur ergänzenden Vertragsauslegung durch *implied terms* ausgeglichen, die in Verträge einer bestimmten Art stets hineingelesen werden.[304] Dieser Prozess als Teil der Vertragsauslegung erfordert die Würdigung des Vertragswerks im Ganzen.[305] Zu unterscheiden sind solche Vertragsbestandteile, die die Vertragspartner selbst vereinbart hätten, hätten sie in der konkreten Situation daran gedacht (*terms implied in fact*)[306] und solche, die die Rechtsordnung aufgrund einer typisierenden Betrachtung bei einer bestimmten Art von Rechtsgeschäft stets als von den Parteien gewollt unterstellt, ungeachtet dessen, ob diese dem Parteiwillen im Einzelfall auch tatsächlich entsprechen (*terms implied in law*).[307] Im Ergebnis führt diese Vorgehensweise also doch zu einer gewissen Typisierung einzelner Vertragsverhältnisse, die dem auf einzelne Vertragsverhältnisse in den kontinental-europäischen Rechtsordnungen anwendbaren dispositiven Normengeflecht zwar nicht in der Dichte der Regelung entsprechen, aber zumindest vergleichbar sind.

(aa) Terms implied by statute

Die Entwicklung der durch den Gesetzgeber als typischerweise von den Vertragsparteien gewollten Vereinbarungen lässt sich im Bereich des Kaufrechts am anschaulichsten beschreiben: Traditionell galt in diesem Bereich das *caveat emptor*-Prinzip, wonach der Käufer das Risiko der Verwendbarkeit des Vertragsgegenstandes zu tragen und diesen daher vor Vertragsschluss einer einge-

---

[304] Vgl. Triebel/Hodgson/Kellenter/Müller, Englisches Handels- und Wirtschaftsrecht, Rn. 64; Cartwright, Contract Law, S. 55; ausführlich zu deren Kategorisierung Grobecker, Implied Terms, S. 74 ff.

[305] Vgl. A-G of Belize v Belize Telecom Ltd [2009] 2 All ER 1127.

[306] Vgl. Shirlaw v Southern Foundries [1939] 2 KB 206, 227.

[307] Vgl. Hivac Ltd v Park Royal Scientific Instruments Ltd [1946] Ch 169.

henden Untersuchung zu unterziehen hatte.[308] Im Lauf der Zeit entwickelte sich jedoch eine abweichende Vertragspraxis, wonach der Verkäufer, der um einen bestimmten durch den Käufer beabsichtigten Verwendungszweck wusste, regelmäßig auch eine entsprechende Tauglichkeit des Vertragsgegenstandes schuldete.[309] Ebenso wurde als stillschweigend vereinbart die Tatsache anerkannt, dass der Verkäufer zur Verfügung über den Kaufgegenstand befugt war.[310] Diese *implied terms* wurden schließlich in ss 12-15 SOGA 1893 kodifiziert und finden sich heute in dessen konsolidierter Fassung aus dem Jahr 1979 an gleicher Stelle.[311] Im vorliegenden Zusammenhang von besonderem Interesse ist s 14 (2) SOGA 1979. Die Norm stellt das Kernstück der englischen Gewährleistungshaftung dar und verpflichtet den Verkäufer zur Lieferung der geschuldeten Ware in handelsüblicher Qualität (*merchantible quality*), sofern er den Käufer nicht vor Vertragsschluss auf bestehende Abweichungen hingewiesen oder der Käufer die Ware vor Vertragsschluss untersucht hat und die in Rede stehende Abweichung bei dieser Untersuchung erkennbar gewesen wäre. Maßgeblich ist nach s 14 (2A) eine Beschaffenheit des Kaufgegenstandes, die ein verständiger Käufer mit Rücksicht auf eine eventuelle Beschreibung der vertragsgegenständlichen Waren, den Preis und sonstige relevante Umstände erwarten würde. Nach s 14 (2B) ist unter anderem weiterhin auf die Eignung zur üblichen Verwendung abzustellen, was insgesamt der gewöhnlichen Verwendungseignung und üblichen Beschaffenheit iSv § 434 Abs. S. 1 Nr. 2 BGB entspricht. Maßgeblich ist mithin die Verkehrsauffassung.[312] Ein Pendant zu der Tauglichkeit zu einer vertraglich vorausgesetzten Verwendungseignung iSv § 434 Abs. 1 S. 1 Nr. 1 BGB findet sich in s 14 (3) SOGA 1979, wobei die dort angesprochene konkrete Verwendungseignung entsprechendes Vertrauen des Käufers voraussetzt.

Diese Vorschrift findet jedoch nur dann Anwendung, wenn das in Rede stehende Geschäft im Rahmen des Geschäftsbetriebs abgeschlossen wurde (*in the course of a business*). Ansonsten bleibt es bei dem in s 14 (1) SOGA 1979 zum Ausdruck kommenden *caveat emptor*-Prinzip und eine bestimmte vertraglich geschuldete Qualität oder Tauglichkeit kann nicht erwartet werden. Section 14 (2) SOGA 1979 wird generell weit ausgelegt, erfasst sind jedenfalls sowohl Geschäfte, die integraler Bestandteil der Geschäftstätigkeit sind, als auch solche,

---

308 Vgl. Goode on Commercial Law, S. 200; Cheshire, Fifoot & Furmston's Law of Contract, S. 176.

309 Vgl. Jones v Bright [1829] 5 Bing 533.

310 Vgl. Eichholz v Bannister [1864] 17 CBNS 708.

311 Ausführlich zur Entwicklung der implied terms im Kaufrecht Mitchell, LQR 117 (2001) 645 ff.

312 Vgl. Triebel/Hodgson/Kellenter/Müller, Englisches Handels- und Wirtschaftsrecht, Rn. 239.

die mit einer gewissen Regelmäßigkeit anfallen.[313] Es ist jedoch nicht erforderlich, dass die in Rede stehende Art von Geschäft regelmäßig vorgenommen wird, noch dass verkaufte Gegenstände ihrer Art nach der üblichen Geschäftstätigleit zugehören, noch dass das konkrete Geschäft überhaupt dem Unternehmensgegenstand entspricht.[314] Ob der Verkauf eines Unternehmens unter die Vorschrift fällt, ist –soweit ersichtlich– noch nicht abschließend geklärt.[315] Ein schottisches Urteil hat dies jedoch im Hinblick auf den Verkauf einer Farm mit allen ihren Vermögenswerten bejaht.[316] Auch in der englischen Literatur wird im Zweifel ein Handeln im Rahmen des Geschäftsbetriebes angenommen und die Beweislast des Gegenteils dem Verkäufer auferlegt.[317] Durch die beschränkte Anwendbarkeit des SOGA 1979 auf den Unternehmenskauf aber können die genannten *implied terms* ohnehin nur in besagtem Umfang Anwendung finden.

(bb) Terms implied by the courts

Auch abseits dieser gesetzlichen Vorgaben erkennen die Gerichte im Einzelfall stillschweigende vertragliche Vereinbarungen an (*terms implied by the courts*).[318] Bei einem Dienstvertrag etwa schuldet der Dienstverpflichtete eine sorgfältige Ausführung der ihm übertragenen Aufgaben,[319] bei einem Vertrag über möblierten Wohnraum soll stillschweigend vereinbart sein, dass die Räumlichkeiten zu Beginn der Mietzeit für diesen Zweck hinreichend tauglich sind.[320] Im Bereich des Unternehmenskaufs sind von der Rechtsprechung typischerweise anerkannte Pflichten der Vertragsparteien jedoch nicht ersichtlich.

(3) Zwischenergebnis

Zusammenfassend ist festzustellen, dass das englische Recht nur über ein lückenhaftes Geflecht dispostiver Regelungen verfügt, auf das die Partner eines Unternehmenskaufvertrags im Fall fehlender, lückenhafter oder unwirksamer

[313] Reynolds, in: Benjamin's Sale of Goods, 11-027; Mukwiri, Commercial Contracts, S. 152.
[314] Goode on Commercial Law, S. 327 f.
[315] Knight, Acquisition of Private Companies and Business Assets, S. 194.
[316] Buchanan-Jardine v Hamilink [1983] SLT 149.
[317] Bridge, Sale of Goods, 7.36.
[318] Cheshire, Fifoot & Furmston‘s Law of Contract, S. 181, ausführlich Burrows, MLR 31 (1968) 390 ff.
[319] Vgl. Harmer v Cornelius [1958] 5 CBNS 236.
[320] Vgl. Collins v Hopkins [1923] 2 KB 617; zum Ganzen auch Sinclair on Indemnities, 1-02 ff.

eigener Vereinbarungen zurückgreifen können. Insbesondere bei einem Unternehmenskauf im Wege des *Share Deals*, auf den wie gesehen nicht einmal die wenigen relevanten Vorschriften des SOGA 1979 anwendbar sind, kommt das dem englischen Recht traditionell immanente *caveat emptor*-Prinzip noch voll zum Tragen. Zur Wahrung der Rechtsposition des Unternehmenskäufers ist die Vereinbarung entsprechender Garantien und Freistellungen folglich von wesentlicher Bedeutung. Vor diesem Hintergrund erklärt sich auch die Praxis der anglo-amerikanischen Vertragsgestaltung mit ihren langen, detailreichen Vertragswerken.[321] In welchem Umfang Garantien gewährt werden, ist eine Frage des Einzelfalls. Wegen der stets mit einem *Share Deal* verbundenen Übernahme auch der Verbindlichkeiten der unternehmenstragenden Gesellschaft sind diese in diesem Bereich regelmäßig zahlreicher und weitreichender.[322] Die Vorteile des *Case Law*-Systems, flexibel zu einer Entscheidung des streitigen Sachverhalts zu finden, stellen zugleich den größten Nachteil dar.[323] Aus der auf den Einzelfall zugeschnittenen Entscheidungsbegründung ist die Ableitung allgemeiner Prinzipien nicht einfach und die konkrete Reichweite einer Rechtsprechung oft erst mit einer weiteren Entscheidung in einem ähnlich gelagerten Sachverhalt möglich, was in der Praxis nicht selten zu erheblicher Rechtsunsicherheit führen kann.[324]

2 Share Deal

Der Kauf von Gesellschaftsbeteiligungen, sei es an Personen- oder Kapitalgesellschaften, stellt sich zunächst als Rechtskauf dar. Geht mit den Anteilen zugleich die unternehmerische Leitungsmacht auf den Erwerber über und stellt sich der Anteilskauf somit zugleich als Unternehmenskauf dar, sind die Kriterien zu bestimmen, nach welchen sich der Übergang der unternehmerischen Kontrolle bemisst. Weiterhin stellt sich die Frage, inwieweit der Verkäufer neben Mängeln der Anteile auch für Mängel des von der unternehmenstragenden Gesellschaft betriebenen Unternehmens rechtlich einzustehen hat.

---

321 Bugg, Contracts in English, 1.5; Merkt, in: FS Sandrock, S. 657, 658 ff; Lundmark, RIW 2001, 187 ff; Triebel, RIW 1998, 1 ff; Voß, Warranties in Unternehmenskaufverträgen, S. 32 ff; Knight, Acquisition of Private Companies and Business Assets, S. 134, 340; Beswick and Wine, Buying and Selling Private Companies and Businesses, S. 185.

322 Statt vieler von Bismarck, in: Corporate Acquisitions and Mergers, S. 21.

323 Schon der große englische Rechtshistoriker Maitland sprach von einem „ stumbling forward in our empirical fashion, blundering into wisdom“, zitiert nach Radbruch, Der Geist des englischen Rechts; S. 9. Eine weniger strenge Handhabung der doctrine of precedent wurde schon lange befürwortet, vgl. etwa Milsom, LQR 81 (1965) 497, 517.

324 Vgl. Buxton, LGR 125 (2009) 60, 61 ff.

a Deutschland

Mit der primären Pflicht zur Übertragung der verkauften Beteiligungen stellt sich der Anteilskauf nach deutschem Rechtsverständnis zunächst als klassischer Rechtskauf dar, auf den über die Verweisungsnorm des § 453 Abs. 1 Var. 1 BGB die Vorschriften über den Kauf von Sachen entsprechende Anwendung finden.[325] Die Verweisung nimmt in erster Linie die Vorschriften über Rechtsmängel iSd § 435 BGB in den Blick. Insofern soll es nach dem Willen des Gesetzgebers wie bereits vor Inkrafttreten des SMG auf eine zwischen den Vertragspartnern getroffene Vereinbarung über einen bestimmten Verwendungszweck nicht ankommen. Der Begriff des Rechtsmangels ist damit weiterhin –im Gegensatz zum Begriff des Sachmangels– rein objektiv zu verstehen.[326] Geht mit dem Anteilskauf zugleich die unternehmerische Leitungsmacht auf den Erwerber über und stellt sich der Anteilskauf somit zugleich als Unternehmenskauf dar, steht auch der Möglichkeit einer entsprechenden Anwendung des § 434 BGB im Einzelfall nichts im Wege, solange sich der Mangel lediglich auf das verkaufte Anteilsrecht bezieht. Der Anwendungsbereich der gewöhnlichen Verwendungseignung und üblichen Beschaffenheit iSd § 434 Abs. 1 S. 1 Nr. 2 BGB stößt hier jedoch auf noch größere Schwierigkeiten, als dies bei einem Unternehmenserwerb im Wege des *Asset Deals* der Fall ist.[327]

Inwieweit darüber hinaus auch bei einem Anteilskauf eine rechtliche Verantwortlichkeit des Verkäufers für mögliche Mängel im sächlichen Unternehmenssubstrat in Erwägung zu ziehen ist, gehört auch heute noch zu den problematischen und umstrittensten Fragen des Unternehmenskaufs. Entgegen mancher Ansichten in der Literatur, die die Gewährleistungsvorschriften zwanglos auch auf den Rechts- und Anteilskauf anwenden möchten,[328] ist die Frage durch das SMG nicht beantwortet worden. § 453 Abs. 1 Var. 1 BGB erlaubt nämlich ausdrücklich lediglich eine „entsprechende" Anwendung. Fraglich ist daher, wann die hierfür erforderliche vergleichbare Interessenlage bejaht werden kann. Die Antwort wird in dem Kriterium wirtschaftlicher Vergleichbarkeit gesucht, wonach der Anteilsverkäufer für Mängel des Unternehmens verantwortlich ist, wenn der Anteilskauf nach einem entsprechenden Parteiwillen im wirtschaftlichen Ergebnis dem Kauf des Unternehmens entspricht. Dies soll nach Auffassung der deutschen Rechtsprechung zumindest der Fall sein bei Erwerb aller oder zumindest nahezu aller Anteile an der unternehmenstragenden Gesell-

---

[325] Vgl. H.P. Westermann, in: MünchKomm BGB, § 453 Rn. 21.

[326] Vgl. BT-Drucks 14/6040, S. 218.

[327] Nach hier vertretener Ansicht kann diese aber auch bei einem Anteilsrecht in engen Grenzen bejaht werden, siehe unten C II 2 a (3).

[328] Vgl. Lieb, in: MünchKomm HGB, Anh. § 25 Rn. 121; Gaul, ZHR 166 (2002) 35, 39.

schaft.[329] Welche unterhalb dieser Schwelle liegende Beteiligungsquote zur Annahme eines Unternehmenskaufs ausreichend sein kann, ist auf Grundlage der ergangenen Rechtsprechung nicht eindeutig zu beantworten.[330] Die Frage lässt sich aufgrund unterschiedlicher gesellschaftsrechtlicher Gestaltungsmöglichkeiten der Einflussnahme auf die operative Tätigkeit der Gesellschaft auch gar nicht *in abstractu* beantworten und ist in jedem Einzelfall im Hinblick auf die dem Erwerber tatsächlich zur Verfügung stehenden Möglichkeiten der Einflussnahme zu beantworten.[331] Daneben existiert eine beachtliche Ansicht im Schrifttum, die eine rechtliche Verantwortlichkeit auch des Anteilsverkäufers für Mängel des Unternehmens nicht an abstrakten Beteiligungsquoten festzumachen sucht, sondern durch Auslegung des Unternehmenskaufvertrages.[332] Demnach werden bei Veräußerung von Beteiligungen in nur geringem Umfang an das Vorliegen einer Beschaffenheitsvereinbarung freilich strenge Voraussetzungen zu knüpfen sein, so dass die Höhe der Beteiligung letztlich nicht gänzlich vernachlässigt werden kann. Letztlich wird sich an der im Ergebnis zu verneinenden Anwendbarkeit der Mängelhaftung für Mängel im Unternehmenssubstrat oder solche des Unternehmens selbst unterhalb der genannten Schwelle wohl wenig ändern.[333] Dennoch ist der Lösung über eine Auslegung der Vorzug einzuräumen, da das Äquivalenzinteresse des Unternehmenskäufers auch unterhalb einer maßgeblichen Einfluss auf die Geschäftsführung gewährenden Beteiligungsschwelle eine Berücksichtigung von Mängeln des Unternehmens selbst gebieten kann.

Zur Beantwortung der Frage, ob der Anteilsverkäufer neben Mängeln der Beteiligungsrechte selbst auch für etwaige Mängel des Unternehmens haftet, ist demnach die Parteivereinbarung auszulegen. Unter Heranziehung des Kaufpreises ist das von den Parteien des Unternehmenskaufvertrages intendierte Äquivalenzinteresse zu bestimmen. Die hier vertretene Lösung entspricht weitgehend der bei einem Unternehmenskauf im Wege eines *Asset Deals* dargestellten, da mit der Inbezugnahme außerhalb des Vertragsgegenstandes liegender Umstände letztlich auch nur die Reichweite des Beschaffenheitsbegriffes betroffen ist: Ebenso wie die Möglichkeit der Vereinbarung bestimmter Abschlussangaben als Beschaffenheit des Unternehmens als unproblematisch erachtet wurde, muss dies auch gelten, wenn eine bestimmte Beschaffenheit des Unternehmens zu-

---

329 Vgl. BGHZ 65, 246, 252; BGHZ 85, 367; BGHZ 138, 195, 204; Alpmann-Pieper, in: juris PK-BGB, § 453 Rn. 20.

330 Bejaht bei Erwerb von 75 % der Anteile: OLG München, DB 1998, 1321; verneint bei Erwerb von 60 % der Anteile oder weniger BGH NJW 1980, 2408; NJW 2001, 2163, 2164; vgl. auch H.P. Westermann, in: MünchKomm BGB, § 453 Rn. 23 f mwN.

331 Vgl. H.P. Westermann, in: MünchKomm BGB, § 453, Rn. 23 mit weiteren Beispielen aus der Rechtsprechung; vgl. auch Holzapfel/Pöllath, Unternehmenskauf in Recht und Praxis, Rn. 633, die jedenfalls die einfache Mehrheit genügen lassen.

332 So etwa Beisel/Klumpp, Unternehmenskauf, 16. Kap. Rn. 5.

333 IE auch H.P. Westermann, in: MünchKomm BGB, § 453, Rn. 21.

gleich als Beschaffenheit der verkauften Anteile vereinbart wird. Es ist kein Grund ersichtlich, die Privatautonomie hier einzuschränken. Sofern eine entsprechende Abrede jedoch nicht getroffen wurde und stattdessen die Auffangtatbestände des § 434 Abs. 1 Satz 2 Nr. 1 und 2 BGB im Raume stehen, wird der Anteilskauf diese in noch geringerem Maße als der echte Unternehmenskauf auszufüllen imstande sein: Eine „gewöhnliche“ Beschaffenheit oder „übliche“ Verwendung eines Rechts ist grundsätzlich schwer vorstellbar. Daraus aber eine generell nicht vergleichbare Interessenlage herzuleiten wäre verfehlt; die Norm verfügt dann schlicht über einen eingeschränkten Anwendungsbereich. Insofern kommt der Haftung wegen vorvertraglicher Informationspflichtverletzung nach §§ 280 Abs. 1, 311 Abs. 2, 241 Abs. 2 BGB (*culpa in contrahendo*) nach wie vor ein, im Vergleich zu einem Unternehmenskauf im Wege eines *Asset Deals* weitreichenderer, Anwendungsbereich zu.[334]

b Frankreich

Der Frage der auf den *Share Deal* anwendbaren Vorschriften kommt im französischen Recht noch eine größere Bedeutung als im deutschen Recht zu, da durch die spezialgesetzliche Ausgestaltung des *fonds de commerce* neben der Haftung des Anteilsverkäufers für Mängel des von der Trägergesellschaft betriebenen Unternehmens auch die Anwendbarkeit dieser spezialgesetzlichen Bestimmungen selbst im Raum steht. Insbesondere stellt sich die Frage, ob auch der Anteilsverkäufer die in der Vergleichsgruppe der fehlerhaften Abschlussangaben näher zu erörternden Pflichtangaben zu tätigen hat.

Nach deutschem Rechtsverständnis sollte eine entsprechende Anwendung der den *fonds de commerce* betreffenden Vorschriften zumindest dann in Erwägung zu ziehen sein, wenn der Erwerber wertungsmäßig das Unternehmen selbst erwirbt und sich der Rechtskauf als Unternehmenskauf darstellt, es sich mithin um einen Fall des Kontrollerwerbs handelt. Ein solcher liegt vor, wenn der Käufer in der Lage ist, die operative Geschäftstätigkeit zu lenken.[335] Zur Beurteilung, wann dies konkret möglich ist, stellt die französische Rechtsprechung weniger auf ein Mindestmaß einer quotalen Beteiligung ab, sondern primär auf die Auslegung der jeweiligen Parteivereinbarung.[336]

Während vereinzelte Entscheidungen verschiedener Untergerichte und auch einige Stimmen im Schrifttum die generelle Gleichstellung des Kontrollerwerbs mit dem Erwerb des *fonds de commerce* der unternehmenstragenden Gesell-

---

[334] H.P. Westermann, in: MünchKomm BGB, § 453, Rn. 21.
[335] Vgl. Paillusseau/Caussain/Lazarski/Peyramaure, Cession d’entreprise, n°1347.
[336] Vgl. Fleischer, WM 1998, 849, 853 f.

schaft zeitweise bejaht hatten,[337] wird diese Frage von einer nunmehr gefestigten Rechtsprechung des Kassationsgerichtshofes verneint.[338] Auch die Umdeutung eines vereinbarten Kontrollerwerbs in einen dem Parteiwillen entsprechenden Erwerb des *fonds de commerce* ist nicht möglich.[339] Der Anteilskäufer kann sich demnach nicht wegen einer Unterlassung der nach Art. L 141-1 Abs. 1 C.com. gebotenen Pflichtangaben auf die fakultative Nichtigkeit des Kaufvertrages berufen.[340] Auch andere an die Veräußerung des *fonds* geknüpfte Rechtsfolgen sind nicht einschlägig.[341] Das Recht zur Geschäftsraummiete etwa verbleibt bei dem bisherigen Unternehmensträger; ein eingeschalteter Makler kann sich nicht auf eine Vertragsbrüchigkeit des ihm Alleinauftrag erteilenden Veräußerers berufen, wenn sich dieser zwar zur Unterlassung der Veräußerung seines *fonds* verpflichtet, nachher aber stattdessen seine Anteile an der unternehmenstragenden Gesellschaft veräußert.[342] Eine Gleichstellung kommt also nur ausnahmsnahme durch gesetzliche Ausnahmeregelungen in Betracht, so etwa im Arbeitsrecht.[343]

Darüber hinaus stellt sich die Frage, ob die Abtretung von Gesellschaftsanteilen wie jede andere Forderungsabtretung auch behandelt wird und der Unternehmensverkäufer nach Art. 1693 f C.civ. lediglich für die Verität und nicht für die Bonität des verkauften Rechts einzustehen hat oder ob der Unternehmenserwerb im Wege des *Share Deals* nicht auch den allgemeinen Vorschriften des Kaufrechts und damit der *garantie légale* für versteckte Mängel und den Grundsätzen der Eviktionshaftung unterliegt. Während die frühere höchstrichterliche Rechtsprechung eine Anwendung der gewährleistungsrechtlichen Vorschriften auf den Unternehmenskauf im Wege eines *Share Deals* strikt ablehnte und die ausnahmslose Gleichstellung von Gesellschaftsanteilen mit sonstigen Forderungen auch in der Literatur vorherrschend war, hat sich im Lauf der Zeit ein gradueller Wandel vollzogen: Zunächst wurde dem Unternehmenskäufer die Berufung auf Mängel des Unternehmens selbst auf Grundlage der Irrtumsregeln gewährt und ein *erreur sur la substance* bejaht, wenn sich der Unternehmenskäu-

---

337 CA Montpellier, 24. Oktober 1991, JurisData n°1991-034248; CA Aix-en-Provence, 5. Oktober 1993, JurisData n°1993-048995; Cass.com., 13. Februar 1990, Rev. sociétés 1990, 251, Anm. Le Cannu, Rev. sociétés 1990, 252 ff mwN.

338 Vgl. Cass.com., 6. Juni 1990, n°88-15.784; Cass.com., 13. Februar 1990, Rev. sociétés 1990, 251; kritisch Danet, RTD com. 1992, 315, 347 ff. Die früher aufgrund dieser wechselhaften Rechtsprechung dennoch empfohlene höchste diesbezügliche Sorgfalt auch bei der Gestaltung von Anteilskaufverträgen dürfte durch die nunmehr gefestigte Rechtsprechung hinfällig geworden sein, vgl. noch Quéré, Acquisitions d'entreprises en France, in: Les acquisitions d'entreprises, S. 171, 181.

339 Cass.com., 6. Juni 1990, n°88-15.784.

340 Cass.com., 20. Juni 2006, n°04-20.539.

341 Vgl. schon Paillusseau/Caussain/Lazarski/Peyramaure, Cession d'entreprise, n°1349.

342 Cass. 1ère civ., 6. Dezember 1994, n° 93-12.837.

343 Rädler, Rechtsbehelfe des Käufers im deutschen und französischen Recht, S. 133.

fer nicht mehr zur Fortführung des Gesellschaftszwecks in der Lage fand.[344] Dieser Anknüpfungspunkt wurde von der Handelskammer des Kassationsgerichtshofes vor einigen Jahren in das Gewährleistungsrecht übernommen,[345] so dass bei Betroffenheit des Gesellschaftszwecks und sonstigen Mängeln der Anteile, die die unternehmenstragende Gesellschaft in Ausübung ihrer satzungsmäßigen Tätigkeit hindern, nun neben der Veritätshaftung auch sonstiges Gewährleistungsrecht zur Anwendung gebracht werden kann. Demgegenüber verbleibt es nach Auffassung der dritten Zivilkammer des Kassationsgerichtshofes bei einer Haftung des Verkäufers für das Vorhandensein der Anteile im Abtretungszeitpunkt.[346] Der Ansicht der Handelskammer ist zuzustimmen, der Unternehmenskäufer erwirbt durch sein Einrücken in die unternehmerische Führung des gekauften Unternehmens weitaus mehr als eine bloße Forderung gegen die Gesellschaft. Die damit verbundene Leitung und Übernahme der wirtschaftlichen Chancen und Risiken geht weit über das einer Forderung gegenüber der Gesellschaft bestehende Bezugsrecht einer Dividende hinaus, so dass eine Haftung des Verkäufers auch für Mängel des Unternehmens selbst im Einzelfall geboten sein kann, zumal maßgeblicher Bezugspunkt des Äquivalenzinteresses der Parteien das Unternehmen selbst darstellt und nicht bloß die Anteile.

Da der bei einem Unternehmenskauf im Wege des *Share Deals* zur Verfügung stehende Rechtsschutz durch das Gewährleistungsrecht in seiner Reichweite damit auch im französischen Recht hinter dem bei einem Unternehmenserwerb im Wege eines *Asset Deals* einschlägigen zurückbleibt, besteht auch hier eine entsprechende Vertragspraxis, um den Erwerber vor den wirtschaftlichen Folgen einer Mangelhaftigkeit des Unternehmens selbst zu schützen.[347] Dazu dienen die weitverbreiteten in verschiedenen Variationen bekannten und im französischen Recht als Passivgarantien (*garantie de passif*) bezeichneten Bi-

---

[344] Vgl. Cass.com., 7. Februar 1995, D. 1996, 50, Anm. Blaselle, aaO 51; zur Entwicklung der Rechtsprechung auch Paillusseau/Caussain/Lazarski/Peyramaure, Cession d'entreprise, n°1720. Diese Rechtsentwicklung erklärt sich aus einem vom deutschen Recht verschiedenen Verständnis der Abgrenzung der Irrtumslehre vom Gewährleistungsrecht, die beiden Regelungsregime stehen im französischen Recht gleichberechtigt nebeneinander, und die subjektive Auslegung des erreur sur la substance entspricht weitgehend dem Fehlerbegriff des § 459 Abs. 1 BGB a.F., vgl. Fleischer, WM 1998, 849, 851 f.

[345] Vgl. schon Cass.com., 12. Dezember 1995, D. 1996, jur 277; Anm. Petit/Reinhard, RTD com 1996, 294 ff; Anm. Paillusseau, D. 1996, jur 278. Die unmittelbar folgende Entscheidungspraxis ist zwar wieder zu einer formalen Handhabung zurückgekehrt, dieser Anknüpfungspunkt ist in der späteren Rechtsprechung jedoch wieder aufgegriffen worden.

[346] Vgl. Cass. 3ème civ., 15. März 2006, n°04-19.337; weniger streng die vereinzelt gebliebene Entscheidung Cass. 3ème civ., 12. Januar 2000, n°97-13.155; zum Streitstand auch Mémento Expert Cession de parts et actions, n°61000 f.

[347] Vgl. Klein, RIW 2002, 348, 352; Quéré, Acquisitions d'entreprises en France, in: Les acquisitions d'entreprises, S. 171, 183 ff.

lanzgarantien ebenso wie Preisanpassungsklauseln (*clauses de révision de prix*).[348]

c *England*

Da s 61 (1) SOGA 1979 ausdrücklich nur bewegliche Gegenstände erfasst, sind die zuvor erörterten wenigen für den Unternehmenskauf überhaupt relevanten Vorschriften des SOGA auf einen Unternehmenskauf im Wege eines *Share Deals* überhaupt nicht anwendbar.[349] Dies gilt insbesondere für das Kernstück der gewährleistungsrechtlichen Vorschriften, nämlich der Verpflichtung zur Lieferung der geschuldeten Waren in handelsüblicher Qualität nach s 14 (2) SOGA 1979. Da auch auf die anderen genannten *terms implied by statute* nicht zur Ergänzung der Parteiabrede zurückgegriffen werden kann, besteht auch nicht eine sonst nach s 12 (1) SOGA 1979 anzunehmende stillschweigende Übereinkunft dahingehend, dass der Verkäufer im Zeitpunkt des Eigentumsübergangs über den Vertragsgegenstand verfügungsbefugt sein muss.[350] Die auf einen Unternehmenskauf im Wege des *Share Deals* anwendbaren Rechtsregeln ergeben sich daher im Wesentlichen aus dem weitverzweigten *Case Law*. Auch hier ist im Vergleich zu einem Unternehmenskauf im Wege eines *Asset Deals* die Vereinbarung noch weiterreichender Garantien üblich.[351] Um sicherzustellen, dass der Veräußerer auch tatsächlich Eigentümer der kaufgegenständlichen Anteilsrechte ist, entspricht die Vereinbarung einer entsprechenden *full* oder *limited title guarantee* in Unternehmenskaufverträgen der üblichen Vertragspraxis.[352] Schließlich ist s 397 *Financial Services and Markets Act 2000* (zuvor s 47 *Financial Services Act* 1986) zu beachten, wonach ein durch ein unlauteres Verschweigen wesentlicher Umstände bewirkter, der Norm unterfallender Vertragsschluss sanktioniert werden kann.

V Zusammenfassung

Die Komplexität des Vertragsgegenstandes Unternehmen erlaubt keine generalisierende Begriffsdefinition. Im deutschen Recht sind Bemühungen, das Unter-

---

348 Vgl. Danet, RTD com. 1992, 315, 339; Hurstel, RIW 1991, 804, 807.

349 Vgl. Bridge, Sale of Goods, 2.19; Borland's Trustee v Steel Bros & Co Ltd (1901) 1 Ch 279, 288: „a share is an intangible proprietary right in a company measured by a sum of money".

350 Ausführlich Atiyah's Sale of Goods, S. 108 ff.

351 Vgl. Sinclair on Indemnities, 1-01.

352 Stilton, Sale of Shares and Businesses, 8.5.

nehmen als Rechtsobjekt im BGB zu verankern und damit für den Rechtsverkehr handhabbarer zu machen, gescheitert und werden in jüngerer Zeit auch nicht mehr unternommen. Dem englischen Recht mit seiner induktiven Problemlösung ist die Ausbildung abstrakter Rechtsinstitute ohnehin fremd. Dass eine spezialgesetzliche Ausgestaltung des Unternehmens als Gegenstand eines Kaufvertrages allein tatsächlich nicht zu einer wesentlichen Erleichterung des Rechtsverkehrs beiträgt, zeigt die Regelung des im Rahmen eines *Asset Deals* regelmäßig zu übertragenden *fonds de commerce* im französischen Recht. Zum einen wird dieses Rechtsinstitut in seiner konkreten, historisch gewachsenen Ausgestaltung nur partiell im Hinblick auf einzelne Rechtsgeschäfte wie den Verkauf oder die Verpfändung einer Regelung zugeführt und heute vielfach als nicht mehr zeitgemäß erachtet. Insbesondere im Hinblick auf den Ausschluss von Immobilien und Passiva und die dem Unternehmensverkäufer obliegenden Pflichtangaben ist das Rechtsinstitut der dargestellten Kritik ausgesetzt. Zum anderen zeigt die auch im französischen Recht geführte Diskussion um die Rechtsnatur des *fonds de commerce*, dass mit der Zusammenfassung einzelner Vermögenswerte zu einem einheitlichen Unternehmensvermögen im Hinblick auf die praktische Handhabung bei einer Veräußerung nichts gewonnen ist. Über die selbstverständliche Feststellung hinaus, dass es sich beim *fonds de commerce* um eine faktische Gesamtheit (*universalité de fait*) handelt, besteht auch im französischen Recht keine Einigkeit hinsichtlich der rechtlichen Qualifizierung. Solange nicht ein entsprechendes Register existiert, das die für einen einheitlichen Eigentumsübergang *uno actu* nötige Publizität schafft, trägt weder die *Oppikofersche* These vom einheitlichen Recht am Unternehmen noch die im französischen Recht vertretene Theorie einer Rechtsgesamtheit (*universalité de droit*) zu praktischem Nutzen bei. Ein solches Register kann jedoch nicht in praktikabler Weise geschaffen werden. Die in den kontinental-europäischen Rechtsordnungen angestrengten Bemühungen um den Unternehmensbegriff können jedoch für sich in Anspruch nehmen, zu einer gewissen Konturierung des Begriffsinhalts beigetragen zu haben, auf den im Zweifelsfall bei fehlender oder lückenhafter Parteivereinbarung zurückgegriffen werden kann.

Letztlich ist der konkrete Bestand des überleitungspflichtigen Unternehmensvermögens in jeder der verglichenen Rechtsordnungen eine Frage der Auslegung. Während im deutschen Recht eine widerlegbare Vermutung dahingeht, dass das gesamte Unternehmensvermögen auf den Erwerber zu übertragen ist, führt die graduell weiterreichende Betonung der Vertragsfreiheit im englischen Recht dazu, dass von der Parteivereinbarung nicht erfasste Vermögenswerte des Unternehmens grundsätzlich nicht in die Übertragungspflicht des Unternehmensverkäufers einbezogen sind. Die Zusammenfassung einzelner, in jedem Fall auf den Erwerber zu übertragender Vermögenswerte in dem französischen

Rechtsinstitut des *fonds de commerce* bietet zwar eine gewisse Orientierungshilfe, die im Bereich der Immaterialgüter jedoch keineswegs abschließend und durch den Ausschluss von Grundstücken, Forderungen, Schulden und sonstigen Verträgen auch von nicht zu überschätzender praktischer Bedeutung ist. Diese aus dem Rechtsinstitut des *fonds de commerce* ausgeschlossenen Güter können und werden bei Bedarf durch entsprechende Vertragsgestaltung in die Erfüllungspflicht des Unternehmensverkäufers einbezogen. Im Übrigen befreit die bloße Zusammenfassung bestimmter Vermögenswerte zu einem einheitlichen Rechtsobjekt auch im französischen Recht nicht von der Notwendigkeit, die einzelnen Güter nach den für sie jeweils geltenden Vorschriften zu übertragen, soll der Rechtsübergang auch Dritten gegenüber wirksam werden.

Das Pflichtenprogramm des Unternehmensverkäufers im deutschen und englischen Recht entspricht sich im Wesentlichen, wobei nicht ersichtlich ist, dass der Einweisung in den Tätigkeitsbereich im englischen Recht ein vergleichbarer Stellenwert zukommt, sofern nicht eine entsprechende Vereinbarung auf privatautonomer Grundlage getroffen wurde. Im französischen Recht fällt das vergleichsweise umfassende, auch ohne vertragliche Vereinbarung bestehende Wettbewerbsverbot zu Gunsten des Unternehmenskäufers auf, das auf das im französischen Recht geltende Eviktionsprinzip zurückzuführen ist. Unterschiede ergeben sich auch bei einem *Asset Deal* im Hinblick auf die den Verkäufer eines *fonds de commerce* treffenden Aufklärungspflichten, die in der folgenden Vergleichsgruppe der fehlerhaften Abschlussangaben näher erörtert werden.

Die von den verglichenen Rechtsordnungen auf den Unternehmenskauf angewendeten Normen sind in ihrer Art und ihrer Detailliertheit sehr verschieden. Das deutsche Recht bemüht sich seit Inkrafttreten des SMG darum, den Unternehmenskauf wie den Kauf anderer Vertragsgegenstände in die allgemeinen Gewährleistungsvorschriften zu integrieren. Dies gilt sowohl für den Unternehmenserwerb im Wege der Einzelrechtsnachfolge, als auch für den Erwerb im Wege eines *Share Deals*. § 453 Abs. 1 BGB erklärt die Vorschriften des Gewährleistungsrechts für den Kauf von Rechten und sonstigen Gegenständen gleichermaßen für entsprechend anwendbar, so dass der Unternehmenskauf ungeachtet der konkret gewählten Transaktionsstruktur dem gleichen Regelungsregime unterliegt. Das französische Recht hat mit den mittlerweile in den *Code de commerce* integrierten spezialgesetzlichen Vorschriften betreffend den Verkauf eines *fonds de commerce* im Bereich des *Asset Deals* hingegen ein für diese Art von Geschäften eigenes Normengerüst geschaffen, das zum Teil sehr detaillierte Regelungen enthält. Die Problematik, inwiefern der Unternehmensverkäufer auch bei einem *Share Deal* für Mängel des Unternehmens selbst in Anspruch genommen werden kann, stellt sich in beiden Rechtsordnungen gleichermaßen. Im französischen Recht ist die Frage sogar noch dringender, da hier neben einer Haftung für Mängel des Unternehmens die Anwendbarkeit der spezialgesetzlichen Vorschriften betreffend den *fonds de commerce* im Raum steht. Während letztere im Ergebnis auf Grundlage einer nunmehr gefestigten Rechtsprechung verneint wird, wird die erstgenannte Frage in beiden Rechtsordnungen durch eine wertungsmäßige Gleichstellung beider Erwerbsvarianten zu erreichen versucht. Während die deutsche Rechtsprechung dabei an abstrakte Quoten einer Mindestbeteiligung anknüpft, stellt das französische Recht eher die konkrete Parteivereinbarung in den Vordergrund. Dies erlaubt zwar eine flexible Handhabung, führt aber gleichzeitig dazu, dass der Unternehmenskäufer, der das Unternehmen im Wege des *Share Deals* erwirbt, weniger weitreichend geschützt ist als im deutschen Recht, da die Gleichstellung keinem vergleichbaren Automatismus folgt und die französische Rechtsprechung hier insgesamt zurückhaltender urteilt.

Das englische Recht hält mit den Vorschriften des SOGA 1979 und einigen *implied terms* hingegen nur ein rudimentäres Geflecht von Regelungen bereit, auf die die Partner des Unternehmenskaufvertrages in Ermangelung eigener Vereinbarungen zurückgreifen können. Selbst diese sind bei einem Unternehmenserwerb im Wege eines *Share Deals* weitgehend nicht anwendbar. Ein den kontinental-europäischen Rechtsordnungen vergleichbares Gewährleistungsrecht findet sich hier nicht. Da die konkreten Rechtsfolgen jedoch, wie noch zu zeigen sein wird, von der Art der individualvertraglich getroffenen Abrede und damit von der vertraglich vereinbarten Soll-Beschaffenheit abhängig sind, scheint in den folgenden Vergleichsgruppen die Heranziehung der Regeln des englischen Vertragsrecht im Vergleich mit dem Gewährleistungsregime im deutschen und französischen Recht möglich. Das neben diesen positivrechtlichen Grundlagen zur Anwendung kommende *Case Law* ist zwar sehr flexibel in seiner Entscheidungsfindung, leidet im Gegenzug aber auch an der Schwierigkeit, ein Ergebnis rechtssicher zu prognostizieren zu können. Gerade bei wirtschaftlich so bedeutsamen Geschäften wie einem Unternehmenskauf stellt dies oft keine verlässliche Haftungsgrundlage dar, weshalb sich die Parteien eines Unternehmenskaufvertrages nachvollziehbar zu den bekannten detaillierten Regelungen anglo-amerikanischer Provinienz veranlasst sehen.

Eine Vorbildfunktion des spezifischen Regelungsmodells des französischen Rechts für die deutsche Rechtsordnung ist zu verneinen. Innerhalb der französischen Rechtsordnung ist das Rechtsinstitut des *fonds de commerce* zwar der genannten Kritik ausgesetzt und seine Eignung im heutigen Wirtschaftsleben immer wieder in Zweifel gezogen worden. Das Konzept ist in der französischen Rechtstradition jedoch tief verwurzelt und die Kautelarpraxis vermag seine Schwächen auszugleichen. Nicht zuletzt die dieser Regelung nachgebildete Einführung des *fonds artisanal* spricht für eine gewisse praktische Bewährung dieses Rechtsinstituts innerhalb der nationalen Rechtswirklichkeit. Nicht in die Regelung des *fonds artisanal* übernommen wurden jedoch die Pflichtangaben des

Verkäufers, deren Abschaffung schließlich auch zu einer Kohärenz des Konzept des *fonds* im weiteren Sinne führen würde.

Davon abgesehen aber wirken sich die theoretischen Unterschiede in der Rechtskonstruktion in der Praxis kaum aus. Es ist insgesamt nicht ersichtlich, dass die rechtliche Behandlung des komplexen Vertragsgegenstandes Unternehmen in einer der verglichenen Rechtsordnungen der einer anderen überlegen wäre.

Kapitel 3 Fehlerhafte Abschlussangaben

Die erste und zugleich wichtigste Vergleichsgruppe einer potentiellen Haftung des Unternehmensverkäufers betrifft weniger etwaige in der Vergleichsgruppe der Substratmängel zu behandelnde Mängel an einzelnen Vermögenswerten des sächlichen Unternehmenssubstrats, sondern fehlerhafte Abschlussangaben, also unzutreffende Angaben des Unternehmensverkäufers über Umsätze und Erträge, Aktiva und Passiva, über die Eigenkapitalausstattung der unternehmenstragenden Gesellschaft und sonstige Erklärungen, die der Unternehmenskäufer seinem Kaufentschluss zugrunde legt und die für sein Äquivalenzinteresse maßgebend sind. Der Verkäufer als Inhaber des Unternehmens oder als Gesellschafter der unternehmenstragenden Gesellschaft verfügt, selbst wenn er nicht in der Geschäftsführung des kaufgegenständlichen Unternehmens involviert ist, über wesentliche Informationen über den Vertragsgegenstand, die dem außenstehenden Käufer zunächst nicht zur Verfügung stehen. Dieses regelmäßig zu Lasten des Unternehmenskäufers bestehende Informationsgefälle macht diesen von der Richtigkeit der ihm zur Verfügung gestellten Informationen in besonderem Maße abhängig, so dass dieser Vergleichsgrupppe im Bereich des Unternehmenskaufs im Gegensatz zu einem schlichten Sachkauf eine weiterreichende Bedeutung zukommt. Beruhen etwaige Fehlvorstellungen des Käufers auf fehlerhaften Angaben des Unternehmensverkäufers, etwa weil dieser falsches Zahlenmaterial in Form von unzutreffenden Aufstellungen der bisherigen Umsätze und Erträge oder sonstiger Umstände zur Verfügung gestellt hat, stellt sich die Frage, wie diese Tatsache in den einzelnen verglichenen Rechtsordnungen bewertet wird, welche Rechtsvorschriften vorbehaltlich einer entsprechenden privatautonomen Vereinbarung heranzuziehen sind, welche Rechtsfolgen ausgelöst werden, ob diese zwingend sind oder zumindest teilweise ausgeschlossen und durch eine modifizierte, dem Einzelfall besser angepasste Lösung ersetzt werden können, und mit welcher Rechtssicherheit die jeweilige zivilrechtliche Sanktion vorhergesehen werden kann.

Dabei sollen Rechtsbehelfe auf deliktsrechtlicher Grundlage und solche, mit denen entsprechend einer Anfechtung im deutschen Recht nach §§ 119, 123 BGB in erster Linie Willensmängel geltend gemacht werden können, außen vor bleiben, denn zum einen stellen alle drei verglichenen Rechtsordnungnen ein vergleichbares rechtliches Instrumentarium zur Verfügung, Unternehmenskaufverträge wie andere Verträge auch bei (nicht zwangsweise täuschungsbedingten) Irrtümern auflösen zu können. Die Heranziehung des Gewährleistungsrechts rechtfertigt sich insofern auch pragmatisch durch die Rechtsfolge; eine irrtumsbedingte Auflösung des Unternehmenskaufvertrages sagt wenig über die Tauglichkeit des im Fall einer fehlenden, lückenhaften oder unwirksamen Parteivereinbarung zur Verfügung stehenden Regelungsgeflechts aus, so dass der damit

verbundene Erkenntnisgewinn äußerst beschränkt wäre.[353] Auf einer materiellen Ebene ist die Grenzziehung zwischen Mängeln im Sinne des Gewährleistungsrechts und Willensmängeln schon aufgrund der im französischen Recht maßgeblichen Versteckheit des Mangels ohnehin unscharf, da diese zu einem Willensmangel große Ähnlichkeit aufweist. Zum anderen fallen in die Gruppe der fehlerhaften Abschlussangaben nicht nur Sachverhalte, die in tatsächlicher Hinsicht zu einer Täuschungshandlung erwachsen oder rechtlich die Annahme eines Irrtums begründen können.
Soweit nicht wie im französischen Recht bei einem Unternehmenskauf im Wege des *Asset Deals* eine spezialgesetzliche Regelung besteht, liegt der Schwerpunkt der Darstellung der Konzeption der vorliegenden Arbeit entsprechend auf dem rechtlichen Instrumentarium, das in den kontinental-europäischen Rechtsordnungen das Gewährleistungsrecht darstellt. Diese Vorschriften bestimmen bei fehlender, lückenhafter oder unwirksamer Parteivereinbarung als dispositives oder zwingendes Gesetzesrecht die rechtliche Verantwortlichkeit des Unternehmensverkäufers in der gegebenen Situation. Dass diese Beschränkung nicht gänzlich durchgehalten werden kann, wird sich insbesondere im englischen Recht zeigen, in dem der maßgebliche Rechtsbehelf der *misrepresentation* teils vertraglichen, teils deliktsrechtlichen Charakter aufweist, der aber nur in seiner Vollständigkeit sinnvoll erörtert werden kann.

I Aufklärungspflichtige Umstände

Eine allgemeine Aufklärungspflicht dergestalt, den Partner eines in Aussicht genommenen Vertrages über sämtliche für seinen Entschluss wesentlichen Umstände informieren zu müssen, besteht in keiner der verglichenen Rechtsordnungen. Es gilt vielmehr der Grundsatz, dass sich bei gegenseitigen Verträgen jede Partei selbst die für ihre Entscheidung erheblichen Informationen beschaffen und prüfen muss, ob das in Aussicht genommene Geschäft für sie von Vorteil ist.[354] Dies kann letztlich durch schlichtes Nachfragen geschehen. Die Antwort

[353] Selbst diese Grenzziehung kommt nicht ohne Unschärfen aus, da bereits der im französischen Recht maßgebliche versteckte Mangel nahe mit einem Irrtum im Rechtssinne verwandt ist.

[354] Zum deutschen Recht etwa BGH NJW-RR 1991, 439, 440 mwN; BGH NJW 1989, 763, 764 (Verkauf einer Arztpraxis); Louven, BB 2001, 2390; zum französischen Recht Malaurie/Aynès/Gautier, Contrats spéciaux, S. 173 f; Porchy-Simon, Droit Civil Les Obligations, Rn. 172; zum englischen Recht von Bismarck, in: Corporate Acquisitions and Mergers, S. 14; Keates v Cadogan [1851] 10 CB 591; Norwich Union Life and Pensions Ltd Co v Qureshi [1999] 2 All ER (Comm) 707, 717; Walford v Miles [1992] 2 AC 128; Spedding, Due Diligence and Corporate Governance, 1.16.; aus dem deutschen Schrifttum Müller, Informationspflichten, S. 82 ff.

hat dann wahrheitsgemäß zu erfolgen.[355] Im englischen Recht wird der Ausschluss einer generellen Aufklärungspflicht mit dem Argument gerechtfertigt, der rechtmäßig über einen Informationsvorsprung verfügende potentielle Vertragspartner würde bei bestehender Aufklärungspflicht zu Unrecht benachteiligt, während sein Gegenüber ungerechtfertigt bereichert würde.[356] Weiterhin seien vertragliche Beziehungen grundsätzlich durch eine privatautonome Vereinbarung gekennzeichnet, bei der die Parteien auf Augenhöhe (*at arms's length*) verhandeln und jedem die Möglichkeit belassen werden müsse, das für ihn beste Geschäft auszuhandeln.[357] Dieses Argument kommt bei Rechtsgeschäften, an denen Verbraucher beteiligt sind, wegen der ungleichen Verhandlungsparität zwar weniger zum Tragen. Da der Vertragstyp des Unternehmenskaufs jedoch weitgehend durch professionell handelnde Akteure geprägt ist, ist dieser Grundsatz bei den restriktiv zu handhabenden Ausnahmetatbeständen stets zu berücksichtigen. Schließlich wird darauf hingewiesen, dass bei der grundsätzlichen Anerkennung vorvertraglicher Aufklärungspflichten eine rechtssichere Bestimmung, in welchen Fällen und in welchem Umfang sie einschlägig wäre, kaum möglich wäre (*floodgates argument*).[358] Diese Argumente können auch in den kontinental-europäischen Rechtsordnungen grundsätzlich zur Begründung herangezogen werden. Von dem Grundsatz, dass eine generelle Aufklärungspflicht nicht besteht, existieren im französischen Recht bei Erwerb eines *fonds de commerce* durch die für diesen Fall vorgeschriebenen Pflichtangaben (*mentions obligatoires*) aber wichtige Ausnahmen. Diese werden im Folgenden näher beleuchtet werden, bevor auch die deutsche und englische Rechtsordnung in der gebotenen Kürze auf vergleichbare Ausnahmeregelungen hin untersucht werden.

1 Die Pflichtangaben des französischen Rechts

Der deutschen und englischen Rechtsordnung sind auf den Unternehmenskauf anwendbare spezialgesetzliche Rechtsvorschriften wie gesehen fremd. Im französischen Recht aber, wo der Unternehmenskauf im Wege des *Asset Deals* in Form der dargestellten Vorschriften zum *fonds de commerce* zumindest eine fragmentarische positiv-rechtliche Grundlage erfahren hat, finden sich auch im Bereich der fehlerhaften Abschlussangaben entsprechende spezialgesetzliche Vorschriften. Dem Käufer eines *fonds de commerce* gegenüber sind bestimmte Pflichtangaben (*mentions obligatoires*) zu tätigen, die auf einen Unternehmens-

[355] Vgl. BGH NJW-RR 1997, 144, 145 bzgl eines Grundstücksverkaufs; BGH NJW 2004, 2301.

[356] McKendrick, Contract Law, 12.1.

[357] Treitel, Contract Law, S. 169.

[358] McKendrick, Contract Law, 12.1.

kauf im Wege eines *Share Deals* nicht, auch nicht entsprechend, anwendbar sind.[359]

a Die Pflichtangaben nach Art. L 141-1 Abs. 1 C.com.

Die gebotenen Pflichtangaben wurden mit dem Gesetz vom 29. Juni 1935 zum Schutze des Käufers eingeführt und finden sich heute in Art. L 141-1 Abs. 1 C.com. Die dort aufgeführten Umstände hat der Verkäufer dem Käufer in jedem Fall der einverständlichen Übertragung eines *fonds de commerce* zu offenbaren, auch wenn der Vertrag unter einer Bedingung abgeschlossen, durch einen anderen Vertrag dissimuliert wird, oder der Erwerb des *fonds de commerce* durch seine Einbringung in eine Gesellschaft erfolgt.[360] Im Einzelnen handelt es sich um Angaben über die Herkunft des *fonds*, die auf ihm lastenden Sicherungsrechte, bestimmte wirtschaftliche Kennzahlen wie Umsätze und Gewinne und das für den *fonds* so wichtige Recht der Geschäftsraummiete. Diese Auflistung ist abschließend in dem Sinne, dass nur die genannten Umstände die spezialgesetzlichen Rechtsfolgen auszulösen vermögen.[361] Einem eventuellen Verstoß gegen weitergehende, etwa berufsrechtliche Aufklärungspflichten, kann mit den allgemeinen Rechtsinstrumenten begegnet werden. Die Unvollständigkeit dieser Aufzählung wird in der Praxis einerseits bedauert. Insbesondere wird moniert, dass keine Angaben beispielsweise zu Lieferverträgen, Arbeitnehmern oder eventuellen Patenten zu machen sind.[362] Andererseits gehören diese dem französischen Recht eigenen Pflichtangaben, die sich in dieser Form in keiner anderen Rechtsordnung finden, zu den heutzutage gewichtigsten Argumenten, die für die Abschaffung des Rechtsinstituts des *fonds de commerce* angeführt werden.[363]

(1) Herkunft des fonds de commerce

Die nach Art. L 141-1 Abs. 1 Nr. 1 C.com. notwendigen Mitteilungen zur Herkunft des *fonds de commerce* betreffen zunächst den Namen des dem Unternehmensverkäufer vorgehenden Rechtsinhabers, sollte ersterer den *fonds* nicht selbst geschaffen, sondern seinerseits von einem Dritten erworben haben. Nicht erforderlich ist die Mitteilung aller jemals an dem *fonds* berechtigten Inhaber, wenngleich eine solche aus Gründen des Gutglaubensschutzes dennoch ratsam

---

359 Siehe oben B IV 2 b.

360 Vgl. Barret, Fonds de commerce, n°144 ff.

361 Vgl. Cass.com., 7. Juni 1974, n°73-11.391 und Cass.com., 13. Januar 1998, n°95-14.521.

362 Vgl. Le Mazier, Defrénois 1990, 271; vgl. auch Barret, Fonds de commerce, n°152.

363 Siehe oben B I 2 b (3).

ist.[364] Da es sich beim *fonds de commerce* wie gesehen um ein bewegliches Immaterialgut handelt, ist nämlich die wichtige Vorschrift des Art. 2279 C.civ. („*possession vaut titre*") nicht anwendbar.[365] Der Ursprung des *fonds* ist daher sicherheitshalber dreißig Jahre zurückzuverfolgen, was in Anbetracht der Tatsache, dass es kein entsprechendes Register gibt, im Einzelfall Schwierigkeiten bereiten kann.[366] Der Verkäufer hat Datum und Form des eigenen Erwerbs mitzuteilen. Hat der Verkäufer den *fonds* nicht im Wege eines Veräußerungsgeschäftes, sondern etwa durch Erbfolge oder Schenkung erworben, sind Einzelheiten zu diesem Rechtsgeschäft zu nennen.[367] Hat er den *fonds* selbst geschaffen, ist das entsprechende Datum mitzuteilen.[368] Aus diesem Grund kann auch eine wesentliche Änderung der Geschäftstätigkeit während der eigenen Betriebszeit mitteilungspflichtig sein.[369] Zu nennen ist schließlich auch der Preis, zu welchem der Verkäufer den *fonds* selbst erworben hat. Dieser ist auf die unkörperlichen Bestandteile, die Geschäftseinrichtung und die Waren aufzugliedern, eine Nennung des Gesamtpreises allein ist nicht ausreichend.[370]

(2) Auf dem fonds de commerce lastende Sicherungsrechte

Nach Art. L 141-1 Abs. 1 Nr. 2 C.com. hat der Unternehmensverkäufer den Käufer über die auf dem *fonds de commerce* lastenden Pfandrechte und Verkäuferprivilegien zu unterrichten, die er selber oder seine Rechtsvorgänger in den dem Kauf vorangehenden zehn Jahren haben eintragen lassen, ohne Rücksicht auf ihren aktuellen Bestand.[371] Anzugeben sind nur solche Belastungen, die sich auf den *fonds* in seiner Gesamtheit erstrecken, die Belastung bloß einzelner Bestandteile ist nicht zu erklären.[372] Ist der *fonds* überhaupt nicht belastet, ist diese Tatsache mitzuteilen.[373] Die Auskunft kann vom Urkundsbeamten aus einem bei den Handelsgerichten eingerichteten Verzeichnis angefordert werden. Im Interesse des Käufers ist diese Informationen möglichst zeitnah zum Abschluss des Kaufvertrages einzuholen und ein weiteres Mal nach mindestens zwei Wochen,

---

364 Vgl. Le Mazier, Defrénois 1990, 271, 272.
365 Vgl. Reygrobellet, Fonds de commerce, n°07.42 mwN.
366 Hugon, Gaz.Pal. 2009, 1763, 1764; Paillusseau/Caussain/Lazarski/Peyramaure, Cession d'entreprise, n°722.
367 Reygrobellet, Fonds de commerce, n°62.323.
368 Le Mazier, Defrénois 1990, 271, 272.
369 Rezek, Achat et vente de fonds de commerce, n°331.
370 Cass.com., 26. Mai 1992, n°89-17.994.
371 Lévi, in: Lamy Droit commercial, Fonds de commerce n°536.
372 Lévi, in: Lamy Droit commercial, Fonds de commerce n°536.
373 Reygrobellet, Fonds de commerce, n°62.325.

um sicherzustellen, dass in der Zwischenzeit keine weiteren Belastungen eingetragen wurden.[374]

(3) Angaben zu Umsätzen und Gewinnen

Um den Käufer in die Lage zu versetzen, die vergangene Geschäftsaktivität und damit letztlich den Wert des verkauften *fonds de commerce* beurteilen zu können, verpflichten Art. L 141-1 Abs. 1 Nr. 3 und Nr. 4 C.com. den Verkäufer ferner zur Mitteilung der Umsätze, die dieser im Lauf jedes der drei (nunmehr Geschäfts-)Jahre realisiert hat, die der Veräußerung vorausgingen.[375] Hat der Verkäufer den *fonds* weniger als drei Jahre betrieben, ist er nur zur Herausgabe des Zahlenmaterials verpflichtet, welches der Zeit entspricht, in der er den *fonds* selbst betrieben hat.[376] Entsprechendes gilt nach Art. L 141-1 Abs. 1 Nr. 4 C.com. für die im gleichen Zeitraum erzielten Unternehmensgewinne. Ob dem, auch wenn das Gesetz eine solche nicht ausdrücklich vorsieht, eine Verpflichtung zur Mitteilung der erlittenen Verluste entspricht, wird in der untergerichtlichen Rechtsprechung nicht einheitlich beantwortet.[377]
Zur Verfügung zu stellen ist ein Zahlenmaterial, das dem Käufer eine realistische Einschätzung der erzielten Einnahmen und Gewinne ermöglicht, nicht eine für Besteuerungszwecke maßgebliche Aufstellung.[378] Die Unternehmensgewinne sind netto und nicht brutto anzugeben.[379] Die Anwendung einer bestimmten Bilanzierungsmethode ist nicht vorgeschrieben, solange sie als solche anerkannt ist und dem Käufer eine realistische Einschätzung des Unternehmenswertes ermöglicht.[380] Von der Mitteilungspflicht erfasst sollen sogar die Öffnungszeiten unter Ausschluss eventueller Ferien sein, die die Erzielung der mitgeteilten Umsätze ermöglicht haben.[381] Vermittelt der Verkäufer hierüber ein unzutreffendes Bild, soll er zum Schadensersatz verpflichtet sein.[382] Die Mitteilungspflicht des Verkäufers soll weiterhin sogar dann bestehen, wenn der *fonds de commerce* innerhalb des maßgeblichen Zeitraums durch einen Pächter betrieben wird, der Ver-

---

374 Paillusseau/Caussain/Lazarski/Peyramaure, Cession d'entreprise, n°722; Le Mazier, Defrénois 1990, 271, 272.

375 Vgl. Cass. 1ère civ., 12. Dezember 1979, RTD com. 1980, 74: eine sich nur auf 2 Jahre beziehende Mitteilung ist demnach ungenügend.

376 Cass.com., 23. Juli 1957, D. 1957, jur 710.

377 Zum Ganzen Rezek, Achat et vente de fonds de commerce, n°619.

378 Rezek, Achat et vente de fonds de commerce, n°619.

379 Vgl. Cass.com., 8. Februar 1971, n°69-13.281.

380 Vgl. Cass.com., 19. Mai 1987, n°85-15.382.

381 Mazan/Samson, JCP E 2009, n°19 S. 9, 10.

382 Ausführlich zur divergierenden Rechtsprechung in diesem Bereich Rezek, Achat et vente de fonds de commerce, n°622 ff.

käufer auf Herausgabe des entsprechenden Datenmaterials daher zunächst keinen Anspruch hat und dieses auch nicht auf seine Richtigkeit und Vollständigkeit hin überprüfen kann.[383] Schwierigkeiten kann diese Mitteilungspflicht insbesondere mit sich bringen, wenn sich der veräußerte *fonds* als Zweigniederlassung oder sonstiger Teilbetrieb eines größeren Unternehmens darstellt, und eine genaue Zuweisung des auf diese Geschäftseinheit entfallenden Datenmaterials schlecht möglich ist.[384] In diesem Fall soll es ausreichen, wenn dem Käufer eine ungefähre Vorstellung gegeben und ihm vor Vertragsschluss die Möglichkeit zur Überprüfung der Angaben des Verkäufers eingeräumt wird.[385]

Die größten Schwierigkeiten aber bereitete die vom Kassationsgerichtshof befürwortete wörtliche, vom Geschäftsjahr losgelöste Berechnung der zurückliegenden Zeitspanne, die sich vom Zeitpunkt des Abschlusses des Kaufvertrages jahresweise gerechnet für die Dauer von drei Jahren in die Vergangenheit erstrecken sollte.[386] Der Verkäufer sollte sich für das laufende Geschäftsjahr nicht mit nicht abgeschlossener Buchführung entlasten können, sondern alles tun müssen, um dem Käufer die erforderlichen Informationen, falls nötig im Wege einer Schätzung zu verschaffen.[387] Diese Art der Berechnung bereitete in der Praxis massive Schwierigkeiten: Während die im laufenden Geschäftsjahr erzielten Umsätze noch vergleichsweise einfach zu ermitteln sind, ist der Netto-Gewinn zwischen Abschluss des letzten Geschäftsjahres und dem Abschluss des Kaufvertrages fast unmöglich exakt zu berechnen. Diese Berechnungsmethode war daher in der Literatur und selbst in der untergerichtlichen Rechtsprechung starker Kritik ausgesetzt.[388] Die Praxis behalf sich bisher damit, dass sich der Verkäufer im Kaufvertrag neben der Mitteilung der Umsätze der vergangenen drei Geschäftsjahre zur Mitteilung der Umsätze des laufenden Geschäftsjahres bis zum Abschluss des Kaufvertrages verpflichtete.[389] Die dann zu schätzenden Gewinne wurden dann eher zu niedrig angegeben, um die vorgesehenen Sanktionen zu vermeiden.[390] Bereits mit Inkrafttreten des Gesetzes zur Stärkung der kleineren und mittleren Unternehmen vom 2. August 2005 allerdings hat der Gesetzgeber in der parallelen Vorschrift des Art. L 141-2 Abs. 1 C.com. die dort vorgesehene Pflicht zur gemeinsamen Durchsicht der Buchhaltungsunterlagen

383 Cass.com., 7. Dezember 1993, n°91-21.391; kritisch Cohen, Traité theorique et pratique des fonds de commerce, n°169 und Barret, Fonds de commerce, n°151.

384 Le Mazier, Defrénois 1990, 271, 273.

385 Paillusseau/Caussain/Lazarski/Peyramaure, Cession d'entreprise, n°722; Mazan/Samson, JCP E 2009, n°19 S. 9, 10.

386 Cass.com., 10. Dezember 1991, n°89-22.023.

387 Cass.com., 29. April 1997, n°93-18.415.

388 Vgl. Dagot, Defrénois 2007, 191, 192; Le Mazier, Defrénois 1990, 271, 273; Paillusseau/Caussain/Lazarski/Peyramaure, Cession d'entreprise, n°722; CA Nancy, 22. Januar 1992, JurisData n°042484.

389 Vgl. Mazan/Samson, JCP E 2009, n°19 S. 9, 10.

390 Reygrobellet, Fonds de commerce, n°62.333; Le Mazier, Defrénois 1990, 271, 273.

auf die dem Kauf vorausgehenden drei *Geschäfts*jahre angepasst, worin teilweise schon eine Absage des Gesetzgebers an die bisher gehandhabte Art der Berechnung gesehen wurde.[391] Mit dem Gesetz zur wirtschaftlichen Modernisierung vom 4. August 2008 hat der Gesetzgeber die bestehende Diskrepanz aufgelöst und auch in Art. L 141-1 Abs. 1 Nr. 3 C.com. für die Berechnung der mitzuteilenden Pflichtangaben die Maßgeblichkeit der drei vorausgegangenen *Geschäfts*jahre angeordnet.[392] Für den Zeitraum nach Abschluss des letzten Geschäftsjahres und dem Abschluss des Kaufvertrages ist der Käufer durch die Verpflichtung zur gemeinsamen Durchsicht der Buchhaltungsunterlagen nach Art. L 141-2 Abs. 1 C.com. hinreichend geschützt, die auch eine Aufstellung der für die letzten Monate nach Ende des Geschäftsjahres erzielten Umsätze beinhaltet.[393]

(4) Angaben zum Recht der Geschäftsraummiete (bail commercial)

Schließlich hat der Verkäufer nach Art. L 141-1 Abs. 1 Nr. 5 C.com. Angaben über Datum und Beginn des Rechts der Geschäftsraummiete (*bail commercial*), Name und Adresse des Vermieters zu machen. Von dieser Mitteilungspflicht nicht umfasst sind weitere wichtige Informationen zum Mietrecht wie die Höhe der zu zahlenden Miete oder sonstige Bedingungen des Mietvertrages, deren fehlerhafte oder gegebenenfalls fehlende Mitteilung der Käufer aber dennoch im Rahmen der allgemeinen Rechtsbehelfe bemängeln kann.[394] Um diese Möglichkeit auszuschließen, werden dem Käufer diese Informationen dennoch oft mitgeteilt und eine Kopie des bestehenden Mietvertrages überlassen.[395]

(5) Allgemeine Voraussetzungen der Mitteilungspflicht

Die Pflichtangaben haben spätestens im Zeitpunkt des Abschlusses des Unternehmenskaufvertrages zu erfolgen, weshalb sie auch zwingend in diesem Vertragswerk selbst enthalten sein müssen. Die Aufnahme in einem als Anlage beigegebenen Schriftstück ist nicht ausreichend, da dieses auch erst zu einem späteren Zeitpunkt hätte aufgesetzt werden können. Wird vor Abschluss des Kaufver-

---

391 Dagot, Defrénois 2007, 191, 192 ff.

392 Vgl. Hugon, Gaz.Pal. 2009, 1763, 1765; für eine weitergehende Reform durch Ersetzung der Pflichtangaben durch ein allgemeineres Konzept von Informationspflichten: Mazan/Samson, JCP E 2009, n°19 S. 9, 13.

393 Vgl. Saintourens, RTD com. 2008, 689 f; Mazan/Samson, JCP E 2009, n°19 S. 9, 11.

394 Lévi, in: Lamy Droit commercial, Fonds de commerce, n°542.

395 Vgl. Le Mazier, Defrénois 1990, 271, 273 f.

trages bereits ein Vorvertrag geschlossen, sind die Pflichtangaben bereits in diesen aufzunehmen, wenn es sich um ein gegenseitiges Vertragsversprechen (*promesse synallagmatique*) handelt.[396] Auch bei einem bloß einseitigen Vertragsversprechen (*promesse unilatérale d'achat*) hat der Kassationsgerichtshof die zwingende Aufnahme vorgesehen in Fällen, in denen die dem Käufer auferlegten finanziellen Konditionen seine Entscheidungsfreiheit im Hinblick auf einen eventuellen Nichtabschluss des Vertrages derart beschränken, dass er diese Möglichkeit tatsächlich nicht in Erwägung ziehen wird.[397] Mitzuteilen sind die genannten Umstände auch in sonstigen Fällen, die einem einverständlichen Erwerb gleichkommen, etwa bei Einbringung des *fonds de commerce* als Sacheinlage in eine Gesellschaft.[398] Eine Nichtgeltung der Mitteilungspflichten wird jedoch bei umwandlungsrechtlichen Maßnahmen vertreten, da der Käufer durch die dort zu beachtenden Formalia bereits hinreichend geschützt sei.[399]
Da es sich bei einem rein nationalen Geschäft um zwingendes Recht (*ordre public*) handelt, können die Pflichtangaben nicht umgangen werden, etwa durch bloß mündliche Mitteilung oder eine in den Kaufvertrag aufgenommene Erklärung des Käufers, über mitteilungspflichtige Umstände Kenntnis zu haben, ohne dass die erforderliche Unterrichtung im Kaufvertrag auch tatsächlich erfolgt.[400] Ein Verzicht nach Vertragsschluss ist wie bei anderen bereits entstandenen Rechten freilich möglich.[401] Bei grenzüberschreitenden Unternehmenskaufverträgen liegt zudem die Frage nahe, ob die Pflichtangaben nicht durch die Wahl eines anderen Schuldstatuts, das die Rechte und Pflichten der Vertragspartner regiert, umgangen werden können. Bei einem in Frankreich erfolgenden Verkauf eines im Ausland belegenen *fonds de commerce* finden die Pflichtangaben Anwendung, wenn nicht der Wille der Parteien feststeht, den Vertrag einer anderen Rechtsordnung unterstellen zu wollen.[402] Ob dies bei einem in Frankreich belegenen *fonds de commerce* gleichermaßen gilt, richtet sich nach französischem internationalen Privatrecht danach, ob es sich bei den Pflichtangaben lediglich um eine Formvorschrift des Rechtsgeschäfts handelt, die die Vereinbarung eines anderen Schuldstatuts erlaubt, oder ob diese den Inhalt des Rechtsgeschäfts betreffen und somit zwingend französisches Recht anzuwenden ist (*lois*

---

396 Le Mazier, Defrénois 1990, 271; Cass.com., 6. Februar 1996, n°93-12.868.

397 Vgl. Cass.com., 20. November 1962, D. 1963, jur 3; Cass.com., 24. Oktober 1984, RTD com. 1985, 507. Dies entspricht im wesentlichen der deutschen Rechtsprechung zur Beurkundungspflicht einer (auch widerruflichen) Vollmacht bei Grundstücksgeschäften, vgl. Grüneberg, in: Palandt BGB, § 311b Rn. 21 mwN.

398 Reygrobellet, Fonds de commerce, n°62.292.

399 Vgl. Reygrobellet, Fonds de commerce, n°62.304.

400 Vgl. Cass.com., 18. Oktober 1971, n°70-11.405.

401 Paillusseau/Caussain/Lazarski/Peyramaure, Cession d'entreprise, n°732; Le Mazier, Defrénois 1990, 271, 274.

402 Cass. 1ère civ., 10. Dezember 1974, D. 1975, 685.

de police).[403] Der Kassationsgerichtshof hat sich für eine Behandlung als bloße Formfrage ausgesprochen, so dass ein Ausschluss möglich ist.[404] Die Entscheidung ist wegen dogmatischer Bedenken in der Literatur kritisiert worden,[405] entspricht, soweit ersichtlich, jedoch immer noch der geltenden Rechtslage.

b Fehlerhaftigkeit der Pflichtangaben

Im Hinblick auf eine Unrichtigkeit der Pflichtangaben sind viele Beispiele denkbar, so kann der Unternehmensverkäufer etwa den von ihm selbst für den *fonds* gezahlten Kaufpreis falsch oder seine Aufteilung nach den Werten der unkörperlichen Bestandteile, der Geschäftseinrichtung und der Waren nicht korrekt angeben, auf dem *fonds* lastende Sicherungsrechte verschweigen bzw. deren Wert zu niedrig ansetzen, oder unzutreffende Angaben über Bestand oder Laufzeit des Rechts der Geschäftsraummiete tätigen. Die weitaus größte praktische Bedeutung jedoch kommt der unrichtigen Darstellung der erzielten Umsätze und Gewinne zu. Eine Unrichtigkeit kann bereits bei Angabe nur des Brutto-Gewinns zu bejahen sein,[406] wohingegen die Angabe nur des zur Steuerbemessung relevanten Ergebnisses für die Annahme der Unrichtigkeit nicht allein ausreichen soll.[407] Problematisch ist die Situation, dass die getätigten Angaben zwar formell richtig sind, jedoch von außergewöhnlichen Umständen abhängen und damit die wirtschaftliche Situation des *fonds de commerce* verzerrt widerspiegeln. Im Einzelfall kann auch dann eine Unrichtigkeit der Pflichtangaben in Erwägung gezogen werden.[408] Eine Unrichtigkeit und kein gänzliches Fehlen liegt vor, wenn das vorgelegte Zahlenmaterial nicht nur aus der Geschäftstätigkeit des veräußerten *fonds* allein resultiert, sondern anderweitig erzielte Umsätze miteinbezieht.[409] Bei Veräußerung nicht des ganzen *fonds* ist darauf zu achten, dass sich die erforderlichen Angaben auch nur auf den veräußerten Teilbereich beziehen.[410]

---

403 Witz/Zierau, in: Unternehmenserwerb in Frankreich, S. 9, 11 ff.

404 Cass. 1ère civ., 10. Dezember 1974, D. 1975, jur 685.

405 Vgl. Witz/Zierau, in: Unternehmenserwerb in Frankreich, S. 9, 12.

406 Cass.com., 8. Februar 1971, n°69-13.281.

407 Cass.com., 9. Juni 1970, D. 1970, jur 762.

408 Vgl. Cass. 1ère civ., 3. Juli 1996, n°94-16.196.

409 CA Paris, 6. September 1994, JurisData n°1994-024756.

410 Paillusseau/Caussain/Lazarski/Peyramaure, Cession d'entreprise, n°722; Cass.com., 3. Dezember 2002, n°00-21.669.

c Geltendmachung der Fehlerhaftigkeit

Nach Art. L 141-4 C.com. ist die Klage aus dieser gesetzlichen Garantie binnen Jahresfrist gerechnet vom Zeitpunkt der Besitzerlangung an anzustrengen. Anders als im Fall des gänzlichen Fehlens der Pflichtangaben wird hier nicht auf den Zeitpunkt des Vertragsschlusses des Unternehmenskaufvertrages abgestellt, da der Käufer erst mit Besitzerlangung zur Überprüfung des vorgelegten Zahlenmaterials in der Lage ist. Sollte der Verkäufer seiner Pflicht zur Übergabe der hierfür notwendigen Buchhaltungsunterlagen –die wie gesehen selber nicht als Bestandteile des *fonds* anzusehen sind– erst zu einem späteren Zeitpunkt nachkommen, wird teilweise gefordert, den Lauf der Frist erst ab diesem Zeitpunkt zu bemessen.[411] Die Frist stellt keine Verjährungsfrist dar, so dass eine Aussetzung nicht möglich ist.[412] Nach Ablauf der Frist kann sich Käufer –auch nicht ausnahmsweise– auf die unrichtigen Pflichtangaben nicht mehr berufen.[413] Eine vertragliche Verlängerung der Jahresfrist ist möglich, eine Verkürzung soll hingegen nicht möglich sein.[414] Für die Unrichtigkeit der Pflichtangaben trägt grundsätzlich der Käufer die Beweislast.[415] Zum Nachweis der Fehlerhaftigkeit der mitzuteilenden Umsätze und Erträge kann sich der Käufer insbesondere der ihm zeitweise zu überlassenden Buchhaltungsunterlagen bedienen.[416] Bei deren Nichtüberlassung wird eine Beweislastumkehr zu Lasten des Veräußerers angenommen.[417] Der Käufer hat die Richtigkeit des vorgelegten Zahlenmaterials zu widerlegen, der Vortrag geringerer eigener Umsätze allein ist nicht ausreichend.[418] Er kann den Beweis aber auch indirekt erbringen, indem er etwa nachweist, dass die Erzielung des angegebenen Umsatzes im gewöhnlichen Lauf des konkreten Geschäftsbetriebes, der den im Einzelfall einschlägigen gesetzlichen Vorschriften entspricht, gar nicht möglich ist.[419] Darüber hinaus hat der Käufer

---

411 Vgl. Lévi, in: Lamy Droit commercial, Fonds de commerce, n°558; a.A. Reygrobellet, Fonds de commerce, n°62.371 und die höchstrichterliche Rechtsprechung, vgl. Cass.com., 23. Juni 2004, n°02-13.084.

412 Cass.com., 7. Oktober 1997, Bull.civ. IV, n°249; anders als im Fall der unterbliebenen Pflichtangaben hat die Rechtsprechung hier lange eine gegenteilige Ansicht vertreten, vgl. Lévi, in: Lamy Droit commercial, Fonds de commerce, n°558.

413 Cass.com., 31. März 2004, n°01-13.089.

414 Lévi, in: Lamy Droit commercial, Fonds de commerce, n°558.

415 Vgl. Mazan/Samson, JCP E 2009, n°19, S. 9, 12.

416 Cass.com., 29. März 1994, n°92-12.733.

417 Lévi, in: Lamy Droit commercial, Fonds de commerce, n°556.

418 CA Paris, 13. Mai 1969, D. 1969, jur 608.

419 So geschehen etwa im Fall einer Apotheke, deren Betreiber sich bei der Ausübung seines Berufes nicht mehr im gesetzlichen Rahmen bewegt hat, vgl. Cass. 1ère civ., 3. Juli 1996, n°94-16.196.

noch den Eintritt eines Schadens zu beweisen, der Beweis der Fehlerhaftigkeit der Pflichtangaben allein genügt nicht.[420]

d Rechtsfolgen der Fehlerhaftigkeit

Die Rechtsfolge unrichtiger Pflichtangaben entspricht durch die Verweisung des Art. L 141-3 Abs. 1 C.com. auf die Vorschriften des *Code civil* der bei versteckten Sachmängeln. Mit dieser Kopplung hat der Gesetzgeber im Bereich der Veräußerung eines *fonds de commerce* erreicht, dass den Unternehmensverkäufer eine der üblichen Verwendung der Kaufsache entsprechende Einstandspflicht für die Richtigkeit seiner Angaben trifft.[421] Eine vertragliche Freizeichnung von dieser Garantiehaftung ist nach Art. L 141- 3 Abs. 1 C.com. nicht möglich. Der Käufer kann im Wege einer *action en garantie* also entweder die Rückzahlung des Kaufpreises gegen Rückgewähr des *fonds* (*action rédhibitoire*), oder eine Minderung des Kaufpreises (*action estimatoire*) verlangen, im Fall eines Verschuldens des Verkäufers –was im Fall unrichtiger Erklärung eines den Pflichtangaben unterfallenden Sachverhaltes regelmäßig zu bejahen sein wird– auch Schadensersatz verlangen.[422] Eine Minderung des Kaufpreises soll bei erwiesener Unrichtigkeit der Umsätze sogar dann in Betracht kommen, wenn der Kaufpreis insgesamt angemessen war, wobei dem Käufer in derartigen Fällen nur selten der ebenfalls von ihm zu erbringende Beweis gelingen dürfte, dass er in Kenntnis der Unrichtigkeit den Vertrag nicht geschlossen hätte.[423] Dagegen kann der Käufer nicht wie im Fall des gänzlichen Fehlens der Pflichtangaben die Nichtigkeit des Kaufvertrages bewirken. Bestehen Zweifel, ob die Schwere des dem Verkäufer anzulastenden Verstoßes gegen die Mitteilungspflichten eine Rückgängigmachung des Vertrages rechtfertigt, kann der Käufer sein Klagebegehren in ein Subsidiaritätsverhältnis stellen, da die entsprechende Beurteilung ohnehin dem Richter obliegt.[424]

Die Abgrenzung zwischen dem gänzlichen Fehlen und der bloßen Fehlerhaftigkeit der Pflichtangaben ist also mit Blick auf die unterschiedlichen Rechtsfolgen wesentlich, kann im Einzelfall jedoch Schwierigkeiten bereiten.[425] Besonders streitbefangen sind die erforderlichen Angaben zu Umsätzen und Gewinnen: Während die Angabe des steuerlich relevanten Datenmaterials eine Unrichtigkeit und keine Unterlassung darstellen soll, soll dies bei Versicherung bestehender Gewinne ohne Angabe von deren Höhe umgekehrt eine Unterlassung

420 Barret, Fonds de commerce, n°159; vgl. auch Cass.com., 27. Juni 2000, n°95-15.406.
421 Vgl. Paillusseau/Caussain/Lazarski/Peyramaure, Cession d'entreprise, n°728.
422 Zu den Rechtsfolgen einer action en garantie siehe unten C II 4 und D I 2 c (2).
423 Vgl. Cass.com., 12. Juli 1981, n°80-11.395.
424 Cass.com., 6. März 1990, n°88-14.929.
425 Vgl. Reygrobellet, Fonds de commerce, n°62.363 mwN.

und keine Unrichtigkeit darstellen.[426] Den speziellen Rechtsfolgen zugänglich sind nur die in Art. L 141-1 Abs. 1 C.com. enumerativ aufgelisteten Pflichtangaben, andere unrichtige Angaben im Kaufvertrag sind gegebenenfalls mit den allgemeinen Rechtsbehelfen angreifbar.[427] Insbesondere eine Nichtigkeit des Kaufvertrages wegen arglistiger Täuschung des Verkäufers kann durch die spezialgesetzliche Garantiehaftung nicht ausgeschlossen werden.[428] Für den Fall der Fehlerhaftigkeit der Pflichtangaben sieht Art. L 141-3 Abs. 2 C.com. zudem eine dem Verkäufer gleichrangige Verantwortlichkeit von Mittelspersonen, die den Kaufvertrag aufsetzen, also insbesondere von Notaren vor, deren Durchsetzbarkeit tatsächlich oft größeren Erfolg als ein Vorgehen gegenüber dem Verkäufer selbst verspricht.[429]

e *Rechtsfolgen bei gänzlichem Fehlen*

Demgegenüber können unterlassene Pflichtmitteilungen bei Geltendmachung durch den Käufer nach Art. L 141-1 Abs. 2 C.com. die Nichtigkeit des Kaufvertrages (*action en nullité*) zur Folge haben. Anders als bei Formfehlern die zur Unwirksamkeit führen[430] handelt es sich bei dieser Unwirksamkeit nicht um eine absolute, sondern nur um eine gegenüber dem Verkäufer bestehende, relative Unwirksamkeit.[431] Dritte wie Gläubiger oder der Vermieter des Verkäufers, auch dieser selbst, können sich auf die Unwirksamkeit nicht berufen.[432] Der Gesetzestext spricht zwar nur von der Nichtigkeit des Kaufvertrages, es besteht doch Einigkeit dahingehend, dass diese sich auch auf den Erwerbsakt und sonstige aus dem Vertragswerk folgende Rechte und Pflichten bezieht.[433] Wie in sonstigen Fällen der Nichtigkeit eines Vertrages sind die Parteien so zu stellen, wie sie ohne Abschluss des nun nichtigen Vertrages stehen würden. Der Käufer hat also grundsätzlich den *fonds de commerce* zurückzugewähren und der Ver-

---

426 Barret, Fonds de commerce, n°158 mwN.

427 Vgl. Reygrobellet, Fonds de commerce, n°62.362.

428 Cass.com., 15. Januar 2002, n°99-18.774.

429 Mazan/Samson, JCP E 2009, n°19, S. 9, 12.

430 Das ist im französischen Recht generell eher selten der Fall, da eine dem § 125 BGB entsprechende Vorschrift nicht existiert. Unterschieden werden „formes solenelles", für die die Einhaltung der Form Gültigkeitsvoraussetzung ist, und „formes probantes", die nur dem Beweis dienen, vgl. Hübner/Constantinesco, Einführung in das französische Recht, S. 164.

431 Paillusseau/Caussain/Lazarski/Peyramaure, Cession d'entreprise, n°730; Barret, Fonds de commerce, n°155.

432 Vgl. Cass. 3ème civ., 12. Juli 1995, n°93-11.666 hinsichtlich des Vermieters.

433 Reygrobellet, Fonds de commerce, n°62.354; vgl. auch Cass.com., 18. Januar 1984, n°82-11.958.

käufer den Kaufpreis.[434] Obwohl das Gesetz als Rechtsfolge unterlassener Pflichtmitteilungen ausdrücklich nur eine fakultative Nichtigkeit des Kaufvertrages anordnet, scheint der Kassationsgerichtshof unter Rückgriff auf allgemeine Prinzipien doch eine gegenteilige Auffassung zu vertreten und spricht im Einzelfall –insbesondere wenn feststeht, dass der Käufer auf andere Art und Weise von den ausgelassenen Informationen Kenntnis hatte– auch eine bloße Herabsetzung des Kaufpreises[435] oder eine Schadensersatzverpflichtung des Verkäufers aus.[436] Eine Klage auf Herabsetzung des Kaufpreises ist jedoch unzulässig.[437] Der Käufer kann auf sein Recht zur Geltendmachung der Nichtigkeit nicht im Kaufvertrag verzichten,[438] erst recht nicht vor Vertragsschluss.[439] Ein Verzicht nach Vertragsschluss wird dagegen gerade im Hinblick auf die bloß relative Unwirksamkeit jedoch für möglich gehalten.[440] Eine Klagemöglichkeit wegen arglistiger Täuschung wird damit nicht ausgeschlossen.[441] Trotzdem entfalten die in der Praxis häufig anzutreffenden Klauseln, die den Verkäufer von der Mitteilung insbesondere der erzielten Umsätze und Gewinne befreien, jedenfalls insofern Wirksamkeit, als dem Käufer nicht der Beweis eines bei ihm aufgrund der Unterlassung ausgelösten Irrtums gelingt.[442] Die in Art. L 141-1 Abs. 1 C.com. erfolgte Aufzählung der zwingenden Mitteilungen ist abschließend in dem Sinne, dass nur sie die spezialgesetzlich vorgesehenen Rechtsfolgen auslösen.[443] Sie bedeutet jedoch nicht, dass weitergehende Aufklärungspflichten des Verkäufers nicht in Betracht zu ziehen sind. Diese richten sich nach den allgemeinen Grundsätzen vorvertraglicher Aufklärungspflichten, die hier nicht vertieft werden sollen. Hingewiesen sei nur darauf, dass das französische eine dem deutschen Rechtsinstitut der *culpa in contrahendo* vergleichbare Lehre nicht kennt. Für ein derartiges Rechtsinstitut besteht im französischen Recht kein rechtspolitisches Bedürfnis, da Fälle vorvertraglicher Pflichtverletzungen (*faute précontractuelle*) über die deliktsrechtliche Generalklausel des Art. 1382 C.civ. erfasst werden.[444] Diese gewährt Ersatz auch für Vermögensschäden, eine Exkulpationsmöglichkeit für Verrichtungsgehilfen besteht nicht und auch die Verjährung ist deutlich zu Gunsten des Geschädigten ausgestaltet.

---

434 Reygrobellet, Fonds de commerce, n°62.354.

435 Vgl. Cass.com., 4. Januar 1974, n°72-13.849.

436 Vgl. Cass.com., 6. Februar 1990, n°88-11.353.

437 Vgl. Cass.com, 18. Januar 1984, n°82-11.958.

438 Vgl. Cass.com., 6. Februar 1990, n°88-11.353.

439 Vgl. CA Versailles, 1. Juli 1999, JurisData n°1999-101350.

440 Reygrobellet, Fonds de commerce, n°62.343; Lévi, in: Lamy Droit commercial, Fonds de commerce, n°548.

441 Paillusseau/Caussain/Lazarski/Peyramaure, Cession d'entreprise, n°732.

442 Lévi, in: Lamy Droit commercial, Fonds de commerce n°551.

443 Cass.com., 7. Juni 1974, n°73-11.391.

444 Aus der deutschen Literatur Rädler, Rechtsbehelfe des Käufers im deutschen und französischen Recht, S. 120 ff.

2 Aufklärungspflichten im deutschen Recht

Vergleichbare spezialgesetzlich geregelte Pflichtangaben sind der deutschen Rechtsordnung nicht bekannt. Hier nimmt die Rechtsprechung eine Aufklärungspflicht bei Verträgen aller Art stets nur hinsichtlich solcher Umstände an, die für die Kaufentscheidung des Käufers und die Bemessung des Kaufpreises von erheblicher Bedeutung sind, sofern der Käufer nach den Grundsätzen von Treu und Glauben den Umständen nach eine Aufklärung erwarten durfte.[445] Im Bereich des Unternehmenskaufs ging jedoch bereits die frühere Rechtsprechung von einer Aufklärungspflicht bei bestehender Gefahr eintretender Zahlungsunfähigkeit und sonstiger, für die Ertragssituation des Unternehmens wesentlicher Umstände aus. Diese Rechtsprechung erstreckt sich nunmehr auf alle Umstände, welche die Überlebensfähigkeit der unternehmenstragenden Gesellschaft ernsthaft gefährden.[446] Aufgrund der schlechteren Informations- und Bewertungssituation des außenstehenden Käufers wird nun also unter Aufgabe der vorherigen Einzelfallbetrachtung von einer gesteigerten Sorgfalts- und Aufklärungsverpflichtung des Verkäufers bei Unternehmenskaufverträgen ausgegangen.[447] Die Darlegungs- und Beweislast auch für die Kausalität unterbliebener Aufklärung liegt beim Verkäufer, so dass ein regelmäßig gegebenes *non liquet* zu seinen Lasten geht.[448] So hat der Verkäufer etwa über einen plötzlich eintretenden Verlust im operativen Geschäft aufzuklären.[449] Ferner darf er keine Buchhaltungsunterlagen vorlegen, die wegen noch anstehender Korrekturbuchungen keine Einschätzung der tatsächlichen Situation des Unternehmens erlauben.[450] Der Verkäufer hat darauf hinzuweisen, wenn er die Art der Kaufpreisberechnung abweichend von einer vorherigen, übereinstimmenden Annahme beider Vertragspartner vornimmt.[451] Den genannten Beispielen aus der Rechtsprechung kann man als Orientierungsleitlinie entnehmen, dass eine Aufklärungspflicht des Verkäufers stets besteht, wenn bereits im Zeitpunkt des Vertragsschlusses feststeht, dass sich die derzeitige Ertragslage des Unternehmens in Zukunft deutlich verschlechtern wird.[452] Sogenannte sekundäre Aufklärungspflichten entstehen ferner, wenn der Verkäufer zuvor unvollständige oder irreführende Aussagen

---

445 Vgl. BGH NJW 2006, 3139, 3141; BGH NJW 2001, 2163.

446 Grundlegend BGH NJW 2001, 2163 für einen Unternehmenserwerb im Wege des Share Deals; vgl. auch Emmerich, in: MünchKomm BGB, § 311 Rn. 128.

447 Grundlegend BGH NJW 2001, 2163; vgl. auch Louven, BB 2001, 2390 ff; Thiessen, DStR 2001, 1578 ff; Wagner, DStR 2002, 958, 959 ff; OLGR Köln R 1996, 125 ff; Alpmann-Pieper, in: juris PK-BGB, § 453 Rn. 25.

448 Vgl. Wagner, DStR 2002, 958, 962.

449 Hübner, BB 2010, 1483, 1485; BGH NJW-RR 1996, 429.

450 Vgl. OLG München DNotZ 2007, 712.

451 Holzapfel/Pöllath, Unternehmenskauf in Recht und Praxis, Rn. 637 unter Hinweis auf BGH DB 1981, 1816.

452 Vgl. Hübner, BB 2010, 1483, 1485.

gemacht hat, was in der Folge noch eher als das bloße Verschweigen einer Tatsache geeignet ist, eine Fehlvorstellung des Käufers über Umstände herbeizuführen, die für seine Entscheidung zum Vertragsschluss wesentlich sind. Es besteht dann eine Verpflichtung zur Korrektur bzw. Ergänzung der Aussage.[453]

Ob diese Aufklärungspflicht unabhängig von der Durchführung einer *due diligence*-Prüfung durch den Käufer besteht, ist derzeit noch nicht abschließend geklärt. Teilweise wird die Auffassung vertreten, der Verkäufer genüge seiner Aufklärungspflicht, wenn er dem Käufer ausreichende und richtige Daten zur eigenen Durchsicht zur Verfügung stelle und diesem die Möglichkeit einräumt, sämtliche auftretenden Fragen mit qualifiziertem Auskunftspersonal zu besprechen.[454] Nach anderer Ansicht kann die Durchführung einer *due diligence*, die dem Schutz des Käufers zu dienen bestimmt ist, nicht zu dessen Nachteil gereichen, wenn dieser bei ihrer Vornahme erkennbare negative Umstände übersieht.[455] Letztlich wird man die Frage nach den konkreten Umständen des Einzelfalls zu beantworten haben, denn bei Beurteilung der Auskunftspflicht des Verkäufers ist nicht zuletzt die Geschäftserfahrenheit des Käufers zu berücksichtigen.[456]

Zweifelhaft bleibt, inwiefern fehlende Abschlussangaben, also ein Verstoß gegen bestehende Aufklärungspflichten, im deutschen Recht dem Gewährleistungsrecht unterfallen können. Denn die Nichterteilung bestimmter Informationen kann dem Grunde nach sowohl als konkludente Erklärung über das Nichtvorliegen entsprechender Tatsachen und Umstände gewertet werden, als auch als Unterlassen gebotener Aufklärung. Mit der Annahme konkludenter Vereinbarungen ist im Bereich des Unternehmenskaufs jedoch Vorsicht geboten. In engen Grenzen denkbar wäre es, das Unterlassen gebotener Aufklärung als negative Beschaffenheitsvereinbarung zu qualifizieren, so dass insoweit dann auch der Weg ins Sachmängelgewährleistungsrecht eröffnet wäre.[457] Der Sinn und Zweck der Gewährleistungshaftung, eine fehlerhafte Lieferung des geschuldeten Vertragsgegenstandes zu sanktionieren, spricht jedoch gegen die Annahme derartiger negativer Beschaffenheitsvereinbarungen. Sachgerechter ist es, solchen Pflichtverletzungen des Unternehmensverkäufers weiterhin auf Grundlage der §§ 280 Abs. 1, 311 Abs. 2, 241 Abs. 2 BGB (*culpa in contrahendo*) zu begegnen.[458] Rechtsfolge ist nach den allgemeinen Regeln der §§ 249 BGB ff eine

---

453 Vgl. Hübner, BB 2010, 1483, 1486.

454 Vgl. BGH NZG 2002, 298, 299; Wagner, DStR 2002, 958, 966. Siehe auch zur mittlerweile üblichen Praxis einer fair disclosure unten.

455 Müller, NJW 2004, 2196, 2198 f; ebenso Fleischer/Körber, BB 2001, 841, 847 mit Hinweis darauf, dass eine Aufklärungspflicht des Verkäufers nicht unter allen Umständen bestehe; zum Streitstand auch oben bei den Rechtsfolgen einer unsorgfältig durchgeführten due diligence.

456 Holzapfel/Pöllath, Unternehmenskauf in Recht und Praxis, Rn. 637 f.

457 Vgl. Wagner, DStR 2002, 958, 966; 1400, 1404.

458 Zutreffend Wagner, DStR 2002, 958, 966.

Verpflichtung zur Naturalrestitution. Es ist der Zustand herzustellen, der bestehen würde, wenn der zum Ersatz verpflichtende Umstand nicht eingetreten wäre. In erster Linie ist dem Geschädigetn dann ein Recht zur Vertragsauflösung zuzugestehen. Anhand eines hypothetischen Kausalverlaufs ist die Situation des Käufers zu bestimmen, in der er sich befunden hätte, wäre er ordnungsgemäß über die nicht offenbarten Umstände aufgeklärt worden. Es besteht eine Vermutung dahingehend, dass der Käufer bei Erfüllung der geschuldeten Aufklärung nicht oder nur zu anderen Konditionen abgeschlossen hätte.[459] Ein zu ersetzender Schaden entspricht nach der sog. Minderungsrechtsprechung der höchstrichterlichen Rechtsprechung regelmäßig der Differenz zwischen dem tatsächlich gezahlten Kaufpreis, und dem, den der Käufer bei ordnungsgemäßer Aufklärung zu zahlen bereit gewesen wäre.[460]

3 Aufklärungspflichten im englischen Recht

Im englischen Recht betrifft die im Zusammenhang des Unternehmenskaufs wichtigste Fallgruppe vorvertraglicher Aufklärungspflichten Verträge, die von äußerstem Vertrauen (*utmost good faith*) gekennzeichnet sind und nach englischer Rechtsterminologie als Verträge *uberrimae fidei* bezeichnet werden. Diese Art von Verträgen ist dadurch gekennzeichnet, dass ein Vertragspartner allein um alle entscheidungserheblichen Tatsachen weiß, mithin zu Gunsten einer Partei ein Informationsgefälle besteht.[461] Hauptanwendungsfall ist der Versicherungsvertrag, der den Versicherten zur Offenlegung all jener Tatsachen verpflichtet, die ein vernünftiger oder vorsichtiger Versicherer als wesentlich erachten würde. Wesentlich ist jeder Umstand, der sich auf die Übernahme des konkreten Risikos und die Kalkulation der Versicherungsprämie bezieht.[462] Daneben kommen noch eine Reihe weiterer Verträge als solche *uberrimae fidei* in Betracht, die jedoch nicht abschließend aufgezählt werden können und bei denen eine Aufklärungspflicht nicht im jeweils genau deckungsgleichen Umfang besteht.[463] Dazu gehören etwa hier nicht weiter interessierende bestimmte Ver-

---

459 Vgl. BGHZ 124, 151. 159 f mwN.

460 BGH NJW 2006, 3139, 3141; zu weiteren Schadenspositionen im Einzelfall Hübner, BB 2010, 1483, 1488 f; kritisch zur Minderunsgrechtsprechung Kersting, JZ 2008, 714, 716 ff.

461 Aus dem deutschen Schrifttum Müller, Informationspflichten, S. 88 ff.

462 Vgl. s 18 (1) Marine Insurance Act 1906, dieses Kriterium der Wesentlichkeit findet jedoch Anwendung auf alle Arten von Versicherungsverträgen: Locker and Woolf Ltd v Western Australian Insurance Co Ltd [1936] 1 KB 408; derzeit beraten die Law Commissions über Einschränkungsmöglichkeiten der sehr weit geratenen Aufklärungspflichten des Versicherten, zum Ganzen Soyer, JBL 2009, 15, 18 ff.

463 Cheshire, Fifoot and Furmston's Law of Contract, S. 372.

einbarungen unter Familienangehörigen, die Streitigkeiten über Grundstücke beilegen sollen.[464] Nachdem auch Personengesellschaftsverträge im Hinblick auf ihre Ausführung schon lange als Verträge *uberrimae fidei* anerkannt waren, sind entsprechende Aufklärungspflichten nun auch auf die eigentlichen Vertragsverhandlungen erstreckt worden.[465] Die Frage unter welchen Voraussetzungen weitere Verträge als solche *uberrimae fidei* anerkannt werden können, ist nicht ganz einfach zu beantworten. Die Rechtsprechung geht teilweise davon aus, dass den als solche anerkannten Verträgen kein allgemeines, analogiefähiges Prinzip zugrundeliegt, das auf andere Verträge übertragen werden könnte.[466] Andererseits wurde eine derartige Qualifizierung eines Vertrages auch schon mit dem Hinweis versagt, dass im *konkreten* Fall eine Aufklärungspflicht nicht anzuerkennen sei.[467] Für Unternehmenskaufverträge jedenfalls ist eine entsprechende Aufklärungspflicht bisher nicht anerkannt worden. Berücksichtigt man das bei den genannten Verträgen zu Lasten einer Partei bestehende Informationsgefälle, könnte man zwar durchaus dafür plädieren, auch den Unternehmenskaufvertrag als solchen *uberrimae fidei* anzuerkennen. Andererseits sind die vorgenannten Situationen durch den Umstand geprägt, dass ein Vertragspartner den durch anderen zur Verfügung gestellten Informationen Glauben schenken *muss*.[468] Dies gilt für den Unternehmenskauf nicht in gleicher Weise, da eine Möglichkeit zur Verifizierung der Angaben des Verkäufers zumindest theoretisch besteht und die Vertragspraxis eine solche in weitem Umfang auch vorsieht. Berücksichtigt man zudem den gegen eine generelle Aufklärungspflicht genannten Grund eines grundsätzlich ausgewogenen Verhältnisses der Vertragspartner, erscheint die Annahme von Aufklärungspflichten beim Unternehmenskauf auch in Zukunft eher fernliegend, da diese regelmäßig durch eine ausgeglichene Verhandlungsparität gekennzeichnet sind. Als Vertrag *uberrimae fidei* kann ein Vertrag über den Kauf von Gesellschaftsanteilen anzusehen sein, wenn dieser durch einen Prospekt veranlasst wird. Zur Begründung wird darauf verwiesen, dass eine Zusammenschau aller für die Erstellung eines Prospekts maßgeblichen gesetzlichen Vorschriften ein dem Versicherungsvertrag vergleichbares Geflecht von Aufklärungspflichten ergebe.[469] Füt einen Unternehmenskauf im Wege eines *Share Deals*, mit dem nicht ein bloßes Investitionsinteresse verfolgt wird, ist diese

464 Treitel, Law of Contract, S. 172; Cartwright, Misrepresentation, Mistake and Non-Disclosure, 17.28 ff.

465 Conlon v Simms [2006] 2 All ER 1024.

466 Vgl. L'Alsacienne Première Societé Alsacienne et Lorraine d'Assurances contre l'Incendie des Accidents at les Risques Divers v Unistorebrand International Insurance A.S. [1995] LRLR 333.

467 Vgl. Jewson & Sons Ltd v Arcos Ltd [1933] 47 Ll L Rep 93 für den Warenkauf; The Unique Mariner [1978] 1 Lloyd's Rep 438 betreffend ein salvage agreement.

468 Auf diesen Aspekt stellen wesentlich ab Spencer Bower, Turner & Sutton, Actionable Non-Disclosure, 5.05.

469 Cheshire, Fifoot and Furmston's Law of Contract, S. 378.

Fallgruppe indes nicht relevant. Die auf den Erwerb von Gesellschaftsbeteiligungen Anwendung findende Vorschrift s 397 *Financial Services and Markets Act* 2000 (zuvor s 47 *Financial Services* Act 1986), wonach ein durch ein unlauteres Verschweigen wesentlicher Umstände bewirkter Kaufvertrag eine Straftat darstellen kann, verhilft dem Anteilskäufer über ihren unmittelbaren Anwendungsbereich hinaus nicht zu einem zivilrechtlichen, auf Grundlage dieses Verschweigens beruhenden Rechtsbehelf.[470]

In den Fällen, in denen das Verschweigen einer Tatsache der Erklärung ihrer Nichtexistenz gleichsteht und in denen daher eine falsche Tatsachenerklärung durch konkludentes Verhalten zu bejahen ist, entsprechen die einschlägigen Rechtsfolgen den fehlerhaften Abschlussangaben. Auf Grundlage der sogleich zu behandelnden *misrepresentation* kann also ein Recht zur Vertragsauflösung („*rescission for non-disclosure*") und Schadensersatz gewährt werden.[471] Dies gilt auch, wenn der Anspruch auf die entsprechenden Vorschriften des *Misrepresentation Act* 1967 gestützt wird.[472] Bei Verletzung einer Aufklärungspflicht in den Fällen der Verträge *uberrimae fidei* soll hingegen nur ein Recht zur Vertragsauflösung gegeben sein.[473] In den weiteren genannten Fällen eines „schlichten" Verschweigens kann eine allgemeine Aussage über die einschlägigen Rechtsfolgen nicht getroffen werden. In diesen Fällen soll jedoch allenfalls Schadensersatz denkbar sein.[474] Ein solcher Anspruch kann sich nach der derzeitigen Rechtslage aber weder auf Grundlage eines *tort of deceit* noch auf Grundlage eines *tort of negligence* ergeben, da diese eine aktive Täuschungshandlung bzw. das Bestehen einer entsprechenden Sorgfaltspflicht voraussetzen. Aus diesem Grund scheidet auch eine Verweigerung der Vertragsauflösung und die Zusprechung von Schadensersatz *in lieu of rescission* nach s 2 (2) *Misrepresentation Act* 1967 aus.[475] Die Ausschluss- und Beschränkungsmöglichkeiten einer Haftung für unterbliebene Aufklärung entsprechen im Grundsatz und von den zugrundeliegenden Wertungen denen bei fehlerhaften Abschlussangaben genannten, mit Ausnahme derjenigen Kontrollmöglichkeiten, die wie s 3 *Misrepresentation Act* 1967 ausdrücklich eine aktive *misrepresentation* fordern.[476]

---

[470] Vgl. Knight, Acquisition of Private Companies and Business Assets, S. 133; Evans, ICCLR 6 (1995) 195.

[471] Spencer Bower, Turner & Sutton, Actionable Non-Disclosure, 14.02.

[472] Treitel, Law of Contract, S. 174.

[473] Cartwright, Misrepresentation, Mistake and Non-Disclosure, 17.18.

[474] Treitel, Law of Contract, S. 174.

[475] Banque Keyser Ullmann SA v Skandia (UK) Insurance Co Ltd [1990] 1 QB 665, 789 f.

[476] Vgl. Cartwright, Misrepresentation, Mistake and Non-Disclosure, 17.51.

4 Zusammenfassung

Im Grundsatz –wenn auch in unterschiedlicher Reichweite– gehen alle drei verglichenen Rechtsordnungen davon aus, dass eine generelle Aufklärungspflicht nicht besteht, der Unternehmenskäufer sich vielmehr wie jeder andere Käufer auch über die für seine Kaufentscheidung maßgeblichen Gesichtspunkte informieren muss. Darüber hinaus sieht die französische Rechtsordnung im Fall der Veräußerung eines *fonds de commerce* spezialgesetzliche Aufklärungspflichten des Unternehmensverkäufers vor, insbesondere zu den in der Vergangenheit erzielten Umsätzen und Gewinnen. Diese unterliegen über die Verweisung des Art. L 141-3 Abs. 1 C.com. den Rechtsfolgen des Sachmängelgewährleistungsrechts, was dazu führt, dass diesen Regelungen im Bereich der fehlerhaften Abschlussangaben im französischen Recht insgesamt eine weitreichende Bedeutung zukommt.

Auch im deutschen Recht befürwortet die höchstrichterliche Rechtsprechung aufgrund des besonderen Informationsbedürfnisses des Käufers im Bereich des Unternehmenskaufs zunehmend gesteigerte Aufklärungs- und Sorgfaltspflichten. Den Weg ins Gewährleistungsrecht eröffnen diese jedoch allenfalls bei Annahme einer entsprechenden negativen Beschaffenheitsvereinbarung. Wegen der unterschiedlichen Anknüpfungspunkte der in Rede stehenden Pflichtverletzung des Verkäufers ist eine Lösung vorvertraglicher Informationspflichtverletzungen über das Rechtsinstitut der *culpa in contrahendo* aber nach wie vor sachgerechter. Auch im französischen Recht wird das gänzliche Fehlen der Abschlussangaben, die spezialgesetzlich geregelt sind, nicht als Fall einer Gewährleistung erfasst, sondern führt zu einer relativen Unwirksamkeit des Unternehmenskaufvertrages, was in der Folge ein Recht zur Vertragsauflösung begründet. Parallel zu der Situation im deutschen Recht, in dem die höchstrichterliche Rechtsprechung neben dem Vertragsaufhebungsanspruch grundsätzlich auch ein „Minderungsrecht" anerkennt, lässt auch der französische Kassationsgerichtshof in diesen Fällen trotz des gegenteiligen Wortlaut des Gesetzes im geeigneten Fall eine bloße Herabsetzung des Kaufpreises bzw. einen Schadensersatzanspruch zu. Im Übrigen wird die Verletzung von Aufklärungspflichten (*faute précontractuelle*) auf Grundlage des Deliktsrechts gehandhabt, so dass auch keine dem deutschen Gewährleistungsrecht entsprechende Sperrwirkung eintritt, es besteht vielmehr freie Anspruchskonkurrenz.

Das englische Recht kennt zwar ebenso einige Ausnahmen von dem Grundsatz, dass eine Aufklärungspflicht nicht besteht. Außer im Bereich der sekundären Aufklärungspflichten, die ein vorhergehendes irreführendes Verhalten des Unternehmensverkäufers erfordern, kommt diesen im Bereich des Unternehmenskaufs jedoch kaum Bedeutung zu. Da eine Qualifizierung von Unternehmenskaufverträgen als solche *uberrimae fidei* im Ergebnis nicht anzuerkennen ist, macht sich das traditionelle *caveat emptor*-Prinzip noch weitaus spürbarer bemerkbar. Der Grund für diese Zurückhaltung in der Anerkennung vorvertraglicher Aufklärungspflichten ist vor allem vor dem Hintergrund zu sehen, dass das englische Recht im Grundsätzlichen keine derart ausgeprägte vorvertragliche Haftung kennt, wie sie etwa im deutschen Recht unter gewissen Umständen aus §§ 280 Abs. 1, 311 Abs. 2, 241 Abs. 2 BGB für den Abbruch von Vertragsverhandlungen hergeleitet wird.[477] Zudem können die kontinental-europäischen Rechtsordnungen mit ihrer Fokussierung auf das die vertraglichen Beziehungen prägende Konsensprinzip generell in weiterem Umfang Irrtümer zulassen, die den Irrenden zur Lösung vom Vertrag berechtigen. Das englische Recht stellt hingegen eher die Verantwortlichkeit des Erklärenden für den bei seinem Vertragspartner entstandenen Irrtum in den Vordergrund.[478] Ein Recht zur Vertragsauflösung soll daher auch nur bei Verletzung von Aufklärungspflichten im Bereich der Verträge *uberrimae fidei* in Betracht kommen, in anderen Fällen einer vorvertraglichen Informationspflichtverletzung soll überhaupt nur ein Schadensersatzanspruch in Betracht kommen.

II Reichweite des Gewährleistungsrechts in Deutschland und Frankreich

Eine vergleichbare spezialgesetzliche Regelung hinsichtlich der Fehlerhaftigkeit einzelner fehlerhafter Abschlussangaben beim Unternehmenskauf existiert im deutschen Recht nicht. Im Grundsatz ist bei diesen wie auch in der Vergleichsgruppe der Substratmängel der Weg in das Gewährleistungsrecht eröffnet, was unbeschadet der zuvor erörterten spezialgesetzlichen Anforderungen an die Richtigkeit bestimmter Abschlussangaben bei der Veräußerung eines *fonds de commerce* auch für das französische Recht gilt. Denkbar in diesem Bereich sind allenfalls Sachmängel, denn Bezugspunkt der Mangelhaftigkeit kann nur das Unternehmen im Ganzen sein, das im Gegensatz zu einzelnen Gütern, die zum Unternehmensvermögen gehören, nicht mit Rechtsmängeln behaftet sein kann. Die Reichweite des Sachmangelbegriffes und damit die mögliche Erfassung außerhalb des Unternehmens liegender Umstände als mangelbegründend stellt sich in beiden Rechtsordnungen gleichermaßen.

---

[477] Sefton-Green, Mistake, Fraud and Duties to Inform in European Contract Law, S. 24 ff; Cartwright/Hesselink, Precontractual Liability in European Private Law, S. 449, 461 ff.

[478] Cartwright, Misrepresentation, Mistake and Non-Disclosure, 16.04.

1 Reichweite des Sachmangelbegriffes

Von der Reichweite des Sachmangelbegriffes hängt ab, ob und in welchem Umfang fehlerhafte Abschlussangaben beim Unternehmenskauf unter diese Fehlerkategorie gefasst werden können. Außer der Ertragsfähigkeit des Unternehmens geht es vor allem um Angaben zu Umsätzen und Gewinnen einzelner Geschäftsjahre, sowie subsidiär um sonstige Beziehungen des Unternehmens zu seiner Umwelt, die nicht durch sein materielles Substrat vermittelt werden. Zu Grunde gelegt wird ein konzeptioneller Begriff des Sachmangels, der anders als ein funktionelles Begriffsverständnis nicht bereits auch die Verwendungseignung umfasst, diese wird nachfolgend gesondert erörtert.[479]

a Deutschland: Beschaffenheit

Nach § 434 Abs. 1 S. 1 BGB ist das verkaufte Unternehmen wie jeder andere Gegenstand eines Kaufvertrages frei von Sachmängeln, wenn es bei Gefahrübergang die vereinbarte Beschaffenheit aufweist. Soweit eine ausdrückliche oder konkludente Vereinbarung zwischen den Parteien nicht getroffen worden ist, ist nach § 434 Abs. 1 S. Nr. 1 BGB die Eignung für die vertraglich vorausgesetzte Verwendung maßgeblich, in Ermangelung einer solchen nach § 434 Abs. 1 S. 2 Nr. 2 BGB die Eignung zur gewöhnlichen Verwendung und eine bei Sachen der gleichen Art übliche Beschaffenheit. Durch die so vorgegebene Prüfungsreihenfolge ist bei Bestimmung der Soll-Beschaffenheit vorrangig auf die Parteivereinbarung und damit auf subjektive Kriterien abzustellen.[480] Eine Legaldefinition des Beschaffenheitsbegriffes findet sich im BGB nicht; der Gesetzgeber des SMG hat von einer Definition dieses zentralen Begriffes bewusst abgesehen und die Ausfüllung des Begriffsinhalts Rechtsprechung und Wissenschaft überlassen.[481] Wie weit der Begriff nun reicht, und welche Umstände sich im Einzelfall (noch) als Beschaffenheit darstellen können, gehört auch fast zehn Jahre nach Inkrafttreten des SMG noch zu den ungelösten Fragen des deutschen Schuldrechts. Klärende höchstrichterliche Rechtsprechung ist bisher nicht ergangen und wegen der vorherrschenden Praxis, auftretende Konfliktfälle durch

479 Zu dieser insbesondere im französischen Recht anzutreffenden Differenzierung des Sachmangelbegriffs Puig, Contrats spéciaux, n°444.

480 Vgl. Malzer, in: Hoeren/Martinek SKK, 2. Teil, § 434 Rn. 3. Damit hat der Gesetzgeber des SMG den subjektiven Fehlerbegriff explizit formuliert und den bereits zuvor durch die Rechtsprechung geprägten Begriff der „Beschaffenheit“ zum zentralen Tatbestandsmerkmal erhoben, vgl. U. Huber, AcP 202 (2002) 179, 227 f.

481 BT-Drucks 16/1640, S. 213.

informelle Schiedsverfahren zu lösen, in nächster Zeit auch nicht zu erwarten.[482] Dies ist insofern misslich, als sich die Reichweite des Beschaffenheitsbegriffes im Bereich des Unternehmenskaufs sogar noch dringlicher stellt als bei einem schlichten Sachkauf, da es dem Unternehmenskäufer in den weitaus meisten Fällen weniger auf den Erwerb einzelner zum Unternehmensvermögen gehörender Sachen oder Rechte, als vielmehr auf die Ertragskraft des Unternehmens ankommt. Es stellt sich die Frage, ob die als Indiz für die Ertragskraft des Unternehmens so wichtigen betriebswirtschaftlichen Kennzahlen zu Umsätzen und Erträgen, Aktiva und Passiva, sowie die Ertragskraft des Unternehmens und weitere nicht an das Unternehmenssubstrat anknüpfende Umstände wie der gute Ruf des Unternehmens dem Begriff der Beschaffenheit unterfallen und somit im Fall einer Abweichung von der Beschreibung des Unternehmensverkäufers als Sachmangel des Unternehmens erfasst werden können. Generell gesprochen geht es darum, ob die Beschaffenheit nur der Kaufsache unmittelbar anhaftende Eigenschaften erfasst, oder auch außerhalb der Kaufsache liegende Umstände als Beschaffenheit herangezogen werden können. Nach früherer Rechtsprechung konnten als zusicherungsfähige Eigenschaft iSd § 459 Abs. 2 BGB a.F. nur solche Angaben erfasst werden, die dem Unternehmen über einen längeren Zeitraum anhafteten.[483] Zur Klärung, ob diese Beschränkungen auch heute noch Geltung beanspruchen können, ist zunächst eine Begriffsbestimmung anhand der herkömmlichen juristischen Auslegungsmethoden für den unmittelbar in § 434 BGB geregelten Sachkauf vorzunehmen, und im Anschluss zu überprüfen, ob das gefundene Ergebnis den Besonderheiten des Unternehmenskaufs gerecht wird und in diesem Bereich ohne Modifikationen übernommen werden kann.

(1) Begriffsbestimmung anhand herkömmlicher Auslegungsmethoden

Die äußerste Grenze der Auslegung ist der Wortlaut, dessen Inhalt zunächst zu bestimmen ist. Der natürliche Sprachgebrauch versteht unter Beschaffenheit „das Sosein, die Natur, die natürliche Eigenart oder den Zustand einer Sache".[484] Auch wenn diese Begriffsbestimmung einen konkreten Sachbezug nahelegt, ist doch nicht auszuschließen, dass im Einzelfall auch außerhalb der Sache liegende Umstände –wie bei einem Grundstück die Lage– erfasst sein können. Bei einer juristischen Begriffsbestimmung ist zudem zu berücksichtigen, dass das frühere Erfordernis des „Behaftetseins" nach § 459 BGB a.F. mit Inkrafttreten des SMG entfallen ist, so dass ein zuvor von der Rechtsprechung geforderter qualifizierter

---

482 Das jüngste im Zusammenhang des Unternehmenskaufs ergangene, nennenswerte Urteil des OLG Köln ZIP 2009, 2063 hatte sich mit dieser Frage nicht zu befassen.

483 Vgl. BGH NJW 1978, 370 zur parallelen Situation der Haftung des Veräußerers eines Erbbaurechts.

484 Begriffsbestimmung aus Wahrig Deutsches Wörterbuch.

Sachbezug ebenfalls nicht mehr zwingend erscheint.[485] In welchen Fällen der erforderliche Bezug zum Kaufobjekt noch bejaht werden kann und ab wann dies nicht mehr der Fall ist, lässt sich freilich anhand des Wortlautes nicht eindeutig beantworten. Deswegen kann dieser zu Zwecken der Auslegung letztlich nicht fruchtbar gemacht werden.[486] Eine rein begriffliche Ableitung verbietet sich zudem schon deshalb, weil der Gesetzgeber eine Definition des Beschaffenheitsbegriffes bewusst nicht vorgenommen hat.[487]

Die Gesetzessystematik spricht mit den in § 434 Abs. 1 S. 3 BGB (Haftung des Verkäufers für Herstellerangaben), § 434 Abs. 2 BGB (fehlerhafte Montage oder Montageanleitung) und § 434 Abs. 3 BGB (*aliud*-Lieferung oder Quantitäts-Mängel) genannten Erweiterungen des Sachmangelbegriffes auf Umstände, die außerhalb der Kaufsache selbst liegen, für ein extensives Begriffsverständnis. Dieses Ergebnis wird auch von Sinn und Zweck der Gewährleistungshaftung getragen, der in der Störung des Äquivalenzinteresses zwischen Leistung und Gegenleistung liegt, das zwischen den Parteien festgelegt wurde.[488] Das Äquivalenzinteresse des Käufers aber wird in vielen Fällen nicht bloß durch Faktoren bestimmt, die dem Vertragsgegenstand unmittelbar anhaften, sondern vielmehr durch denjenigen Leistungsinhalt, den die Parteien durch Beschreibung des Kaufgegenstandes im konkreten Einzelfall festlegen. Mit der Festschreibung des subjektiven Fehlerbegriffes in § 434 BGB n.F. durch das SMG und vorrangigen Maßgeblichkeit der Parteivereinbarung, die damit einherging, war zudem eine Stärkung der Privatautonomie bezweckt. Eine enge Auslegung des Beschaffenheitsbegriffes liefe dieser Intention zuwider.[489] Für eine weite Definition des Beschaffenheitsbegriffes spricht schließlich eine richtlinienkonforme Auslegung des § 434 Abs. 1 BGB gemäß Art. 10, 249 Abs. 3 EG: Die maßgebliche Verbrauchsgüterkaufrichtlinie[490] stellt in ihrem Art. 3 Abs. 1 auf ein einheitliches Konzept der Vertragswidrigkeit ab, welches durch eine Verengung des Beschaffenheitsbegriffes im nationalen Recht unzulässig verkürzt würde.[491] Daraus ergibt sich nämlich gerade keine Beschränkung der Gewährleistungshaftung auf der Kaufsache *unmittelbar* anhaftende Eigenschaften. Verbindlich ist diese Auslegung des § 434 Abs. 1 BGB jedenfalls beim Verbrauchsgüterkauf; ob sie darüber hinaus auch bei vom Gemeinschaftsrecht an sich nicht erfassten Sachverhalten wie dem hier interessierenden Fall des Unternehmenskaufs Geltung beansprucht, die der nationale Gesetzgeber in einer überschießenden Umsetzung

---

485 Vgl. Glagowski, Mängelgewährleistung beim Unternehmenskauf, S. 99 f.

486 Zutreffend Bergjan, Auswirkungen der Schuldrechtsreform auf den Unternehmenskauf, S. 147.

487 Zutreffend Gruber, MDR 2002, 433, 435.

488 Vgl. bereits zur a.F. Huber, in: Soergel BGB, § 459 Rn. 20.

489 So auch Picot, DB 2009, 2587, 2589; Triebel/Hölzle, BB 2002, 521, 525.

490 Richtlinie 1999/44/EG des Europäischen Parlaments und des Rates vom 25. Mai 1999, abgedruckt in NJW 1999, 2421.

491 Vgl. Häublein, NJW 2003, 388, 390.

auch auf diese ausgedehnt hat, wird nicht einheitlich beantwortet.[492] Wenngleich sich die Rechtsprechung des Europäischen Gerichtshofes in vergleichbaren Situationen grundsätzlich dafür ausspricht, dass das Gemeinschaftsrechts auch in diesem Fall beachtet werden muss,[493] werden gegen diese Auffassung doch gewichtige europa- und verfassungsrechtliche Bedenken vorgetragen.[494] Eine gespaltene Auslegung ist allerdings bereits deshalb nicht angezeigt, weil der Wille des historischen deutschen Gesetzgebers in Richtung einer einheitlichen Auslegung des Beschaffenheitsbegriffes geht unabhängig davon, ob es sich im Einzelfall um einen Verbrauchsgüterkauf oder einen sonstigen Kauf handelt.[495] Durch die grundsätzlich einheitliche Auslegung werden zudem übersubtile Unterscheidungen und Wertungswidersprüche vermieden.[496]

Die vorstehenden Überlegungen haben also, bezogen auf den einfachen Sachkauf, die Vorzugswürdigkeit eines extensiven Begriffsverständnisses des zentralen Begriffes der Beschaffenheit ergeben. Da § 453 Abs. 1 Var. 2 BGB die Vorschriften über den Kauf von Sachen allerdings nur für entsprechend anwendbar erklärt, stellt sich die Frage, ob das gefundene, freilich mit einer gewissen Indizwirkung versehene Ergebnis uneingeschränkt auch im Bereich des Unternehmenskaufes Geltung beansprucht, oder ob die Besonderheiten des Kaufobjektes Unternehmen in seiner Eigenschaft als Sach- und Rechtsgesamtheit die für eine entsprechende Anwendbarkeit erforderliche gleiche Interessenlage entfallen lassen und damit ein angepasstes Begriffsverständnis erfordern. Dies gilt umso mehr vor dem Hintergrund, dass die im Zuge der Schuldrechtsreform erfolgten Neuerungen vom Leitbild des Konsumgüterkaufs und daher von der Grundannahme einer zu Lasten des Käufers gestörten Vertragsparität geprägt sind.[497]

(2) Vergleichbare Interessenlage beim Unternehmenskauf?

Zur Bestimmung der Reichweite des Beschaffenheitsbegriffes im Bereich des Unternehmenskaufs finden sich in der Literatur im Wesentlichen zwei Standpunkte. Eine Ansicht orientiert sich an § 459 BGB a.F., wobei innerhalb dieser Meinung einerseits ein enges, an den Fehlerbegriff des § 459 Abs. 1 BGB a.F.

---

492 Vgl. Grigoleit/Herresthal, JZ 2003, 118, 119.
493 Vgl. EuGH Slg 1990, I-3783, 3793 (Massam Dzodzi).
494 Vgl. etwa Hennrichs, ZGR 1997, 66, 82 ff.
495 BT-Drucks 14/6040, S. 211; Canaris, JZ 2003, 831, 837.
496 Grigoleit/Herresthal, JZ 2003, 118, 119.
497 Diesen Aspekt betonen auch Gronstedt/Jörgens, ZIP 2002, 52, 64; ähnlich Knott, NZG 2002, 249.

angelehntes Begriffsverständnis vertreten wird.[498] Andere favorisieren eine Orientierung an den Begriff der zusicherungsfähigen Eigenschaft iSd § 459 Abs. 2 BGB a.F.[499] Andere befürworten hingegen eine extensive Interpretation, wonach die Parteien jegliche Beschreibung des Kaufgegenstandes zur Beschaffenheit erheben können, beim Unternehmenskauf also neben der Ertragskraft des Unternehmens selbst insbesondere die zu deren Beschreibung herangezogenen betriebswirtschaftlichen Kennzahlen zu Umsätzen und Erträgen, Aktiva und Passiva.[500] Diese Ansätze sollen im Folgenden daraufhin untersucht werden, welcher Ansatz der speziellen Interessenlage der Vertragspartner eines Unternehmenskaufvertrages am besten gerecht wird.

(a) Restriktives Begriffsverständnis

Die enge Variante innerhalb des restriktiven Begriffsverständnisses möchte als Beschaffenheit der Kaufsache nur die körperlichen Eigenschaften zulassen, die ihr im Zeitpunkt des Gefahrübergangs anhaften: Weitere Beziehungen des Vertragsgegenstandes zu seiner Umwelt, die zur Beeinträchtigung von Wert oder Brauchbarkeit geeignet sind, werden nur dann als Beschaffenheit angesehen, wenn sie ihm ihrer Natur nach nicht nur vorübergehend anhaften, sondern eine gewisse Dauerhaftigkeit aufweisen.[501] Weitere Umstände wie unzutreffende Angaben über die bisherigen Umsätze und Erträge eines Unternehmens wären, ebenso wie die Ertragsfähigkeit des Unternehmens selbst, nach dieser Ansicht aus dem Sachmängelgewährleistungsrecht, auch soweit sie dem Eigenschaftsbegriff des § 119 Abs. 2 BGB unterfielen, ausgeklammert.[502] Mit Wegfall des Begriffes der zusicherungsfähigen Eigenschaft hafte der Verkäufer bei Versprechen einer bestimmten Ertragsfähigkeit nur noch nach § 311 Abs. 1 BGB aufgrund eines selbständigen Garantieversprechens.[503] Für den Unternehmenskauf

---

498 U. Huber, AcP 202 (2002) 179, 225 f; gegen die analoge Anwendung des Sachmängelgewährleistungsrechts beim Unternehmenskauf insgesamt plädierten in den 1980er Jahren bereits Baur, BB 1979, 381 ff und Canaris, ZGR 1982, 395 ff.

499 Kindl, WM 2003, 409, 411; Weitnauer, NJW 2002, 2511, 2514; Weidenkaff, in: Palandt BGB, § 434 Rn. 11 f; Grigoleit/Herresthal, JZ 2003, 118, 124; Jacques, BB 2002, 417, 418.

500 Alpmann-Pieper, in: juris PK-BGB, § 453 Rn. 35; Picot, DB 2009, 2587, 2589; Triebel/Hölzle, BB 2002, 521, 525; Gaul, ZHR 166 (2002) 35, 45 ff; Dauner-Lieb/Thiessen, ZIP 2002, 108, 110; Gruber, MDR 2002, 433, 436; Reinicke/Tiedtke, Kaufrecht, Rn. 1255; Knott, NZG 2002, 249, 251; Holzapfel/Pöllath, Unternehmenskauf in Recht und Praxis, Rn. 619; vgl. auch Malzer, in: Hoeren/Martinek SKK, 2. Teil, § 434 Rn. 15 ff; Gronstedt/Jörgens, ZIP 2002, 52, 55; Wunderlich, WM 2002, 981, 985.

501 Vgl. zur a.F. Huber, in: Soergel BGB, § 459 Rn. 32.

502 U. Huber, AcP 202 (2002) 179, 226.

503 U. Huber, AcP 202 (2002) 179, 226.

bedeutete das, dass –im Gegensatz zur früheren Rechtsprechung, die Bilanzangaben bei einer gewissen Beständigkeit zumindest noch als zusicherungsfähige Eigenschaft iSd § 459 Abs. 2 BGB a.F. einordnete– derartige falsche Abschlussangaben gar nicht mehr dem Gewährleistungsrecht unterfielen.

Ein erweitertes Verständnis erfasst in Anlehnung an den Begriff der zusicherungsfähigen Eigenschaft iSd § 459 Abs. 2 BGB a.F. „jedes dem Kaufgegenstand auf gewisse Dauer anhaftende Merkmal, das für den Wert, den vertraglich vorausgesetzten Gebrauch oder aus sonstigen Gründen für den Käufer erheblich ist“.[504] Es orientiert sich damit an dem Eigenschaftsbegriff des § 119 Abs. 2 BGB. Inwiefern jedoch verschiedene wirtschaftliche Kennzahlen eines Unternehmens als Beschaffenheit erfasst werden können, wird unterschiedlich beantwortet. Teilweise wird in Anlehnung an die frühere Rechtsprechung zu § 459 Abs. 2 BGB a.F. angenommen, nur die Ertragsfähigkeit eines Unternehmens an sich sei als Beschaffenheit zu erfassen.[505] „Einfache“ Abschlussangaben unterfielen dann weiterhin dem Haftungsregime der §§ 280 Abs. 1, 311 Abs. 2, 241 Abs. 2 BGB (*culpa in contrahendo*).[506] Diese erweiterte Variante innerhalb des restriktiven Begriffsverständnisses hat insgesamt für sich den Vorteil, zu einer Ausfüllung des Beschaffenheitsbegriffes auf die vor Inkrafttreten des SMG ergangene Rechtsprechung zurückgreifen zu können, was nicht zuletzt mit einer gewissen Rechtssicherheit verbunden ist.

Letztlich negieren die genannten Ansichten eine für die nach § 453 Abs. 1 Var. 2 BGB *entsprechende* Anwendung erforderliche vergleichbare Interessenlage. Denn weder der Tatbestand noch die Rechtsfolgen des Sachmängelgewährleistungsrechtes würden den tatsächlichen und rechtlichen Besonderheiten des Unternehmenskaufes gerecht. Die Kritik an der Angemessenheit des Tatbestandes geht vor allem dahin, dass auch dem noch so subjektiv verstandenen Beschaffenheitsbegriff ein objektiver Kern innewohne, es bei Unternehmen im Gegensatz zu einzelnen körperlichen Gegenständen aufgrund der Komplexität des Vertragsgegenstandes aber keine Standardbeschaffenheit geben könne.[507] Wolle man auch fehlerhafte Abschlussangaben in Form von Angaben zu Umsätzen und Erträgen als Beschaffenheit eines Unternehmens erfassen, werde der Tatbestand der Sachmängelgewährleistung so stark verwässert, dass er seine abgrenzende Funktion nicht mehr erfüllen könne.[508] Auf Rechtsfolgenebene sei der nun vorrangige Nacherfüllungsanspruch des Käufers nach § 437 Nr. 1 BGB und ebenso das Rücktrittsrecht nach §§ 437 Nr. 2 Var. 1 iVm 346 BGB für den Unternehmenskäufer völlig ungeeignet. Vielmehr sei der bisher in den meisten

504 Vgl. BGHZ 87, 302, 307 zur Verwendung des Begriffes „werkstattgeprüft“ im Gebrauchtwagenhandel.

505 Weitnauer, NJW 2002, 2511, 2513; Gaul, ZHR 166 (2002) 35, 49 f.

506 Vgl. Weitnauer, NJW 2002, 2511, 2517.

507 Kindl, WM 2003, 409, 411 f; Weitnauer, NJW 2002, 2511, 2514.

508 Vgl. Kindl, WM 2003, 409, 411; Barnert, WM 2003, 416, 421.

Fällen von der Rechtsprechung gewährte Anspruch aus *culpa in contrahendo* auf Ersatz des negativen Interesses der „bestgeeignete Rechtsbehelf".[509] Schließlich sei auch die Aufhebung der Erheblichkeitsschwelle in § 459 Abs. 1 S. 2 BGB a.F. bereits auf Ebene des Tatbestandes und der daraus resultierenden Möglichkeit, die käuferseitigen Rechte auch bei bloß geringen Mängeln zuzulassen, gerade in diesem Bereich nicht interessengerecht.[510]

(b) Extensives Begriffsverständnis

Für den Unternehmenskauf bedeutet ein extensives Verständnis des Beschaffenheitsbegriffes, dass auch betriebswirtschaftliche Kennzahlen dem Beschaffenheitsbegriff unterfallen können. Dies betrifft dann sowohl die aus Angaben zu Umsatz und Ertrag eines Unternehmens folgende Ertragsfähigkeit, als auch Angaben zu Umsatz und Ertrag in einzelnen Geschäftsjahren selbst. Wenn zur Begründung dieser Ansicht oftmals darauf abgestellt wird, dass die Gründe, die den BGH zu seiner früheren Rechtsprechung veranlasst haben,[511] nun durch die Neuerungen im Gesetz, die im Zuge der Schuldrechtsreform erfolgten, entfallen seien, so greift dies freilich zu kurz.[512] Zu berücksichtigen ist zum einen, dass die an einem Gesetzgebungsentwurf beteiligten Personen das später beschlossene Gesetz nicht authentisch zu interpretieren berufen sind, und den mit der Anwendung des Gesetzes betrauten Gerichten nicht *praeter legem* Vorgaben zu Art und Weise der Anwendung machen können.[513] Betrachtet man zum anderen die weiterhin bestehenden Diskrepanzen von Voraussetzungen und Rechtsfolgen gewährleistungsrechtlicher Ansprüche und solcher nach §§ 280 Abs. 1, 311 Abs. 2, 241 Abs. 2 BGB (*culpa in contrahendo*), so ist zumindest zweifelhaft, ob diese Gründe tatsächlich entfallen sind.

(c) Stellungnahme

Die genannten Argumente gegen ein restriktives Verständnis des Beschaffenheitsbegriffes auch im Bereich des Unternehmenskaufs vermögen letztlich nicht zu überzeugen: Richtig ist zwar, dass die physische Beschaffenheit des Vertragsgegenstandes beim Sachkauf einen besseren Bezugspunkt für die Erwartungen des Verkehrs bietet. Das schließt aber nicht aus, dass es vergleichbare

509 U. Huber, AcP 202 (2002) 179, 232 f.
510 U. Huber, AcP 202 (2002) 179, 235 f.
511 Vgl. Gronstedt/Jörgens, ZIP 2002, 52, 55.
512 Vgl. Weitnauer, NJW 2002, 2511, 2513.
513 Insoweit zutreffend U. Huber, AcP 202 (2002) 179, 231 f.

Unternehmen gibt –was bei kleineren und mittleren Unternehmen eher denkbar ist – und je nach Größenzuschnitt und Branchenzugehörigkeit zumindest ein kleiner Kernbereich gleicher Eigenschaften ausgemacht werden kann.[514] Hauptkritikpunkt des restriktiven Begriffsverständnisses ist jedoch, dass die genannte Problematik nicht die Reichweite des Beschaffenheitsbegriffes an sich betrifft, sondern die Möglichkeit der Einbeziehung bestimmter Unternehmenseigenschaften in die Erfüllungspflicht des Verkäufers in den Fällen, in denen eine ausdrückliche Vereinbarung zwischen den Vertragspartnern nicht getroffen wurde. Wird der geschuldete Soll-Zustand des verkauften Unternehmens durch eine autonome Vereinbarung zwischen den Parteien des Unternehmenskaufvertrages beschrieben, ist kein Grund ersichtlich, warum es sich bei den vereinbarten Merkmalen nicht um Beschaffenheitsmerkmale handeln können soll. Zu berücksichtigen ist ferner, dass es neben Unternehmen noch viele weitere mögliche Gegenstände eines Kaufvertrages gibt, die wie Münz- und Briefmarkensammlungen oder Antiquitäten ebenfalls keine typisierte Standardbeschaffenheit aufweisen und für die die Angemessenheit des Sachmängelgewährleistungsrechts nicht in Frage gestellt wird.[515] Richtig ist auch, dass die Sachmängelhaftung um ihrer Abgrenzungsfunktion zu anderen Rechtsbehelfen willen nicht bis ins Uferlose ausgedehnt werden darf. Soweit die Vertragspartner aber auf privatautonomer Grundlage entsprechende Vereinbarungen treffen, besteht diese Gefahr überhaupt nicht. Ein Problem tritt erst dann auf, wenn eine solche privatautonome Vereinbarung nicht vorliegt, und eine Standardbeschaffenheit des Unternehmens auszumachen ist. Schließlich verfangen auch die Einwendungen gegen unpassende Rechtsfolgen nicht: Obwohl gerade die Eignung des im Zuge des SMG neu eingeführten primären Rechtsbehelfs der Nacherfüllung nach § 437 Nr. 1 BGB vielfach kritisch bewertet wird, lässt es die bloß entsprechende Geltung der Rechtfolgen des § 437 BGB nicht erforderlich sein, dass auf jeden Fall des Unternehmenskaufs *sämtliche* Rechtsfolgen passen müssen.[516] Dieser Problematik kann im Grundsatz durch eine an den Erfordernissen der Praxis ausgerichtete, angemessene Auslegung innerhalb des Rechtsfolgenregimes begegnet werden.

Die Beschränkung des Beschaffenheitsbegriffes auf Eigenschaften, die dem Unternehmen über einen längeren Zeitraum anhaften, entspricht damit nicht der Interessenlage der Vertragspartner eines Unternehmenskaufvertrages, zumal das Erfordernis einer Dauerhaftigkeit im Wortlaut des Gesetzes keine Stütze fin-

---

514 Vgl. Wunderlich, WM 2002, 981, 984; vgl. auch H.P. Westermann, in: MünchKomm BGB, § 453 Rn. 25: gewöhnliche Beschaffenheit eines Unternehmens „in engen Grenzen" möglich.

515 Zutreffend Larisch, Gewährleistungshaftung beim Unternehmens- und Beteiligungskauf, S. 18.

516 Vgl. H.P. Westermann; in: MünchKomm BGB, § 453 Rn. 43.

det.[517] Vielmehr spricht der bereits im Rahmen einer allgemeinen Begriffsbestimmung definierte Sinn und Zweck der Gewährleistungshaftung als Ausgleich für eine Störung des zwischen den Vertragsparteien vereinbarten Äquivalenzinteresses beim Unternehmenskauf noch viel eher als bei einem schlichten Sachkauf dafür, dass die Einbeziehung von unkörperlichen, außerhalb des Vertragsgegenstandes liegenden Eigenschaften in den Beschaffenheitsbegriff zulässig ist. Umsätze und Erträge nämlich stellen nach allen Standards der Unternehmensbewertung das maßgebliche Bewertungskriterium zur Bestimmung des Unternehmenswertes dar, und sind damit für das Äquivalenzinteresse hauptsächlich prägend.[518] Da physische Eigenschaften bei einem unkörperlichen Gegenstand wie einem Unternehmen als Beschaffenheit gerade nicht in Rechnung gestellt werden können, sind unter dessen Beschaffenheit richtigerweise alle tatsächlichen, wirtschaftlichen, rechtlichen oder sozialen Beziehungen zu seiner Umwelt zu verstehen, die wegen ihrer Art und Dauer die Brauchbarkeit oder den Wert des Unternehmens beeinflussen.[519] Bei Umsätzen und Erträgen kann dies auch dann zu bejahen sein, wenn sie sich nicht auf einen längeren Zeitraum erstrecken, und dem Unternehmen daher nicht schon auf längere Dauer anhaften.[520] Dies ist bei börsennotierten Unternehmen bereits an teilweise starken Kursschwankungen nach Veröffentlichung des Jahresabschlusses ersichtlich. Die Tatsache, dass dieses Zahlenmaterial nur bedingt Rückschlüsse auf die tatsächliche wirtschaftliche Verfassung des Unternehmens zulässt, ändert sich auch dann nicht, wenn sie dem Unternehmen auf mehrere Jahre hinweg anhaften. Denn auch ein Unternehmen, das bislang gute Umsätze und Gewinne erzielt hat, kann ohne großen Wert sein.[521] Dafür sind zahlreiche Beispiele denkbar, etwa dass eine eingesetzte Technologie überholt ist, keine Innovation mehr stattfindet, oder der eigene Absatzmarkt plötzlich einbricht (man denke nur an Zulieferbetriebe der Automobilindustrie). Ohne eine Ausdehnung des Beschaffenheitsbegriffes auf betriebswirtschaftliche Kennzahlen ist ein Mangel des Unternehmens als Gegenstand eines Unternehmenskaufvertrages gar nicht denkbar, will man einen solchen nicht bloß an das Unternehmenssubstrat anknüpfen.[522] Eine gewisse Einschränkung ergibt sich dadurch, dass Prognosen über die zukünftige wirtschaftliche Leistungsfähigkeit des verkauften Unternehmens nur aus aktuell vorhandenen Umständen abgeleitet werden können,[523] was freilich nicht daran hindert, dass auch die Angaben zu in der Vergangenheit festgestellten Umsätzen und Gewinnen als zutreffend vereinbart werden können. Auf diese Weise wird

517 So zutreffend Kleinhenz/Junk, JuS 2009, 787, 788.
518 Ebenso Triebel/Hölzle, BB 2002, 521, 525.
519 Reinicke/Tiedtke, Kaufrecht, Rn. 1255.
520 Zutreffend Reinicke/Tiedtke, Kaufrecht, Rn. 1255.
521 Reinicke/Tiedtke, Kaufrecht, Rn. 1255.
522 H.P. Westermann, in: MünchKomm BGB, § 453 Rn. 32.
523 H.P. Westermann, in: MünchKomm BGB, § 453 Rn. 34.

nicht etwa dem Käufer das von ihm zu tragende Verwendungsrisiko abgenommen, sondern die wertbildenden Faktoren konkretisiert, für deren Bestand –im Fall falscher Bilanzangaben also für deren Richtigkeit– der Verkäufer einzustehen hat. Denn es ist Sache des Verkäufers, das von ihm zu liefernde Zahlenmaterial inhaltlich richtig zur Verfügung zu stellen, und Sache des Käufers, daraus die richtigen Schlüsse zu ziehen.[524] Die nunmehr anwendbare zweijährige Verjährungsfrist ist zur Aufdeckung eines Mangels durchaus ausreichend, zumal im Fall einer arglistigen Täuschung durch den Unternehmensverkäufer Ansprüche aus *culpa in contrahendo* nach §§ 280 Abs. 1, 311 Abs. 2, 241 Abs. 2 BGB nicht gesperrt sind, und dem Unternehmenskäufer auf diesem Weg ein Anspruch auf Ersatz des vollen Vertrauensschadens zur Seite steht.[525]Für die hier vertretene Meinung können schließlich rechtspragmatische Gründe angeführt werden, da die Möglichkeit der Vereinbarung umfangreicher Beschaffenheitsvereinbarungen die bisherige Vertragspraxis der Vereinbarung umfassender Garantielisten aufgreift und somit zu einem gewissen Grad eine „Heimkehr der Unternehmenskaufverträge in die Grenzen des BGB“[526] ermöglicht.

b Frankreich: Vice caché

Im französischen Recht ist nach der maßgeblichen Vorschrift des Art. 1641 C.civ. ein Sachmangel bei einem versteckten Fehler des Kaufgegenstandes zu bejahen, der ihn für seinen bestimmungsgemäßen Gebrauch untauglich macht oder die Möglichkeit hierzu zumindest insofern einschränkt, als der Käufer bei Kenntnis des wahren Sachverhalts den in Rede stehenden Kaufvertrag entweder gar nicht abgeschlossen oder zumindest nur einen geringeren Kaufpreis gezahlt hätte. Neben den sogleich zu erörternden Anforderungen an die Versecktheit des Mangels stellt sich auch hier die Frage, inwieweit außerhalb des Vertragsgegenstandes liegende Umstände als Sachmängel erfasst werden können. Grundsätzlich verlangt auch die französische Rechtsordnung, dass der Mangel in dem Objekt des Kaufvertrages selbst angelegt sein muss.[527] Eine Diskussion um die Reichweite des Mangelbegriffes, die derjenigen, wie sie für die deutsche Literatur oben herausgearbeitet wurde, vergleichbar wäre, findet gleichwohl nicht statt. Dies muss vor dem Hintergrund gesehen werden, dass die im deutschen Recht insofern besondere Schwierigkeiten bereitenden Abschlussangaben zu erzielten Umsätzen und Erträgen im Fall der Veräußerung eines *fonds de commerce* ohnehin mitteilungspflichtig sind und im Fall ihrer Unrichtigkeit durch

524 Triebel/Hölzle, BB 2002, 521, 525.
525 Alpmann-Pieper, in: juris PK-BGB, § 453 Rn. 35.
526 Triebel/Hölzle, BB 2002, 521, 525.
527 Vgl. Puig, Contrats spéciaux, n°444.

die Verweisung in Art. L 141-3 Abs. 1 C.com. ohnehin den Rechtsfolgen des Sachmängelgewährleistungsrechts unterliegen. Aber auch die sonstige höchstrichterliche Rechtsprechung hält sich gerade bei Veräußerung eines *fonds de commerce* mit diesem Merkmal nicht auf. Beispiele aus der Rechtsprechung, die in Fällen, die im deutschen Recht in dieser Hinsicht Schwierigkeiten aufgeworfen hätten, ohne Weiteres einen versteckten Mangel bejaht haben, sind zahlreich. So wurde ein versteckter Mangel etwa angenommen bei nicht erfolgter Aufklärung über eine drohende Schließung der Betriebsstätte des veräußerten *fonds de commerce*[528] oder bei einer Nichteinhaltung der Sicherheitsvorschriften für der Öffentlichkeit offenstehende Bereiche bei Erwerb eines Hotel-Restaurants.[529] Eine tatbestandliche Einschränkung des Sachmangelbegriffes muss daher im französischen Recht an anderer Stelle erfolgen.

(1) Versteckter Mangel

Im grundsätzlichen Unterschied zum deutschen Recht erstreckt sich der Mangelbegriff des französischen Rechts nur auf versteckte Mängel (*vices cachés*). Art. 1642 C.civ. präzisiert diese Vorgabe dahingehend, dass der Verkäufer für offensichtliche Mängel, die der Käufer hätte erkennen können oder die ihm bekannt waren (*vices apparents*), nicht auf Grundlage des Gewährleistungsrechts einzustehen hat. Offensichtliche Mängel der Kaufsache werden bereits mit der bedingungslosen Entgegennahme der Kaufsache geheilt und führen wie die Abweichung von einem vertraglich vereinbarten Soll-Zustand schon zur Einschlägigkeit der Nichterfüllungshaftung.[530] Diese Haftung nur für versteckte Mängel hat ihren Ursprung im römischen Recht, wo der Verkäufer in Ermangelung weitergehender Gewährtragungsversprechen zunächst nur bei Sklaven und Tieren, später auch bei sonstigen Kaufobjekten nur für versteckte Mängel einzustehen hatte, wobei sich diese Haftung seit den 50er Jahren des vergangenen Jahrhunderts immer weiter in Richtung eines umfassenden Verbraucherschutzes entwickelt hat.[531] Maßgeblich ist die Kenntnis des Käufers. Ob der Verkäufer selbst den Mangel kannte oder nicht, mithin in Bezug auf einen Mangel gut- oder bösgläubig war, wirkt sich nach Art. 1643 C.civ. tatbestandlich nicht aus. Eine etwaige Kenntnis des Verkäufers ist jedoch im Rahmen der Wirksamkeit von Ausschlussklauseln zu berücksichtigen.[532] Ein versteckter Mangel liegt auch

---

[528] Cass.com., 8. Januar 1973, n°71-12.753.

[529] Cass.com., 7. Februar 1995, n°93-12.940.

[530] Malaurie/Aynès/Gautier, Contrats spéciaux, n°387; Hübner/Constantinesco, Einführung in das französische Recht, S. 191.

[531] Daher stammt auch die Bezeichnung als garantie édilicienne Puig, Contrats spéciaux, n°438.

[532] Siehe unten C II 5 b.

dann vor, wenn der Käufer den Mangel zwar nicht erkannt hat, bei Anwendung der gebotenen Sorgfalt aber ohne Weiteres hätte erkennen können.[533]

(2) Erkennbarkeit des Mangels

Die Erkennbarkeit des Mangels ist abhängig zum einen von der Art des Vertragsgegenstandes, zum anderen von der Sachkunde des Käufers.[534] Was die Art des Vertragsgegenstandes anbelangt, so ist davon auszugehen, dass die Anforderungen an die Erkennbarkeit bei einem körperlichen Vertragsgegenstand wie bei einzelnen sächlichen Gütern des Unternehmensvermögens generell höher anzusetzen sind als bei einem unkörperlichen Vertragsgegenstand wie dem *fonds de commerce* selbst oder einem Anteilsrecht an der unternehmenstragenden Gesellschaft. Sind wie bei den hier vorrangig interessierenden fehlerhaften Abschlussangaben Sachverhalte betroffen, die nicht an das körperliche Unternehmenssubstrat anknüpfen, die aber wie bestimmte wirtschaftliche Kennzahlen (soweit diese nicht bereits den Pflichtangaben des französischen Rechts unterfallen) durch ihre bilanzielle Erfassung einer physischen Wahrnehmung fähig sind, wird man zur Erkennbarkeit auf den üblichen Sorgfaltsmaßstab einer Untersuchung abzustellen haben. Was die Sachkunde des Käufers zur Beurteilung eines Mangels anbelangt, ist einerseits auf die Erkenntnismöglichkeiten des konkreten Käufers abzustellen, andererseits abstrakt darauf, was ein sorgfältiger Käufer in der jeweiligen Situation hätte erkennen können. Bei einem privaten Käufer nehmen die Gerichte einen versteckten Mangel bereits immer dann an, wenn der Käufer ihn zwar übersehen, der Untersuchung des Vertragsgegenstandes jedoch das Maß an Aufmerksamkeit und Sorgfalt gewidmet hatte, wie man es von einem objektiv sorgfältig handelnden Dritten in der konkreten Situation hätte erwarten können. Umgekehrt wird bei einem in seinem gewerblichen Umfeld agierenden Käufer (*acheteur professionel*) ein weitaus strengerer Maßstab zur Nichterkennbar des Mangels angelegt. Bei diesen wird vielmehr eine –widerlegliche– Vermutung für eine Kenntnis des Mangels angenommen.[535] Besonders strenge Anforderungen werden an denjenigen Käufer gestellt, der eine vergleichbare Tätigkeit ausübt (*meme spécialité*).[536] Die Professionalität des Käufers bestimmt sich insgesamt weniger danach, dass dieser den Kauf zu gewerblichen Zwecken tätigt, als nach seinen technischen Fähigkeiten, die eine Aufdeckung des Mangels im Einzelfall wahrscheinlich sein lassen.[537] Wann ge-

533 Antonmattei/Raynard, Contrats spéciaux, n°214.
534 Vgl. Puig, Contrats spéciaux, n°446.
535 Vgl. Cass.com., 29. April 2003, n° 01-12.504; Cass. 1ère civ., 18. Dezember 1962, n°58-12.358.
536 Vgl. Barret, Fonds de commerce, n°251.
537 Cass 1ère civ., 20. Dezember 1983, n°82-15.191.

nau dies der Fall sein soll, definiert die Rechtsprechung nicht, legt jedoch einen recht restriktiven Maßstab an.[538] Kenntnisse der Mitarbeiter werden einem Unternehmen zugerechnet.[539] Im Bereich des Unternehmenskaufs ist diese Vorgabe der Natur dieses Vertrages nach jedoch in gewissem Umfang zu modifizieren, da es nur wenige Käufer gibt, die diese Art von Geschäften gewerblich betreiben.[540] Zu berücksichtigen kann auch sein, ob der Käufer durch eine frühere Anstellung eventuell über weiterreichende Kenntnisse der Unternehmensinterna verfügt als eine gänzlich außerhalb stehende Person.[541] So wurde dem Käufer eines Unternehmens, der dort zuvor in leitender Stellung beschäftigt war, trotz des späteren Zutagetretens einer zunächst nicht bekannten Verbindlichkeit die Berufung auf das Mängelrecht versagt, da dieser über Mittel und Wege verfügt habe, diese Verbindlichkeit vor Abschluss des Unternehmenskaufvertrages aufzudecken.[542] Im konkreten Sachverhalt kam zwar hinzu, dass der Kaufpreis durch eine Übernahme der Gesellschaftsverbindlichkeiten beglichen wurde, die keinerlei Beschränkungen oder Rückgriffsmöglichkeiten zu Gunsten des Käufers vorsah. Jedoch wird man auch in ähnlich gelagerten Sachverhalten eine weitreichende Kenntnis des Käufers der Unternehmensinterna annehmen können. Insgesamt sind klare Abgrenzungsleitlinien jedoch nicht feststellbar, vielmehr existiert eine breit gefächerte Kasuistik: So hat die höchstrichterliche Rechtsprechung etwa entschieden, dass eine Kosmetikerin die Qualität des Warenbestandes einer zu erwerbenden Parfümerie einzuschätzen in der Lage sein muss[543] oder sich eine in der Rolle des Unternehmenskäufers befindliche Gesellschaft auf die fehlende Möglichkeit der Einhaltung aktueller Hygiene- und Sicherheitsstandards berufen kann, wenn einer ihrer Gesellschafter selbst Koch ist und ihr dieses Wissen zugerechnet wird.[544] Die Vermutung von Kenntnis wurde wiederum in einem anderen Fall verneint, in dem der Käufer zu Unrecht vom Bestehen einer verwaltungsrechtlichen Genehmigung über die Nutzung öffentlichen Raumes ausging, über deren Reichweite mit dem Verkäufer seit längerer Zeit Uneinigkeit herrschte.[545] Schließlich scheidet die Vermutungswirkung der Erkennbarkeit des Mangels selbst gegenüber professionellen Käufern aus, wenn der Verkäufer arglistig handelte oder der Mangel selbst bei Beobachtung der höchsten Sorgfalt nicht zu erkennen war.[546] Letzteres kann der Fall sein, wenn

---

538 Mémento Expert Cession de Parts et Actions, n°61430.
539 Malaurie/Aynès/Gautier, Contrats spéciaux, n°392.
540 Mémento Expert Cession de Parts et Actions, n°61113.
541 Mémento Expert Cession de Parts et Actions, n°61113.
542 CA Bordeaux, 11. Juli 1986, JurisData n°1986-046038.
543 Cass.com., 26. Februar 1979, Bull.civ. IV, n°82.
544 Cass.com., 26. Oktober 1999, RJDA 12/99, n°1318.
545 Vgl. Cass.com., 11. Januar 2000, n°97-17.542; vgl. auch Cass.com., 26. Oktober 1999, RJDA 12/99, n°1318 zur Erkennbarkeit der Einhaltbarkeit von Hygiene- und Sicherheitsbestimmungen.
546 Malaurie/Aynès/Gautier, Contrats spéciaux, n°393 mwN.

der Mangel erst bei Gebrauch der Sache zu Tage tritt[547] oder erst bei einer vollständigen Demontage des Vertragsgegenstandes erkennbar gewesen wäre.[548] Eine Kenntnis des Verkäufers ist für die Erfüllung des Tatbestandes, anders als für das Rechtsfolgenregime, nicht von Bedeutung.[549]

(3) Kenntnis des Mangels

Dem erkennbaren Mangel gleichgestellt ist nach Art. 1642 C.civ. der dem Käufer bekannte Mangel. Die Vorschrift entspricht insofern im Ergebnis der Regelung des § 442 Abs. 1 S. 1 BGB, wonach eventuelle Mängelansprüche des Käufers bei dessen Kenntnis ausgeschlossen sind. Die Kenntnis des Käufers kann sich zum einen aus einer ausdrücklichen Unterrichtung durch den Verkäufer ergeben, zum anderen aber auch aus den sonstigen Umständen des Vertragsschlusses, etwa aus der Höhe des vereinbarten Kaufpreises, abgeleitet werden.[550] Die Beweislast für eine Kenntnis obliegt dem Verkäufer.[551] Der Verkäufer kann die Kenntnis des Käufers durch einen entsprechenden Hinweis auf das mögliche Vorliegen eines bestimmten versteckten Mangels, verbunden mit dem Rat eines Experten einzuholen, schließlich selbst herbeiführen.[552] Fraglich ist, wie konkret ein solcher Hinweis auf einen möglichen Mangel beschaffen sein muss, insbesondere ob es zur Annahme käuferseitiger Kenntnis etwa auch ausreichend ist, dass entsprechende Unterlagen zur Verfügung gestellt werden, insbesondere im Rahmen einer *due diligence*-Prüfung. Entsprechend der Praxis einer „*fair disclosure*“, die in englischen Unternehmenskaufverträgen mittlerweile üblich ist, wird man jedoch davon ausgehen müssen, dass eine solche Mitteilung detailliert und nicht nur in Form eines bloßen Hinweises zu erfolgen hat. So etwa indem Material zur Verfügung gestellt wird, aus dem der später streitige Sachverhalt durch den Käufer hätte entnommen werden können.[553]

2 Maßgebliche Verwendungseignung

Neben der Definition des Sachmangelbegriffes in einem engeren Sinne hat auch die gesetzlich vorausgesetzte Art der maßgeblichen Verwendungseignung weit-

547 Cass.com., 11. Februar 1966, n°63-13.279.
548 Cass.com., 20. April 1970, n°69-11.567.
549 Antonmattei/Raynard, Contrats spéciaux, n°214.
550 Puig, Contrats spéciaux, n°447.
551 Puig, Contrats spéciaux, n°447.
552 Puig, Contrats spéciaux, n°447.
553 Siehe unten D III 2 c.

reichenden Einfluss auf den Sachmangelbegriff in einem weiteren Sinne und daraus folgend auf die Möglichkeit der Erfassung von außerhalb des Vertragsgegenstandes liegender Umstände: Ist eine subjektiv definierte Verwendungseignung maßgeblich, erleichtert dies deren Einbeziehung in die Erfüllungspflicht des Verkäufers, während ein objektiver Maßstab diese Beurteilung notwendig restriktiver beurteilen muss.

a Deutschland

Die Tatsache, *dass* Angaben zu bilanziellen Kennziffern des Unternehmens nach hier vertretener Auffassung grundsätzlich als Beschaffenheit in Betracht kommen können, sagt noch nichts darüber aus, ob sie es im konkreten Einzelfall auch tatsächlich geworden sind. Die Lösung des aufgezeigten Problems ist daher auch weniger an der Reichweite des Beschaffenheitsbegriffes festzumachen, als an den Anforderungen, die an eine Einbeziehung einer bestimmten Beschaffenheit des verkauften Unternehmens in die Erfüllungspflicht des Verkäufers zu stellen sind. Dieser Frage ist nachfolgend mit Blick auf das abgestufte System des § 434 Abs. 1 BGB nachzugehen.

(1) Vertragliche Vereinbarung

Vorrangig ist nach § 434 Abs. 1 S. 1 BGB auf eine ausdrücklich zwischen den Vertragspartnern vereinbarte Beschaffenheit abzustellen. Vereinbart ist eine bestimmte Beschaffenheit des verkauften Unternehmens, wenn der Inhalt des Unternehmenskaufvertrages die Pflicht des Verkäufers bestimmt, das Unternehmen in dem Zustand zu übereignen und zu übergeben, wie es der vertraglich vereinbarten Soll-Beschaffenheit entspricht.[554] Haben die Vertragspartner eine ausdrückliche Vereinbarung über bestimmte geschuldete Eigenschaften des verkauften Unternehmens getroffen, ist eine entsprechende Festlegung der verkäuferseitigen Erfüllungspflichten unproblematisch möglich. Denn der subjektive Fehlerbegriff erlaubt es den Parteien, alle Verhältnisse des Unternehmens in den Rang einer Beschaffenheitsvereinbarung zu erheben, die ihnen wesentlich erscheinen.[555] Bei Festlegung dieser Erfüllungspflichten können einschränkende abstrakte Definitionen keinen Platz greifen.[556] Grundsätzlich genügt die einfache Beschreibung, in aller Regel durch eine verbindliche Zustandsbeschreibung, so-

[554] Weidenkaff, in: Palandt BGB, § 434 Rn. 15.
[555] Vgl. Haas, in: Das neue Schuldrecht, 5. Kap. Rn. 549; Knott, NZG 2002, 249, 251.
[556] Knott, NZG 2002, 249, 251.

lange diese Vertragsinhalt geworden ist.[557] Die Annahme, bei Unternehmenskaufverträgen bedürfe es hingegen stets einer ausdrücklichen vertraglichen Festlegung bestimmter bilanzieller Kennzahlen, ist sicherlich sehr eng, denn nach allgemeiner Rechtsgeschäftslehre kann eine Vereinbarung auch konkludent oder stillschweigend zustande gekommen sein.[558] Richtig ist allerdings, dass dem im Bereich des Unternehmenskaufs gerade im Hinblick auf Bilanzangaben nur eine eingeschränkte Bedeutung zukommt, da man hier voraussetzen müssen wird, dass der Käufer auf die entsprechende Angabe besonderen Wert gelegt oder der Verkäufer sie als wertbildend besonders hervorgehoben hat. Die bloße Bezugnahme im Rahmen der Vertragsverhandlungen ist demnach nicht ausreichend.[559] Letztlich ist dies eine Frage der Auslegung der zwischen den Parteien ausgetauschten Erklärungen nach §§ 133, 157 BGB. Um diese Schwierigkeiten zu vermeiden, sollten Beschaffenheitsvereinbarungen im Unternehmenskaufvertrag explizit als solche gekennzeichnet werden, nicht zuletzt um entsprechende Angaben von selbständigen Garantieversprechen iSd § 311 Abs. 1 BGB abzugrenzen. Dies gilt vor dem Hintergrund der in der Vergleichsgruppe der Substratmängel erläuterten grundsätzlich erforderlichen Gesamterheblichkeit des Mangels insbesondere im Hinblick auf solche Vereinbarungen, die die Gebrauchstauglichkeit des Unternehmens nur mittelbar betreffen und solche, die sich auf einzelne Sachen und Rechte des Unternehmenssubstrats beziehen.[560]

(2) Eignung für die vertraglich vorausgesetzte Verwendung

Problematisch wird die Frage der vertraglich geschuldeten Beschaffenheit erst, wenn der Unternehmensverkäufer keine entsprechenden Eigenschaften versprochen hat und die Erwartungen des Käufers hinsichtlich eines solchen Umstandes enttäuscht werden. Diese Erwartungen werden im Rahmen der kaufvertraglichen Erfüllungshaftung jedoch nur geschützt, wenn der Umstand Bestandteil der „Normalbeschaffenheit" der Kaufsache ist.[561] Richtig ist, dass vornehmlich der Warenkauf durch ein geringes Maß an individuellen Absprachen gekennzeichnet

---

557 Weidenkaff, in: Palandt BGB, § 434 Rn. 16.

558 BGH NJW 2009, 2807 betreffend eine Abweichung von der üblichen Beschaffenheit beim Gebrauchtwagenkauf; vgl. auch BT-Drucks 14/6040, S. 213; die Annahme stillschweigender Beschaffenheitsvereinbarungen stellt die Praxis im Fall der Abtretung deutscher GmbH-Anteile vor das zusätzliche Problem, dass diese einschließlich sämtlicher Nebenabreden nach § 15 Abs 3 GmbHG notariell zu beurkunden sind, vgl. auch Hübner, BB 2010, 1483, 1485.

559 Vgl. H.P. Westermann, in: MünchKomm BGB, § 453 Rn. 34; a.A. Holzapfel/Pöllath, Unternehmenskauf in Recht und Praxis, Rn. 760619.

560 Vgl. Picot, DB 2009, 2587, 2592.

561 Grigoleit/Herrestahl, JZ 2003, 118, 121.

und gleichzeitig –im Unterschied zu anderen Kaufverträgen– eine Typisierung der Parteierwartungen auf relativ sicherer Grundlage möglich ist, da die Körperlichkeit der Kaufsache einen klaren Bezugspunkt für die Verkehrserwartungen darstellt.[562] Daraus kann jedoch nicht im Wege eines Umkehrschlusses hergeleitet werden, dass eine fehlende Eignung eines Unternehmens zur vertraglich vorausgesetzten Verwendung überhaupt nicht in Betracht zu ziehen ist. So verschieden die Motivationen zum Kauf eines Unternehmens auch sein mögen, so ist in den allermeisten Fällen doch die Motivation erkennbar, sich die Ertragskraft des Unternehmens zunutze zu machen.[563] Enthält der Unternehmenskaufvertrag keine diesbezüglichen Aussagen, wird man in aller Regel also von einer Absicht des Käufers zur Fortführung des Unternehmens ausgehen können.[564] Maßstab zur Konkretisierung der Erfüllungspflicht des Verkäufers kann dann nur die gewöhnliche Verwendung bzw. übliche Beschaffenheit des Unternehmens sein.

(3) Eignung für die gewöhnliche Verwendung und übliche Beschaffenheit

Ob eine gewöhnliche Art der Verwendung und eine übliche Beschaffenheit bei der Vielfalt von Unternehmen überhaupt denkbar ist, wird sehr kontrovers beurteilt. Die Möglichkeit wird von vielen Stimmen in der Literatur von vornherein mit der Begründung abgelehnt, Unternehmen seien zu komplexe Gebilde, bei denen es nur auf die speziellen Verhältnisse im jeweiligen Einzelfall ankommen könne.[565] Da der Käufer das Unternehmen regelmäßig gewinnbringend fortführen möchte, wird er jedoch zumindest erwarten können, dass die vorgelegten Jahresabschlüsse und sonstigen bilanziellen Angaben den Grundsätzen ordnungsgemäßer Buchführung genügen und damit ein den tatsächlichen Verhältnissen entsprechendes Bild der Vermögens- Finanz- und Ertragslage des Unternehmens zum jeweiligen Stichtag vermitteln (vgl. § 264 Abs. 2 S. 1 HGB), und dass die einschlägigen Rechtsvorschriften eingehalten werden.[566] Schließlich muss der Käufer auch von der Möglichkeit ausgehen können, die bisher ausgeübte Geschäftstätigkeit fortführen zu können, was etwa bei Vorliegen eines Insolvenzgrundes nicht der Fall ist.[567] Ebenso kann etwa bei einer erlaubnispflichtigen operativen Tätigkeit davon ausgegangen werden, dass eine entspre-

562 Vgl. BGH NJW 1988, 1018.
563 Vgl. Lutter, ZIP 1997, 613.
564 Holzapfel/Pöllath, Unternehmenskauf in Recht und Praxis, Rn. 620.
565 Weitnauer, NJW 2002, 2511, 2514; U. Huber, AcP 202 (2002) 179, 212 f; Grigoleit/Herresthal, JZ 2003, 118, 125; Picot, DB 2009, 2587, 2589.
566 Holzapfel/Pöllath, Unternehmenskauf in Recht und Praxis, Rn. 621.
567 Holzapfel/Pöllath, Unternehmenskauf in Recht und Praxis, Rn. 621.

chende Erlaubnis vorhanden ist.[568] Dass diese Sichtweise den Bedürfnissen der Praxis entspricht, zeigt sich nicht zuletzt daran, dass genau diese Sachverhalte –zutreffende Jahresabschlüsse der vergangenen Geschäftsjahre und die Möglichkeit zur Fortführung der bisherigen Geschäftstätigkeit– sich als standardisierte *warranties* in nahezu jedem Unternehmenskaufvertrag finden, unabhängig von der jeweiligen Branche, in der das verkaufte Unternehmen tätig ist.[569] Die im Einzelfall eigentlich wertbildenden Faktoren des Unternehmens wie das Vorhandensein bestimmter Lieferanten- und Kundenbeziehungen oder qualifizierter Mitarbeiter können als gewöhnliche Verwendungseignung oder übliche Beschaffenheit jedoch nicht erfasst werden.[570] Probleme bereitet die Konkretisierung der gewöhnlichen Verwendungseignung und üblichen Beschaffenheit schließlich dann, wenn der Unternehmenserwerb im Wege eines *Share Deals* erfolgt, da eine typisierte Verwendungseignung eines Rechts insgesamt schlecht vorstellbar ist. Die Frage ist bis heute nicht abschließend geklärt. Parallel zu der in engen Grenzen bejahten Standardbeschaffenheit eines Unternehmens bei angenommener Möglichkeit der Fortführung der bisherigen operativen Tätigkeit erscheint es naheliegend, bei Verkauf eines Gesellschaftsanteils auf die Möglichkeit der Erreichung des Satzungszwecks abzustellen. Auch bei einem Unternehmenserwerb im Wege des *Share Deals* ist eine Anwendung des Kriteriums der gewöhnlichen Verwendungseignung und üblichen Beschaffenheit zumindest nicht gänzlich ausgeschlossen.

(4) Zwischenergebnis

Durch entsprechende Vereinbarung können die Parteien des Unternehmenskaufvertrages ohne Weiteres die Umstände in den Rang einer Beschaffenheitsvereinbarung erheben, die für das Äquivalenzverhältnis maßgeblich sind. Dies gilt auch im Hinblick auf bestimmte bilanzielle Kennzahlen, die ihre Wurzel nicht im körperlichen Unternehmenssubstrat haben. Eine Grenze ist dort zu ziehen, wo Umstände betroffen sind, die den Markt und die allgemeinen Voraussetzungen des Wirtschaftens betreffen, wie dies etwa im Hinblick auf rechtliche und steuerliche Rahmenbedingungen oder die konjunkturelle Entwicklung der Fall ist.[571] Auch Prognosen über die zukünftige Ertragsfähigkeit des Unternehmens können nur insoweit einer Beschaffenheitsvereinbarung zugänglich sein, als sie aus aktuell vorhandenen Umständen abgeleitet werden.[572] In Ermangelung einer

568 Hübner, BB 2010, 1483, 1484.

569 Vgl. Knight, Acquisition of Private Companies and Business Assets, S. 165 f.

570 Zutreffend Hübner, BB 2010, 1483, 1484.

571 Ebenso H.P. Westermann, in: MünchKomm BGB, § 453 Rn. 32; Kleinhenz/Junk, JuS 2009, 787, 789.

572 Vgl. H.P. Westermann, in: MünchKomm BGB, § 453 Rn. 34.

konkreten Vereinbarung kann der Unternehmenskäufer in besagtem Rahmen, sofern den Umständen nach von einer Fortführungsabsicht auszugehen ist, ein Mindestmaß einer üblichen Beschaffenheit erwarten. Um die bestehenden Unsicherheiten zu vermeiden, sollten Beschaffenheitsvereinbarungen jedoch stets ausdrücklich getroffen und als solche gekennzeichnet werden. Inwieweit der Käufer daneben noch Ansprüche wegen vorvertraglicher Informationsverletzung nach §§ 280 Abs. 1, 311 Abs. 2, 241 Abs. 2 BGB (*culpa in contrahendo*) geltend machen kann, hängt von der Beurteilung der Reichweite der Sperrwirkung des Gewährleistungsrechts ab. In jedem Fall zu verneinen ist eine Sperrwirkung des Gewährleistungsrechts bei einem vorsätzlichen Pflichtenverstoß durch den Verkäufer.[573] Darüberhinaus wird teilweise unter Hinweis auf den unterschiedlichen Zweck der beiden Haftungssysteme auch in anderen Fällen von einer kumulativen Anspruchskonkurrenz ausgegangen.[574] Dem ist nicht zuzustimmen. Bereits die vor Inkrafttreten des SMG zu § 459 BGB a.F. ergangene Rechtsprechung bejahte eine Sperrwirkung des Gewährleistungsrechts bereits dann, wenn das in Rede stehende Merkmal eine zusicherungsfähige Eigenschaft darstellen konnte, ohne dass es im konkreten Fall auch als solche vereinbart sein musste,[575] wenngleich der damals sehr eingeschränkte Anwendungsbereich des Gewährleistungsrechts nur zu einer geringen praktischen Relevanz dieses Vorrangs führte und die weitaus meisten Fälle über das Rechtsinstitut der *culpa in contrahendo* zu lösen waren. Dieser Ansicht ist weiterhin der Vorzug einzuräumen, da der Käuferschutz im anderen Fall unangemessen verkürzt wurde in Situationen, in denen der fragliche Umstand zwar grundsätzlich als Beschaffenheit vereinbart werden kann, in der konkreten Situation aber nicht vereinbart worden ist.[576] Die Rechtsfolgen wurden bereits bei den im deutschen Recht zu bejahenden aufklärungspflichtigen Umständen dargestellt.[577]

b Frankreich

Im französischen Recht erfolgt die Definition des Mangels nicht anhand rein objektiver Voraussetzungen, sondern ergebnisorientiert über eine mangelnde Eignung der Kaufsache zur üblichen Verwendung. Dem entspricht die Maßgeblichkeit der gewöhnlichen Verwendungseignung iSv § 434 Abs. 1 S. 2 Nr. 2 Var. 1 BGB. Zwar steht es den Partnern des Unternehmenskaufvertrages auch

573 Vgl. H.P. Westermann, in: MünchKomm BGB, § 453 Rn. 37.
574 Häublein, NJW 2003, 388, 391 f.
575 Grundlegend BGHZ 60, 319, 322 f; zum damaligen Streitstand auch Emmerich, in: MünchKomm BGB, § 311 Rn. 125.
576 Nun auch OLG Köln ZIP 2009, 2063, 2065 f; für die bereits zuvor h.M. statt vieler H.P. Westermann, in: MünchKomm BGB, § 437 Rn. 59.
577 Siehe oben C I 2.

hier frei, eine von der gewöhnlichen Verwendung abweichende Eignung zu vereinbaren. Eine solche Abweichung von zwischen den Parteien vereinbarten Beschaffenheitsmerkmalen sowie die fehlende Eignung für eine vereinbarte, vom gewöhnlichen Gebrauch abweichende Art der Verwendung (entsprechend den subjektiv geprägten Kriterien nach § 434 Abs. 1 S. 1 und § 434 Abs. 1 S. 2 Nr. 1 BGB) stellt sich jedoch bereits als Verletzung der Verpflichtung zur ordnungsgemäßen Leistung dar und löst die allgemeine Nichterfüllungshaftung aus.[578] Zur Abgrenzung einer ordnungsgemäßen Übergabe der Kaufsache kommt es wesentlich auf den Begriff der Konformität der Kaufsache an. Ob diese nach formellen oder materiellen Gesichtspunkten zu erfolgen hat, war in Rechtsprechung und Lehre lange Zeit umstritten.[579] Heute herrscht (wieder) Einvernehmen darüber, dass eine ordnungsgemäße Übergabe bereits dann vorliegt, wenn die Kaufsache der expliziten oder impliziten Parteivereinbarung entspricht.[580] Ein formeller Begriff einer ordnungsgemäßen Übergabe wird heute dagegen überwiegend abgelehnt und eine fehlende gewöhnliche Verwendungseignung des Vertragsgegenstandes im Rahmen der Gewährleistungshaftung sanktioniert. Konformität bedeutet demnach, dass das zur Erfüllung des Kaufvertrages gelieferte in Identität, Quantität und Qualität der vertraglichen Vereinbarung entsprechen muss.[581] Die Beweislast fehlender Konformität liegt beim Käufer.[582]

Während die Frage der gewöhnlichen Verwendungseignung und üblichen Beschaffenheit von Unternehmen im deutschen Recht wie gesehen engagiert im wissenschaftlichen Schrifttum erörtert wird, findet eine vergleichbare Diskussion im französischen Recht ebenso wie zur Reichweite des Sachmangelbegriffes soweit ersichtlich nicht statt. Es kann jedoch davon ausgegangen werden, dass zumindest die Eignung zur Fortführung der bisherigen operativen Tätigkeit sowie die Einhaltung der maßgeblichen Bilanzierungs- und sonstigen Rechtsvorschriften vorausgesetzt werden kann. In diese Richtung können einige höchstrichterliche Entscheidungen gedeutet werden, die sich insbesondere mit der Einhaltung baupolizeilicher oder hygienerechtlicher Vorgaben und damit mit der Einhaltung von Rechtsvorschriften im weitesten Sinne beschäftigen.[583] Die Maßgeblichkeit der Tauglichkeit zum gewöhnlichen Gebrauch macht es schließlich erforderlich, dass der Mangel bereits auf tatbestandlicher Ebene eine gewis-

578 Cass. 1ère civ., 24. November 1993, Bull.civ. I, n°347; Puig, Contrats spéciaux, n°444.
579 Für ein formelles Verständnis etwa Cass. 1ère civ., 20. März 1989, Bull.civ. I, n°140; für ein materielles Verständnis vgl. Cass. 3ème civ., 25. Januar 1989, n°86-11.806.
580 Antonmattei/Raynard, Contrats spéciaux, n°177.
581 Mainguy, Contrats spéciaux, n°153.
582 Cass.com., 3. Dezember 1980, n°78-13.305.
583 Vgl. beispielhaft etwa Cass.com., 7. Februar 1995, n°93-12.940.

se Erheblichkeitsschwelle überschreitet, lediglich unerhebliche Minderungen der Tauglichkeit müssen daher außer Betracht bleiben.[584]

Wie im deutschen Recht stellt sich die Frage, ob auch der Unternehmenskäufer, der das Unternehmen im Wege eines *Share Deals* erwirbt, eine bestimmte gewöhnliche Verwendungseignung erwarten kann. Denkbare Mängel, die den Bestand der Anteile selbst in Frage stellen, sind sehr selten und etwa dann anzunehmen, wenn die Gesellschaft selbst wegen der Unmöglichkeit ihres Satzungszwecks bereits von Beginn an nicht wirksam konstituiert werden konnte.[585] Folgt man hingegen wie hier im Grundsätzlichen der Ansicht der Handelskammer des Kassationsgerichtshofs, können im Prinzip auch Mängel des Unternehmens, in eng begrenztem Rahmen, Mängel der Anteile begründen.[586] In den bestimmungsgemäßen Gebrauch wird dann auch der Gesellschaftszweck einbezogen, und bestimmte fehlerhafte Abschlussangaben können dann als Mängel der Anteile selbst anzusehen sein. Ein bloßer Wertverlust der Anteile ist hingegen nicht ausreichend, so dass kaum ein praktischer Anwendungsfall der Sachmängelhaftung beim *Share Deal* denkbar ist.[587] So begründet etwa eine Steuerschuld der unternehmenstragenden Gesellschaft keinen Mangel der verkauften Anteile, da diese Schuld nicht deren Gebrauchstauglichkeit, sondern lediglich ihren Wert mindert.[588] Aus dem gleichen Grund stellt sich auch die Aufdeckung von Passiva grundsätzlich nicht als Mangel der Anteile selbst dar.[589] Da die Annahme eines Sachmangels im Bereich des *Share Deals* also nur auf seltene Fälle beschränkt ist, empfiehlt sich die Vereinbarung einer Kaufpreisanpassungsklausel (*clause de révision du prix*) oder einer Garantieklausel (*clause de garantie*) zur Wertsicherung der Anteile im Fall des tatsächlichen Zutagetretens bestimmter Mängel.

3 Weitere tatbestandliche Voraussetzungen

Um die gewährleistungsrechtlichen Rechtsfolgen auslösen zu können, muss der Vertragsgegenstand zudem –soweit nicht eine anderslautende Abrede existiert – im Zeitpunkt des Gefahrübergangs (*transfer des risques*) mit dem Mangel behaftet sein. Im deutschen Recht ergibt sich dies bereits aus der dispositiven Vor-

584 Vgl. CA Nîmes, 18. Dezember 1980, D. 1983, jur 29 bzgl eines Autos mit kleineren Fehlern der Belüftungsanlage; Hübner/Constantinesco, Einführung in das französische Recht, S. 192.

585 Vgl. Cass.civ., 30. Juli 1912, D. 1913 I, 495.

586 Ebenso Malaurie/Aynès/Gautier, Contrats spéciaux, n°394.

587 Mémento Expert Cession de Parts et Actions, n°61190.

588 Cass.com., 23. Januar 1990, D. 1991, jur 333, Anm. Virassamy, aaO.

589 Vgl. Cass.com., 4. Juni 1996, n°94-13.047.

schrift des § 434 Abs. 1 S. 1 BGB.[590] Außerdem darf das Recht nicht verjährt sein, bzw. ist innerhalb einer bestimmten Frist geltend zu machen.

a Maßgeblicher Zeitpunkt der Mängelfreiheit

Im deutschen Recht geht die Gefahr des zufälligen Untergangs und der zufälligen Verschlechterung der Kaufsache, mit anderen Worten die Gegenleistungs- und Preisgefahr nach § 446 BGB S. 1 BGB mit Übergabe der verkauften Sache auf den Käufer über und ist grundsätzlich mit Vollzug der Übergabe abgeschlossen.[591] Da bei dem Verkauf eines Unternehmens eine Vielzahl von Vermögenswerten auf den Käufer zu übertragen ist, und der dingliche Übergang der einzelnen Sachen und Rechte kaum jemals zu einem einzigen Zeitpunkt zu bewerkstelligen ist, wird der Gefahrübergang teilweise mit Vollzug der letzten dinglichen Übertragung angenommen. Denn diese versetze den Käufer in die Lage, das Unternehmen im seinem Sinne weiterzuführen.[592] Nach dieser Auffassung aber wäre der Gefahrübergang bereits dann zu verneinen, wenn nur noch die Übertragung von Vermögensgegenständen ausstünde, die für die Fortführung der operativen Geschäftstätigkeit unwesentlich sind. Eine Ausklammerung solcher Gegenstände würde dagegen zu Abgrenzungsschwierigkeiten der Wesentlichkeit im Einzelfall führen. Ferner ist zu berücksichtigen, dass der Käufer eines Unternehmens in vielen Fällen erst nach erfolgter Einweisung in den Tätigkeitsbereich in der Lage sein wird, das Unternehmen umfassend auf etwaige Mängel zu untersuchen. Sachgerecht ist es daher, eine Übergabe erst nach erfolgter Einweisung in den Tätigkeitsbereich des Unternehmens anzunehmen, also mit Übergang der unternehmerischen Leitungsmacht.[593] Dieser Zeitpunkt muss selbst dann maßgeblich sein, wenn die dingliche Übertragung bloß einzelner Vermögensgegenstände erst zu einem späteren Zeitpunkt erfolgt. Wegen der somit bestehenden Unsicherheiten empfiehlt sich trotz Annäherung der kaufrechtlichen Gewährleistung an das allgemeine Leistungsstörungsrecht und der damit verbundenen weitgehenden Gleichschaltung der Rechtsfolgen weiterhin die Vereinbarung eines Übergabestichtages (sog. *closing*). Die Beweislast für das Vorliegen behaupteter Mängel im Zeitpunkt des Gefahrübergangs obliegt dem Unternehmenskäufer.[594]

---

590 Für das französische Recht vgl. Barret, Fonds de commerce, n°252.

591 Vgl. Weidenkaff, in: Palandt BGB, § 446 Rn. 13 ff.

592 So jedenfalls Bergjan, Auswirkungen der Schuldrechtsreform auf den Unternehmenskauf, S. 178.

593 BGHZ 138, 196, 205; Alpmann-Pieper, in: juris PK-BGB, § 453 Rn. 41; Knott, in: Knott/Mielke, Unternehmenskauf, Rn. 133; Haas, in: Das neue Schuldrecht, Rn. 550.

594 Vgl. Weidenkaff, in: Palandt BGB, § 446 Rn. 4.

Fehlerhafte Abschlussangaben zu in der Vergangenheit erzielten Umsätzen und Erträgen –die nach hier vertretener Auffassung als Beschaffenheiten des Unternehmens in Betracht kommen können– haften diesem zum Übergabestichtag selbst dann noch an, wenn sie bereits weit in der Vergangenheit liegen, sofern sie vom Käufer als Grundlage seiner Ertragsprognose herangezogen wurden und damit für die Vertragsmäßigkeit des Unternehmens und das Äquivalenzinteresse des Käufers von fortwirkender Bedeutung sind.[595] Bei zukünftigen Umsätzen und Erträgen ist diese Voraussetzung nur zu bejahen, wenn sie zugleich eine Aussage über den aktuellen Zustand des Unternehmens, insbesondere über das in ihm angelegte Ertragspotential enthalten, bzw. sich aus aktuell vorhandenen Umständen herleiten.[596]

Da das französische Recht das aus dem deutschen Recht vertraute Trennungs- und Abstraktionsprinzip nicht kennt und der Eigentumsübergang sich in der Regel bereits mit Abschluss des Kaufvertrages vollzieht,[597] wäre zur Bestimmung des Gefahrübergangs eigentlich schon dieser Zeitpunkt maßgeblich. Allerdings stellt die Rechtsprechung aus Gründen der Vereinfachung auf den Zeitpunkt der Übergabe der Kaufsache ab.[598] Dem entspricht bei einem *Share Deal* dann der Zeitpunkt der Abtretung. Es reicht aus, wenn die Mangelhaftigkeit in ihrem Kern bereits angelegt ist und der Mangel selbst erst nach Vertragsschluss zu Tage tritt.[599] Dies entspricht bei den tatbestandlich ohnehin nur erfassten versteckten Mängeln dem Regelfall. Die Beweislast für die Mangelhaftigkeit im Zeitpunkt des Gefahrübergangs liegt beim Käufer.[600] Je eher der Mangel zu Tage tritt, desto leichter wird die Erbringung dieses Beweises sein.[601] Die Rüge des Mangels hat jedenfalls innerhalb der dafür vorgesehenen Frist zu erfolgen.

b Frist/Verjährung

Im deutschen Recht findet über die Verweisungsnorm des § 453 Abs. 1 Var. 2 BGB die für die Verjährung kaufrechtlicher Mängelansprüche geltende Vorschrift des § 438 BGB grundsätzlich auch auf den Unternehmenskauf Anwendung. Teilweise wird angenommen, wegen der Art des Kaufgegenstandes, bei welchem Mängel typischerweise erst nach einer längeren Zeitspanne zu Tage

595 Vgl. Larisch, Gewährleistungshaftung beim Unternehmens- und Beteiligungskauf, S. 57.
596 Vgl. Kleinhenz/Junk, JuS 2009, 787, 789.
597 Siehe oben B II 1 d.
598 Vgl. Cass.com., 10. Dezember 1973, D. 1975, jur 122.
599 Vgl. Cass.com., 9. Februar 1965, n°59-11.825.
600 Vgl. Cass.com., 18. Januar 1984, Bull.civ. IV, n°26; ausführlich zur Beweislast Malaurie/Aynès/Gautier, Contrats spéciaux, n°401 ff.
601 Vgl. auch die Beweislastumkehr nach § 476 BGB.

treten, und der damit mit einem Grundstück vergleichbaren Interessenlage sei die fünfjährige Verjährungsfrist des § 438 Abs. 1 Nr. 2 BGB heranzuziehen.[602] Die weitaus herrschende Meinung in der Literatur wendet für den Unternehmenskauf, ebenso wie mittlerweile die obergerichtliche Rechtsprechung, jedoch die zweijährige Verjährungsfrist des § 438 Abs. 1 Nr. 3 BGB an.[603] Dem ist zuzustimmen, da zum einen eine längere Verjährungsfrist auch für weitere komplexe Kaufgegenstände reklamiert werden könnte, was zu schwierigen Abgrenzungsfragen führen würde.[604] Zum anderen bestätigt ein Blick auf die Vertragspraxis, dass eine zweijährige Verjährungsfrist für den Unternehmenskauf auch sachlich als angemessen erachtet wird.[605] Aufgrund der Einheitlichkeit des Kaufgegenstandes muss dies selbst dann gelten, wenn zum Unternehmen –wie dies oftmals der Fall sein wird– ein Grundstück gehört, das bei einem Einzelerwerb an sich der fünfjährigen Verjährungsfrist des § 438 Abs. 1 Nr. 2 lit. a BGB unterfiele.[606]

Hinsichtlich des Verjährungsbeginns ist nach § 438 Abs. 2 BGB bei Grundstücken auf die Übergabe, im Übrigen auf die Ablieferung der Sache abzustellen. Im Fall des Verkaufs eines Unternehmens erklärt die Regierungsbegründung zum SMG hierfür den Zeitpunkt des Betriebsübergangs für maßgeblich, wobei eine inhaltliche Konkretisierung des Begriffes nicht erfolgt. Ebenso wie bei der parallelen Situation des Gefahrübergangs wird man jedoch auf die Einweisung des Käufers in den Tätigkeitsbereich des Unternehmens abstellen müssen, da erst diese ihn zu einer umfassenden Prüfung des Unternehmens in die Lage versetzt. Ab diesem Zeitpunkt also verjähren die Ansprüche des Käufers auf Nacherfüllung, Schadens- und Aufwendungsersatz innerhalb von zwei Jahren. Für die nun als Gestaltungsrechte konzipierten Rechtsbehelfe der Minderung und des Rücktritts ergibt sich das gleiche Ergebnis über die Ergänzungsnorm des § 218 Abs. 1 BGB. Anderes gilt in Fällen der Arglist des Verkäufers. Dann kommt nach § 438 Abs. 3 BGB die regelmäßige (dreijährige) Verjährungsfrist nach §§ 195, 199 BGB zur Anwendung. Vereinbarungen über die Verjährung sind in den Grenzen des § 202 BGB nach wie vor möglich.

---

602 So etwa Haas, in: Das neue Schuldrecht, Rn. 554.

603 Vgl. Beisel/Klumpp, Unternehmenskauf, 16. Kap. Rn. 64; schon in der Regierungsbegründung zum SMG BT-Drucks 14/6040, S. 228 findet der Unternehmenkauf unter dieser Vorschrift Erwähnung; nun auch OLG Köln ZIP 2009, 2063, 2065.

604 Zutreffend Larisch, Gewährleistungshaftung beim Unternehmens- und Beteiligungskauf, S. 128.

605 Vgl. zum englischen Recht von Bismarck, in: Corporate Mergers & Acquisitions, S. 40; Beswick and Wine, Buying and Selling Private Companies and Businesses, S. 213; zum französischen Recht etwa Klein, RIW 2002, 348, 352.

606 So bereits die frühere Rechtsprechung, vgl. RGZ 138, 354, 357 f; nun auch OLG Köln ZIP 2009, 2063, 2065; dies gilt jedenfalls, sofern sich aus der Parteivereinbarung nichts Gegenteiliges ergibt, vgl. Picot, DB 2009, 2587, 2592.

Im französischen Recht war der Mangel früher innerhalb einer kurzen Verjährungsfrist (*bref délai*) geltend zu machen, deren Dauer im richterlichen Ermessen lag und die zudem je nach Art der Kaufsache und des Mangels unterschiedlich beurteilt wurde.[607] Die hiermit verbundene Rechtsunsicherheit hat sich im Zuge der Umsetzung der Verbrauchsgüterkaufrichtlinie in das französische Recht durch *ordonnance* vom 17. Februar 2005 erledigt, da in diesem Rahmen ein Gleichlauf mit der dort vorgesehenen Verjährungsfrist hergestellt wurde.[608] Nunmehr ist der Mangel nach Art. 1648 C.civ. innerhalb einer Frist von zwei Jahren ab seiner Entdeckung geltend zu machen. Anders als im deutschen Recht handelt es sich hierbei nicht um eine Verjährungs- sondern um eine Ausschlussfrist.

4 Rechtsfolgen

Weist das Unternehmen bei Gefahrübergang einen Beschaffenheitsmangel auf, stellt dies nach der deutschen Gesetzessystematik grundsätzlich einen Fall der Nichterfüllung dar. § 434 Abs. 1 S. 2 BGB hat insoweit die bereits zuvor herrschende Erfüllungstheorie kodifiziert.[609] Der Käufer muss das Unternehmen in einem mangelhaften Zustand nicht entgegennehmen. Insoweit steht ihm die Einrede des nichterfüllten Vertrages nach § 320 Abs. 1 BGB zu. Nimmt er die mangelhafte Leistung –auch in Kenntnis ihrer Mangelhaftigkeit– an, so stehen ihm die in § 437 BGB aufgezählten Rechtsbehelfe zur Verfügung. Originär gewährleistungsrechtliche Rechtsbehelfe sind dabei nur der im Zuge der Schuldrechtsreform neu eingeführte, vorrangige Anspruch des Käufers auf Nacherfüllung nach § 437 Nr. 1 BGB und das Gestaltungsrecht der Minderung nach § 437 Nr. 2 Var. 2 BGB. Alle anderen käuferseitigen Reaktionsmöglichkeiten sind durch die Rechtsgrundverweisung des § 437 BGB in das allgemeine Leistungsstörungsrecht nach §§ 280 ff, 323 ff BGB eingebettet. Der Käufer kann also nach seiner Wahl vorrangig Nacherfüllung, subsidiär Rücktritt, Minderung, Schadensersatz oder Aufwendungsersatz verlangen. Diese Rechtsbehelfe müssen nicht sämtlich auch auf den Unternehmenskauf passen, ebenso wie dies auch bei anderen Spezieskäufen der Fall sein kann. Man denke nur an Kunstgegenstände, Münz- oder Briefmarkensamlungen. Der Katalog des § 437 BGB eröff-

607 Vgl. Cass. 3ème civ., 2. Mai 1978, JurisData n°1978-098174; Barret, Fonds de commerce, n°253.

608 Antonmattei/Raynard, Contrats spéciaux, n°216; zur Fristberechnung von vor diesem Zeitpunkt erfolgter Anteilsabtretung Mémento Expert Cession de Parts et Actions, n°61360.

609 Vgl. Schröcker, ZGR 2005, 63, 81.

net vielmehr gerade in diesem Bereich eine erhebliche Flexibilität in den Rechtsfolgen.[610]

Im französischen Recht kommt der Abgrenzung der Übergabe der Kaufsache zur Gewährleistungsverpflichtung des Verkäufers hingegen eine eigenständige Bedeutung zu, da eine einheitliche Pflicht des Verkäufers zur mangelfreien Lieferung des Vertragsgegenstandes anders als im deutschen Recht nicht besteht. Beide Ausschnitte aus dem Pflichtenprogramm des Verkäufers sind vielmehr mit unterschiedlichen Rechtsfolgen verknüpft: Im Fall eines Verstoßes gegen die Übergabeverpflichtung kann der Käufer, wenn nicht eine anderslautende Vereinbarung getroffen worden ist, nur durch entsprechende richterliche Anordnung, gemäß Art. 1610 C.civ. entweder die der allgemeinen Nichterfüllungshaftung nach Art. 1184 Abs. 2 C.civ. bei gegenseitigen Verträgen entsprechende Auflösung (*résolution*) des Vertrages oder seine zwangsweise Durchsetzung (*exécution*) verlangen.[611] Hinsichtlich des Ausmaßes der Nichterfüllung kommt den Gerichten ein weiter Beurteilungsspielraum zu.[612] Bei einer nur teilweisen Nichterfüllung spricht das Gericht die Auflösung des Vertrages nur aus, wenn der nicht gelieferte Bestandteil für den Betrieb eines veräußerten *fonds de commerce* wesentlich ist, durch ihn also die Anziehung der Kundschaft bestimmt wird.[613] Im Fall erlittener Schäden ist der Verkäufer nach Art. 1611 C.civ. zudem zum Schadensersatz verpflichtet, wenn der Käufer nachweisen kann, dass ihm die Nichtlieferung im Zeitpunkt des Vertragsschlusses vorhersehbaren Schaden oder Gewinnverlust verursacht hat.[614]

a Nacherfüllungsansprüche

Den im deutschen Recht vorrangigen gewährleistungsrechtlichen Rechtsbehelf stellt die Nacherfüllung dar, während das französische Recht diesen nur bei Verletzung der bei einem Verbrauchsgüterkauf vorgesehenen Konformitätsverpflichtung vorsieht, und er beim Unternehmenskauf daher nicht einschlägig ist. Im wissenschaftlichen Schrifttum existieren zwar Stimmen, die dem Käufer auch außerhalb eines Verbrauchsgüterkaufs generell ein Recht auf Nacherfüllung in Form einer Nachbesserung zugestehen möchten, in Form einer Nachlieferung dann, wenn der Vertragsgegenstand im Einzelfall nicht durch ein zu ho-

---

610 H.P.Westermann, in: MünchKomm BGB, § 453 Rn. 43.

611 Dieses Wahlrecht ist nicht einem Gestaltungsrecht des deutschen Rechts vergleichbar, die getroffene Wahl ist vielmehr frei widerruflich, auch ein Übergang von einem zum anderen Rechtsbehelf ist möglich, vgl. Cass.com., 27. Oktober 1953, D. 1954, jur 201.

612 Vgl. Cass.com., 15. Dezember 1992, n°90-19.006.

613 Barret, Fonds de commerce, n°221.

614 Barret, Fonds de commerce, n°224.

hes Maß an Individualität geprägt ist.[615] Diese Meinung findet im Gesetz aber keine hinreichende Stütze, zumal sich auch bei sonstigen Schuldverhältnissen wie dem Vertrag über den Kauf noch zu errichtender Gebäude, der dem deutschen Werklieferungsvertrag entspricht, ein Recht des Verkäufers zur zweiten Andienung ausdrücklich nur auf gesetzlicher Grundlage ergibt.[616]

Im deutschen Recht ergibt sich der Vorrang der Nacherfüllung aus ihrer systematischen Stellung im Gesetz (§ 437 Nr. 1 BGB) und dem grundsätzlichen Fristsetzungserfordernis vor Übergang zu den anderen Rechtsbehelfen (§§ 281 Abs. 1, 323 Abs. 1 BGB).[617] Dem Käufer soll ein Recht auf eine mangelfreie Lieferung, dem Verkäufer ein Recht zur zweiten Andienung eingeräumt werden. Der Nacherfüllungsanspruch ist konsequente Folge der nun in § 433 Abs. 1 S. 2 BGB festgeschriebenen Pflicht zur mangelfreien Lieferung.[618] Dogmatisch ist er als modifizierter Erfüllungsanspruch zu qualifizieren.[619] Nach § 439 Abs. 1 BGB hat der Käufer grundsätzlich ein Wahlrecht zwischen zwei Modalitäten der Nacherfüllung, der Nachlieferung und der Nachbesserung. Das größte Problem im hiesigen Zusammenhang der fehlerhaften Abschlussangaben stellt der Umfang des Nacherfüllungsanspruchs dar. Dieser hat sich grundsätzlich daran zu orientieren, welche Beschaffenheit des Unternehmens die Vertragspartner vereinbart und damit zum Inhalt der Leistungspflicht des Verkäufers gemacht haben.[620] Befürwortet man wie hier die Möglichkeit, auch bilanzielle Kennziffern und vergleichbare Abschlussangaben wie das (Nicht-)Bestehen bestimmter Geschäftsverbindlichkeiten als geschuldete Beschaffenheit zu vereinbaren, dann müssen auch diese im Grundsatz einer Nacherfüllung offenstehen.[621] Eine Nachbesserung durch den Verkäufer, wenn sie im Einzelfall überhaupt möglich ist, ist stets mit einer Einflussnahme auf das veräußete Unternehmen verbunden, die in der Regel nicht mehr dem Willen der Vertragspartner entspricht.[622] Gerade im Fall der fehlerhaften Abschlussangaben kommt hinzu, dass eine Nacherfüllung durch Berichtigung der Bilanz dem Käufer nicht nutzen würde, Abhilfe in solchen Fällen nur durch die Verpflichtung des Verkäufers zu einer Ausgleichszahlung in Geld zu schaffen wäre.[623] Konsequenz dieser Auffassung ist allerdings, dass im Hinblick auf fehlerhafte betriebswirtschaftliche Kennzahlen die Nacherfüllung in ihrer eigentlichen Bedeutung der Herstellung eines vertragsgemäßen

615 Vgl. Puig, Contrats spéciaux, n°462.

616 Art. 1642-1 C.civ.

617 Vgl. Wolff, in: Hoeren/Martinek, SKK, Teil 2, § 437 Rn. 8.

618 Vgl. H.P.Westermann, in: Münch Komm BGB, § 439 Rn. 1.

619 Zu den hieraus resultierenden praktischen Problemen: Oechsler, NJW 2004, 1825.

620 Knott, NZG 2002, 249, 252.

621 Knott, NZG 2002, 249, 252; vgl. aber auch Gaul, ZHR 166 (2002) 35, 45, 54, der zwar die Möglichkeit der Vereinbarung solcher Kennzahlen als Beschaffenheit befürwortet, sie einer Nacherfüllung aber nicht für zugänglich hält.

622 Zutreffend Picot, DB 2009, 2587, 2593.

623 Vgl. Kindl, WM 2003, 409, 412.

Zustandes entwertet wird und die Grenzen zu einem Schadensersatzanspruch verwischt werden. Eine derartige „Monetarisierung des Nacherfüllungsanspruchs“[624] ist insbesondere bedenklich, weil das bei einem Schadensersatzanspruch bestehende Korrektiv eines erforderlichen Verschuldens, und bei einem Minderungsanspruch das Korrektiv der Verhältnismäßigkeit der Herabsetzung des Kaufpreises entfällt.[625] Die Haftung des Verkäufers für „Fehlbestände“ ist dann nicht mehr vom Ertragswert des Unternehmens oder der Höhe des Kaufpreises abhängig, und der Unternehmensverkäufer kann daher für einen Betrag haftbar sein, der erheblich über einem ansonsten anzusetzenden Minderungsbetrag liegt.[626]

Inhaltlich muss sich der Anspruch also immer noch als Nacherfüllung darstellen.[627] Wann dies jedoch nicht mehr der Fall ist, bzw. wann von einer Unmöglichkeit des Nacherfüllungsanspruches nach § 275 Abs. 1 BGB auszugehen oder dem Verkäufer ein Leistungsverweigerungsrecht nach §§ 439 Abs. 3, 275 Abs. 2 und 3 BGB zuzugestehen ist, bleibt zumindest in den Einzelheiten unklar. Zumindest bei unzutreffenden Angaben des Verkäufers über Umsätze und Erträge vergangener Geschäftsjahre wird man jedoch von einer objektiven Unmöglichkeit der Nacherfüllung ausgehen können.[628] Dieses Ergebnis wird auch von der Überlegung getragen, dass solche Angaben für die Bestimmung des Äquivalenzinteresses des Käufers immer weniger herangezogen werden, je weiter sie in der Vergangenheit zurückliegen. Denkbar ist demgegenüber eine Nachbesserung bei fehlerhaften Abschlussangaben, die in die Zukunft weisen,[629] etwa durch Nachschusspflichten bei einer von der Vereinbarung abweichenden Eigenkapitalunterdeckung oder einer Verpflichtung zur Ablösung nicht vereinbarter Verbindlichkeiten.[630] Hier realisiert sich jedoch die Gefahr der Verwischung der Grenzen zu einem Schadensersatzanspruch. Insgesamt ist die entsprechende Anwendbarkeit der gewährleistungsrechtlichen Rechtsbehelfe auf den Unternehmenskauf gerade im Hinblick auf den Rechtsbehelf der Nacherfüllung daher mit erheblicher Rechtsunsicherheit behaftet.

---

624 Büdenbender, in: Unternehmenskauf und Schuldrechtsmodernisierung, S. 5, 39.

625 Vgl. Kindl, WM 2003, 409, 412; Büdenbender, in: Unternehmenskauf und Schuldrechtsmodernisierung, S. 5, 39.

626 So etwa Gronstedt/Jörgens, ZIP 2002, 52, 61.

627 Büdenbender, in: Unternehmenskauf und Schuldrechtsmodernisierung, S. 5, 39.

628 Zutreffend Larisch, Gewährleistungshaftung beim Unternehmens- und Beteiligungskauf, S. 84.

629 Vgl. Beisel/Klumpp, Unternehmenskauf, 16. Kap. Rn. 20.

630 Vgl. Holzapfel/Pöllath, Unternehmenskauf in Recht und Praxis, Rn. 650; Gronstedt/Jörgens, ZIP 2002, 52, 61; Triebel/Hölzle, BB 2002, 521, 526; Haas, in: Das neue Schuldrecht, 5. Kap. Rn. 551; vgl. auch H.P. Westermann, in: MünchKomm BGB, § 453 Rn. 45.

b Beendigung des Vertrages

Im deutschen Recht wird dem Unternehmenskäufer durch §§ 437 Nr. 2 Var. 1, 440, 323, 326 Abs. 5 BGB ein Rücktrittsrecht eingeräumt, mit dessen Ausübung sich das Schuldverhältnis in ein Rückgewährschuldverhältnis umwandelt, welches die Parteien nach § 346 Abs. 1 BGB zur Rückgewähr der empfangenen Leistungen und Herausgabe der gezogenen Nutzungen verpflichtet. Im französischen Recht entspricht dem die dem Unternehmenskäufer zur Verfügung stehende *action rédihibitoire*.

(1) Deutschland: Rücktritt

Auf Grundlage des entstehenden Rückgewährschuldverhältnisses wäre der Unternehmenskäufer verpflichtet, die zum Unternehmensvermögen gehörenden Sachen und Rechte nach den jeweils einschlägigen sachenrechtlichen Vorschriften auf den Verkäufer zurück zu übertragen, und im Fall zwischenzeitlich stattgefundener Veränderungen zu dessen Wiedereinweisung in das Unternehmen verpflichtet, dass dieser wieder in die Lage eigenverantwortlicher Führung versetzt wird.[631] Der Verkäufer wäre zur Erstattung des Kaufpreises verpflichtet und zur Freistellung des Käufers von solchen Unternehmensverbindlichkeiten, die sich kaufpreismindernd ausgewirkt haben. Eine derartige Rückabwicklung stellt sich gerade im Bereich des Unternehmenskaufs oft als besonders problematisch dar, da das Unternehmen als „lebendiger Organismus“[632] stetem Wandel unterlegen ist und durch Umstrukturierungsmaßnahmen bereits kurze Zeit nach Übereignung seine ursprüngliche Gestalt verloren haben kann. Eine Rückabwicklung ist daher oft mit erheblichen praktischen Schwierigkeiten verbunden. Durch Betriebseingliederungen und –zusammenlegungen, durch eine neue strategische Ausrichtung oder sonstige Änderungen des Vertragsgegenstandes kann sich der Verkäufer schon sehr bald außerstande sehen, das Unternehmen wieder selbst fortzuführen.[633]

Gleichwohl besteht *de lege lata* kein *genereller* Ausschluss des Rücktrittsrecht beim Unternehmenskauf, und auch teleologische Erwägungen vermögen einen solchen nicht eindeutig zu stützen.[634] Es sind nämlich durchaus Fälle denkbar, und auch gar nicht so selten, in denen das Gepräge des Unternehmens

---

[631] Ausführlich Bergjan, Auswirkungen der Schuldrechtsreform auf den Unternehmenskauf, S. 224 f.

[632] Lorenz, in: FS Heldrich, S. 305, 306.

[633] Vgl. Kindl, WM 2003, 409, 412; Knott, NZG 2002, 249, 253; Gronstedt/Jörgens, ZIP 2002, 52, 61.

[634] Vgl. Schröcker, ZGR 2005, 63, 83 f; a.A. Haas, in: Das neue Schuldrecht, 5. Kap. Rn. 552.

keine nennenswerten Veränderungen erfahren hat, und dieses somit durchaus der Rückgewähr fähig ist.[635] In den Fällen, in denen das Unternehmen Veränderungen erfahren hat, ist es grundsätzlich in dem Zustand, in dem es sich im Zeitpunkt der Ausübung des Rücktrittsrechts befindet, zurückzugewähren.[636] *Soweit* eine Rückgewähr oder Herausgabe nach der Natur des Erlangten ausgeschlossen ist, hat der Käufer in diesem Ausmaß nach § 346 Abs. 2 S. 1 Nr. 1 BGB Wertersatz zu leisten; ein genereller Ausschluss des Rücktrittsrechts lässt sich damit nicht begründen.[637] Ein solcher stünde zudem in direktem Gegensatz zu der vor Inkrafttreten des SMG geltenden Rechtslage, nach der die höchstrichterliche Rechtsprechung dem Käufer über das Rechtsinstitut der *culpa in contrahendo* ein faktisches Rücktrittsrecht zugestand.[638]

Richtig ist, dass ein schlichtes Zurückgewähren der beiderseitig empfangenen Leistungen nach § 346 Abs. 1 BGB nicht in allen Fällen möglich ist, und der Unternehmenskäufer das Unternehmen in diesen Fällen bei gleichzeitiger Verpflichtung zum Wertersatz nach § 346 Abs. 2 BGB behalten muss. Von besonderer Bedeutung in diesem Zusammenhang sind die Regelungen des § 346 Abs. 2 S. 1 Nr. 2 und 3 BGB, wonach Wertersatz auch bei Umgestaltung und Verschlechterung oder Untergang des empfangenen Gegenstandes zu leisten ist.[639] Wo freilich die Grenze zwischen der Möglichkeit zur Rückgewähr des Kaufgegenstandes in seiner ursprünglichen Gestalt und der stattdessen bestehenden Verpflichtung zur Leistung von Wertersatz genau zu ziehen ist, entzieht sich einer allgemeingültigen Aussage und ist bezogen auf den konkreten Einzelfall zu entscheiden. Entgegen vielfach vertretener Auffassung ist jedoch die Fortsetzung der Geschäftstätigkeit am Markt mit der damit einhergehenden Dynamisierung von Waren- und Personalbestand für die Annahme einer Umgestaltung noch nicht ausreichend.[640] Zu bedenken ist nämlich, dass an Stelle getätigter Investitionen ebenso wie bei der Veräußerung von Waren oder der Erbringung von Dienstleistungen Surrogate treten, die dem Unternehmen im Rahmen gewöhnlicher Geschäftstätigkeit erhalten bleiben.[641] Für die Annahme einer Umgestaltung erforderlich ist ein Identitätswechsel des Unternehmens, eine Orientierungsleitlinie können hierbei gegenstands- und zweckbezogene Satzungsänderungen darstellen, ebenso wie die Aufnahme einer Geschäftstätigkeit

635 Vgl. Schröcker, ZGR 2005, 63, 84.

636 Ebenso Gaul, ZHR 166 (2002), 35, 55 f.

637 H.P. Westermann, in: MünchKomm BGB, § 453 Rn. 47; Gaul, ZHR 166 (2002) 35, 56.

638 BGH NJW 1988, 1907.

639 Ausführlich zur Anwendbarkeit dieser Vorschriften auf den Unternehmenskauf Larisch, Gewährleistungshaftung beim Unternehmens- und Beteiligungskauf, S. 92 ff; vgl. zum Wertersatz auch BGH BB 2002, 594, wenn der Bereicherungsschuldner den bereits eingegliederten Kundenstamm nicht mehr herausgeben kann.

640 Zutreffend Büdenbender, in: Unternehmenskauf und Schuldrechtsmodernisierung, S. 5, 41 f.

641 Büdenbender, in: Unternehmenskauf und Schuldrechtsmodernisierung, S. 5, 44.

auf sachlich neuen Märkten, oder ob grundlegende Änderungen in der gesellschaftsrechtlichen Verfassung der unternehmenstragenden Gesellschaft.[642]

Der Wertersatzanspruch führt im Ergebnis dazu, dass der rücktrittswillige Käufer zwar zurücktreten kann, sein Anspruch auf Rückzahlung des Kaufpreises aber mit dem Wertersatzanspruch des Verkäufers nach §§ 387 ff BGB aufgerechnet wird und der Käufer im Ergebnis gleichwohl nichts erhält.[643] Es findet also nur eine Saldoziehung zwischen den Ansprüchen des Käufers auf Kaufpreiserstattung und des Verkäufers auf Wertersatz statt; aus dem gegenseitigen Rückgewährschuldverhältnis wird ein reiner Zahlungsanspruch.[644] Hätte der Käufer lediglich den objektiven Wert des Unternehmens zum Zeitpunkt des Vertragsschlusses zu erstatten, seinerseits aber einen Anspruch auf Rückzahlung des gesamten Kaufpreises, liefe dies im Ergebnis auf einen Schadensersatzanspruch statt der Leistung hinaus.[645] Dabei wird jedoch übersehen, dass nach § 346 Abs. 2 S. 2 BGB bei Berechnung des Wertersatzes eine im Vertrag bestimmte Gegenleistung und damit der gezahlte Kaufpreis zugrunde zu legen ist.[646] Letztlich wirkt das Rücktrittsrecht damit weniger wie ein Schadensersatzanspruch, sondern wie eine besondere Form der Minderung.[647] Vorteilhaft ist der Rücktritt für den Käufer insbesondere dann, wenn er, etwa aus strategischen Gründen, einen nennenswert über dem Unternehmenswert liegenden Kaufpreis bezahlt hat, da er dann neben dem mangelbedingten Minderwert auch die darüber hinausgehende Differenz zwischen dem gezahlten Kaufpreis und dem tatsächlichen Unternehmenswert erstattet verlangen kann.[648]

Wegen all dieser mit dem Rücktrittsrecht verbundenen Probleme und Unstimmigkeiten im Bereich des Unternehmenskaufes wird dieses nach überwiegender Auffassung als ungeeigneter Rechtsbehelf erachtet und teilweise ein Ausschluss *de lege ferenda* gefordert.[649] Anders als das Gestaltungsrecht der Minderung ist die Ausübung des Rücktrittsrechts aber schon an die tatbestandliche Erheblichkeitsschwelle des § 323 Abs. 5 S. 2 BGB gebunden, womit der Rücktritt ausgeschlossen sein kann, wenn der vom Verkäufer zurückzuzahlende

642 Larisch, Gewährleistungshaftung beim Unternehmens- und Beteiligungskauf, S. 93.

643 Gaul ZHR 166 (2002) 35, 56.

644 Beisel/Klumpp, Unternehmenskauf, 16. Kap. Rn. 39.

645 Vgl. Kindl, WM 2003, 409, 413.

646 In der Konsequenz führt dies jedoch dazu, dass sich das für eine Partei wirtschaftlich ungünstige Äquivalenzverhältnis im Rückgewährschuldverhältnis fortsetzt, kritisch etwa Gaier, in: MünchKomm BGB, § 346 Rn. 21.

647 Vgl. H.P. Westermann, in: MünchKomm BGB, § 453 Rn. 47; Wunderlich, WM 2002, 981, 986; Gaul, ZHR 166 (2002), 35, 56.

648 Holzapfel/Pöllath, Unternehmenskauf in Recht und Praxis, Rn. 655; Beisel/Klumpp, Unternehmenskauf, 16. Kap. Rn. 40.

649 Gaul, ZHR 166 (2002) 35, 56 unter Hinweis auf die in § 20 Abs. 2 UmwG zum Ausdruck kommende Wertentscheidung, vermengte Vermögensmassen von Unternehmen nach der Übertragung auf einen anderen Rechtsträger nicht mehr auseinanderzureißen.

Kaufpreis außer Verhältnis zum mangelbedingten Minderwert des Unternehmens stünde.[650] Im Einzelfall kann sich jedoch ein Ausschluss auf vertraglicher Grundlage empfehlen.[651]

(2) Frankreich: Action rédhibitoire

Im Bereich der Sachmängelhaftung eröffnet das französische Recht dem Käufer nach Art. 1644 C.civ. die Wahl zwischen einer vollständigen Erstattung des Kaufpreises bei gleichzeitiger Rückgabe der Kaufsache (*action rédhibitoire*) oder einer teilweisen Rückerstattung des Kaufpreises bei Behalten der Kaufsache (*action estimatoire*), was in etwa der Wandelung und der Minderung des deutschen Rechts vor Inkrafttreten des SMG entspricht. Dieses Wahlrecht ist nicht mit einem Gestaltungsrecht des deutschen Rechts vergleichbar, der Käufer kann vielmehr beide Rechte nacheinander geltend machen, solange nicht rechtskräftig über seinen Anspruch entschieden wurde oder der Verkäufer sein Einverständnis erklärt hat.[652] Aus dem gleichen Grund kann der Käufer, der in der ersten Instanz eine *action estimatoire* verlangt hat, in der Folgeinstanz die *action rédhibitoire* begehren, ohne dass dies ein neues Klagebegehren darstellt.[653] Überwiegend wird die durch den Käufer getroffene Wahl für die Gerichte für verbindlich gehalten,[654] teilweise wird auch die Verbindung beider Klagebegehren in einem Eventualverhältnis zugelassen und die ausschlaggebende Beurteilung der Schwere des Verstoßes in das Ermessen der entscheidenden Gerichte gestellt.[655] Die Ausübung des Wahlrechts muss natürlich auch faktisch möglich sein. Das ist nicht der Fall, wenn der Käufer zur Rückgewähr der vertraglich empfangenen Leistung nicht mehr in der Lage ist, da der Vertragsgegenstand untergegangen, beschädigt, oder weiterveräußert wurde.[656] Hat etwa der Käufer den Betrieb des erworbenen *fonds de commerce* im Zeitpunkt der Ausübung der *action rédhibitoire* bereits eingestellt, ist diese nicht mehr möglich, da der ver-

---

650 Vgl. Gronstedt/Jörgens, ZIP 2002, 52, 62 mit dem Plädoyer für eine extensive Interpretation des § 323 Abs. 5 Satz 2 BGB; näheres zur Erheblichkeitsschwelle bei der parallelen Situation beim großen Schadensersatzanspruch statt der ganzen Leistung unten B. II. 3. e. (1) (a).

651 Beisel/Klumpp, Unternehmenskauf, 16. Kap. Rn. 41; Holzapfel/Pöllath, Unternehmenskauf in Recht und Praxis, Rn. 654; Knott, NZG 2002, 249, 253; H.P. Westermann, in: MünchKomm BGB, § 453 Rn. 47; vgl. auch Gronstedt/Jörgens, ZIP 2002, 52, 62, die diesen Problemen mit einer extensiven Auslegung des § 323 Abs. 5 Satz 2 BGB begegnen wollen.

652 Lévi, in: Lamy Droit commercial, Fonds de commerce, n°559.

653 Barret, Fonds de commerce, n°255; vgl. auch Cass.com., 22. Juli 1953, D. 1953, jur 587.

654 Vgl. Cass. 1ère civ., 23. Mai 1995, Bull.civ. I, n°216.

655 Vgl. Cass.com., 6. März 1990, n°88-14.929.

656 Vgl. Puig, Contrats spéciaux, n°461.

äußerte, operativ tätige *fonds* nun nicht mehr zurückgewährt werden kann.[657] Gleiches gilt, wenn der *fonds* zwischenzeitlich weiterveräußert wurde[658] oder bei einem *Share Deal*, wenn die Anteile an der unternehmenstragenden Gesellschaft nicht mehr zurückgewährt werden können.[659] Dies gilt nach Art. 1647 Abs. 1 C.civ. wiederum nicht, wenn die Unmöglichkeit der Rückgewähr auf einem Verschulden des Veräußerers beruht.[660]

Ansonsten sind in Folge einer *action rédhibitoire* die empfangenen Leistungen wie nach Ausübung des Rücktrittsrechts zurück zu gewähren. Bei Erwerb eines *fonds de commerce* sind also sämtliche zum Unternehmensvermögen gehörenden Güter im Wege der Singularsukzession auf den Unternehmensveräußerer zurück zu übertragen, im Fall eines *Share Deals* die erworbenen Anteile an der unternehmenstragenden Gesellschaft. Neben der Erstattung des Kaufpreises hat der Verkäufer nach Art. 1646 C.civ. die anlässlich des Kaufes entstandenen Kosten zu ersetzen. Ebenfalls zu erstatten sind die auf den Kaufpreis seit der Zahlung entstandenen Zinsen und die vom Käufer getätigten notwendigen und nützlichen Aufwendungen.[661] Der Käufer hat den Vertragsgegenstand zurück zu gewähren. Für eine etwa eingetretene Verschlechterung hat er den Verkäufer nur dann zu entschädigen, wenn er diese zu verschulden hat (*indemnité compensatrice*), Nutzungsersatz hingegen soll er gar nicht schulden.[662] Anders als das deutsche Rücktrittsrecht ist die Ausübung der *action rédhibitoire* auf Rechtsfolgenebene grundsätzlich nicht an eine bestimmte, über die auf Ebene des Tatbestandes ohnehin geforderte hinausgehende Erheblichkeitsschwelle gebunden, vielmehr kann der Käufer die Beendigung des Vertrages etwa auch dann verlangen, wenn sich der Verkäufer zur Herstellung eines vertragsgemäßen Zustandes verpflichtet.[663] Zwar existieren vereinzelte gegenteilige Entscheidungen,[664] diese sind mit dem klaren Wortlaut des Gesetzes, das eine derartige Erheblichkeitsschwelle nicht fordert, jedoch nicht in Einklang zu bringen.

c *Herabsetzung des Kaufpreises: Minderung und action estimatoire*

Alternativ zu dem bereits erörterten Rücktrittsrecht kann der Käufer nach §§ 437 Nr. 2 Var. 2, 441 auf den Rechtsbehelf der Minderung rekurrieren, dem im französischen Recht die *action estimatoire* entspricht (auch als *quanti minoris* be-

657 Lévi, in: Lamy Droit commercial, Fonds de commerce, n°559.
658 Reygrobellet, Fonds de commerce, n°64.23.
659 Mémento Expert Cession de Parts et Actions, n°61316.
660 Vgl. Cass.com., 10. Mai 2000, n° 97-17.472.
661 Vgl. Puig, Contrats spéciaux, n°463; Barret, Fonds de commerce, n°256.
662 Vgl. Puig, Contrats spéciaux, n°463 mwN.
663 Vgl. Cass. 1ère civ., 23. Mai 1995, D. 1996, somm 14, n°3.
664 Vgl. insbesondere Cass.com., 6. März 1990, n°88-14.929.

zeichnet), auf deren Grundlage der Käufer eine Herabsetzung des gezahlten Kaufpreises begehren kann und damit in die Lage versetzt wird, in der er sich er sich befunden hätte, wäre der Gegenstand des Kaufvertrages mangelfrei gewesen.[665] Es besteht insofern ein Wahlrecht des Käufers, das im französischen Recht aus Art. 1644 C.civ. und im deutschen Recht aus der Formulierung „statt zurückzutreten" in § 441 Abs. 1 BGB folgt. Aus dieser Formulierung ergibt sich, dass bei Ausübung des Gestaltungsrechtes der Minderung die gleichen Voraussetzungen wie beim Rücktrittsrecht zu beachten sind, insbesondere also das erforderliche Setzen einer angemessenen Frist zur Nacherfüllung, sofern eine solche nicht nach §§ 323 Abs. 2, 326 Abs. 5 BGB entbehrlich ist.[666] Insofern ergeben sich im Vergleich zu einem schlichten Sachkauf keine Besonderheiten. Nach § 441 Abs. 3 S. 1 BGB ist der Kaufpreis in dem Verhältnis herabzusetzen, in welchem zur Zeit des Vertragsschlusses der Wert des Unternehmens in mangelfreiem Zustand zu seinem wirklichen Wert gestanden haben würde.[667] Damit wird gewährleistet, dass die Relation zwischen Kaufpreis und dem tatsächlichen Wert im Rahmen der Minderung erhalten bleibt und sich ein für eine Partei wirtschaftlich ungünstiges Äquivalenzverhältnis anders als bei einer Berechnung nach § 346 Abs. 2 S. 2 BGB nicht mit Ausübung des Sekundärrechtes fortsetzt.[668] Während bei einem schlichten Sachkauf jedoch relativ unproblematisch auf den objektiven Wert abgestellt werden kann, lässt sich ein solcher objektiver Verkehrswert bei einem Unternehmen angesichts seiner Individualität oftmals nur schwer feststellen. Zu achten ist jedenfalls darauf, dass die zur Bezifferung der Minderung angewendete Bewertungsmethode der auch bei Vertragsschluss zugrunde gelegten entspricht, der Unternehmenswert kohärent also entweder auf Grundlage der Substanz- oder Ertragswertmethode berechnet wird.[669] Die durch § 441 Abs. 3 S. 2 BGB eröffnete Möglichkeit der Schätzung des Minderungsbetrages ist zwar mit einer gewissen Rechtsunsicherheit behaftet, jedoch kann mit einer solchen Schätzung den Bedürfnissen der Praxis hinreichend Rechnung getragen werden.[670] Die Rückzahlung des Minderungsbetrages aus der Differenz des bereits gezahlten Kaufpreises und dem durch die Gestaltungserklärung des Käufers geminderten Kaufpreis folgt ansonsten den auch für den Rücktritt geltenden Vorschriften (§§ 441 Abs. 4, 346 ff BGB). Die Eignung, das gestörte Äquivalenzverhältnis zwischen Leistung und Gegenleistung wiederherzustellen, macht die Minderung gerade im Bereich des Unternehmenskaufs insgesamt zu

---

665 Vgl. Cass. 3ème civ., 1. Februar 2006, RJDA 5/06, n°526.

666 Vgl. Weidenkaff, in: Palandt BGB, § 441 Rn. 8; § 437 Rn. 27; a.A. noch Wunderlich, WM 2002, 981, 986, der ohne nähere Begründung von einer Subsidiarität der Minderung ausgeht.

667 Ausführlich zur Berechnung H.P. Westermann, in: MünchKomm BGB, § 441 Rn. 12 ff.

668 Gaul, ZHR 166 (2002) 35, 58.

669 H.P. Westermann, in: MünchKomm BGB, § 453 Rn. 46; Kleinhenz/Junk, JuS 2009, 787, 790.

670 Vgl. Wunderlich, WM 2002, 981, 987; Knott, NZG 2002, 249, 253.

einem der praktisch relevanteren Rechtsbehelfe, die das deutsche Sachmängelgewährleistungsrecht zur Verfügung stellt.[671]

d Schadensersatz

Schließlich kann der Unternehmenskäufer im gegebenen Fall Schadensersatz verlangen. Der Anspruch ergibt sich im deutschen Recht aus § 437 Nr. 3 Var. 1 iVm §§ 440, 280, 281, 283 und 311a BGB Schadensersatz (statt der Leistung). Im französischen Recht stellt Art. 1645 C.civ. klar, dass der Käufer neben oder anstatt der speziellen kaufrechtlichen Rechtsbehelfe der *action rédhibitoire* und der *action estimatoire* bei Vorliegen der Voraussetzungen Schadensersatz nach den allgemeinen Vorschriften verlangen kann.

(1) Deutschland

Das Recht zum Schadensersatz wird nach § 325 BGB nicht durch ein etwaiges Rücktrittsverlangen ausgeschlossen, so dass neben dem Rücktritt der Ersatz weitergehender Erfüllungsschäden verlangt werden kann. Die Verpflichtung zum Ersatz des positiven Interesses[672] ergibt sich gleichermaßen für Fälle, in denen das Leistungshindernis bereits bei Vertragsschluss bestand, die Erbringung der geschuldeten Leistung also von vornherein unmöglich war, als auch für diejenigen, in welchen die Mangelhaftigkeit erst nach Vertragsschluss aufgetreten ist. Für den Unternehmenskauf wird allerdings gerade im Bereich der fehlerhaften Abschlussangaben oftmals ein anfänglich objektiv nicht behebbarer Mangel anzunehmen sein, so dass hinsichtlich des Vertretenmüssens nach dem speziellen Maßstab des § 311a Abs. 2 S. 2 BGB auf die Kenntnis bzw. Unkenntnis des Unternehmensverkäufers der Unrichtigkeit der getätigten Äußerungen im Zeitpunkt des Vertragsschlusses abzustellen ist.[673] Dies gilt jedenfalls für in der Vergangenheit liegende falsche Kennzahlen über Umsätze und Erträge des Unternehmens, während für sonstige Abschlussangaben auch ein erst nach Vertragsschluss auftretendes Leistungshindernis in Betracht kommen kann. Bei Schäden, die nicht auf der Mangelhaftigkeit der Kaufsache selbst beruhen, insbesondere also bei Mangelfolge- und sonstigen Begleitschäden, wie der Abwerbung von Personal oder der Verletzung von Verschwiegenheitspflichten, ergibt sich ein

---

[671] H.P. Westermann, in: MünchKomm BGB, § 453 Rn. 46; Triebel/Hölzle, BB 2002, 521, 527; Büdenbender, in: Unternehmenskauf und Schuldrechtsmodenisierung, S. 5, 40; Haas, in: Das neue Schuldrecht, 5. Kap. Rn. 553.

[672] Statt vieler: Grüneberg, in: Palandt BGB, § 281 Rn. 17.

[673] Vgl. Schröcker, ZGR 2005, 63, 85.

Anspruch auf Schadensersatz (neben der Leistung) ohne weitere Voraussetzungen bereits aus § 280 Abs. 1 BGB.[674] Der Anspruch auf Schadensersatz statt der Leistung ist stets von verkäuferseitigem Verschulden abhängig, das jedoch nach § 280 Abs. 1 S. 2 BGB widerleglich vermutet wird. Der Zurechnungsnorm des § 278 BGB kommt im Rahmen des Unternehmenskaufs besondere Bedeutung zu, wenn die Vertragspartner durch Berater vertreten werden, die sich rechtlich als Erfüllungsgehilfen in diesem Sinn darstellen. Im Bereich der erst nach Vertragsschluss auftretenden Leistungshindernisse ist die Geltendmachung des Schadensersatzanspruches nach § 281 Abs. 1 BGB jedoch in der Regel vom fruchtlosen Verstreichen einer zu setzenden Nachfrist abhängig.

(a) Erheblichkeit des Mangels

Der große Schadensersatzanspruch statt der ganzen Leistung ist nach § 281 Abs. 1 S. 2 (gegebenenfalls iVm § 311a Abs. 2 S. 3) bei Unerheblichkeit der Pflichtverletzung, also bei bloß unwesentlichen Mängeln des Vertragsgegenstandes und damit im Fall qualitativer Schlechtleistung ausgeschlossen.[675] Diese Einschränkung entspricht der für den Rücktritt geltenden Vorschrift des § 323 Abs. 5 S. 2 BGB und muss auch beim Unternehmenskauf im Gleichlauf mit dieser ausgelegt werden.[676] Der in § 281 Abs. 1 S. 3 BGB statuierten Erheblichkeitsschwelle kommt hier allerdings keine große Bedeutung zu, da es im Fall bloß geringfügiger Pflichtverletzungen regelmäßig bereits an einer mangelbegründenden Beschaffenheitsvereinbarung iSd § 434 Abs. 1 S. 1 BGB fehlen wird[677] und ein Verstoß gegen eine ausdrückliche Beschaffenheitsvereinbarung die Erheblichkeit des Mangels indiziert.[678] Doch auch in den Fällen der subsidiär maßgeblichen vereinbarten Verwendungseignung bzw. der gewöhnlichen Verwendungseignung und üblichen Beschaffenheit nach § 434 Abs. 1 S. 2 Nr. 1 und 2 BGB verbleibt ein eigener Anwendungsbereich für einen Ausschluss wegen Unerheblichkeit des Mangels. Während bei einem schlichten Sachkauf auf eine uneingeschränkte Funktionsfähigkeit abzustellen ist, muss eine Rückabwicklung beim Unternehmenskauf stets dann ausgeschlossen sein, wenn die mit dem Erwerb verbundene Zielsetzung vollständig erreicht werden kann.[679] Die Funk-

674 Vgl. Triebel/Hölzle, BB 2002, 521, 527.

675 Demgegenüber dürfte der Ausschlussgrund des § 281 Abs. 1 Satz 2 BGB (Interessefortfall bei Teilleistung) selbst im Fall von Fehlbeständen im sachlichen Substrat kaum eine Rolle spielen, da die Leistung „Lieferung eines Unternehmens" unteilbar ist; vgl. Beisel/Klumpp, Unternehmenskauf, 16. Kap. Rn. 38.

676 Vgl. Büdenbender, in: Unternehmenskauf und Schuldrechtsreform, S. 5, 46.

677 Vgl. Gaul, ZHR 166 (2002) 35, 55.

678 Vgl. Grüneberg, in: Palandt BGB, § 323 Rn. 32.

679 Büdenbender, in: Unternehmenskauf und Schuldrechtsreform, S. 5, 43.

tionsfähigkeit des Unternehmens kann dabei mit der Möglichkeit gleichgesetzt werden, eine im Vergleich zum Erhalt eines mangelfreien Unternehmens vergleichbare Marktposition zu erlangen und vergleichbare wirtschaftliche Ergebnisse zu erzielen.[680] Im Bereich zwischen einer ausdrücklichen Beschaffenheitsvereinbarung und einer Funktionsuntauglichkeit des Unternehmens hat wie im Fall des Sachkaufes eine umfassende Abwägung der Interessen von Käufer und Verkäufer zu erfolgen.[681] Beim Unternehmenskauf ist insbesondere zu berücksichtigen, dass eine Rückabwicklung des Vertrages für beide Vertragspartner regelmäßig eine besondere Härte bedeutet.[682] Dies bedeutet letztlich, dass bei Ausübung der „großen" Rechte des Schadensersatzanspruchs (statt der ganzen Leistung) ebenso wie des Rücktrittsrechts zu Lasten des Unternehmenskäufers erhöhte Anforderungen an die Erheblichkeit der Pflichtverletzung bzw. des Mangels zu stellen sind.[683]

(b) Umfang des Schadensersatzanspruchs

Was den Umfang des Schadensersatzes anbelangt, ist zwischen dem kleinen und dem großen Schadensersatzanspruch zu differenzieren. Der kleine Schadensersatzanspruch unterliegt beim Unternehmenskauf im Vergleich zum schlichten Sachkauf keinen Besonderheiten.[684] Der Unternehmenskäufer behält das Unternehmen und macht die ihm aufgrund der vertragswidrigen Leistung entstandenen finanziellen Nachteile geltend. Zur Wiederherstellung des gestörten Äquivalenzinteresses gehört hierzu in erster Linie der Ausgleich des durch den Mangel bedingten Minderwerts des Unternehmens.[685] Der Anspruch richtet sich auf Ersatz der Wertdifferenz des Unternehmens in mangelhaftem und hypothetisch mangelfreiem Zustand.[686] Anders als bei der Minderung, bei der durch die bloß verhältnismäßige Herabsetzung des Kaufpreises das Äquivalenzverhältnis gewahrt bleibt, ist hier die absolute Differenz maßgeblich, so dass der Unternehmenskäufer als Gläubiger des Anspruchs bei einem für ihn günstigen Geschäft mit dem schadensrechtlichen Minderwert einen größeren Geldbetrag erhält als

680 Büdenbender, in: Unternehmenskauf und Schuldrechtsreform, S. 5, 43.
681 Grüneberg, in: Palandt BGB, § 323 Rn. 32.
682 Ausführlich Bergjan, Auswirkungen der Schuldrechtsreform, S. 238, 218 ff.
683 Gronstedt/Jörgens, ZIP 2002, 52, 62 für die Ausübung des Rücktrittsrechts.
684 Vgl. Haas, in: Das neue Schuldrecht, 5. Kap. Rn. 553.
685 Vgl. Wunderlich, WM 2002, 981, 987; Triebel/Hölzle, BB 2002, 521, 527; H.P. Westermann, in: MünchKomm BGB, § 453 Rn. 50.
686 Grundlegend BGHZ 108, 156 hinsichtlich einen Schadensersatzanspruchs des Käufers einer Eigentumswohnung für einen Minderwert des Gemeinschaftseigentums.

bei einer bloß verhältnismäßigen Herabsetzung des Kaufpreises.[687] Der tatsächliche und der für ein mangelfreies Unternehmen anzusetzende Wert sind auf Grundlage der von den Parteien bei Vertragsschluss bestimmten Bewertungsmethode, gegebenenfalls auch durch Sachverständigengutachten, zu ermitteln.

Über den großen Schadensersatzanspruch kann hingegen eine Rückgabe des Unternehmens gegen eine Erstattung des vollen Nichterfüllungsschadens bewirkt werden, wobei die Berechnung des Schadens sowohl mit Hilfe der Surrogationsmethode als auch der Differenzmethode erfolgen kann.[688] Durch den Verweis in § 281 Abs. 5 (gegebenenfalls iVm § 311a Abs. 2 S. 3) BGB stellt sich dieselbe Problematik wie bei Ausübung des Rücktrittsrechts: Die für die Rückgewähr der Kaufsache geltenden Beschränkungen, beim Unternehmenskauf also insbesondere die Fälle der Umgestaltung (§ 346 Abs. 2 Nr. 2 BGB), kommen wie im Fall des Rücktritts gleichermaßen zur Anwendung. Dies gilt umso mehr, als der große Schadensersatzanspruch statt der ganzen Leistung neben der Rückabwicklung des Unternehmenskaufvertrages die Verpflichtung des Verkäufers zum Ersatz des positiven käuferseitigen Interesses vorsieht und damit in seiner Wirkung sogar noch über die eines Rücktritts hinausgeht.

(c) Alternative Aufwendungsersatz

Schließlich kann auch der Unternehmenskäufer alternativ zum Anspruch auf Schadensersatz statt der Leistung nach §§ 437 Nr. 3 Var. 2, 284 BGB einen Anspruch auf Aufwendungsersatz geltend machen. An der Formulierung „anstelle“ in § 284 BGB wird deutlich, dass der Anspruch denselben Voraussetzungen –insbesondere verkäuferseitigem Verschulden– unterliegt.[689] § 284 BGB beinhaltet lediglich einen Anspruch auf Aufwendungsersatz, nicht auf Ersatz des negativen Interesses, weshalb der entgangene Gewinn aus einem möglichen Alternativgeschäft nach überwiegender Auffassung nicht zu ersetzen ist.[690] Der Anspruch ist daher ausgeschlossen, wenn dem Gläubiger auf anderer Rechtsgrundlage –in diesem Zusammenhang insbesondere aus §§ 280 Abs. 1, 241 Abs.

---

687 Ernst, in: MünchKomm BGB, § 281 Rn. 127; a.A. Gaul, ZHR 166 (2002) 35, 60, der auch hier eine bloß verhältnismäßige Herabsetzung zum gezahlten Kaufpreis annimmt.

688 Grüneberg, in: Palandt BGB, § 281 Rn. 18 ff.

689 Liegen die Voraussetzungen der §§ 281 BGB ff nicht vor, ist auch eine analoge Anwendung des § 284 BGB ausgeschlossen: BGH NJW 2008, 2837; ein Anspruch auf Schadensersatz neben der Leistung nach § 280 Abs. 1 BGB ist daneben jedoch möglich, so bereits BGH NJW 2005, 2848.

690 Grüneberg, in: Palandt BGB, § 284 Rn. 8; Beisel/Klumpp, Unternehmenskauf, 16. Kap. Rn. 49.

2, 311 Abs. 2 BGB (*culpa in contrahendo*)– ein Anspruch auf Ersatz des negativen Interesses zusteht.[691]

Unter Aufwendungen sind vom Gläubiger im Hinblick auf den Erhalt der Leistung getätigte (freiwillige) Vermögensopfer zu verstehen, die auch in der Eingehung von Verbindlichkeiten wie einer nutzlos gewordenen Finanzierung bestehen können.[692] Hierzu gehört insbesondere der Ersatz der Vertragskosten, welchem dann besondere Bedeutung zukommt, wenn die Parteien umfassend durch Rechtsanwälte und sonstige Berater beraten werden.[693] Diese sind zwar in aller Regel vor Vertragsschluss, jedoch im Hinblick auf den späteren Erhalt der Leistung getätigt worden.[694] Kosten der Vertragsanbahnung –die gerade bei Durchführung einer *due diligence*-Prüfung vor Vertragsschluss beträchtliche Summen erreichen können– sind nicht ersatzfähig, da sie nicht im Vertrauen auf den Leistungserhalt getätigt wurden.[695] Insofern kommt dem Aufwendungsersatzanspruch im Bereich des Unternehmenskaufs neben dem Schadensersatzanspruch statt der Leistung keine eigenständige Bedeutung zu, da Unternehmenskaufverträge regelmäßig erwerbswirtschaftlichen Zwecken dienen und die Aufwendungen damit bereits nach § 281 BGB in Verbindung mit der sog. Rentabilitätsvermutung ersatzfähig sind.[696] Seine Relevanz erlangt der Aufwendungsersatzanspruch hingegen in Fällen, in denen Aufwendungen für *weitere* Geschäfte getätigt worden sind, die nach der Rechtsprechung des Bundesgerichtshof von der Rentabilitätsvermutung gerade nicht erfasst werden, jedoch dem Aufwendungsersatzanspruch unterfallen. Hierher gehören Fallgestaltungen, in denen der Käufer im Vertrauen auf eine mangelfreie Leistung tätig wird, in Erwartung zukünftiger Synergieeffekte entsprechende Vorbereitungsmaßnahmen trifft, und eine entsprechende Investitions- oder Desinvestitionspolitik im *eigenen* Unternehmen betreibt.[697] Gleichwohl ist nicht zu befürchten, dass der Verkäufer im Fall eines gescheiterten Unternehmenskaufs in weitem Umfang mit wirtschaftlich fragwürdigen Investitionsentscheidungen des Käufers belastet wird.[698] Neben einem Verweis auf die Berücksichtigung etwaigen Mitverschuldens nach § 254 BGB stellt das Korrektiv der Billigkeit zwar keine zusätzliche Eingren-

---

691 Vgl. Grüneberg, in: Palandt BGB, § 284 Rn. 2.

692 Ernst, in: MünchKomm BGB, § 284 Rn. 16; Unberath, in: Bamberger/Roth BGB, § 284 Rn. 9 ff.

693 Vgl. Triebel/Hölzle, BB 2002, 521, 527; Seibt/Reiche, DStR 2002, 1135, 1140.

694 vgl. Ernst, in: MünchKomm BGB, § 284 Rn. 18 f.

695 Vgl. Ernst, in: MünchKomm BGB, § 284 Rn. 18; Jagersberger, Haftung des Verkäufers beim Unternehmens- und Anteilskauf, S. 350.

696 Vgl. Unberath, in: Bamberger/Roth BGB, § 284 Rn. 4.

697 Vgl. Beisel/Klumpp, Unternehmenskauf, 16. Kap. Rn. 49; H.P. Westermann, in: MünchKomm BGB, § 453 Rn. 54; Büdenbender, in: Unternehmenskauf und Schuldrechtsreform, S. 5, 46.

698 So aber Gronstedt/Jörgens, ZIP 2002, 52, 63; Beisel/Klumpp, Unternehmenskauf, 16. Kap. Rn. 51.

zung des Aufwendungsersatzanspruchs dar,[699] jedoch sind solche Aufwendungen nicht erfasst, deren Zweck auch ohne die Pflichtverletzung des Schuldners nicht erreicht worden wäre, die sich also auch sonst nicht amortisiert hätten.[700] Bereits vor Inkrafttreten des SMG aber gewährte die Rechtsprechung neben der nur begrenzten Reichweite der Rentabilitätsvermutung Ersatz für *einsatzbezogene* Aufwendungen nur dann, wenn der Anspruchsgläubiger nach dem Beweismaß der §§ 252 S. 2 BGB, 287 ZPO darlegen konnte, dass der spätere Einsatz zu einem Vermögenszufluss geführt hatte, der die getätigten Aufwendungen ausgeglichen hätte.[701] Das SMG hat mit Einfügung des § 284 BGB die Schadensberechnung auf Grundlage der bisherigen Grundsätze aber nicht unzulässig gemacht.[702] Insofern sind nachteilige Auswirkungen gegenüber der früheren Rechtslage nicht in nennenswertem Ausmaß zu befürchten.[703]

(2) Frankreich

Unter den Voraussetzungen des Art. 1644 C.civ. hat der Unternehmensverkäufer neben der Rückzahlung sämtliche kausal entstandenen Schäden zu ersetzen. Während sich der Umfang des Schadensersatzanspruchs im deutschen Recht wesentlich nach der Erheblichkeit der Pflichtverletzung bemisst, wird diese im französischen Recht wie gesehen bereits auf Ebene des Tatbestandes berücksichtigt. Der Umfang des Schadensersatzanspruches hängt vielmehr davon ab, ob dem Unternehmensverkäufer der in Rede stehende Mangel bekannt war, er die Mangelhaftigkeit mithin zu verschulden hatte. Bei einer Unkenntnis des Mangels hat der Verkäufer nach Art. 1646 C.civ. neben der Rückerstattung des Kaufpreises lediglich die anlässlich des Vertragsabschlusses angefallenen Kosten zu ersetzen. Erfasst sind nur in direktem Zusammenhang mit dem Vertragsschluss stehende Kosten, nicht solche, die erst später entstehen und etwa der Bewahrung des Vertragsgegenstandes dienen.[704] Hat der Verkäufer den Mangel hingegen gekannt, oder hätte er ihn kennen müssen, hat er dem Käufer nach Art. 1645 C.civ. neben der Erstattung des Kaufpreises sämtliche ihm kausal durch den Mangel entstandenen Schäden zu ersetzen, und zwar sowohl den eigentlichen Mangelschaden, als auch sonstige nach deutscher Rechtsterminologie als Mangelfolgeschäden bezeichnete Vermögenseinbußen.[705] Besondere Be-

---

[699] Vgl. Grüneberg, in: Palandt BGB, § 284 Rn. 6; Unberath, in: Bamberger/Roth BGB, § 284 Rn. 16.

[700] Vgl. Ernst, in: MünchKomm BGB, § 284 Rn. 24 ff.; Triebel/Hölzle, BB 2002, 521, 527.

[701] Vgl. Ernst, in: MünchKomm BGB, § 284 Rn. 4.

[702] Vgl. Ernst, in: MünchKomm BGB, § 284 Rn. 35.

[703] Ebenso Knott, NZG 2002, 249, 254.

[704] Mémento Expert Cession de Parts et Actions, n°61420 mwN.

[705] Mémento Expert Cession de Parts et Actions, n°61420.

deutung hat der Schadensersatzanspruch in der Praxis durch die Tatsache erfahren, dass die Rechtsprechung dem bösgläubigen Verkäufer den professionell Agierenden gleichstellt, so dass auch entsprechende haftungsbeschränkende Klauseln unwirksam sind.[706] Anders als im Fall der Geschäftserfahrenheit des Käufers ist die Vermutung hinsichtlich einer Kenntnis des Verkäufers also unwiderleglich, selbst wenn es sich bei dem Vertragspartner um eine geschäftserfahrene Person handelt.[707] Dies gilt sogar dann, wenn der Mangel schlicht nicht zu erkennen gewesen wäre.[708] Einen eigenständigen, von dem genannten Schadensersatzanspruch unabhängigen Aufwendungsersatzanspruch sieht das französische Recht nicht vor.

5 Ausschlussmöglichkeiten

Ein Ausschluss der genannten Ansprüche wegen Kenntnis des Unternehmenskäufers, insbesondere nach Durchführung einer *due diligence*-Prüfung kommt ebenso in Betracht wie in der Vergleichsgruppe der Substratmängel, auf die dortigen Ausführungen wird vollumfänglich verwiesen. Daneben steht es den Partnern des Unternehmenskaufvertrages frei, im Rahmen des dispositiven Gesetzesrechts abweichende Vereinbarungen zu treffen, deren mögliche Reichweite im Folgenden zu erörtern sein wird.

a Deutschland

In Deutschland kann das Gewährleistungsrecht für Sach- wie für Rechtsmängel grundsätzlich ausgeschlossen werden, ohne dass –von dem hier nicht näher interessierenden Bereich des Verbrauchsgüterkaufs einmal abgesehen– maßgeblich auf die Geschäftserfahrenheit der betroffenen Vertragsparteien abzustellen wäre. Durch § 444 BGB wird diese Möglichkeit nur insoweit wieder eingeschränkt, als der Verkäufer den Mangel arglistig verschwiegen oder eine Garantie für die Beschaffenheit der Sache übernommen hat. Die Norm hatte in ihrer nach Inkrafttreten des SMG geltenden Fassung eine kontroverse Diskussion um ihre Abschaffung oder Neufassung ausgelöst, die mit der Ersetzung des früher verwendeten Wortes „wenn“ durch die aktuelle Fassung „soweit“ jedoch gegenstandslos geworden ist.[709] Der Ausschluss kann zwar im Prinzip konkludent er-

706 Malaurie/Aynès/Gautier, Contrats spéciaux, n°411 mwN.
707 Vgl. Cass.com., 24. April 1990, Bull.civ. IV, n°126.
708 Puig, Contrats spéciaux, n°465.
709 Zum damaligen Streitstand: H.P. Westermann, in: MünchKomm BGB, § 444 Rn. 2 f.

folgen,[710] wird in Unternehmenskaufverträgen aus Gründen der Rechtssicherheit aber stets ausdrücklich erklärt, und in seiner genauen Reichweite konkretisiert. Auf selbständige Garantieversprechen ist die Vorschrift ohnehin nicht anwendbar, auch wenn diese sich auf ein Beschaffenheitsmerkmal des Unternehmens bezieht.[711]

b Frankreich

Auch im französischen Recht kann die Haftung für Sachmängel grundsätzlich ausgeschlossen werden. Nicht ausgeschlossen werden können etwa Rechte des Erwerbers eines *fonds de commerce*, wonach letzterer in dem Zustand gekauft wird, in dem er sich befindet.[712] Ob der Ausschluss ansonsten wirksam ist, bemisst sich weitgehend nach der Geschäftserfahrenheit der Vertragspartner. Der Haftungsausschluss durch einen professionell agierenden Verkäufer ist demnach regelmäßig unwirksam, da die Rechtsprechung von dessen umfassender Kenntnis des Objekts des Kaufvertrages ausgeht, und ihm eine Kenntnis des Mangels gleichsam dem bösgläubigen Verkäufer unterstellt.[713] Ist der Käufer beruflich in der gleichen Branche tätig, werden ihm ebenso gute Erkenntnismöglichkeiten im Hinblick auf die Mängelfreiheit unterstellt, so dass grundsätzlich von der Wirksamkeit einer haftungsausschließenden oder –beschränkenden Klausel auszugehen ist, sofern der Mangel für den Erwerber zum Zeitpunkt des Vertragsschlusses erkennbar war.[714] Hat der Verkäufer den Mangel auch im Fall fahrlässiger Unkenntnis des Käufers jedoch arglistig verschwiegen dürfte ihn dies auch im französischen Recht nicht entlasten und das Ergebnis somit den Anforderungen des § 442 Abs. 1 S. 2 Var. 1 BGB entsprechen.

6 Zusammenfassung

Der im Zuge der Schuldrechtsreform im deutschen Recht eingeführte zentrale Begriff der Beschaffenheit erlaubt es den Vertragspartnern nahezu ohne Einschränkung, die für das gewünschte Äquivalenzinteresse prägenden Merkmale des Vertragsgegenstandes auf privatautonomer Grundlage zu vereinbaren, für

---

710 Zu berücksichtigen ist die Verkehrssitte ebenso wie sonstige Bestimmungen des Vertrages, vgl. BGH NJW 1967, 32 f.

711 Vgl. Alpmann-Pieper, in: juris PK-BGB, § 453 Rn. 26.

712 Vgl. Cass.com., 26. Juni 1973, n°72-11.863.

713 Vgl. insbesondere Cass.com., 18. Februar 1997, n°94-20.609; Malaurie/Aynès/Gautier, Contrats spéciaux, n°432.

714 Malaurie/Aynès/Gautier, Contrats spéciaux, n°434.

welche dann die Rechtsfolgen des gesetzlichen Sachmängelrechts zur Anwendung gelangen sollen. Die Gefahr einer Verwässerung der Abgrenzungsfunktion des Tatbestandes ist in diesem Fall nicht gegeben, so dass der Vereinbarung nach dem hier vertretenen extensiven Begriffsverständnis ohne Weiteres außerhalb des Vertragsgegenstandes liegende Umstände unterfallen können, wie die bei einem Unternehmen so wichtigen Angaben zu in der Vergangenheit erzielten Umsätzen und Erträgen und sonstigen Angaben, aus denen Schlussfolgerungen über die Ertragsfähigkeit des Unternehmens gezogen werden können. Überdehnt wird der Beschaffenheitsbegriff bei in die Zukunft weisenden Prognosen wie der künftigen wirtschaftlichen Leistungsfähigkeit des Unternehmens oder allgemeinen Entwicklungen des Marktes. Eine gewöhnliche Verwendungseignung und übliche Beschaffenheit iSd § 434 Abs. 1 S. 2 Nr. 2 BGB ist in engen Grenzen denkbar, zumindest muss der Erwerber, sofern nicht eine andere Absicht bekannt ist, zur Fortführung der bisherigen operativen Tätigkeit in der Lage sein. Erfolgt der Unternehmenserwerb im Wege des *Share Deals* und stellen die Beteiligungsrechte an der unternehmenstragenden Gesellschaft den Vertragsgegenstand dar, entspricht dem die Möglichkeit des Erfüllung des Satzungszwecks. Ob die Ausfüllung und Konkretisierung einer Standardbeschaffenheit praktisch zu bewältigen ist, erscheint zweifelhaft.

Auch im französischen Recht findet das Sachmängelgewährleistungsrecht auf fehlerhafte Abschlussangaben beim Unternehmenskauf Anwendung. Während die Frage der Reichweite des Beschaffenheitsbegriffes und nach der möglichen Erfassung von außerhalb des Vertragsgegenstandes liegenden Umständen in der wissenschaftlichen Diskussion im deutschen Recht jedoch breiten Raum einnimmt, findet ein vergleichbarer Diskurs im französischen Recht soweit ersichtlich nicht statt. Dies verwundert umso mehr, als auch dort im Grundsatz vorausgesetzt wird, dass der Mangel in dem Vertragsgegenstand selbst begründet liegt. Dies mag zum einen auf die Tatsache zurückzuführen sein, dass die im deutschen Recht besonders problematischen Angaben zu Umsätzen und Erträgen sowie sonstige Abschlussangaben den bei einem *Asset Deal* dem Unternehmenskäufer gegenüber zu tätigenden Pflichtangaben unterliegen und somit bereits über die Verweisung des Art. L 141-3 Abs. 1 C.com. den Rechtsfolgen des Sachmängelgewährleistungsrechts unterfallen. Damit wird das problematische Erfordernis eines Sachbezugs im Rahmen der fehlerhaften Abschlussangaben in vielen Fällen abgemildert.

Aber auch außerhalb dieses Bereichs ist eine Anwendung des Sachmängelgewährleistungsrechts nicht ausgeschlossen. Die Rechtsprechung ist jedoch durch eine starke Kasuistik geprägt, die dem ausländischen Rechtsanwender nur schwer zugänglich ist. Fälle, deren Handhabung im deutschen Recht problematisch ist, werden in dem der französischen Rechtsprechung eigenen Stil kurzer Urteilssprüche ohne nähere Begründung und weitere Umstände unter den Sachmangelbegriff subsumiert. Dies wiederum kann auf die Tatsache zurückgeführt werden, dass eine Beschränkung der Reichweite des Mangelbegriffes nicht über die Reichweite einer Beschaffenheit des Vertragsgegenstandes, sondern auf andere Weise vorgenommen wird. Das französische Recht stellt hier auf eine mangelnde Erkennbarkeit des Mangels (*vice caché*) ab, die sich wiederum in erster Linie nach den Erkenntnismöglichkeiten des jeweiligen Käufers richtet. Andererseits erlaubt die Maßgeblichkeit einer gewöhnlichen Verwendungseignung auch nicht, bestimmte Eigenschaften des vertragsgegenständlichen Unternehmens so zu vereinbaren, dass diese den Rechtsfolgen des Sachmängelgewährleistungsrechts unterfallen. Insofern zeigt sich das deutsche Recht mit einer stärkeren Betonung der Privatautomie deutlich moderner. Gerade im Bereich des Unternehmenskaufs bietet es eine durchaus praxistaugliche Lösung, indem es den Parteien die Vereinbarung einer bestimmten Beschaffenheit des Vertragsgegenstandes ermöglicht und im Fall des Fehlens, der Lückenhaftigkeit oder Unwirksamkeit im begrenzten Rahmen eine rudimentäre gewöhnliche Verwendungseignung und übliche Beschaffenheit anbietet. Im französischen Recht stehen dem Unternehmenskäufer bei mangelnder Tauglichkeit des Vertragsgegenstandes für eine subjektive Verwendungseignung lediglich die Rechtsbehelfe der allgemeinen Nichterfüllungshaftung zur Verfügung. Aus der Maßgeblichkeit der gewöhnlichen Verwendungseignung erklärt sich auch, dass die Annahme eines Sachmangels bereits auf Ebene des Tatbestandes von einer gewissen Erheblichkeit des Mangels abhängt, während diese im deutschen Recht erst im Rahmen der begehrten Rechtsfolge berücksichtigt wird.

Die zur Verfügung stehenden Rechtsfolgen entsprechen sich im Wesentlichen. Mit dem Rücktritt bzw. der *action réhibitoire* stellen beide Rechtsordnungen ein Instrument zur Beendigung des Vertrages und mit dem Gestaltungsrecht der Minderung und der *action estimatoire* zur Herabsetzung des Kaufpreises bereit. Der im französischen Recht daneben mögliche Schadensersatzanspruch hängt im Grundsatz zwar auch von einem entsprechenden Verschulden des Unternehmensverkäufers ab. Da dem der professionell agierende Verkäufer durch eine unwiderlegbare Vermutung aber gleichgestellt ist, ist ein Entlastungsbeweis im Zusammenhang mit einem Unternehmenskaufvertrag meist nicht zulässig. Nicht zur Anwendung kommt der im deutschen Recht unter dem Stichwort der „Monetarisierung“ problematische Nacherfüllungsanspruch. Ein Ausschluss der Gewährleistungsrechte auf privatautonomer Grundlage ist in beiden Rechtsordnungen weitgehend möglich.

III *Misrepresentation* im englischen Recht

Ein den kontinental-europäischen Rechtsordnungen vergleichbares Gewährleistungsrecht kennt das englische Recht wie gesehen nicht. Die wenigen auf den

Unternehmenskauf überhaupt anwendbaren Vorschriften des SOGA 1979 erstrecken sich in ihrem Anwendungsbereich ohnehin nur auf einzelne Substratbestandteile des Unternehmensvermögens, wenn dieses im Wege eines *Asset Deals* erworben wird, so dass eine gewährleistungsrechtliche Behandlung von fehlerhaften Abschlussangaben als Mängel des Unternehmens selbst von vornherein nicht in Betracht kommen kann. Werden falsche Tatsachenangaben im Lauf der Vertragsverhandlungen als Abrede in den Unternehmenskaufvertrag einbezogen, tritt zu der dargestellten Haftung auf Grundlage dieser *misrepresentation* ein Haftungstatbestand auf vertraglicher Grundlage. Eine Abweichung vom vertraglich vereinbarten Soll-Zustand stellt sich dann als Vertragsverletzung dar und unterliegt dem in der Vergleichsgruppe der Substratmängel erläuterten allgemeinen Konzept des *breach of contract*. Die fehlerhaften Abschlussangaben werden dann als „*incorporated*“ oder „*contractual misrepresentations*“ bezeichnet. Der Anspruch aus einer *misrepresentation* wird überwiegend als deliktsrechtlicher qualifiziert, hat seine Wurzeln aber im Deliktsrecht und im Vertragsrecht gleichermaßen.[715] Da eine Darstellung ohne die deliktsrechtlichen Implikationen daher unvollständig und nur schwer verständlich wäre, werden auch diese Elemente im Folgenden in der gebotenen Kürze angesprochen.

Ursprünglich hat das *Common Law* für falsche Tatsachenerklärungen, die letztlich nicht in den Vertrag Eingang fanden, keinen Rechtsbehelf vorgesehen. Im Lauf der Zeit entwickelte sich jedoch das Konzept einer schlichten Tatsachenerklärung („*mere representation*“), die –auch ohne Vertragsbestandteil zu werden– für den auf sie vertrauenden Vertragspartner Rechtsschutz gewährleistete.[716] Das *Common Law* hielt diesen zunächst nur im Fall der Arglist bereit, ein Recht zur Vertragsauflösung auch in allen anderen Fällen einer falschen Tatsachenerklärung wurde im Lauf der Zeit durch die *Equity* entwickelt.[717] Ein monetärer Ausgleich wurde zunächst jedoch nur im beschränkten Rahmen einer Entschädigung (*indemnity*)[718] gewährt, die nicht ein Institut des Schadensersatzrechts darstellt, sondern lediglich im Rahmen einer Vertragsauflösung ergänzend zu dieser verlangt werden kann, und die für anlässlich der Durchführung des Vertrages entstandene Aufwendungen oder sonstige Verpflichtungen entschädigen soll.[719] Eine weitere Ausdifferenzierung zwischen einer gänzlich schuldlosen und einer fahrlässig falschen Tatsachenerklärung wird erst seit der

715 Vgl. McKendrick, Contract Law, 13.1.

716 Cheshire, Fifoot & Furmston's Law of Contract, S. 331.

717 Cartwright, Misrepresentation, Mistake and Non-Disclosure, 4.02.

718 In dieser Ausprägung ist die indemnity nicht zu verwechseln mit dem ihr sonst zukommenden Begriffsinhalt der vertraglichen Verpflichtung eines Vertragspartners, die andere Partei vor einem bestimmten Schaden zu bewahren, der im deutschen Recht am ehesten mit einer Freistellung zu übersetzen ist, vgl. Beswick and Wine, Buying and Selling Private Companies and Businesses, S. 201.

719 Allen, Misrepresentation, S. 31 f; grundlegend Whittington v Seale-Hayne [1900] 82 LT 49.

im Folgenden noch näher zu erörternden Entscheidung *Hedley Byrne & Co Ltd v Heller & Partners Ltd* vorgenommen.[720] Mit Inkrafttreten des *Misrepresentation Act* 1967 ist zu dem Normengeflecht noch eine positivrechtliche Rechtsquelle hinzugekommen, deren Auslegung auch auf die anderen Arten falscher Tatsachenerklärungen ausstrahlt.[721] Findet die falsche Tatsachenerklärung später Eingang in den Unternehmenskaufvertrag, schränkt sie die praktische Bedeutung der Haftung für vorvertraglich fehlerhafte Angaben ein, verdrängt sie nach s 1 (a) *Misrepresentation Act* 1967 jedoch nicht.[722] Während die rechtliche Qualifizierung der falschen Tatsache für das Recht zur Vertragsauflösung ohne Belang ist, ist diese im Hinblick auf Umfang des zu gewährenden Schadensersatzes und der möglichen Einreden gegen den Anspruch maßgeblich. Die Darstellung der einzelnen Arten falscher Tatsachenerklärungen erfolgt in diesem Zusammenhang.

1 Tatbestandliche Voraussetzungen

Das englische Vertragsrecht wird üblicherweise von der Rechtsfolge ausgehend dargestellt. Gleichwohl erfolgt die Darstellung zur besseren Einpassung in der dem kontinental-europäischen Juristen vertrauten Art nach Tatbestandsvoraussetzungen und erst im Anschluss nach den Rechtsfolgen. Da aber bereits der Begriff der *misrepresentation* auch im Hinblick auf die begehrte Rechtsfolge auszulegen ist, lässt sich die weitere Erörterung spezifischer tatbestandlicher Voraussetzungen im Rahmen der jeweiligen Rechtsfolge nicht vermeiden. Die nachfolgenden Ausführungen sind nur als kleinster gemeinster Nenner aller Arten von vorvertraglich falschen Tatsachenerklärungen zu verstehen.

a Begriff der „misrepresentation“

Unter einer „*representation*“ ist eine Erklärung über Tatsachen zu verstehen, die zumindest mitursächlich für die Entscheidung des Erklärungsempfängers für den Vertragsschluss wird.[723] Eine „*misrepresentation*“ liegt vor, wenn diese Tatsachenerklärung im Zeitpunkt ihrer Erklärung nicht der Wahrheit entspricht.[724] Ist dies zwar zum Zeitpunkt der Erklärung der Fall, aber nicht mehr zum Zeitpunkt des Vertragsschlusses, besteht bei fortbestehender Bedeutung für den Vertrags-

720 Hedley Byrne & Co Ltd v Heller & Partners Ltd [1964] AC 465.
721 Vgl. Beale, in: Chitty on Contracts, Vol I, 6-001.
722 Zum Verhältnis zu vertraglichen Rechtsbehelfen siehe unten B III 2 a (6).
723 Cheshire, Fifoot & Furmston's Law of Contract, S. 332.
724 Cheshire, Fifoot & Furmston's Law of Contract, S. 332.

schluss eine entsprechende Aufklärungspflicht.[725] Solange der Erklärungsempfänger noch nicht im Vertrauen auf die Richtigkeit einer Erklärung gehandelt hat, ist eine Korrektur möglich, sofern sie tatsächlich zur Beseitigung der Auswirkungen der ursprünglich falschen Erklärung führt.[726] Ergibt sich der wahre Sachverhalt aus Vertragsklauseln, die den Erklärenden binden, ist eine den Erklärungsempfänger zum Vertragsverschluss verleitende *misrepresentation* als korrigiert erachtet worden, auch wenn der Vertragspartner diese nicht mehr zur Kenntnis nimmt.[727] Die klassische Definition einer *misrepresentation* geht zudem davon aus, dass die Erklärung im weiteren Verlauf der Vertragsverhandlungen keinen Eingang in den Vertrag findet. Ob eine bestimmte Vereinbarung Vertragsbestandteil geworden ist, ist eine Frage der Auslegung.[728]

(1) Statements of fact

Nicht als Erklärung einer Tatsache angesehen wurden früher Äußerungen über die Rechtslage (*statement of law*). Es wurde darauf hingewiesen, dass diese beiden Parteien gleichermaßen zugänglich sei.[729] Im Zusammenhang des Unternehmenskaufs können falsche Erklärungen über die Rechtslage insbesondere im Zusammenhang mit der rechtlichen Wirkung einzelner Verträge oder Äußerungen über ausländische Rechtsordnungen auftauchen. Während Äußerungen über den bloßen Inhalts eines Dokuments schon zuvor als Erklärung über eine Tatsache qualifiziert wurden,[730] galt dies im Hinblick auf die Bedeutung des Dokuments nur, wenn diese bestimmte, einer Person zustehende Ansprüche (*private rights*) zum Gegenstand hatte.[731] Diese Rechtsprechung ist mittlerweile zunächst im Bereich des Irrtums aufgegeben worden. Ein Irrtum über die Rechtslage wird nun wie ein Irrtum über Tatsachen erachtet, so dass eine Rückforderung einer irrtümlich gezahlten Geldsumme in Betracht gezogen werden kann.[732] Weitere Entscheidungen sprechen dafür, dass auch eine falsche Erklärung über die

---

[725] With v O'Flanagan [1936] Ch 575; Spencer Bower, Turner & Sutton, Actionable Non-Disclosure, 12-09.

[726] Clinicare Ltd v Orchard Homes and Developments Ltd [2004] All ER (D) 244.

[727] Peekay Intermark Ltd v Australia and New Zealand Banking Group Ltd [2006] EWCA 386.

[728] Zu den Auslegungsprärogativen im englischen Recht siehe oben B II 1 b.

[729] Treitel, Law of Contract, S. 148.

[730] Vgl. Wauton v Coppard [1889] 1 Ch 92.

[731] Vgl. André & Cie v Etablissements Michel Blanc & Fils [1979] 2 Lloyd's Rep 427.

[732] Kleinwort Benson Ltd v Lincoln City Council [1999] 2 AC 349.

Rechtslage nun, zumindest im Grundsatz, eine *misrepresentation* darstellen kann.[733]

(2) Übertriebene Anpreisungen

Keine *misrepresentation* stellen Erklärungen dar, die entweder derart vage sind, dass ihnen von Rechts wegen keine Bedeutung zugesprochen werden kann, oder die der Erklärende ersichtlich nur zur Anpreisung benutzt, die aber nicht den Vertragsinhalt kennzeichnen sollen (*mere puff, sales talk*).[734] Zum Zwecke der Zuordnung einer Tatsachenerklärung zu dieser Gruppe ist das bestehende Fallrecht nur von bedingtem Nutzen, da stets die konkreten Umstände des Einzelfalls und der Gang der Vertragsverhandlungen maßgebend sind.[735] Entscheidend ist, dass sich der Erklärungsempfänger unter den gegebenen Umständen auf die getätigte Äußerung verlassen durfte.[736] Dies wurde im Einzelfall etwa verneint hinsichtlich der Behauptung, zur landwirtschaftlichen Nutzung zum Verkauf stehender Grundbesitz sei zwar fruchtbar, aber verbesserungsfähig.[737] Andererseits schließt die Unbestimmtheit einer Aussage die Möglichkeit einer Überprüfung nicht gänzlich aus: Wirbt ein Unternehmen etwa in einem Prospekt damit, dass das Management selbst einen großen Anteil („*large portion*") des Kapitals gezeichnet hat, soll sich, gemessen am Gesamtkapital, durchaus ein Mindestwert bestimmen lassen, unterhalb dessen die Äußerung als unzutreffend zu bewerten ist.[738] Übertriebene Anpreisungen, die im Rahmen eines Unternehmenskaufs erfolgen, dürften regelmäßig als solche ersichtlich sein, insbesondere was Versprechungen zum künftigen Ertrag betrifft. Zwar existiert auch hier Rechtsprechung, die etwa die Behauptung, ein zum Verkauf stehender Lebensmittelhandel sei als kleine Goldmine („*little gold mine*") und als eines der besten Geschäfte der Stadt („*one of the best businesses in town*") anzusehen, als falsche Tatsachenerklärung und nicht bloß als übertriebene Anpreisung erachtet hat,[739] dabei dürfte es sich jedoch um eine von Gerechtigkeitserwägungen im Einzelfall ge-

733 Vgl. Pankhania v Hackney London Borough Council [2002] All ER (D) 22 (Aug), Dies bedeutet jedoch nicht, dass eine Gleichstellung in jedem Fall zu befürworten ist; entscheidend ist stets, ob sich der Erklärungsempfänger vernünftigerweise auf die Behauptung verlassen durfte, vgl. Cartwright, Misrepresentation, Mistake and Non-Disclosure, 3.41.

734 Goode on Commercial Law, S. 87 ff; Treitel, Law of Contract, S. 146.

735 Cartwright, Misrepresentation, Mistake and Non-Disclosure, 3.14.

736 De Beers Abrasive Products Ltd v International General Electric Co of New York Ltd [1975] 1 WLR 972.

737 Dimmock v Hallet [1866] LR 2 Ch App 21: „fertile and improvable at a moderate cost".

738 Vgl. Henderson v Lacon [1867] LR 5 Eq 249.

739 So jedenfalls Easterbrook v Hopkins [1918] NZLR 428.

tragene Entscheidung handeln. Jedenfalls sobald einer Anpreisung konkretes Zahlen- oder Faktenmaterial beigegeben wird, wird daraus eine nachprüfbare Tatsache, die –soweit unzutreffend– als *misrepresentation* zu behandeln ist.[740]

(3) Statements of opinion

Die Abgrenzung einer Meinungsäußerung (*statement of opinion or belief*) von einer Tatsachenerklärung ist nicht immer leicht zu ziehen; je mehr Unsicherheit einer Aussage innewohnt, desto eher wird man diese als bloße Meinungsäußerung zu qualifizieren haben.[741] Eine solche schließt die Annahme einer *misrepresentation* jedoch nicht grundsätzlich aus, da auch die Äußerung einer Meinung implizit die Tatsache beinhaltet, dass die Person, die die Meinung äußert, tatsächlich auch dieser Ansicht ist.[742] Das kann insbesondere bei Äußerungen zu zukünftigem Verhalten relevant werden. Bezeichnet etwa der Verkäufer eines Grundstücks den derzeitigen Mieter dem Kaufinteressenten gegenüber als wünschenswert, obwohl dessen Säumigkeit mit der Zahlung des Mietzinses diese Aussage nicht trägt, liegt eine im Zeitpunkt ihrer Äußerung unzutreffende Meinungsäußerung vor, die in ihren Rechtswirkungen einer falschen Tatsachenerklärung entspricht.[743] Eine falsche Tatsachenerklärung kann auch dann vorliegen, wenn eine geäußerte Meinung nicht aufgrund vorhandener Informationen geäußert, sondern ins Blaue hinein abgegeben wird. Grundsätzlich aber gilt, dass eine Meinungsäußerung, die sich später als unzutreffend herausstellt, keine falsche Tatsachenerklärung darstellt.[744] Dies wurde etwa im Hinblick auf die sich später als unzutreffend erweisende Aussage entschieden, eine vorher nicht zur Schafszucht genutzte Farm könne zweitausend Schafe tragen, da es sich für den Käufer unter den gegebenen Umständen ersichtlich nur um eine Meinungsäußerung handelte.[745] Obwohl es sich bei dieser Aussage um eine einer Nachprüfbarkeit zugängliche Tatsache handelte, war es auf Grundlage des vom Gericht festgestellten Sachverhalts auch für den Käufer ersichtlich, dass es sich bei der Äußerung des Verkäufers nur um eine persönliche Einschätzung handelte. Beim Unternehmenskauf werden sich entsprechende Äußerungen in erster Linie auf die zukünftige Ertragsfähigkeit des Unternehmens beziehen; zu berücksichtigen

---

740 Spencer Bower, Turner and Handley, Actionable Misrepresentation, S. 47.

741 Vgl. Irish National Insurance Co Ltd v Oman Insurance Co Ltd [1983] 2 Lloyd's Rep 453.

742 Vgl. Treitel, Law of Contract, S. 147; Brown v Raphael [1958] Ch 636.

743 Smith v Land and House Property Corpn [1885] 28 Ch D 7: „very desirable tenant"; vgl. auch Credit Lyonnais Bank Nederland v Export Credit Guarantee Department [1996] 1 Lloyd's Rep 200.

744 McKendrick, Contract Law, 13.3.

745 Bisset v Wilkinson [1927] AC 177.

ist dann auch die zuvor dargestellte Rechtsprechung zu übertriebenen Anpreisungen.

(4) Informationsvorsprung des Verkäufers

Verfügt der Verkäufer tatsächlich oder vorgeblich aber über spezielle Kenntnisse oder Fähigkeiten im Hinblick auf den Vertragsgegenstand, kann die Beurteilung anders ausfallen.[746] Richtungsweisend sind in diesem Zusammenhang insbesondere die beiden folgenden Entscheidungen: Bereits in *Smith v Land and House Property Corp*[747] wurde festgestellt, dass bei bestehendem Informationsvorsprung zugunsten der eine Äußerung tätigenden Person oft eine Erklärung über Tatsachen vorliegt, die die Grundlage ihrer Meinungsäußerung bilden. In der Entscheidung *Esso Petroleum Ltd v Mardon* wurde dem eine Tankstelle verpachtenden Ölkonzern ein gegenüber dem Pächter überlegenes Wissen im Hinblick auf die Prognose des zukünftigen Kraftstoffdurchlaufs und dem Pächter wegen dementsprechender falscher Zahlenangaben ein Schadensersatzanspruch wegen einer falschen Tatsachenerklärung zugesprochen.[748] Diese Rechtsprechung ist für den Unternehmenskauf von besonderer Bedeutung, da diese Art von Vertragsverhältnissen regelmäßig durch ein Informationsgefälle zulasten des Käufers geprägt sind. Nimmt man die in *Esso* und *Smith* entwickelten Grundsätze zusammen, ergibt sich daraus die zwingende Notwendigkeit für den Verkäufers eines Unternehmens, bei der Äußerung von Meinungen oder Prognosen etwa über die zukünftige wirtschaftliche Entwicklung des Unternehmens die gebotene Sorgfalt walten zu lassen.

(5) Schweigen (non-disclosure)

Es wurde im Rahmen der aufklärungspflichtigen Umstände bereits festgestellt, dass das englische Recht mit der Anerkennung von Aufklärungspflichten eher zurückhaltend umgeht. Einem Schweigen des Unternehmensverkäufers (*non-disclosure*) wird man daher in der Regel keinen Erklärungswert beimessen können. Eine Ausnahme von diesem Grundsatz kann anzunehmen sein, wenn sich eine ursprünglich (vermeintlich) zutreffende Tatsachenerklärung im Lauf der Vertragsverhandlungen später als unzutreffend erweist. In der Entscheidung

---

[746] Nicht erforderlich ist, dass der Erklärende beruflich mit dieser Art von Auskünften befasst ist, vgl. Esso Petroleum v Mardon [1976] QB 801; anders noch Mutual Life & Citizens' Assurance Co Ltd v Evatt [1971] AC 793.

[747] Smith v Land and House Property Corpn [1885] 28 Ch D 7.

[748] Esso Petroleum Ltd v Mardon [1976] QB 801.

With v O'Flanagan[749] etwa wurde der Wert einer zum Verkauf stehenden Arztpraxis im Lauf der Vertragsverhandlungen bei zweitausend Pfund angesetzt. Im Zeitpunkt des Vertragsschlusses war die Praxis aufgrund des schlechten gesundheitlichen Zustands des Verkäufers jedoch nahezu wertlos geworden; das Gericht hielt den Verkäufer zur Aufklärung über diesen Umstand verpflichtet. Diese Schlussfolgerung rechtfertigt sich aus dem Umstand, dass eine einmal erklärte Tatsache als Entscheidungsgrundlage bis zum Vertragsschluss fortwirkt.[750] Dies gilt zumindest dann, wenn sich der andere Vertragspartner auf die Aussage verlassen durfte, was anders zu beurteilen sein kann, wenn sich die Vertragsverhandlungen ungewöhnlich in die Länge ziehen.[751] Bei einem Unternehmenskauf sind viele Konstellationen denkbar, in denen diese Ausnahme einer bestehenden Aufklärungspflicht in Betracht gezogen werden kann: Ist etwa der Umsatz zu einem wesentlichen Teil von einem bestimmten Großkunden abhängig, der im Zeitpunkt des Vertragsschlusses in Unkenntnis des Käufers die Geschäftsbeziehung beendet oder angekündigt hat diese beenden zu wollen, kann nach dem Vorgenannten eine entsprechende Aufklärungspflicht des Verkäufers angenommen werden. Beziehen sich die geänderten Umstände auf eine Absichtserklärung zukünftigen Verhaltens, ist die Rechtspechung nicht ganz eindeutig: In einem Fall des Versprechens einer geschiedenen Ehefrau, zum Erhalt von Unterhalt auf eine Wiederheirat zu verzichten, wurde eine Aufklärungspflicht hinsichtlich der im Lauf der Zeit geänderten Absicht abgelehnt,[752] während in einem anderen Fall betreffend die Änderung einer zuvor erklärten Geschäftspolitik eine entsprechende Aufklärungspflicht bejaht wurde.[753]

b Weitere Voraussetzungen

Ferner hat die falsche Tatsachenerklärung, um die Rechtsfolgen einer *misrepresentation* auslösen zu können, die im Folgenden näher erörterten Voraussetzungen zu erfüllen. Liegen diese vor, kann auch eine konkludente Erklärung in Betracht kommen.[754] Dem bloßen Schweigen kommt hingegen –bis auf wenige

---

[749] [1936] Ch 575.

[750] Vgl. Shankland & Co v Robinson & Co [1920] SC 103.

[751] Vgl. Treitel, Contract Law, S. 170.

[752] Vgl. Wales v Wadham [1977] 2 All ER 125.

[753] Traill v Baring [1864] 4 De GJ & Sm 318.

[754] Beale, in: Chitty on Contracts, Vol I, 6-015 f; Spencer Bower, Turner And Handley, Actionable Misrepresentation, S. 53 ff mwN. Bejaht etwa bei Veräußerung eines im gemiensamen Eigentum mit seiner Eherau stehenden Grundstücks durch einen Ehemann, ohne seine fehlende alleinige Berechtigung offenzulegen, Watts v Spence (1976) Ch 165, 175 oder ebenso im Fall der Veräußerung von Grundeigentum, dass dieses im Fall des Eigen-

Ausnahmefälle– nicht die Bedeutung einer falschen Tatsachenerklärung zu.[755] Dieser Themenkomplex wird ausführlich in der folgenden Vergleichsgruppe der fehlenden Abschlussangaben behandelt.

(1) Eindeutigkeit (unambiguity)

Die Tatsachenerklärung muss eindeutig sein. Unproblematisch ist die Situation, wenn eine Aussage nur in einer denkbaren Weise interpretiert werden kann. Ist eine Aussage hingegen mehrdeutig, und misst der Empfänger ihr einen anderen Bedeutungsgehalt bei als der Erklärende, sind die einschlägigen Rechtsfolgen von der Gesinnung des Erklärenden abhängig: Wurde die Erklärung bewusst zweideutig formuliert in der Erwartung, der Erklärungsempfänger werde ihr die gewünschte irreführende Bedeutung beimessen, kann eine Haftung wegen einer arglistig falschen Tatsachenerklärung (*fraudulent misrepresentation*) in Betracht zu ziehen sein. In diesem Fall kann der Erklärende nicht vorbringen, dass der Erklärung auch ein anderer, zutreffender Bedeutungsgehalt beigemessen werden konnte und im konkreten Fall auch nicht fern gelegen hätte.[756] War der Erklärende hingegen gutgläubig, kommt lediglich eine Haftung aufgrund einer fahrlässig falschen Tatsachenerklärung (*negligent misrepresentation*) in Betracht.[757] Bei konkludenten Erklärungen wird an die Eindeutigkeit ein strenges Maß anzulegen sein.

(2) Vertrauen (reliance)

Ferner muss der Erklärungsempfänger auf die in Rede stehende Tatsachenerklärung auch tatsächlich vertraut haben.[758] Dies ist zu verneinen, wenn ihm die wahre Sachlage nachweislich bekannt war.[759] Schwieriger ist hingegen die Frage zu beurteilen, ob ein Vertrauen auf eine bestimmte Aussage auch dann schützenswert ist, wenn der Erklärungsempfänger die Möglichkeit zur Verifizierung hatte. Hat der Erklärungsempfänger zwar Maßnahmen zur Überprüfung der vorgebrachten Tatsachen ergriffen und ist ihm die Aufdeckung einer falschen Tatsachenerklärung dennoch nicht gelungen, könnte man einwenden, der Kaufent-

---

tumsübergangs frei von Rechten Dritter sein wird, Laurence v Lexcourt Holdings Ltd [1978] 1 WLR 1128.

755 Vgl. Fox v Mackreth [1788] 2 Cox Eq Cas 320.

756 Vgl. The Siboen and the Sibotre [1976] 1 Lloyd's Rep 293, 318.

757 Vgl. Akerhielm v De Mare [1959] AC 789.

758 Vgl. The Mercandian Continent [2001] 2 Lloyd's Rep 563.

759 Vgl. Strover v Harrington [1988] Ch 390.

schluss beruhe weniger auf der falschen Tatsachenangabe als auf eigenen Nachforschungen.[760] Zumindest in Fällen arglistiger Täuschung aber kann eine unsorgfältige Verifizierung des vorgelegten Tatsachenmaterials den Erklärenden nicht entlasten.[761] War die vorgebrachte Tatsachenerklärung arglistig falsch, entlastet dies demnach auch denjenigen, der trotz vorhandener Möglichkeit der Nachprüfung eine solche schlicht unterlässt.[762] Während frühere Entscheidungen dies im Hinblick auf fahrlässig und schuldlos falsche Tatsachenerklärung gleichermaßen annahmen,[763] wird heute teilweise darauf abgestellt, ob der Empfänger vernünftigerweise auf die Erklärung vertrauen durfte, ohne von der bestehenden Möglichkeit der Verifizierung Gebrauch zu machen.[764]

(3) Wesentlichkeit (materiality)

Als weitere tatbestandliche Voraussetzung wurde früher das etwas unscharfe Kriterium der Wesentlichkeit der falschen Tatsachenerklärung für den konkret in Rede stehenden Vertrag gefordert: Demnach musste die Erklärung dergestalt sein, dass sie den Entschluss eines vernünftigen Vertragspartners, ob er den Vertrag zu den gegebenen Konditionen abschließen wolle, beeinflussen müsse.[765] Heute wird ein eigenständiges Wesentlichkeitskriterium zunehmend in Frage gestellt und eine Lösung über das ohnehin bestehende Kausalitätserfordernis (*inducement*) gesucht.[766] Soll eine bestimmte Vereinbarung nach dem Willen der Vertragspartner des Unternehmenskaufvertrages den Rechtsfolgen einer *misrepresentation* unterliegen, empfiehlt sich eine entsprechende Klarstellung im Vertrag.[767] Auch auf der Rechtsfolgenseite verlangt das englische –anders als

---

760 Vgl. Atwood v Small [1838] 6 Cl & F 232.

761 Vgl. S Pearson & Son Ltd v Dublin Corpn [1907] AC 351.

762 Vgl. Treitel, Law of Contract, S. 150 f; Spencer Bower, Turner and Handley, Actionable Misrepresentation, S. 187 f.

763 Redgrave v Hurd [1881] 20 Ch D 1.

764 Treitel, Contract Law, S. 151 unter Berufung auf Smith v Eric S Bush [1990] 1 AC 831; Cartwright, Misrepresentation, Mistake and Non-Disclosure, 4.35.

765 Vgl Mathias v Yetts [1882] 46 LT 497.

766 McKendrick, Contract Law, 13.5; Cartwright, Misrepresentation, Mistake and Non-Disclosure, 4.33; vgl. auch Beale, in: Chitty on Contracts, Vol I, 6-037 und Museprime Properties Ltd v Adhill Properties Ltd [1990] 2 EGLR 196; anders für Fälle schuldlos falscher misrepresentations Spencer Bower, Turner and Handley, Actionable Misrepresentation, S. 67; Koh JBL 2008, 123, 133 ff unter Hinweis auf die australische Entscheidung Macquerie Generation v Peabody Resources Ltd [2000] NSWCA 361.

767 Dies gilt nicht zuletzt im Hinblick darauf, dass der Qualifizierung der Wertigkeit einzelner Vertragsabreden im englischen Recht hinsichtlich der einschlägigen Rechtsfolgen auch im Übrigen eine große Bedeutung zukommt, zu den verschiedenen Arten von Vertragsabreden siehe unten D II 1 b (1) (a) und D II 1 c (1) (a).

etwa das kanadische Recht– keine Verhältnismäßigkeit des Pflichtenverstoßes zur Auflösung des Vertrages und damit keine substantiell falsche Tatsachenerklärung.[768] Eine Ausnahme von diesem Grundsatz besteht nur nach s 2 (2) *Misrepresentation Act* 1967, wonach es den Gerichten in geeigneten Fällen gestattet ist, die Berechtigung zur Vertragsauflösung zu versagen und stattdessen Schadensersatz *in lieu of rescission* zuzusprechen. Das bedeutet, dass der Rechtsbehelf der *rescission* für den Berechtigten eine probate Möglichkeit bereithält, sich auch bei nur geringer praktischer Relevanz der falschen Tatsachenerklärung vom Vertrag zu lösen und auf diese Weise ein für ihn schlechtes Geschäft rückgängig zu machen, und dies selbst bei schuldlos falschen Tatsachenerklärungen. Aus diesem Grund empfiehlt es sich, im Rahmen des rechtlich Zulässigen eine Verantwortlichkeit des Verkäufers für falsche Tatsachenerklärungen in näher zu definierenden nur unwesentlichen Fällen auszuschließen.[769]

(4) Kausalität (inducement)

Schließlich muss die falsche Tatsachenerklärung für den konkreten Vertragsschluss ursächlich gewesen sein. Die Rechtsprechung nimmt hier einen nach deutschem Rechtsterminologie als solchen bezeichneten Anscheinsbeweis an: Hätte die falsche Tatsachenerklärung einen verständigen Vertragspartner zum Vertragsschluss bewegt, besteht auch eine entsprechende Vermutung zugunsten des Erklärungsempfängers.[770] Greift diese Vermutung nicht ein, wird dem Erklärungsempfänger die Beweislast der Kausalität auferlegt.[771] Nicht erforderlich ist jedoch, dass die falsche Tatsachenerklärung das einzig zum Vertragsschluss führende Motiv darstellt.[772] Im Grundsatz hat der Anspruchsteller daher nicht nachzuweisen, dass er den Vertrag nicht abgeschlossen hätte, wenn er die wahre Sachlage gekannt hätte.[773] Da es sich bei Unternehmenskaufverträgen um hochkomplexe, meist mit Hilfe spezialisierter Berater aufgesetzte Vertragswerke handelt, kann man die Meinung vertreten, an die Ursächlichkeit einer später gerade nicht in den Vertrag aufgenommenen Erklärung seien generell höhere Anforderungen zu stellen, als dies bei sonstigen Verträgen der Fall ist.[774] Der Sache nach geht es um die zuvor beschriebene Wesentlichkeit der falschen Tatsachenerklärung für den Kaufentschluss des Käufers. Erwähnenswert im Zusammen-

---

[768] Cartwright, Misrepresentation, Mistake and Non-Disclosure, 4.37.

[769] Zu den Grenzen eines möglichen Ausschlusses siehe unten C III 3.

[770] Vgl. Museprime Properties Ltd v Adhill Properties Ltd [1990] 2 EGLR 196.

[771] McKendrick, Contract Law, 13.5.

[772] Vgl. Edgington v Fitzmaurice [1885] LR 29 Ch D 459; Beale, in: Chitty on Contracts, Vol I, 6-034 mwN.

[773] Cartwright, Misrepresentation, Mistake and Non-Disclosure, 4.34.

[774] In diese Richtung Knight, Acquisition of Private Companies and Business Assets, S. 160.

hang des Unternehmenskaufs ist eine Entscheidung, der folgender Sachverhalt zugrunde lag: Im Vorfeld eines Unternehmenskaufs wurden dem Käufer Jahresabschlüsse vorgelegt, die dieser zwar bemängelte, den Vertrag aber dennoch abschloss, da er das in dem Unternehmen angestellte, qualifizierte Personal für seine weitere Geschäftstätigkeit nutzbar machen wollte.[775] Als sich die Übernahme später als wirtschaftlicher Misserfolg erwies, wurde den Verkäufern der Vorwurf der unsorgfältigen Erstellung der Jahresabschlüsse gemacht. Deren Ursächlichkeit für den Kaufentschluss wurde jedoch abgelehnt, da im Sachverhalt feststand, dass der Käufer den Vertrag wegen des dargelegten, von den unzutreffenden Jahresabschlüssen unabhängigen Akquisitionsinteresses ohnehin abgeschlossen hätte. Tritt die Bedeutung der fehlerhaften Tatsachenerklärung nicht derart deutlich zu Tage, ist nach den dargelegten Grundsätzen der Beweislastverteilung hingegen von einer Ursächlichkeit auszugehen. Die Erklärung muss nicht zwangsläufig dem späteren Vertragspartner gegenüber abgegeben worden sein, ausreichend ist eine Äußerung einem Dritten gegenüber, solange der Erklärende eine Weiterleitung der Information mit anschließender Kenntnisnahme durch seinen Vertragspartner beabsichtigt hat.[776]

2 Rechtsfolgen

Als mögliche Rechtsfolgen einer *misrepresentation* kommen eine Auflösung des Vertrages (*rescission*) und die Gewährung von Schadensersatz (*damages*) in Betracht. Das Recht zur Vertragsauflösung besteht grundsätzlich bei allen Arten falscher Tatsachenangaben, selbst bei schuldlosen. Anders als im Rahmen möglicher Schadensersatzansprüche braucht daher nicht nach der Art der falschen Tatsachenerklärung differenziert zu werden.[777]

a Vertragsauflösung (rescission)

Der hier verwendete Begriff der *rescission for misrepresentation* ist nicht mit einer *rescission for breach* zu verwechseln: Während bei letztgenannter aufgrund einer Vertragsverletzung der Gegenseite der Vertrag nur mit Wirkung für

---

775 JEB Fasteners v Marks, Bloom & Co [1983] 1 All ER 583.

776 Vgl. Commercial Banking Co of Sydney Ltd v R.H. Brown & Co [1972] 2 Lloyd's Rep 360.

777 Ansprüche nach deutschem Rechtsverständnis werden im englischen Recht entsprechend drer dieses kennzeichnenden auch sprachlichen Unterscheidung zwischen dem objektiven Recht und subjektiven Rechten als als „rights" (im Gegensatz zu „law") gekennezeichnet, vgl. Radbruch, Der Geist des englischen Rechts, S. 22.

die Zukunft aufgelöst wird, und die Parteien erst ab dem Zeitpunkt ihrer Erklärung von ihren vertraglichen Verpflichtungen entbindet, ist das Ziel einer *rescission for misrepresentation*, die Parteien weitgehend in die Position zu versetzen, in der sie sich vor dem Vertragsschluss befanden, wirkt also auch in die Vergangenheit.[778] Wo eine Herstellung des *status quo ante* nicht mehr möglich ist, scheidet der Rechtsbehelf der Vertragsauflösung also grundsätzlich aus.[779] Ferner handelt es sich bei der hier einschlägigen *rescission for misrepresentation* weitgehend um einen Rechtsbehelf der *Equity*, der –anders als die aus dem *Common Law* abgeleitete *rescission for breach*– nicht den Charakter eines Rechts bzw. nach deutscher Terminologie eines Anspruchs hat und dessen Ausübung daher aus Billigkeitsgesichtspunkten verweigert werden kann.[780] Um nicht irreführende Assoziationen mit einer Kündigung oder Anfechtung nach deutschem Rechtsverständnis hervorzurufen, wird der Begriff im Folgenden ohne Übersetzung als Eigenname verwendet.

(1) Geltendmachung

Eine falsche Tatsachenerklärung führt nicht automatisch zur Nichtigkeit des Vertrages. Dazu bedarf es einer entsprechenden Erklärung der ihr Recht geltend machenden Vertragspartei, die der Gegenseite zur Kenntnis gebracht wird. Das kann durch ausdrückliche Erklärung, durch Rückerstattung der vertraglichen Leistung oder als Einrede in einem Prozess geschehen.[781] Das Recht der Vertragsauflösung entspricht also einem Gestaltungsrecht nach deutschem Verständnis. Ein entsprechender Gerichtsbeschluss ist demnach nicht erforderlich, das Gericht kann nur nachprüfen, ob die Erklärung der Vertragsauflösung nach der gegebenen Sachlage gerechtfertigt war.[782] Eine Ausnahme stellt die durch s 2 (2) *Misrepresentation Act* 1967 eingeführte Möglichkeit dar, das Recht zur *rescission* ausnahmsweise zu verweigern und stattdessen Schadensersatz *in lieu of rescission* zuzusprechen.[783]

---

778 Cartwright, Misrepresentation, Mistake and Non-Disclosure, 4.06; Atiyah/Treitel, MLR 30 (1967) 369, 370.

779 Zur Einrede der Unmöglichkeit einer restitutio in integrum siehe unten C III 2 a (2) (b).

780 Henrich/Huber, Einführung in das englische Privatrecht, S. 61 f; Allen, Misrepresentation, S. 31.

781 McKendrick, Contract Law, 13.8; wie § 151 BGB den Zugang einer Willenserklärung im Einzelfall für entbehrlich erklärt, kann auch der Zugang einer Erklärung zur Vertragsauflösung entbehrlich sein, vgl. Car and Universal Finance Co Ltd v Caldwell (1965) 1 QB 525.

782 McKendrick, Contract Law, 13.8; Poole/Keyser, LQR 121 (2005), 273, 275 f.

783 TSB Bank plc v Camfield [1995] 1 WLR 430.

(2) Einreden

Das Recht der Vertragsauflösung unterliegt gewissen Einschränkungen. Da im englischen Prozessrecht der Grundsatz *iura novit curia* keine Anwendung findet und somit sämtliche einem Anspruch entgegenstehenden Sachverhalte ausdrücklich geltend zu machen sind, handelt es sich um Einreden nach deutschem Rechtsverständnis. Das Recht zur Vertragsauflösung kann demnach ausgeschlossen sein, wenn der Vertrag bestätigt wurde, wenn –im Bereich des Unternehmenskaufs von besonderer Relevanz– eine Rückgewähr der gegenseitig empfangenen Leistungen und damit die Wiederherstellung des *status quo ante* nicht mehr möglich ist, bei Missachtung eines bei der Rechtsdurchsetzung zu beachtenden Zeitmoments, oder wenn durch die Vertragsauflösung mittlerweile erworbene Rechte gutgläubiger Dritter betroffen würden. Einen dem Mitverschulden des Geschädigten im Rahmen eines Schadensersatzanspruchs (*contributory negligence*) vergleichbaren Einwand gibt es im Rahmen der *rescission for misrepresentation* nicht.[784]

(a) Bestätigung (affirmation)

Eine Bestätigung des Vertrages ist bindend, wenn der Erklärungsempfänger in Kenntnis der wahren Sachlage die Fortgeltung des Vertrages entweder ausdrücklich erklärt, oder einen entsprechenden Schluss durch konkludentes Verhalten nahelegt.[785] Bezüglich eines Anteilskaufs, der auf Grundlage eines Prospekts erfolgt ist, existiert eine große Fülle von Gerichtsentscheidungen, die in der Tatsache, dass der Käufer nach Kenntniserlangung einer falschen Tatsachenerklärung aus den Anteilen fließende Rechte wie das der Dividendenzahlung geltend macht oder einen Weiterverkauf der Anteile unternimmt eine stillschweigende Bestätigung erblicken.[786] Obwohl diese Fälle weitgehend nur den Erwerb kleinerer Beteiligungen durch Privatanleger zum Gegenstand haben, ist kein Grund ersichtlich, warum nicht auch bei einem Unternehmenskauf im Wege eines *Share Deals* die Rechte aus einer *misrepresentation* ausgeschlossen sein sollen, wenn der Käufer in Kenntnis der falschen Tatsachenangabe Rechte aus den erworbenen Anteilen für sich in Anspruch nimmt. Generell ist aus dieser Rechtsprechung im Wege eines *argumentum a forteriori* zu folgern, dass der Unternehmenskäufer, der das erworbene Unternehmen in Kenntnis bei Vertragsschluss erfolgter unzutreffender Tatsachenangaben fortführt, dadurch konklu-

---

784 Vgl. Redgrave v Hurd [1881] 20 Ch D 1.

785 Vgl. Clough v London and North Western Rly Co [1871] LR 7 Exch 26; Car and Universal Finance Co Ltd v Caldwell [1965] 1 QB 525.

786 Cheshire, Fifoot and Furmston's Law of Contract, S. 357 mwN.

dent den Unternehmenskaufvertrag bestätigt, unabhängig davon, ob der Erwerb als *Share* oder *Asset Deal* strukturiert war. Allerdings wird nicht immer zweifelsfrei zu beurteilen sein, welche unternehmerischen Entscheidungen der Fortführung des Unternehmens im Sinne seiner operativen Tätigkeit dienen, und welche lediglich der Bestandserhaltung. Maßgeblich sind jeweils die konkreten Umstände des Einzelfalls. Das Recht zur Vertragsauflösung ist jedenfalls dann ausgeschlossen, wenn die Fortführung des Unternehmens zu einer Strukturveränderung dergestalt geführt hat, dass die Herstellung des *status quo ante* nicht mehr möglich ist.

(b) Restitutio in integrum ausgeschlossen

Da Sinn und Zweck des Rechts der Vertragsauflösung die Herstellung des vor Vertragsschluss bestehenden Zustandes ist, ist sie schließlich dann ausgeschlossen, wenn die gegenseitige Rückgewähr der empfangenen Leistungen (*restitutio in integrum*) nicht mehr möglich ist, die Vertragspartner also nicht mehr in die vor Vertragsschluss im Wesentlichen bestehende Lage zurückversetzt werden können.[787] Während die alten *Common Law*-Gerichte hier sehr strenge Maßstäbe anlegten und die Möglichkeit einer Rückgewähr nur dann bejahten, wenn die vertraglichen Leistungen *in specie* zurückgewährt werden konnten, wurde diese Frage durch die Gerichte der *Equity* flexibler gehandhabt.[788] Heute orientiert sich eine Beurteilung eher an der Praktikabilität des Einzelfalls.[789] Für aus dem Vertragsgegenstand gezogene Nutzungen und eventuelle Verschlechterungen kann Ersatz zugesprochen werden, insbesondere in Fällen arglistig falscher Tatsachenerklärungen.[790] Die größte praktische Bedeutung erlangt das Recht zur Vertragsauflösung, wenn die falsche Tatsachenerklärung im Zwischenraum zwischen Unterzeichnung und Vollzug des Unternehmenskaufvertrages zu Tage tritt, der Käufer also noch keine wesentlichen Veränderungen im Unternehmen hat vornehmen können.[791] Eine Vertragsauflösung kann im Einzelfall jedoch auch in Fällen in Betracht kommen, in denen die Rückgewähr im ursprünglichen Zustand etwa wegen einer Verschlechterung des Vertragsgegenstandes nicht mehr möglich, der Vertragsgegenstand aber zumindest in seiner prägenden Gestalt noch vorhanden ist.[792] Die Beurteilung der Frage, wann eine Rückgewähr des Vertragsgegenstandes im Wesentlichen noch möglich ist, ist eine Frage der

---

[787] Vgl. Spence v Crawford [1939] 3 All ER 271.
[788] Vgl. Erlanger v New Sombrero Phosphate Co [1878] 3 App Cas 1218.
[789] Cartwright, Misrepresentation, Mistake and Non-Disclosure, 4.55.
[790] Alati v Kruger [1955] 94 CLR 216.
[791] Vgl. von Bismarck, in: Corporate Acquisitions and Mergers, S. 25.
[792] Cheshire, Fifoot & Furmston's Law of Contract, S. 358; vgl. auch Lagunas Nitrate Co v Lagunas Syndicate [1899] 2 Ch 392; Spence v Crawford [1939] 3 All ER 271.

Umstände des Einzelfalls, jedoch gelten für den Kauf eines Unternehmens die nachfolgenden Orientierungsleitlinien: Eine in Folge eines *Asset Deals* erfolgte, auch wesentliche Veränderung der Zusammensetzung des Umlaufvermögens dürfte in aller Regel nicht zu einem Ausschluss des Rechts zur Vertragsauflösung führen.[793] Auf eine wesentliche Veränderung im Bestand des Anlagevermögens kann dieser Schluss nicht übertragen werden. Gerade bei Ausscheiden von Gütern, die für den in seiner früheren Art und Weise geführten Geschäftsbetrieb essentiell waren, wird der *status quo ante* oftmals nicht mehr herstellbar sein, so dass eine *restitutio in integrum* regelmäßig ausscheidet.[794] Generell scheidet das Recht der Vertragsauflösung aus, wenn der Käufer den operativen Geschäftsbetrieb wesentlich verändert oder gar eingestellt hat.[795] Die Rückübertragung des Unternehmens kann aber etwa auch dann ausgeschlossen sein, wenn Schlüsselpositionen innerhalb des Unternehmens personell neu besetzt wurden und dieses dadurch sein ursprüngliches Gepräge verloren hat.[796]

Wird im Rahmen eines Unternehmenskaufs im Wege des *Share Deals* die unternehmenstragende Gesellschaft in eine andere Rechtsform umgewandelt, kann eine Rückgewähr aufgrund unterschiedlicher rechtlicher Eigenschaften der Anteile ausgeschlossen sein.[797] Der bloße –wenn auch erhebliche– Wertverlust verkaufter Gesellschaftsanteile allein steht einer Vertragsauflösung jedoch nicht entgegen, da es sich bei den Anteilen immer noch um die gleichen handelt.[798] Das Recht zur Vertragsauflösung ist sogar dann schon positiv beschieden worden, wenn gekaufte Aktien einer börsennotierten Gesellschaft zwischenzeitlich weiterveräußert worden waren, und die Rückgewährschuld mit anderen Aktien aus der Gattung erfüllt werden konnte.[799] Die Rückgewähr eines solchen Surrogats wird man bei einem Anteilskauf, der zugleich den Kauf des Unternehmens und damit einen Stückkauf darstellt, jedoch nicht als zur Herstellung des *status quo ante* geeignet ansehen können. Eine Rückübertragung von Gesellschaftsan-

---

793 Vgl. die Entscheidung Alati v Kruger [1955] 94 CLR 216, in welcher dem Unternehmenskäufer ein Recht zur Vertragsauflösung zugestanden wurde unter der Bedingung der finanziellen Kompensation u.a. für vor Erklärung der Vertragsauflösung aufgebrauchten Bestände.

794 Vgl. Sheffield Nickel and Silver Plating Co Ltd v Unwin [1877] 2 QBD 214: Verlust von Patentrechten; in diese Richtung auch Beswick and Wine, Buying and Selling Private Companies and Businesses, S. 202.

795 Vgl. Knight, Acquisition of Private Companies and Business Assets, S. 160.

796 Vgl. Thomas Witter Ltd v TBP Industries Ltd [1996] 2 All ER 573.

797 Clark v Dickson [1858] EB & E 148; Western Bank of Scotland v Addie [1867] LR 1 Sc & Div 145.

798 Armstrong v Jackson [1917] 2 KB 822: Ursprünglicher Wert der verkauften Anteile zu je 3 Pfund bei Abschluss des Kaufvertrages fiel auf 5 Schilling im Zeitpunkt der Erklärung der Vertragsauflösung.

799 Vgl. Smith New Court Securities Ltd v Scrimgeour Vickers (Asset Management) Ltd [1997] AC 254, allerdings nur in einem obiter dictum.

teilen kann schließlich dann ausgeschlossen sein, wenn zwar nicht die Anteile selbst ihre prägende Gestalt geändert haben, wohl aber das operative Geschäft der unternehmenstragenden Gesellschaft.[800] Generell ist in diesem Bereich zu beachten, dass eine Bestätigung des Vertrages das Recht zur Auflösung des Vertrages ausschließt und zumindest die Gefahr besteht, dass eine solche bereits bei einer Fortführung der operativen Betriebstätigkeit durch den Käufer, der sich über die weitere Vorgehensweise noch unschlüssig ist, angenommen werden könnte.[801] Richtigerweise wird man eine derartige bloße Fortführung des Geschäftsbetriebs jedoch nicht als ausreichende Willensbekundung zur Bestätigung des Unternehmenskaufvertrags erachten können. Auch hier wird man auf strukturändernde Maßnahmen abzustellen haben, zumal durch Veränderungen gerade im Umlaufvermögen an die Stelle der ursprünglichen Vermögenswerte lediglich diese substituierende Forderungen und Schulden treten und nicht eine Veränderung des Vertragsgegenstandes Unternehmen im eigentlichen Sinn erfolgt.

(c) Zeitablauf (lapse of time)

Zeitablauf alleine führt zwar nicht zu einer Bestätigung des Vertrages, kann aber zu einer Beweislastverteilung zu Lasten des Erklärungsempfängers führen.[802] Grundsätzlich kommt ein Ausschluss des Rechts zur Vertragsauflösung nur dann in Betracht, wenn der Erklärungsempfänger von den das Recht begründenden Umständen Kenntnis hatte.[803] Entsprechend dem deutschen Institut der Verwirkung ist eine Einzelfallbetrachtung maßgeblich.[804] Wie lange eine anzusetzende, vernünftige Zeitspanne im Einzelfall beträgt, hängt von der Natur des Vertrages und den konkreten Umständen ab: Eine Entscheidung, die einen Warenkauf betraf, hatte etwa das Recht ausgeschlossen, da nach Abschluss des Kaufvertrages bis zur Aufdeckung der falschen Tatsachenerklärung ein Zeitraum von fünf Jahren verstrichen war, und der Erklärungsempfänger gehalten sei, den Wahrheitsgehalt ihn zum Vertragsschluss bewegender Tatsachenerklärungen alsbald nachzuprüfen.[805] Andererseits wurden dem Käufer von Gesellschaftsanteilen, dem gegenüber eine falsche Tatsachenerklärung getätigt wurde, die das operative Geschäft der unternehmenstragenden Gesellschaft betraf, noch einige Wochen zur Sammlung weiterer Informationen und zur Planung der weiteren Vorgehensweise zugestanden, nachdem dieser durch einen Geschäftsbe-

800 Vgl. Sheffield Nickel and Silver Plating Co Ltd v Unwin [1877] 2 QBD 214.
801 Vgl. Sinclair on Indemnities, 3-04.
802 Clough v London and North Western Rly Co [1871] LR 7 Exch 26.
803 Cheshire, Fifoot & Furmston's Law of Contract, S. 357.
804 Vgl. Cheshire, Fifoot & Furmston's Law of Contract, S. 357.
805 Leaf v International Galleries [1950] 1 All ER 693.

richt erstmals Kenntnis von den wahren Vorgängen erlangt hatte.[806] Schon aufgrund der Komplexität des Vertragsgegenstandes darf diese Frist für den Unternehmenskäufer nicht zu knapp bemessen werden, da allein die Aufdeckung einer falschen Tatsachenerklärung regelmäßig mehr Zeit in Anspruch nehmen wird, als dies bei einem schlichten Warenkauf der Fall ist, und dem Unternehmenskäufer regelmäßig auch eine angemessene Überlegungsfrist zur weiteren Vorgehensweise zuzubilligen ist. Handelte es sich bei der falschen Tatsachenerklärung um eine arglistige, vermag der bloße Zeitablauf das Recht zur Vertragsauflösung jedenfalls nicht auszuschließen.[807]

(d) Rechte Dritter

Das Recht zur Vertragsauflösung kann ferner ausgeschlossen sein, wenn vor ihrer Erklärung ein gutgläubiger, eine Gegenleistung erbringender[808] Dritter ein Recht an dem Vertragsgegenstand erwirbt.[809] Da ein Rechtserwerb Dritter an Gütern des Unternehmensvermögens der üblichen Geschäftstätigkeit entspricht, kann dies in Anlehnung an das zur Unmöglichkeit der Wiederherstellung des *status quo ante* Ausgeführte freilich nur gelten, als sich diese Rechte auf für den Betrieb des Unternehmens unverzichtbare oder jedenfalls wesentliche Vermögensgüter beziehen. Im umgekehrten Fall, dass Dritte Rechte an der Gegenleistung erworben haben, weil etwa ein Teil des Kaufpreises in eigenen Anteilen an einer in der Rolle des Käufers befindlichen unternehmenstragenden Gesellschaft, erbracht wurde, die der Verkäufer mittlerweile weiterveräußert hat, sollte dem Käufer hingegen ein Wahlrecht belassen werden, ob er statt einer Rückgewähr *in natura* nicht eher deren Wert kapitalisiert haben möchte.

(3) Verjährung

Eine gesetzliche Verjährungsfrist besteht für das Recht der Vertragsauflösung nicht. Als von der *Equity* entwickelten Rechtsbehelf („*equitable relief*") sind die Verjährungsvorschriften des *Limitation Act* 1980 nach dessen s 36 (1) nicht an-

806 Re Reese River Silver Mining Co [1867] LR 2 Ch App 604.

807 Clough v London and North Western Rly Co [1871] LR 7 Exch 26, 35.

808 Das Erfordernis einer Gegenleistung ergibt sich aus der dem englischen Recht eigenen doctrine of consideration, wonach zur Wirksamkeit eines Vertrages, quasi als Nachweis des Gegenseitigkeitsverhältnisses; stets die Vereinbarung einer Gegenleistung erforderlich ist, zum Ganzen McKendrick, Contract Law, 5.2 ff; Triebel/Hodgson/Kellenter/Müller, Englisches Handels- und Wirtschaftsrecht, Rn. 71 ff.

809 Aus der Rechtsprechung Clough v London and North Western Rly Co [1871] LR 7 Exch 26; White v Garden [1851] 10 CB 919.

wendbar.[810] Ein Ausschluss kann sich aber –sofern es sich bei der falschen Tatsachenerklärung nicht um eine arglistige handelt– aus den erörterten, dem deutschen Rechtsinstitut der Verwirkung vergleichbaren Grundsätzen zum Zeitablauf (*lapse of time*) ergeben.

(4) Rechtliche Wirkungen

Der aufgrund einer falschen Tatsachenerklärung zustande gekommene Vertrag ist nicht nichtig, sondern gibt dem Erklärungsempfänger das Recht, seine Nichtigkeit zu erklären (*voidability*): Mit Ausübung des Rechts ist der Vertrag als unwirksam *ab initio* zu betrachten, diese wirkt also auf den Zeitpunkt des Vertragsschlusses zurück.[811] Die Ausübung des Rechts kann durch ausdrückliche Erklärung geschehen, konkludent durch Klageerhebung auf Rückabwicklung des Vertrages oder im Wege der Einrede gegenüber eventuellen Ansprüchen des Unternehmensverkäufers. Allein die Tatsache, dass die vertraglichen Verpflichtungen bereits ganz oder teilweise erfüllt worden sind, steht der Erklärung einer Vertragsauflösung nicht entgegen.[812] Rechtsfolge ist der Ausgleich einer eventuell beim Vertragspartner verbleibenden Bereicherung.[813] Eigentumsrechte, die formlos übertragen werden können, fallen im Grundsatz an den früheren Eigentümer zurück.[814] Sind bei der Rückübertragung wie im Fall von Grundstücken oder Gesellschaftsanteilen besondere Formalitäten zu beachten, hat der die *rescission* Erklärende die Eigentumsrechte bis zu ihrer Rückübertragung an den Berechtigten auf Grundlage des englischen Rechtsinstituts eines *constructive trust* treuhänderisch zu verwalten.[815] Zwischen Vertragsschluss und Erklärung der Vertragsauflösung getätigte Verfügungen bleiben jedoch rechtswirksam.[816]

Zusätzlich kann der die Vertragsauflösung begehrende Vertragspartner Ersatz für anlässlich der Durchführung des Vertrages entstandene oder sonstige

---

810 Cartwright, Misrepresentation, Mistake and Non-Disclosure, 4.48.

811 Bristol and West Building Society v Mothew [1998] Ch 1; Lonrho plc v Fayed (No. 2) [1992] 1 WLR 1.

812 Dies ergibt sich bereits aus dem Wortlaut s 1 (b) Misrepresentation Act 1967.

813 Insofern trägt der Anspruch neben seiner vertraglichen Nähe auch bereicherungsrechtliche Elemente, bestehende Unstimmigkeiten über die rechtliche Qualifizierung des Anspruchs sind hier weiter nicht relevant, siehe dazu McKendrick, Contract Law, 13.7.

814 Car and Universal Finance Co Ltd v Caldwell [1965] 1 QB 525; kritisch Swadling, LQR 121 (2005) 123, passim.

815 FAI General Insurance Co Ltd v Ocean Marine Mutual Protection and Indemnity Association [1998] Lloyd's Rep IR 24; zu dieser Rechtsfigur bereits oben im Rahmen der Übertragung von Grundstücken, A. II. 2. c.

816 Bristol and West Building Society v Mothew [1998] Ch 1; vgl. auch Swadling, LQR 121 (2005) 123, 129.

Aufwendungen verlangen (*recovery of an indemnity*).[817] Dieser Entschädigungsanspruch besteht nur als Annex zu dem Recht der Vertragsauflösung und stellt insbesondere kein Institut des Schadensersatzrechts dar, so dass die dort im Einzelfall Platz greifenden Einreden gegenüber dem Anspruch nicht einschlägig sind. Der genaue Umfang des Entschädigungsanspruchs ist auch heute allerdings noch nicht ganz unumstritten.[818]

Das Recht kann –seinem Charakter eines Gestaltungsrechts der deutschen Rechtsordnung entsprechend– grundsätzlich nur bezogen auf den Vertrag im Ganzen ausgeübt werden.[819] Ausnahmen sind anzuerkennen, wenn das Vertragswerk in mehrere einzelne Verträge aufgespalten werden kann. Eine Ausnahme kann beispielsweise auch beim Kauf von Gesellschaftsanteilen in Betracht kommen, wenn der Käufer vor der Aufdeckung der falschen Tatsachenerklärung einen Teil davon bereits weiterveräußert hatte.[820] Die zitierte Entscheidung bezog sich jedoch auf einen Anteilskauf, der ein reines Investitionsinteresse verfolgte. Auf einen damit gleichzeitig verfolgten Unternehmenskauf wird man diese Entscheidung nicht übertragen können, da der mit dem Vertrag verfolgte einheitliche Zweck der Unternehmensübertragung nicht teilbar ist und der intendierte Erwerb von Kontrolle über ein bloßes Investitionsinteresse hinausgeht. Wie im Fall der in der Vergleichsgruppe der Substratmängel zu behandelnden *termination for breach* führt auch die *rescission* dazu, dass einzelne Vertragsabreden als fortbestehend angesehen werden können. Dies gilt jedenfalls für Gerichtsstandklauseln, Schiedsklauseln und generell gesprochen für solche Vereinbarungen, die wie Ausschlussklauseln gerade die Folgen einer *rescission* regeln sollen.[821]

(5) Verhältnis zu Schadensersatzansprüchen

Mit einem der nachfolgend dargestellten Schadensersatzansprüche auf deliktsrechtlicher Grundlage nach den Grundsätzen des *Common Law* oder des Scha-

---

817 Vgl. Allen, Misrepresentation, S. 31 f; grundlegend Whittington v Seale-Hayne [1900] 82 LT 49.

818 Anson's Law of Contract unter Hinweis auf Newbigging v Adam [1886] 34 Ch D 582.

819 Cartwright, Misrepresentation, Mistake and Non-Disclosure, 4.13; kritisch Poole/Keyser LQR 121 (2005) 273, passim; anders auch die Rechtsprechung des australischen High Court, die den die rescission Erklärenden an seiner Erklärung im beabsichtigten Umfang der eingegangenen Verpflichtungen festhält; vgl. Vadasz v Pioneer Concrete Pty Ltd [1995] 184 CLR 102.

820 Re The Mount Morgan (West) Gold Mine Ltd [1887] 56 LT 622.

821 Cartwright, Misrepresentation, Mistake and Non-Disclosure, 4.16; zum Fortbestehen einer Schiedsklausel Harbour Assurance Co (UK) Ltd v Kansa General International Insurance Co Ltd [1992] 1 Lloyd's Rep 81.

densersatzanspruchs auf Grundlage von s 2 (1) *Misrepresentation Act* 1967 kann das Recht auf Vertragsauflösung ohne Weiteres kombiniert werden. Für Fälle arglistig falscher Tatsachenerklärungen ergibt sich dies aus einem aus s 2 (2) *Misrepresentation Act* 1967 herzuleitenden *argumentum e contrario*, da diese Fälle ausdrücklich von der Vorschrift ausgenommen sind. Für Fälle fahrlässig falscher Tatsachenerklärungen ist die kumulative Verfügbarkeit dieser Rechtsbehelfe in der Rechtsprechung anerkannt. Die Geltendmachung vertraglicher Schadensersatzansprüche nach Auflösung des Vertrages ist hingegen ausgeschlossen:[822] Zum einen kann der Vertrag durch die Vernichtung *ex nunc* niemals die Rechtsgrundlage für einen derartigen Schadensersatzanspruch dargestellt haben. Zum anderen widerspricht die Geltendmachung eines vertraglichen Schadensersatzanspruchs bei gleichzeitiger Negierung der vertraglichen Bindung dem Verbot des *venire contra factum proprium*. Die Kombination ist ausnahmsweise zulässig, wenn der zu ersetzendende Schaden dem im Rahmen einer möglichen Entschädigung (*indemnity*) im Umfang entspricht und eine Doppelkompensation des Geschädigten ausgeschlossen ist.[823] Wird die falsche Tatsachenerklärung im Lauf der Verhandlungen in den Vertrag inkorporiert, kann sich ein Schadensersatzanspruch freilich auf vertraglicher Grundlage ergeben. Dieser wird in der Vergleichsgruppe der Substratmängel ausführlich erörtert.

(6) Verhältnis zu vertraglichen Rechtsbehelfen

Es wurde bereits darauf hingewiesen, dass eine *misrepresentation* nach ihrer klassischen Definition im Lauf der Vertragsverhandlungen keinen Eingang in den Vertrag findet. Die Rechtsprechung ging früher davon aus, dass in diesen Fällen die falsche Tatsachenerklärung in dem höherrangigen vertraglichen Recht aufgeht.[824] Dennoch kann es Situationen geben, in denen eine Vertragsauflösung aufgrund einer *mispresentation* für den Geschädigten vorteilhafter ist, wenn etwa im Fall einer bloßen *warranty* eine Lösung vom Vertrages aufgrund der einschlägigen vertraglichen Rechsbehelfe nicht möglich und nur Schadensersatz erhältlich ist. Nun aber sieht s 1 (a) *Misrepresentation Act* 1967 vor, dass der Erklärungsempfänger einer *misrepresentation* die Auflösung des Vertrages auch dann verlangen kann, wenn die falsche Tatsachenerklärung Eingang in den Vertrag gefunden hat, wäre er ansonsten zur Auflösung des Vertrages berechtigt. Inwiefern diese Vorschrift Auswirkungen auf das Verhältnis der sonstigen Tatbestände einer *misrepresentation* zu vertraglichen Ansprüchen hat, ist nicht ganz

---

[822] Statt vieler McKendrick, Contract Law, 13.9.
[823] McKendrick, Contract Law, 13.9.
[824] Pennsylvania Shipping Co v Compagnie Nationale de Navigation [1936] 2 All ER 1167.

geklärt.[825] Die kumulative Anwendbarkeit von Ansprüchen wegen einer Vertragsverletzung und wegen einer *misrepresentation* führt jedenfalls dazu, dass die Schadensberechnung aufgrund einer *misrepresentation* nicht der für eventuelle vertragliche Rechte vorgesehenen entsprechen muss, ebenso wie eventuelle weitere Vereinbarungen hinsichtlich bestimmter Mindest- oder Höchstbeträge des zu ersetzenden Schadens in Ermangelung einer anderslautenden vertraglichen Vereinbarung nicht zum Tragen kommen.[826]

b Schadensersatz (damages)

Hat die falsche Tatsachenerklärung Eingang in den Unternehmenskaufvertrag gefunden, kann Schadensersatz aufgrund der Verletzung dieser vertraglichen Abrede (*breach of contract*) verlangt werden, der in Voraussetzungen und Umfang dem auch in sonstigen Fällen einer Vertragsverletzung einschlägigen Schadensersatzanspruch entspricht und in der weiteren Vergleichsgruppe der Substratmängel ausführlich behandelt wird.[827] Daneben bleibt eine Vorgehensweise aufgrund der vorvertraglichen *misrepresentation* wie gesehen möglich, der Schadensersatzanspruch ergibt sich dann auf deliktsrechtlicher Grundlage.[828] Der grundsätzliche Unterschied zwischen einem vertraglichen und einem deliktischen Schadensersatzanspruch liegt –wie im deutschen Recht auch– zum einen im Haftungsumfang: Während der vertragsrechtliche Schadensersatz dazu dient, den Geschädigten in die Position zu versetzen, in der er sich bei ordnungsgemäßer Erfüllung befunden hätte und damit das Erfüllungsinteresse (*expectation interest*) abdeckt, zielt der deliktsrechtliche Schadensersatzanspruch darauf ab, den Geschädigten in die Position zu bringen, die er vor Begehung der schädigenden Handlung innehatte und ersetzt mithin den Vertrauensschaden (*reliance interest*).[829] Zum anderen sind die Anforderungen an das dem englischen Recht eigene begrenzende Merkmal der Vorhersehbarkeit eines Schadens im Vertragsrecht etwas höher gesteckt, mit anderen Worten werden an die Wahrscheinlichkeit bzw. die Vorhersehbarkeit eines Schadenseintritts höhere Anforderungen gestellt.[830] Die nachfolgend erörterten Schadensersatzansprüche, und zwar sowohl die auf Grundlage der aus dem *Common Law* entwickelten Deliktstatbe-

---

825 Beale, in: Chitty on Contracts, Vol I, 6.004.

826 Sinclair on Indemnities, 3-02.

827 Siehe unten D II 1 c.

828 Der ebenfalls anwendbare Anspruch aus s 2 (1) Misrepresentation Act 1967 wird im Gegensatz zu auf Grundlage des Common Law entwickelten Deliktstatbeständen als „statutory tort" bezeichnet, vgl. Krecek, Gewährleistungshaftung beim Unternehmenskauf, S. 91.

829 Cheshire, Fifoot & Furmston's Law of Contract, S. 363.

830 Cheshire, Fifoot & Furmston's Law of Contract, S. 363.

stände (*torts*), als auch der Anspruch aus s 2 (1) *Misrepresentation Act* können wie gesehen auch neben einer Vertragsauflösung geltend gemacht werden, nicht jedoch der im Ermessen des Gerichts stehende Anspruch auf *damages in lieu of rescission* nach s 2 (2) *Misrepresentation Act* 1967. Die Tatsache, dass der Anspruchsberechtigte durch eine Bestätigung des Vertrages sein Recht zur Vertragsauflösung verloren hat, steht der Geltendmachung eines Schadensersatzbegehrens nicht entgegen.[831] Insgesamt sind vier verschiedene Arten falscher Tatsachenerklärungen zu unterscheiden, die jeweils mit anderen Rechtsfolgen verbunden sind. Da diese teilweise gegenüber den zuvor erörterten allgemeinen Kriterien abweichende oder erweiternde tatbestandliche Voraussetzungen aufweisen, ist zunächst ein kurzer Überblick zu geben, bevor im Einzelnen auf die Rechtsfolgen, insbesondere den jeweils ersatzfähigen Schaden einzugehen ist.[832]

(1) Arglistige falsche Tatsachenerklärungen (fraudulent misrepresentation)

Eine arglistig falsche Tatsachenerklärung kann eine deliktsrechtliche Haftung aufgrund des *tort of deceit* auslösen.[833] Im Gegensatz zu weiteren Tatbeständen des Deliktsrechts bezweckt dieses in erster Linie den Vermögensschutz des Geschädigten.[834] Über die bereits genannten tatbestandlichen Voraussetzungen hinaus hat der Anspruchsteller zu beweisen, dass sein Vertragspartner bei der Erklärung arglistig und in der Absicht gehandelt hat, den später Geschädigten zu der schädigenden Handlung zu veranlassen.[835] Den Begriff der Arglist in seiner rechtlichen Reichweite hat die Rechtsprechung in der grundlegenden Entscheidung *Derry v Peek*[836] geprägt: Demnach ist Arglist zu bejahen, wenn bewiesen ist, dass eine falsche Erklärung wissentlich, ohne Glauben an ihre Wahrheit, oder aus Gleichgültigkeit über ihren Wahrheitsgehalt, gleichsam ins Blaue hinein, getätigt wurde. Anders als bei bloß fahrlässig falschen Tatsachenerklärungen kann auch eine falsche Willensbekundung (*statement of intention*) eine Haftung begründen.[837] In jedem Fall ist ein *dolus malus* erforderlich.[838] Glaubt der Erklärende hingegen tatsächlich an den Wahrheitsgehalt seiner Aussage, kommt eine arglistige *misrepresentation* selbst dann nicht in Betracht, wenn für die An-

---

[831] Vgl. Production Technology Consultants v Bartlett [1986] 1 EGLR 82.

[832] Auf diesen bezieht sich der Begriff „damages“, der zu kompensierende Schaden wird in der englischen Rechtsterminologie als „loss“ bezeichnet.

[833] Vgl. McKendrick, Contract Law, 13.6; Heilbut Symons & Co v Buckleton [1913] AC 30.

[834] Cartwright, Misrepresentation, Mistake and Non-Disclosure, 5.02.

[835] Vgl. Bradford Equitable Benefit Building Society v Borders [1941] 2 All ER 205.

[836] Derry v Peek [1889] 14 App Cas 337.

[837] Spencer Bower, Turner and Handley, Actionable Misrepresentation, S. 110 f.

[838] Henrich/Huber, Einführung in das englische Privatrecht, S. 61.

nahme keine vernünftige Grundlage bestand.[839] Steht Arglist nach vorgenannten Grundsätzen fest, spielt das Motiv des Erklärenden keine Rolle mehr, auch uneigennützige Motive oder das Nichtvorliegen einer schädigenden Absicht rechtfertigen keine andere Behandlung.[840]

(a) Ersatzfähiger Schaden

War die falsche Tatsachenerklärung arglistig, ergibt sich ein Schadensersatzanspruch auf deliktsrechtlicher Grundlage des *tort of deceit*. Der Schädiger hat im Grundsatz alle Folgeschäden zu ersetzen, die durch das Vertrauen des Geschädigten auf die falsche Tatsachenerklärung entstanden sind.[841] Grundsätzlich legt das englische Recht strengere Grundsätze an die Zurechenbarkeit einzelner Schadenspositionen an, als dies in deutschen Recht der Fall ist, und es werden nur solche Schäden zugerechnet, die für den Schädiger vorhersehbar waren (*remoteness of damage*). Im Fall arglistig falscher Tatsachenerklärungen aber tritt die Ersatzpflicht anders als bei sonstigen deliktischen Tatbeständen unabhängig davon ein, ob der Eintritt der konkreten Folgeschäden für den Schädiger vernünftigerweise vorsehbar war oder die Vertragsparteien im konkreten Fall mit seinem Eintritt gerechnet haben.[842] Im Fall eines Unternehmenskaufs im Wege eines *Share Deals* liegt der ersatzfähige Schaden also grundsätzlich in der Wertdifferenz des Kaufpreises der verkauften Anteile zu ihrem im Zeitpunkt des Erwerbs anzunehmenden wirklichen Wert.[843] Bemerkenswert in diesem Zusammenhang ist die Entscheidung *Smith New Court Securities Ltd v Scrimgeour Vickers*:[844] In dem der Entscheidung zugrundeliegenden Sachverhalt wurden die Käufer durch eine arglistig falsche Tatsachenerklärung eines Angestellten der späteren Beklagten zum Kauf eines Aktienpakets zu 82.25 p je Aktie motiviert, die im Zeitpunkt des Vertragsschlusses jedoch jeweils nur 79 p Wert waren. Aber auch dieser Preis war, was zu diesem Zeitpunkt keiner der Vertragsparteien bekannt war, aus einem anderen Grund völlig überbewertet. Mit Aufdeckung dieser Tatsache verkauften die Käufer ihre Anteile auf dem Markt zwischen 30 und 49 p je Aktie. Während das Berufungsgericht nur die Differenz des gezahlten Kaufpreises zu dem (vermeintlichen) Marktwert als ersatzfähigen Schaden

---

839 Angus v Clifford [1891] 2 Ch 449.

840 Polhill v Walter [1832] 3 B & Ad 114; Bradford Equitable Benefit Building Society v Borders [1941] 2 All ER 205.

841 Smith New Court Securities Ltd v Scrimgeour Vickers (Asset Management) Ltd [1997] AC 254.

842 McKendrick, Contract Law, 13.9; Doyle v Olby (Ironmongers) [1969] 2 All ER 119.

843 Vgl. etwa Smith v Eric S Bush [1990] 1 AC 831; von Bismarck, in: Corporate Mergers & Acquisitions, S. 27.

844 [1997] AC 254.

zugesprochen hatte, hat das *House of Lords* den ganzen den Käufern entstandenen Schaden für ersatzfähig gehalten. Eine derartige Schadensberechnung kann angezeigt sein, wenn der Geschädigte unter dem fortwirkenden Einfluss der falschen Tatsachenerklärung einen schadensmindernden Verkauf unterlässt oder ein solcher aufgrund der Sachlage nicht möglich ist.

Aus der grundsätzlichen Beschränkung des Anspruchs auf den Ersatz des Vertrauensschadens ließe sich ferner schließen, dass entgangener Gewinn nicht zu den ausgleichspflichtigen Positionen gehört. In diesem Zusammenhang ist jedoch die Entscheidung *East v Maurer* zu berücksichtigen, der folgender Sachverhalt zugrunde lag:[845] Der Beklagte war Eigentümer zweier Friseursalons, von denen er einen an den Kläger verkaufte. Im Lauf der Vertragsverhandlungen äußerte er, einen neuen Salon im Ausland eröffnen und den zweiten Salon nur in Ausnahmefällen weiter betreiben zu wollen. Tatsächlich aber betrieb er den zweiten Salon in gewohntem Umfang weiter, mit der Folge, dass seine frühere Kundschaft sich mehrheitlich dorthin wandte und dem Kläger dadurch ein nicht unerheblicher Gewinnausfall entstand. Da sich der Beklagte vertraglich nicht zu einem Unterlassen des weiteren Betriebs des zweiten Salons verpflichtet hatte, konnte der Kläger den entgangenen Gewinn nicht im Wege des Erfüllungsinteresses geltend machen. Allerdings hat das Gericht den entstandenen Schaden dennoch auf Grundlage des geschätzten entgangenen Gewinns für ersatzfähig gehalten, da der Kläger ohne die schädigende Handlung sein Kapital in einen anderen Salon investiert und mit hinreichender Wahrscheinlichkeit einen entsprechenden Gewinn erzielt hätte. Der entstandene Schaden wurde konsequent danach geschätzt, was der relativ geschäftsunerfahrene Kläger an Gewinn erzielt hätte, und nicht an dem zuvor durch den Beklagten erzielten Gewinn orientiert. Die Entscheidung ist nicht nur im Hinblick darauf kritisiert worden, dass spekulative Elemente nicht nur zur Berechnung eines *feststehenden* Schadens herangezogen wurden, sondern bereits zur Beantwortung der Frage, ob überhaupt ein Schaden vorliegt;[846] sie entspricht aber der geltenden Rechtslage. Schließlich kann –im Fall des Unternehmenskaufs freilich weniger relevant– für eine Verletzung des Ehrgefühls des Geschädigten Schadensersatz (*aggravated damages*) zugesprochen werden, dessen Höhe diesem Zweck entsprechend zu bemessen ist.[847] Im Gegensatz dazu hat ein Schadensersatz mit Strafcharakter (*punitive oder exemplary damages*) sanktionierenden Charakter.[848] Er kommt bei einem

---

[845] [1991] 2 All ER 733.

[846] Poole/Devenney, JBL 2007, 269, 271, 287 ff mwN aus der Rechtsprechung.

[847] Clerk & Lindsell on Torts, 29.137; speziell zum tort of deceit Archer v Brown [1985] QB 401.

[848] Clerk & Lindsell on Torts, 29.138; kritisch zu dieser gegensätzlichen Qualifizierung Lee, MLR 70 (2007) 887 ff.

tort of deceit zwar grundsätzlich in Betracht,[849] es ist jedoch kein Fall ersichtlich, wo ein derartiger Schadensersatzanspruch tatsächlich zugesprochen wurde.

(b) Einreden und Verjährung

Anders als bei fahrlässig falschen Tatsachenerklärung auf Grundlage des *tort of negligence* kann gegen einen Anspruch auf Grundlage des *tort of deceit* kein Mitverschulden des Geschädigten eingewendet werden. Das war bereits vor Inkrafttreten des *Law Reform (Contribury Negligence) Act* 1945 anerkannt und hat dadurch keine Änderungen erfahren.[850] Es werden allerdings die üblichen Anforderungen an eine Schadensminderungspflicht des Geschädigten gestellt (*mitigation of loss*), dieser hat ab dem Zeitpunkt der Aufdeckung der arglistig falschen Tatsachenerklärung diejenigen Maßnahmen zu ergreifen, die von ihm zum Zwecke der Schadensminderung vernünftigerweise erwartet werden konnten.[851] Deliktische Schadensersatzansprüche verjähren nach s 2 *Limitation Act* 1980 grundsätzlich nach Ablauf von sechs Jahren nach Entstehung des Anspruchs. Stützt sich der Anspruch auf Arglist, beginnt die Frist nach s 32 (1) (a) *Limitation Act* 1980 erst dann zu laufen, wenn der Berechtigte die Arglist entdeckt hat oder bei Beachtung der gebotenen Sorgfalt vernünftigerweise hätte entdecken können. Eine Aufdeckung soll schließlich erst dann zu bejahen sein, wenn der Anspruchsteller über das notwendige Material verfügt, um seinen Anspruch durchsetzen zu können,[852] was bei der Komplexität des Kaufgegenstandes bei einem Unternehmenskauf regelmäßig einen längeren Zeitraum in Anspruch nehmen wird als bei einem schlichten Sach- oder Rechtskauf.

(2) Fahrlässig falsche Tatsachenerklärung nach Common Law (negligent misrepresentation)

Eine deliktsrechtliche Verantwortlichkeit für bloß fahrlässig falsche Tatsachenangaben war im englischen Recht lange Zeit umstritten,[853] bis die Rechtsprechung sie zunächst unter der Voraussetzung einer zuvor bestehenden vertragli-

[849] Vgl. Kuddus v Chief Constable of Leicestershire Constabulary [2002] 2 AC 122; grundlegend zu exemplary damages im Deliktsrecht Rookes v Barnard [1964] AC 1129.

[850] Cartwright, Misrepresentation, Mistake and Non-Disclosure, 5.31; bestätigt durch Standard Chartered Bank v Pakistan National Shipping Corpn (Nos 2 and 4) [2003] 1 AC 959.

[851] Vgl. Smith New Court Securities Ltd v Scrimgeour Vickers (Asset Management) Ltd [1997] AC 254.

[852] Vgl. Law Society v Sephton & Co [2005] QB 1013.

[853] Guter Überblick über die historische Entwicklung bei Cartwright, Misrepresentation, Mistake and Non-Disclosure, 6.01-6.11.

chen Beziehung oder eines besonderen Treueverhältnisses (*fiduciary relationship*) anerkannte.[854] Eine vertragliche Beziehung ist heute nicht mehr erforderlich,[855] und auch ansonsten erfuhr der Tatbestand erhebliche Ausweitung durch die berühmt gewordene Entscheidung *Hedley Byrne v Heller*.[856] Der Entscheidung lag folgender Sachverhalt zugrunde: Bei den Klägern handelte es sich um eine Werbeagentur, die im Auftrag ihrer Kunden, aber mit dem Risiko eigener Haftung in beträchtlichen Umfang Werbeflächen anmietete. Als Zweifel über die Solvenz einer Kundin aufkamen, wurde über die Bank der Kläger bei der Bank der Kundin eine Bankauskunft angefragt, und diese stellte für den gewöhnlichen Geschäftsverlauf eine positive Prognose aus. Als später doch die Zahlungsunfähigkeit der Kundin eintritt, erlitten die Kläger erhebliche Verluste, die sie von der beklagten Bank ihrer Kundin ersetzt verlangten. Das Gericht wies die Klage zwar unter Hinweis auf einen vereinbarten Haftungsausschluss ab, machte aber deutlich, dass eine Verantwortlichkeit unter derartigen Umständen auch bei einer bloß fahrlässig falschen Tatsachenerklärung in Betracht komme. Wie genau diese Umstände beschaffen sein müssen, insbesondere die Anforderungen an die erforderliche Nähebeziehung zwischen den Parteien, ließ die Entscheidung allerdings offen, was in der Folge zu einiger Unsicherheit geführt hat.[857]

(a) Tatbestandliche Voraussetzungen: duty of care und breach of duty

Generell gesprochen muss der Geschädigte, um Rechte aus dem für eine fahrlässig falsche Tatsachenerklärung maßgeblichen *tort of negligence*[858] herleiten zu können, wie bei sonstigen deliktsrechtlichen Haftungsgrundlagen eine gerade ihm gegenüber bestehende Sorgfaltspflicht (*duty of care*) zur Verhinderung des konkret eingetretenen Schadens, die Verletzung dieser Sorgfaltspflicht (*breach of duty*) und einen ihm aus dieser Verletzung resultierenden Schaden beweisen. Grundlage der Haftung ist also anders als bei den anderen Arten falscher Tatsachenerklärungen weniger diese selbst, als die Verletzung einer entsprechenden

---

854 Nocton v Lord Ashburton [1914] AC 932.

855 Vgl. Donoghue v Stevenson [1932] AC 562.

856 Hedley Byrne & Co Ltd v Heller & Partners Ltd [1964] AC 465.

857 Zu den angeführten Kriterien „special relationship“, „voluntary assumption of responsibilty“ and „relationship equivalent to contract“ Spencer Bower, Turner and Handley, Actionable Misrepresentation, S. 394 ff.

858 Dieser stellt den praktisch bedeutsamsten tort dar, den die Rechtsprechung relativ spät im Lauf des 19. Jahrhundert entwickelte und der erst in der Entscheidung Donoghue v Stevenson [1932] AC 562 richtig konturiert wurde, vgl. Henrich/Huber, Einführung in das englische Privatrecht, S. 85 f.

Sorgfaltspflicht.[859] Dabei ist stets zu berücksichtigen, dass eine *generelle* Sorgfaltspflicht zur Vermeidung fahrlässig falscher Tatsachenerklärungen nicht besteht.[860] Wann eine solche im Hinblick auf die hier einzig interessierenden Vermögensschäden im Einzelnen anzunehmen ist, ist eine schwierige Detailfrage die nicht *in extenso* behandelt werden kann.

Es sei daher auf die folgenden drei Konstellationen hingewiesen, in denen eine Sorgfaltspflicht regelmäßig zu bejahen ist: Wesentlich ist zunächst die Kenntnis des Erklärenden: Je umfangreicher die Kenntnis über den konkreten Vertragsgegenstand, desto wahrscheinlicher ist eine entsprechende Verantwortlichkeit für die Erklärung.[861] Vereinzelt wurde zwar angenommen, dass eine solche nur bei beruflich mit dieser Art von Auskünften befassten Personen besteht,[862] eine derartige Sichtweise aber würde den Anwendungsbereich in unsachgemäßer Weise einschränken. Spätere Entscheidungen nehmen daher eine entsprechende Pflicht für jedermann an, der eine Auskunft erteilt, auf welche der Empfänger sich ersichtlich verlässt.[863] Maßgeblich ist ferner der Zweck, dem die Aussage diente: In Fällen, in denen diese in dem Bewusstsein und mit dem Willen getätigt wurde, der Empfänger werde sich auf sie verlassen, liegt eine Verantwortlichkeit näher, als wenn sie sich an einen nicht näher bestimmten Personenkreis richtet.[864] Schließlich muss der Erklärungsempfänger sich nachvollziehbar auf die Aussage verlassen haben.[865] Je bedeutsamer das in Aussicht genommene Geschäft ist, desto höhere Erwartungen werden an das generelle Verhalten eines Käufers und damit an die Nachvollziehbarkeit des Vertrauens gestellt, ebenso wie an die erforderliche Vorsicht, eigene Nachforschungen vorzunehmen.[866] Auf Grundlage dieser drei Fallgruppen dürfte im Bereich des Unternehmenskaufs regelmäßig eine entsprechende Sorgfaltspflicht anzunehmen sein, da zum einen der Verkäufer als der Erklärende gegenüber dem Käufer über einen Informationsvorsprung verfügt und zum anderen die wirtschaftliche Bedeutung dieser Art von Geschäften regelmäßig die Schutzwürdigkeit des auf für die Erklärung vertrauenden Käufers rechtfertigt, deren Wesentlichkeit dem Unternehmensverkäufer regelmäßig erkennbar sein dürfte. Ferner hat der Ge-

---

859 Vgl. W.B. Anderson & Sons Ltd v Rhodes (Liverpool) Ltd [1967] 2 All ER 850, 865.

860 Cartwright, Misrepresentation, Mistake and Non-Disclosure, 6-01.

861 McKendrick, Contract Law, 13.6.

862 Mutual Life & Citizens‘ Assurance Co Ltd v Evatt [1971] AC 793.

863 Esso Petroleum v Mardon [1976] QB 801; Howard Marine and Dredging Co v A Ogden and Sons (Excavations) Ltd [1978] QB 574.

864 Vgl. Caparo Industries plc v Dickmann [1990] 2 AC 605, eine Verpflichtung des Wirtschaftsprüfers zur sorgfältigen Prüfung wurde nur im Hinblick auf die Aktionäre in ihrer Gesamtheit bejaht, der einzelne Aktionär könne sich für seine Investitionsentscheidung jedoch nicht auf den Bericht verlassen; zum Ganzen auch McKendrick, Contract Law, 13.6.

865 Vgl. Smith v Eric S Bush [1990] 1 AC 831.

866 Vgl. Smith v Eric S Bush [1990] 1 AC 831, 859 f.

schädigte einen Sorgfaltspflichtverstoß zu beweisen. Sorgfaltsmaßstab ist ein den Umständen angemessener, der vernünftigerweise erwartet werden konnte (*reasonable care*).[867] Das Bestehen eines Vertrages schließt das Bestehen einer Sorgfaltspflicht nach vorgenannten deliktsrechtlichen Grundsätzen nicht aus.[868] Der Geschädigte kann sich des Rechtsbehelfs bedienen, der ihm vorteilhafter erscheint.[869] Große praktische Bedeutung hat dieser auf dem *Common Law* fußende Anspruch freilich nie erlangt, da der kurz nach seiner richterlichen Anerkennnung eingeführte gesetzliche Anspruch nach s 2 (1) *Misrepresentation Act* 1967 gleichfalls für Fälle fahrlässig falsche Tatsachenerklärungen zur Verfügung steht, ohne dass die nach wie vor unscharfen Voraussetzungen einer Nähebeziehung zwischen den Parteien erfüllt sein müssen.

(b) Ersatzfähiger Schaden

Im Fall einer fahrlässig falschen Tatsachenbehauptung ist der Schädiger auf der Grundlage des *tort of negligence* zum Ersatz all jener Schäden verpflichtet, die ihm im Vertrauen auf die pflichtwidrige Aussage seines Vertragspartners entstanden sind und für deren Verhinderung die konkret einschlägige Sorgfaltspflichtflicht zu dienen bestimmt war.[870] Insofern entspricht der zu ersetzende Schaden weitgehend der Reichweite der verletzten Sorgfaltspflicht. Ist der Erklärende nur zur Mitteilung wahrheitsgemäßer Sachverhalte verpflichtet, bemisst sich der ersatzfähige Schaden danach, in welcher Position der Geschädigte sich befunden hätte, wäre die Information zutreffend gewesen.[871] Die dem eine falsche Tatsache Erklärenden auferlegten Sorgfaltspflichten erstrecken sich grundsätzlich jedenfalls nicht auf allgemeine Marktentwicklungen: Trägt etwa neben einer zu geringen Bewertung von Immobilien und einer in der Folge zu geringen Besicherung von zu deren Erwerb dienenden Darlehen auch der allgemeine Abschwung auf dem Immobilienmarkt zum Schaden bei, ist dieser nur insoweit ersatzfähig, als er auf der falschen Bewertung beruht.[872] Erstreckt sich die Pflicht des Erklärenden über die Mitteilung des wahrheitsgemäßen Sachverhalts hinaus hingegen auf eine konkrete Handlungsanweisung, ist auch der Ersatz weiterer Schäden denkbar.[873] Dies gilt insbesondere im Hinblick auf beratende Berufe, der Verkäufer eines Unternehmens aber wird regelmäßig nur zu wahrheitsgemäßen Angaben und nicht zu einer Handlungsanweisung verpflich-

---

867 Cartwright, Misrepresentation, Mistake and Non-Disclosure, 6-42 ff.
868 Grundlegend Henderson v Merrett Syndicates Ltd [1995] 2 AC 145.
869 Henderson v Merrett Syndicates Ltd [1995] 2 AC 145, 193 f.
870 Cartwright, Misrepresentation, Mistake and Non-Disclosure, 6-53.
871 Vgl. Anson's Law of Contract, S. 248.
872 South Australia Asset Management Corpn v York Montague Ltd [1996] 3 All ER 365.
873 Anson's Law of Contract, S. 248.

tet sein. Ersatzfähig sind zudem nur solche Schäden, die im Zeitpunkt der fahrlässig falschen Tatsachenerklärung für den Schädiger als solche erkennbar waren (*remoteness of damage*), was im Gegensatz zu einer arglistig falschen Tatsachenerklärung schon eine deutliche Beschränkung darstellt.[874] Die Schadenshöhe bemisst sich bei Mängeln erworbener Vermögensgüter nach deren Minderwert im Zeitpunkt des Vertragsschlusses.[875] Entgangener Gewinn als Schadensposition des Erfüllungsschadens kann grundsätzlich nicht verlangt werden, jedoch kann der Geschädigte sich darauf berufen, seine aufgrund der falschen Tatsachenerklärung gebundenen Mittel anderweitig investiert zu haben, und diesen hypothetisch entgangenen Gewinn dann als Vertrauensschaden geltend machen.[876] Die Gewährung einer Entschädigung mit Strafzweck (*exemplary damages*) ist zwar ebenso wie im Fall der Arglist denkbar, praktisch aber eher die Ausnahme.[877]

(c) Einreden und Verjährung

Hat der Geschädigte durch sein Verhalten ebenfalls zur Entstehung des Schadens beigetragen, kann sein Anspruch –anders als im Fall der arglistig falschen Tatsachenerklärung– wegen Mitverschuldens nach s 1 (1) *Law Reform (Contributory Negligence) Act* 1945 gemindert werden.[878] Es besteht zudem eine Schadensminderungspflicht des Geschädigten (*mitigation of loss*).[879] Das Recht zum Schadensersatz für hier in erster Linie interessierende Vermögensschäden verjährt nach s 2 *Limitation Act* 1980 innerhalb von sechs Jahren ab dem Zeitpunkt seiner Entstehung. Diese Zeitspanne kann nach s 14 A *Limitation Act* 1980 gegebenenfalls um drei Jahre ab dem Zeitpunkt verlängert werden, zu dem der Geschädigte erstmals über ausreichende Kenntnis zur Geltendmachung seines Anspruchs verfügte.[880] Maßgeblich für den Beginn der Frist ist der Moment, in dem der Geschädigte einen auf der Pflichtverletzung des fahrlässig falsch Erklärenden beruhenden Schaden erlitten hat.[881]

---

874 Grundlegend Overseas Tankship (UK) Ltd v Morts Dock & Engineering Co Ltd (The Wagon Mound) [1961] AC 388 PC.

875 Vgl. Byrne v Pain & Foster [1999] 1 WLR 1849.

876 South Australia Asset Management Corpn v York Montague Ltd [1996] 3 All ER 365; Esso Petroleum Ltd v Mardon [1976] QB 801; vgl. auch den zuvor im Fall arglistig faslcher Tatsachenerklärung bereits genannten Fall East v Maurer [1991] 2 All ER 733.

877 Vgl. A v Bottrill [2003] 1 AC 449.

878 Vgl. Cartwright, Misrepresentation, Mistake and Non-Disclosure, 6.47.

879 Cartwright, Misrepresentation, Mistake and Non-Disclosure, 6.58.

880 Vgl. Haward v Fawcetts [2006] 1 WLR 682.

881 Cartwright, Misrepresentation, Mistake and Non-Disclosure, 6.48.

(3) Fahrlässig falsche Tatsachenerklärung nach s 2 (1) Misrepresentation Act 1967

Die Verantwortlichkeit für fahrlässig falsche Tatsachenerklärungen nach *Common Law* ist von der nach s 2 (1) *Misrepresentation Act* 1967 zu unterscheiden. Nach dieser Vorschrift ist derjenige, der aufgrund einer falschen Tatsachenerklärung zum Abschluss eines Vertrages bewegt wird, schadensersatzberechtigt, falls er im Fall einer arglistig falschen Tatsachenerklärung Schadensersatz verlangen könnte. Der Tatbestand selbst setzt allerdings keine Arglist voraus, die Textfassung ist als bloße Fiktion (*fiction of fraud*) zu behandeln und gibt Hinweise zur Bemessung des Schadenersatzanspruches.[882] Die Ersatzpflicht tritt nicht ein, wenn dem Erklärenden der Nachweis gelingt, dass für seine Annahme vernünftige Gründe bestanden und er bis zum Vertragsschluss an den Wahrheitsgehalt seiner Aussage glaubte. Die Erbringung dieses Nachweises dürfte jedoch umso schwieriger werden, desto umfangreichere Informationsmöglichkeiten dem Erklärenden zur Verfügung stehen, was gerade den regelmäßig über einen erheblichen Informationsvorsprung verfügenden Verkäufer eines Unternehmens vor besondere Schwierigkeiten stellen kann. Die Vorschrift ist ihrem klaren Wortlaut nach nur dann anwendbar, wenn es zwischen den Parteien letztlich zu einem Vertragsschluss gekommen ist.

(a) Ersatzfähiger Schaden

Im Hinblick auf den aus s 2 (1) *Misrepresentation Act* 1967 resultierenden Schadensersatzanspruch herrschte ursprünglich einige Unstimmigkeit, insbesondere bezüglich der Frage, ob sich dessen Umfang am Erfüllungsinteresse oder am Vertrauensinteresse des Geschädigten ausrichten sollte.[883] Während frühere Entscheidungen von erstgenannter Alternative ausgingen,[884] legt die derzeitige Rechtsprechung der Schadensberechnung das Vertrauensinteresse zugrunde.[885] Die konkrete Berechnung orientiert sich an der im Rahmen eines *tort of deceit* vorgenommenen.[886] Diese Anknüpfung mit der Übertragung der für die Haftungsbegründung geltenden Grundsätze auch auf den Haftungsumfang ist nicht unbedenklich, da auf Grundlage des *tort of deceit* alle Schäden erstattungsfähig sind, die dem Anspruchsberechtigten durch den Vertragsschluss entstanden sind,

---

882 Vgl. Atiyah/Treitel, MLR 30 (1967) 369, 373; kritisch zu dieser Verknüpfung Poole/Devenney, JBL 2007, 269, passim.

883 Vgl. McKendrick, Contract Law, 13.9.

884 Vgl. Jarvis v Swan's Tours [1973] QB 233; Watts v Spence [1976] Ch 165.

885 Grundlegend Royscot Trust Ltd v Rogerson [1991] 2 QB 297; vgl. auch South Australia Asset Management Corpn v York Montague Ltd [1996] 3 All ER 365.

886 Vgl. McKendrick, Contract Law, 13.6.

während im Rahmen eines *tort of negligence* nur Schäden ersetzt werden, für deren Verhinderung dem Schädiger eine entsprechende Sorgfaltspflicht oblag.[887] Um dem auch an anderer Stelle im modernen Deliktsrecht maßgeblichen Verschuldensgrad des Schädigers größere Bedeutung beizumessen, und somit eine größere Kongruenz mit dem *Common Law*-basierten Tatbestand des *tort of negligence* herzustellen, ist eine Klarstellung durch die höchstrichterliche Rechtsprechung erforderlich.[888] *De lege lata* aber orientiert sich die Berechnung am *tort of deceit* mit der Folge, dass auch an die Vorhersehbarkeit des Schadenseintritts (*remoteness of damage*) geringere Anforderungen zu stellen sind.[889] Wie bei der fahrlässig falschen Tatsachenerklärung nach *Common Law* sind Entschädigungsleistungen mit Strafzweck (*exemplary damages*) im Grundsatz zwar möglich, praktisch jedoch kaum vorstellbar.

(b) Einreden und Verjährung

Bereits der Tatbestand enthält eine potentielle Einrede des Schädigers, nämlich die Möglichkeit des Nachweises, dass seine Behauptung auf vernünftiger Grundlage basierte und er selbst bis zum Vertragsschluss an den Wahrheitsgehalt seiner Aussage glaubte. Ob diese Annahme gerechtfertigt war, richtet sich danach, ob ein objektiver Dritter auf Grundlage der dem Erklärenden bekannten Faktenlage seine Aussage für zutreffend gehalten hätte.[890] In der Praxis wird ein derartiger Nachweis jedoch kaum jemals gelingen.[891] Die Verfügbarkeit weiterer Einreden hängt im Übrigen davon ab, wie weit man die Fiktion einer arglistig falschen Tatsachenerklärung (*fiction of fraud*) erstreckt. Da Anwendbarkeit oder Ausschluss bestimmter Einreden sich oft nur durch den einer arglistig falschen Tatsachenerklärung innewohnenden Unrechtsgehalt rechtfertigen lässt, sollte diese Fiktion richtigerweise nicht zu weit ausgedehnt werden, so dass auch solche Einreden geltend gemacht werden können sollten, die im Fall der Arglist ausgeschlossen sind.[892] Es ist kein Grund ersichtlich, warum sich der Erklärende auch im Fall einer bloß fahrlässig falschen Tatsachenerklärung auf einen etwa vereinbarten Haftungsausschluss nicht berufen können soll. Ebenso wie der vorgenannte Anspruch aus dem *tort of negligence* sollte der Anspruch daher wegen

---

887 Vgl. Cheshire, Fifoot and Furmston's Law of Contract, S. 366; Wadsley, MLR 55 (1992) 698 ff.

888 Poole/Devenney, JBL 2007, 269, 275 ff; Cartwright, Misrepresentation, Mistake and Non-Disclosure, 7.34 ff.

889 Royscot Trust Ltd v Rogerson [1991] 2 QB 297; McKendrick, Contract Law, 13.9.

890 Cartwright, Misrepresentation, Mistake and Non-Disclosure, 7.26.

891 Vgl. Howard Marine & Dredging Co Ltd v A. Ogden & Sons (Excavations) Ltd [1978] QB 574.

892 Zutreffend Cartwright, Misrepresentation, Mistake and Non-Disclosure, 7.27.

Mitverschuldens nach dem *Law Reform (Contributory Negligence) Act* 1945 gemindert werden können.[893] Gleiches gilt im Hinblick auf eine Verpflichtung zur Schadensminderung (*mitigation of loss*).[894] Eine Klarstellung der maßgeblichen Anknüpfung durch die höchstrichterliche Rechtsprechung ist jedenfalls, wie bereits bei der Frage der Haftungsausfüllung, überfällig. Der Anspruch verjährt nach s 2 *Limitation Act* 1980 innerhalb von sechs Jahren, beginnend mit dem Zeitpunkt seiner Entstehung. Die Frist beginnt erst zu laufen, wenn der auf die falsche Tatsachenerklärung Vertrauende tatsächlich einen ersatzfähigen Schaden erlitten hat.[895] Die nach s 14 A *Limitation Act* 1980 für den ansonsten gleichbehandelten Anspruch nach *Common Law* mögliche Fristverlängerung findet keine Anwendung.[896] Diese Tatsache stellt für den Unternehmenskäufer einen der wenigen Vorteile einer Vorgehensweise nach den Grundsätzen des *Common Law* im Gegensatz zu der nach dem *Misrepresentation Act* dar.

(c) Vergleich mit einer Haftung nach den Grundsätzen des Common Law

Für den Geschädigten ist ein Vorgehen über diese gesetzlich eröffnete Möglichkeit gegenüber einem Vorgehen wegen fahrlässig falscher Tatsachenerklärung nach *Common Law* in dreifacher Hinsicht vorteilhaft: Zum einen ist es nicht erforderlich, dass die nach wie vor im Einzelnen nicht scharf umrissenen Voraussetzungen einer besonderen Beziehung zwischen den Vertragspartnern vorliegen.[897] Zum anderen kommt die Verteilung der Beweislast dem Erklärungsempfänger zustatten, da zu seinen Gunsten eine entsprechende Vermutung besteht, deren Widerlegung dem Erklärenden kaum jemals gelingen dürfte.[898] Dies gilt umso mehr, als die Annahme einer entsprechenden Sorgfaltspflicht auf der Grundlage der durch das *Common Law* entwickelten Fallgruppen im Bereich des Unternehmenskauf regelmäßig zu bejahen sein wird. Ferner entspricht die Art der Schadensersatzberechnung derjenigen, wie sie bei der Annahme eines *tort of deceit* anzunehmen wäre.[899] Das bedeutet, dass das Recht auf Schadensersatz nicht durch eine fehlende Vorsehbarkeit des eingetretenen Schadens ausge-

---

893 Gran Gelato Ltd v Richcliff (Group) Ltd [1992] Ch 560; kritisch McKendrick, Contract Law, 13.9 unter Hinweis auf die in Roycot Trust Ltd v Rogerson [1991] 2 QB 297 vorgenommene Anküpfung an das tort of deceit.

894 Cartwright, Misrepresentation, Mistake and Non-Disclosure, 7.40.

895 Das ist regelmäßig der Zeitpunkt des Vertragsschlusses, kann im Einzelfall jedoch auch später sein, vgl. Toprak Enerji Sanayi A.S. v Sale Tilney Technology plc [1994] 1 Lloyd's Rep 303.

896 Laws v Society of Lloyds [2003] All ER (D) 392 (Dec).

897 Vgl. Gosling v Anderson [1972] EG 1743.

898 McKendrick, Contract Law, 13.6.

899 Vgl. Royscot Trust Ltd v Rogerson [1991] 2 QB 297.

schlossen ist.[900] Diese Gleichstellung in den Rechtsfolgen mit einer arglistig falschen Tatsachenerklärung ist wie gesehen nicht ohne Kritik geblieben, derzeit aber geltendes Recht.[901]

(4) Schuldlos falsche Tatsachenerklärungen (innocent misrepresentation)

Unter einer schuldlos falschen Tatsachenerklärung (*innocent misrepresentation*) ist eine solche zu verstehen, die weder als arglistig noch als fahrlässig zu qualifizieren ist. Nach der früheren Rechtsprechung konnte der Empfänger einer schuldlos falschen Tatsachenerklärung sich zwar vom Vertrag lösen, aber keinen Schadensersatz beanspruchen, denkbar war allenfalls eine Entschädigung (*indemnity*).[902] Nun sieht s 2 (2) *Misrepresentation Act* 1967 vor, dass das entscheidende Gericht den Vertrag als fortbestehend erklären und dem Erklärungsempfänger statt der begehrten Vertragsauflösung Schadensersatz zusprechen kann, wenn Gerechtigkeitserwägungen dies erfordern (*damages in lieu of rescission*). Mit dieser Vorschrift wurde die zuvor bestehende missliche Rechtslage beseitigt, dass dem Erklärungsempfänger auch bei im Gesamtkontext des Vertrages eher unwesentlichen falschen Tatsachenerklärungen stets nur die Alles-oder-nichts-Lösung der Aufhebung des Vertrages zur Verfügung stand.[903] Anders als bei einer arglistig oder fahrlässig falschen Tatsachenerklärung kann der Schadensersatz dem klaren Wortlaut der Vorschrift nach jedoch nur an Stelle der Vertragsauflösung und nicht zusätzlich zu dieser zugesprochen werden. Ein Anspruch auf die Gewährung von Schadensersatz *in lieu of rescission* besteht im Gegensatz zu einem Anspruch aus s 2 (1) *Misrepresentation Act* 1967 nicht. Dem entscheidenden Gericht kommt ein großer Ermessensspielraum zu.[904] Zu berücksichtigen ist die Natur der falschen Tatsachenerklärung, zudem sind der Schaden, der dem Erklärungsempfänger bei fortbestehender Bindung an den Vertrag entstünde, und der Schaden des Erklärenden im Fall einer Auflösung des Vertrages gegeneinander abzuwägen. Innerhalb dieser Entscheidungsparameter wird sich das Gericht an den konkreten Umständen des Einzelfalls zu orientieren haben, wobei die Gewährung von Schadensersatz mit der Erheblichkeit der falschen Tatsachenerklärung an Bedeutung gewinnt. Die Voraussetzungen zur Geltendmachung des Anspruches sind nicht zweifelsfrei geklärt. Der Wortlaut, wonach dem Erklärungsempfänger Schadensersatz gewährt werden

---

900 Vgl. Royscot Trust Ltd v Rogerson [1991] 2 QB 297.

901 McKendrick, Contract Law, 13.6.

902 Grundlegend Redgrave v Hurd [1881] 20 Ch D 1; siehe oben die einführenden Worte zu C III.

903 Atiyah/Treitel, MLR 30 (1967) 369, 375 ff.

904 Vgl. Hoffmann LJ in Willliam Sindall plc v Cambridgeshire CC [1994] 1 WLR 1016, 1036: the court has „to do what is equitable".

kann, wenn er aufgrund der falschen Tatsachenerklärung zur Vertragsauflösung berechtigt wäre, legt nahe, dass dieser Ausspruch nur dann geltend gemacht werden kann, wenn auch das Recht zur Vertragsauflösung im Zeitpunkt der Entscheidung des Gerichts tatsächlich noch ausgeübt werden kann, also etwa nicht, wenn eine *restitutio in integrum* und damit eine Wiederherstellung des *status quo ante* nicht mehr möglich ist.[905] Die Rechtsprechung ist in dieser Frage gespalten: Teilweise wird davon ausgegangen, dass es ausreicht, dass das Recht der Vertragsauflösung zu irgendeinem Zeitpunkt überhaupt, oder zumindest in dem Zeitpunkt, als der Berechtigte es geltend machen wollte, bestanden hat.[906] Die gegenteilige Auffassung verlangt hingegen das Bestehen des Rechts zur Vertragsauflösung noch im Zeitpunkt der gerichtlichen Entscheidung.[907] Ihr ist wegen der besseren Vereinbarung mit dem Wortlaut der Vorschrift der Vorzug zu geben. Hält das entscheidende Gericht die Ersetzung der begehrten Vertragsauflösung durch einen Schadensersatzanspruch nicht für angezeigt, bleibt es dabei, dass als monetärer Ausgleich nur eine Entschädigung des Erklärungsempfängers in Betracht kommt.[908]

Dem Gesetz sind keine Hinweise zur Berechnung des konkret nach s 2 (2) *Misrepresentation Act* 1967 ersatzfähigen Schadens zu entnehmen. Auch im wissenschaftlichen Schrifttum ist ein Konsens in dieser Frage nicht erkennbar, es herrscht nicht einmal Einigkeit, ob eine Berechnung auf Grundlage des Vertrauens- oder des Erfüllungsinteresses vorgenommen werden sollte.[909] Einer vorbehaltlosen Berechnung auf Grundlage des Vertrauensinteresses steht jedenfalls der nachvollziehbare Einwand entgegen, dass damit letztlich die gleiche Situation vorläge, die das Gericht durch Verweigerung der Vertragsauflösung gerade vermeiden wollte.[910] Nach derzeitigem Stand der Rechtsprechung ist davon auszugehen, dass die Gewährung von Schadensersatz sich auf die Differenz des tatsächlichen Werts des Vertragsgegenstandes in Relation zum gezahlten Kaufpreis beschränkt und Folgeschäden nicht erfasst werden.[911] Der Anspruch verjährt in der nach s 2 *Limitation Act* 1980 maßgeblichen Frist von sechs Jahren, beginnend mit seiner Entstehung.

---

905 Cheshire, Fifoot and Furmston's Law of Contract, S. 362.

906 So zumindest Jacob J in Thomas Witter Ltd v TBP Industries Ltd [1996] 2 All ER 573, 601.

907 Vgl. Floods of Queensferry Ltd v Shand Construction Ltd [2000] BLR 81; Government of Zanzibar v British Aerospace (Lancaster House) Ltd [2000] 1 WLR 2333.

908 Grundlegend Redgrave v Hurd [1881] 20 Ch D 1.

909 Siehe etwa von Bismarck, in: Corporate Mergers & Acquisitions, S. 28: „The damages are not tortious but something less".

910 McKendrick, Contract Law, 13.9.

911 Vgl. Thomas Witter Ltd v TBP Industries Ltd [1996] 2 All ER 573, 591. Folgeschäden sind jedenfalls nur insofern ersatzfähig, alssie dies auch im Rahmen einer indemnity wären, vgl. Cheshire, Fifoot and Furmston's Law of Contract, S. 368; iE wohl auch von Bismarck, in: Corporate Mergers & Acquisitions, S. 28.

3 Möglichkeiten einer Haftungsbeschränkung

Die rechtliche Verantwortlichkeit für vorvertraglich falsche Tatsachenerklärungen kann im Hinblick auf die beiden primär einschlägigen Rechtsfolgen der Vertragsauflösung und des Schadensersatzes auf verschiedene Art und Weise eingeschränkt oder ausgeschlossen werden, soweit nicht eine arglistig falsche Tatsachenerklärung im Raum steht.[912] Dem *Common Law* ist kein Grundsatz dahingehend zu entnehmen, dass einer Vertragsabrede, die eine Partei benachteiligt, die Wirksamkeit zu versagen ist. Es gilt vielmehr der Grundsatz der Vertragsfreiheit.[913] Dennoch haben die Gerichte einige Kontrollmechanismen geschaffen, die sich jedoch in erster Linie auf vertragliche Vereinbarungen beziehen, und daher im Zusammenhang mit den Ausschlussmöglichkeiten vertraglicher Rechte in der Vergleichsgruppe der Substratmängel behandelt werden,[914] im Übrigen aber auf vorvertraglich falsche Tatsachenerklärungen entsprechend anzuwenden sind. Deren Rechtswirksamkeit richtet sich jedoch weitgehend nach der spezialgesetzlichen Vorgaben von s 3 *Misrepresentation Act* 1967.

a Arten beschränkender Klauseln

In Betracht kommen Klauseln, die eine Verantwortlichkeit für vorvertraglich falsche Tatsachenerklärungen und/oder solche, die schließlich Eingang in den Vertrag gefunden haben, schlicht ausschließen (*exclusion clauses*).[915] Der Ausschluss kann sich auch auf eine zur Geltendmachung des Rechts wesentliche Tatbestandsvoraussetzung beziehen, wie im Fall vorvertraglich falscher Tatsachenerklärungen auf den Umfang des durch den Käufer in Anspruch genommenen Vertrauens auf diejenigen Tatsachen, die später als *term* Eingang in den Vertrag gefunden haben (*non-reliance clauses*).[916] Diese unterscheiden sich von ähnlich konzipierten *entire agreement clauses* dadurch, dass letztere zwar den Rückgriff auf außerhalb des Vertrages getroffene Vereinbarungen als Bestandteile des Vertrages zu verhindern suchen, aber sonstigen, nicht von der Vereinbarung umfassten vorvertraglichen Erklärungen nicht ihren Status als solche

---

912 Vgl. S Pearson & Son Ltd v Dublin Corpn [1907] AC 351, 362; Spencer Bower, Turner and Handley, Actionable Misrepresentation, S. 189 ff.

913 Vgl. Goode on Commercial Law, S. 103 ff und Calcutta and Burmah Steam Navigation Co v De Mattos [1863] 32 LJQB 322.

914 Siehe unten D IV 1 a.

915 Siehe beispielsweise Government of Zanzibar v British Aerospace (Lancaster House) Ltd [2000] 1 WLR 2333.

916 Cartwright, Misrepresentation, Mistake and Non-Disclosure, 3.56.

nehmen.[917] Da eine nach s 3 *Misrepresentation Act* 1967 zu überprüfende Klausel an ihrer tatsächlichen Wirkung zu messen ist, beurteilt die Rechtsprechung auch die vorgenannten *non-reliance* Klauseln nach den für sonstige Ausschlussklauseln geltenden Maßstäben.[918] Damit wird derartigen, insbesondere auch beim Kauf von Gesellschaftsanteilen, üblichen Klauseln regelmäßig die Wirksamkeit versagt, es sei denn, sie schließen bestimmte Äußerungen von einer Haftung aus, die wie bloße Meinungsäußerungen bereits tatbestandlich keine *misrepresentation* darstellen können.[919] Üblich sind ferner Klauseln, die gewisse Mindest- oder Höchstgrenzen eines ersatzfähigen Schadens bestimmen.[920] Es können auch nur einzelne Rechtsbehelfe ausgeschlossen werden, also nur das Recht auf Vertragsauflösung oder nur das Recht auf Schadensersatz.[921] Ferner kann die Ausübung bestimmter Rechtsbehelfe an zusätzliche Voraussetzungen geknüpft werden.[922] Oft anzutreffen sind auch Klauseln, die die verschiedenen beschränkenden Möglichkeiten kombinieren.[923] In diesem Fall ist die Rechtswirksamkeit jeder Abrede gesondert zu prüfen. Klauseln, die lediglich der Schadensberechnung dienen (*agreed damages clauses*); unterfallen der Ausschlusskontrolle grundsätzlich nicht, da sie regelmäßig nicht mit einer Haftungsbeschränkung einhergehen, oftmals sogar zu einer Erweiterung der rechtlichen Verantwortlichkeit führen.[924] Die Wirksamkeit eines vertraglichen Ausschlusses ist an den allgemeinen Anforderungen des *Common Law* ebenso zu messen wie an den spezialgesetzlichen Vorgaben nach s 3 *Misrepresentation Act* 1967. Hinsichtlich solcher Tatsachenerklärungen, die schließlich Eingang in den Unternehmenskaufvertrag finden, kommt zudem eine Klauselkontrolle nach den Vorgaben des *Unfair Contract Terms Act* 1977 in Betracht, die in der Vergleichsgruppe der Substratmängel im Zusammenhang mit den Ausschlussmöglichkeiten einer Haftung auf vertraglicher Grundlage behandelt wird.[925]

---

[917] Vgl. Deepak Fertilisers and Petrochemicals Corpn v ICI Chemicals & Polymers Ltd [1999] 1 Lloyd's Rep 387; zum abschließenden Regelungsgehalt derartiger Klauseln Christou, Boilerplate: Practical Clauses, S. 224 ff;
Lewison, Interpretation of Contracts, 3.10; vgl. auch von Bismarck, in Corporate Acquisitions and Mergers, S. 25 f. Einer Geltendmachung von Rechten aus einer erst nach Vertragsschluss erfolgten misrepresentation freilich kann die entire agreement clause nicht entgegenstehen, vgl. Sutcliffe v Lloyd [2007] EWCA Civ 153.

[918] Government of Zanzibar v British Aerospace (Lancaster House) Ltd [2000] 1 WLR 2333.

[919] Cartwright, Misrepresentation, Mistake and Non-Disclosure, 9.20.

[920] Von Bismarck, in Corporate Mergers and Acquisitions, S. 39.

[921] Vgl. Toomey v Eagle Star Insurance Co Ltd (No. 2) [1995] 2 Lloyd's Rep 88: Ausschluss des Rechts zur Vertragsauflösung ohne Auswirkung auf das Recht zum Schadensersatz.

[922] Cartwright, Misrepresentation, Mistake and Non-Disclosure, 9.05.

[923] Government of Zanzibar v British Aerospace (Lancaster House) Ltd [2000] 1 WLR 2333.

[924] Vgl. Suisse Atlantique Société d'Armament Maritime SA v NV Rotterdamsche Kolen Centrale [1967] 1 AC 361.

[925] Siehe unten D IV 1 b.

b Rechtswirksamkeitskontrolle durch s 3 Misrepresentation Act 1967

Nach s 3 *Misrepresentation Act* 1967 ist eine vertragliche Vereinbarung, die eine sonst bestehende Verantwortlichkeit für eine vor Vertragsschluss erklärte, sich als falsch erwiesene Tatsachenerklärung, oder einen der anderen Vertragspartei auf Grundlage dieses Vertrages sonst zustehenden Rechtsbehelf ausschließt oder beschränkt, unwirksam. Dies gilt nicht, wenn und soweit das entscheidende Gericht das Vertrauen des Verwenders auf die Wirksamkeit der Klausel im Einzelfall für schützenswert erachtet, die Klausel den Umständen nach also angemessen (*fair and reasonable*) ist.[926]

(1) Leitlinien zur Bestimmung der Angemessenheit

Die Angemessenheit bestimmt sich nach s 11 (1) *Unfair Contract Terms Act* 1977 nach den den Vertragsparteien im Zeitpunkt des Vertragsschlusses bekannten oder als bekannt vorauszusetzenden Umständen. Zur Konkretisierung der Angemessenheit sind weiterhin s 11 (2) und (4) *Unfair Contract Terms Act* anwendbar. Nach s 11 (4) ist im Rahmen der Angemessenheit einer Haftungsbeschränkung auch die Versicherbarkeit des Risikos zu berücksichtigen, ebenso wie die finanziellen Mittel, deren Bereitstellung zu Zwecken der Versicherung von dem sich auf die Haftungsbeschränkung berufenden Vertragspartner vernünftigerweise erwarten durfte. Die Möglichkeiten zur Versicherung bestimmter Transaktionsrisiken hat zwar in den letzten Jahren stark zugenommen, dennoch hat sich der Abschluss derartiger Versicherungen gerade beim Verkauf kleiner und mittlerer Unternehmen noch nicht als Verkehrssitte etabliert, so dass das Bestehen entsprechenden Versicherungsschutzes vom Rechtsverkehr nicht erwartet werden kann.[927] Im Übrigen sind entsprechend s 11 (2) *Unfair Contract Terms Act* 1977 die in *Schedule* 2 enthaltenen Richtlinien zur Bestimmung der Angemessenheit zu beachten. Obwohl diese auf den Warenkauf zugeschnitten sind, ist eine entsprechende Anwendbarkeit auf den Unternehmenskauf zumindest teilweise denkbar. Ob dies bereits für die von lit. (a) angeführte relative Verhandlungsstärke der Parteien zueinander angenommen werden kann, erscheint zweifelhaft, da die Verhandlungssituation bei einem Unternehmenskauf in der Regel durch Parteien auf Augenhöhe gekennzeichnet ist.[928] Zwar ist der

---

926 Grundlegend aus jüngerer Zeit Thomas Witter Ltd v TBP Industries Ltd [1996] 2 All ER 573, wo die streitige Ausschlussklausel als zu weit gefasst erachtet wurde und eine Veranwortlichkeit auch für arglistig falsche Tatsachenerklärungen nicht hinreichend deutlich ausgeschlossen worden war.

927 Ebenso Krecek, Gewährleistungshaftung beim Unternehmenskauf, S. 117.

928 In diesem Zusammenhang auch von Bismarck, in Corporate Mergers and Acquisitions, S. 26.

Fall denkbar, dass ein Machtgefälle zu Lasten des Käufers etwa deshalb besteht, weil sich dieser aus strategischen Gründen gerade zum Erwerb eines bestimmten Unternehmens veranlasst sieht, große praktische Bedeutung dürfte dem jedoch nicht zukommen. Alternative Abschlussmöglichkeiten nach lit. (b) werden dem Unternehmenskäufer aufgrund der Individualität des Vertragsgegenstandes kaum zur Verfügung stehen, die Akzeptanz einer haftungsausschließenden oder –beschränkenden Klausel im Gegenzug zu anderweitigen durch den Verkäufer gewährten Vorteile kommt beim Unternehmenskauf in Gestalt einer Anpassung des Kaufpreises hingegen sehr häufig vor. Nach lit. (c) ist die Angemessenheit zu bejahen, wenn der Käufer um die Haftungsbeschränkung und deren Reichweite wusste, oder vernünftigerweise, unter Berücksichtigung entsprechender Handelsbräuche oder vorhergehenden geschäftlichen Kontakts wissen konnte. Dabei ist zu berücksichtigen, dass sich das Wissen um eine konkrete Haftungsbeschränkung bei einem trotz Anlehnung an Musterformulare doch regelmäßig individuell ausgehandelten Unternehmenskaufvertrag nicht allein an üblichen oder häufig vorkommenden Klauseln orientieren kann. Die Angemessenheit ist stets bezogen auf den jeweiligen Einzelfall zu beurteilen, die weitläufige Verwendung einer bestimmten Art von Vereinbarungen in Verträgen der gleichen Art allein kann zwar eine gewisse indikative Wirkung entfalten, ist allein aber nicht ausreichend.[929] Hier könnte man höchstens darauf abstellen, dass der Käufer wegen der Üblichkeit von Haftungsbeschränkungen in Unternehmenskaufverträgen deren konkreter Ausgestaltung besonderes Augenmerk geschuldet hätte, was letztlich zur Annahme fahrlässiger Unkenntnis führen kann. Das Erfordernis der lit. (d), wonach auch die Wahrscheinlichkeit, dass ein näher bestimmtes haftungsauslösendes Ereignis eintritt, zu berücksichtigen ist, kann auch beim Unternehmenskauf sinnvoll angewendet werden: Je näher der Eintritt eines bestimmten Schadens nämlich liegt, desto eher wird dieses Risiko über eine Anpassung des Kaufpreises abgesichert werden, je ferner das Risiko liegt hingegen eher durch eine Haftungsbeschränkung. Die letzte Orientierungsleitlinie der lit. (e), wonach in Erwägung zu ziehen ist, ob der Gegenstand des Kaufvertrages speziell nach den Wünschen des Käufers gefertigt oder angepasst worden ist, kann auf den Unternehmenskauf Anwendung finden, wenn im Lauf der Vertragsverhandlungen, aber vor dem maßgeblichen Zeitpunkt des Vertragsschlusses noch Umstrukturierungsmaßnahmen durch den Verkäufer zur besseren Einpassung des kaufgegenständlichen Unternehmens in die wirtschaftliche und unternehmerische Konzeption des Käufers vereinbart wurde. Die genannten Orientierungsleitlinien zur Überprüfung der Angemessenheit einer haftungsausschließenden oder –beschränkenden Klausel sind jedoch nicht abschließend.

---

[929] Grundlegend Thomas Witter Ltd v TBP Industries Ltd [1996] 2 All ER 573; vgl. auch Walker v Boyle [1982] 1 WLR 495.

(2) *Geltendmachung der Haftungsbeschränkung*

Die Beweislast für die Angemessenheit der Haftungsbeschränkung trägt die sich auf den Haftungsausschluss berufende Vertragspartei, also der die falsche Tatsache Erklärende.[930] Da der Ausgang der Angemessenheitsprüfung jedoch stark von subjektiven Wertungen abhängt und die Obergerichte tatrichterliche Feststellungen regelmäßig anerkennen und eine Korrektur nur noch bei offensichtlicher Unangemessenheit der Entscheidung vornehmen,[931] ist die rechtliche Bewertung einer bestimmten Ausschlussklausel stets mit Unsicherheit behaftet. Stellt das Gericht die Unwirksamkeit der Klausel fest, ist diese davon im Ganzen betroffen.[932] Auch hier gilt der Sache nach das aus dem deutschen Recht bekannte Verbot geltungserhaltender Reduktion. Allerdings ist die gesonderte Betrachtung einzelner Bestandteile einer umfassenden Ausschlussklausel nicht schlechthin ausgeschlossen: So hat die Rechtsprechung durchaus schon verschiedene einzelne Bestandteile einer im Ganzen aufgesetzten Klausel als unabhängig von einander erachtet,[933] oder verschiedene Bestandteile verschiedene Funktionen erfüllen lassen.[934] Vor diesem Hintergrund ist bei der Vertragsgestaltung darauf zu achten, haftungsausschließende Tatbestände nicht zu weit zu fassen, sondern eher in auch äußerlich als solche erkennbare, voneinander unabhängige Abreden zu unterteilen.

IV Zusammenfassung

Die rechtstechnische Behandlung fehlerhafter Abschlussangaben beim Unternehmenskauf ist in den drei verglichenen Rechtsordnungen sehr verschieden, wenn sich die Ergebnisse letztlich auch weitgehend entsprechen. Bei Veräußerung eines *fonds de commerce* sieht das französische Recht eine Verpflichtung des Unternehmensverkäufers zur Mitteilung bestimmter Pflichtangaben vor, die über die Verweisung des Art. L 141-3 Abs. 1 C.com. den Weg in die Rechtsfolgen des Sachmängelgewährleistungsrechts eröffnen, so dass diesem in der vorliegenden Vergleichsgruppe insgesamt ein breiter Anwendungsbereich zukommt. Während das Rechtsinstitut des *fonds de commerce* aufgrund seiner Verwurzelung in einer langen nationalen Rechtstradition den Bedürfnissen der

---

930 Vgl. Laceys Footwear (Wholesale) Ltd v Bowler International Freight Ltd [1997] 2 Lloyd's Rep 369.

931 McKendrick Contract Law, 11.14 unter Hinweis auf George Mitchell (Chesterhall) Ltd v Finney Lock Seeds Ltd [1983] 2 AC 803.

932 Vgl. Skipskredittforeningen v Emperor Navigation [1998] 1 Lloyd's Rep 66.

933 Siehe etwa Regus (UK) Ltd v Epcot Solutions Ltd [2008] EWCA Civ 361.

934 Murphy & Sons Ltd v Johnston Precast Ltd [2008] EWHC 3024 (TCC).

Praxis im Wesentlichen zu entsprechen scheint, ist dies für die bestehenden Mitteilungspflichten nicht zu bejahen. Diese gehören wie gesehen vielmehr zu den wichtigsten Kritikpunkten, die gegen dieses Rechtsinstitut überhaupt vorgebracht werden. Das gilt insbesondere für die Verpflichtung zur Mitteilung der Umsätze und Gewinne, die der Verkäufer in den drei der Veräußerung vorangegangenen Geschäftsjahren erzielt hatte. Gerade die Tatsache, dass der ansonsten nach dem Vorbild des *fonds de commerce* ausgestaltete *fonds artisanal* entsprechende Mitteilungspflichten nicht vorsieht, trägt zu erheblicher Inkohärenz des französischen Rechts in diesem Bereich bei. Der mit den Pflichtangaben bezweckte Schutz des Käufers ist in dieser Form nicht mehr zeitgemäß und kann der eigenen Rechtsordnung nicht als Vorbild dienen.

Das deutsche Recht erfasst als gewährleistungsrechtlich relevante Sachverhalte nach dem hier vertretenen extensiven Begriffsverständnis in weitem Umfang auch außerhalb des Vertragsgegenstandes selbst liegende Umstände, sofern die Vertragspartner eine entsprechende Beschaffenheit vereinbaren und bietet bei fehlender, lückenhafter oder unwirksamer Parteivereinbarung in engen Grenzen eine Standardbeschaffenheit an. Im französischen Recht ist die Möglichkeit einer derartigen Vereinbarung, sofern das Sachmängelgewährleistungsrecht auf direktem Wege und nicht über die Verweisung des Art. L 141-3 Abs. 1 C.com. zur Anwendung kommt, ausgeschlossen. Grund dafür ist die Beschränkung des Sachmangelbegriffs auf Sachverhalte, die einer gewöhnlichen Verwendungseignung entgegenstehen.

In England ist der Weg in die wenigen gewährleistungsrechtlichen Vorschriften des SOGA 1979 in der Vergleichsgruppe der fehlerhaften Abschlussangaben überhaupt nicht eröffnet. Das Unternehmen als hier maßgeblicher Bezugspunkt der Mangelhaftigkeit unterfällt bereits nicht dessen sachlichem Anwendungsbereich. Die einschlägigen Rechtsfolgen ergeben sich vielmehr auf Grundlage des allgemeinen Rechtsinstituts der *misrepresentation*, das weniger einen Verstoß gegen das Erfüllungsprogramm des Verkäufers als einen entsprechenden Willensmangel des Käufers sanktioniert. Diese stellt sich dem deutschen Rechtsinstitut der *culpa in contrahendo* entsprechend zunächst als ein Instrument zur Sanktion vorvertraglicher Pflichtverletzungen dar, jedoch kann sich der Käufer auf sie auch berufen, wenn die fehlerhafte Erklärung im Lauf der Vertragsverhandlungen Eingang in den Unternehmenskaufvertrag findet. In diesem Fall kann der Käufer zudem auf Grundlage des in der folgenden Vergleichsgruppe der Substratmängel erörterten Konzepts eines *breach of contract* gegen den Unternehmensverkäufer vorgehen.

Die im deutschen Recht bestehende Möglichkeit, durch die Vereinbarung bestimmter Beschaffenheiten weitgehend die Erfüllungspflicht des Verkäufers auf privatautonomer Grundlage zu konkretisieren und diese vorbehaltlos oder mit Modifikationen den Rechtsfolgen des Gewährleistungsrechts zu unterstellen, lässt die deutsche Lösung einerseits als sehr modern und auch als vergleichswei-

se praxistaugliches Regelungsinstrumentarium erscheinen. Die Vereinbarung von Beschaffenheiten macht die Vereinbarung gleichgerichteter Garantien in weitem Umfang überflüssig, zumal die gesetzlichen Vorschriften in diesem Bereich durchweg dispositiv sind. Nicht gewünschte Rechtsfolgen können ausgeschlossen und durch auf den Einzelfall besser passende Lösungen ersetzt werden.
Wenngleich ein derart extensives Verständnis des Beschaffenheitsbegriffes innerhalb der nationalen deutschen Rechtsordnung befürwortet wurde, ist in einer rechtsvergleichenden Perspektive andererseits zu bedenken, dass als fehlerhafte Abschlussangaben zu qualifizierende Sachverhalte im französischen und englischen Recht als Willensmängel behandelt werden. Für das englische Rechtsinstitut der *misrepresentation* bedarf diese Feststellung keiner näheren Erläuterung. Was das französische Recht anbelangt, ist anzumerken, dass der dort verwendete Begriff des Sachmangels voraussetzt, dass sich dieser auf die Willensentschließung des Käufers ausgewirkt haben muss. Damit rückt auch diese Rechtsgrundlage in die Nähe anderer Instrumente zur Geltendmachung von Willensmängeln. Rechtstechnisch jedenfalls hat die Behandlung fehlerhafter Abschlussangaben vor Inkrafttreten des SMG überwiegend auf Grundlage der *culpa in contrahendo* (§§ 280 Abs. 1, 311 Abs. 2, 241 Abs. 2 BGB) eher der Handhabung in den anderen verglichenen Rechtsordnungen entsprochen und sollte bei einer sinnvollen Beschränkung der Reichweite des Beschaffenheitsbegriffes zumindest nicht aus den Augen verloren werden.

Die dem Unternehmenskäufer zur Verfügung stehenden Rechtsbehelfe entsprechen sich in den verglichenen Rechtsordnungen im Wesentlichen. Einer Nacherfüllung unterfallen fehlerhafte Abschlussangaben im Bereich des Unternehmenskaufs jedoch nur im deutschen Recht. In Frankreich und England ist dieses Recht des Käufers nur im Bereich des Verbrauchsgüterkaufs in nationales Recht umgesetzt worden. Diese Tatsache kann vor dem Hintergrund gesehen werden, dass der deutsche Gesetzgeber des SMG sich zur Beseitigung bestehender Diskrepanzen zwischen dem allgemeinen Leistungsstörungsrecht und dem Recht der einzelnen Schuldverhältnisse für eine große und damit auch möglichst einheitliche Lösung entschieden hat. Angesichts der Tatsache, dass gerade der Rechtsbehelf der Nacherfüllung aber stark vom Leitbild des Verbrauchsgüterkaufs geprägt ist und sich im hiesigen Zusammenhang in besonderer Weise dem nicht von der Hand zu weisenden Problem der Monetarisierung gegenüber sieht, sollte dennoch über dessen grundsätzliche Beschränkung nachgedacht werden. Bis auf Weiteres empfiehlt es sich jedenfalls, den Nacherfüllungsanspruch auf vertraglicher Grundlage auszuschließen. Demgegenüber erscheint ein genereller Ausschluss des Rücktrittsrechts im Bereich des Unternehmenskaufs wegen der damit verbundenen Schwierigkeiten der Rückgewähr nicht zwingend. Auch die englische und französische Rechtsordnung sehen in Form des Rechts zur Vertragsauflösung (*rescission*) bzw. der *action rédhibitoire* Instrumente für eine mögliche Rückabwicklung des Unternehmenskaufvertrages vor.

Kapitel 4 Substratmängel

Im Gegensatz zu der vorherigen Vergleichsgruppe der fehlerhaften Abschlussangaben, die Mängel des Unternehmens selbst als Gegenstand des Unternehmenskaufvertrags zum Gegenstand hatte, betrifft die nun zu erörternde Vergleichsgruppe der Substratmängel Mängel an einzelnen Vermögensgütern des Unternehmensvermögens. Bei Erörterung der anwendbaren Normen wurde bereits festgestellt, dass in den kontinental-europäischen und in der englischen Rechtsordnung weitreichende Unterschiede in dem zur Anwendung kommenden Normenmaterial und der systematischen Herangehensweise an die mit dem Unternehmenskauf verbundenen rechtlichen Schwierigkeiten bestehen. Daher erfolgt die weitere Darstellung der jeweiligen tatbestandlichen Voraussetzungen und der einschlägigen Rechtsfolgen für diese jeweils getrennt.

I Tatbestandliche Voraussetzungen

Mängel des Unternehmens selbst sind in vielen Varianten denkbar. Beispielsweise kann ein Betrieb nicht den baupolizeilichen Vorgaben entsprechen,[935] überschuldet sein,[936] oder bei einem Unternehmenskauf im Wege des *Share Deals* kann ein Mangel in solchen Umständen begründet sein, die den Inhalt des Rechts prägen.[937] Betrifft die Abweichung von der vertraglich geschuldeten Beschaffenheit jedoch nur einzelne Bestandteile des Unternehmenssubstrats, stellt sich stets die Frage, ob diese allein zur Annahme einer Mangelhaftigkeit ausreichend ist oder ob sie sich nicht vielmehr auf das Unternehmen im Ganzen als Gegenstand des Unternehmenskaufvertrages auswirken muss.

1 Bezugspunkt der Mangelhaftigkeit

Unproblematisch ist die Situation zu beurteilen, dass sich ein Mangel eindeutig auf das Unternehmen im Ganzen erstreckt, wie dies bei negativen Abweichungen der Ist-Beschaffenheit von der vertraglich geschuldeten Soll-Beschaffenheit in der vorherigen Vergleichsgruppe der fehlerhaften Abschlussangaben stets der Fall war. Derartige Unternehmensmängel können insbesondere bei den verrechtlichten und nicht verrechtlichten Immaterialgütern des Unternehmens zum Aus-

[935] Vgl. RGZ 138, 356 bzgl einer Gaststätte.
[936] Vgl. BGH BB 1970, 819.
[937] Vgl. H.P. Westermann, in: MünchKomm BGB, § 453 Rn. 27.

druck kommen, etwa in einem schlechten Ruf.[938] Schwierigkeiten treten jedoch zu Tage, wenn die negative Abweichung lediglich einzelne zum Unternehmenssubstrat gehörende Sachen oder Rechte betrifft. Die Frage stellt sich im Grundsatz unabhängig von der konkret gewählten Transaktionsstruktur. Die Maßgeblichkeit der Beteiligungsrechte bei einem Unternehmenskauf im Wege eines *Share Deals* macht es jedoch an sich schon erforderlich, dass ein eventueller Mangel die Erfüllung des Satzungszweckes verhindert, was bei Mängeln an einzelnen Bestandteilen des Unternehmenssubstrats nur selten der Fall sein dürfte.

a Deutschland

Die vorliegende Fragestellung wurde im deutschen Recht bereits vor Inkrafttreten des SMG unter dem Stichwort der „Gesamterheblichkeit" diskutiert.[939] Demnach war nur ein solcher Mangel im Unternehmenssubstrat erheblich, der zugleich einen Mangel des Unternehmens im Ganzen begründete. Im der aktuellen Diskussion werden in der Literatur zum Thema zwei Meinungen vertreten: Einige stellen für die Anwendung der Mängelgewährleistung nur auf den einzelnen Gegenstand ab und begründen ihre Ansicht mit dem Hinweis, mit Inkrafttreten des SMG sei die bisherige Zurückhaltung bei der Annahme eines Unternehmensmangels entfallen, insbesondere bewahre der vorrangige Nacherfüllungsanspruch vor einem sofortigen Rückgriff auf die problematischen, mit einer Rückgewähr des Unternehmens verbundenen Rechtsbehelfe.[940] Die gegenteilige Auffassung möchte der Rechtslage vor Inkrafttreten des SMG entsprechend das Gewährleistungsrecht weiterhin nur dann eingreifen lassen, wenn sich der Mangel, sei es ein Sach- oder Rechtsmangel, im Unternehmenssubstrat zugleich auf der Ebene des Unternehmens bemerkbar macht. Gefordert wird ein „Durchschlagen" des Mangels auf die Unternehmensebene, indem gleichsam die wirtschaftliche Grundlage der unternehmerischen Tätigkeit erschüttert, der normale Betriebsablauf gestört und „die weitere Verfolgung der wirtschaftlichen Zielsetzung des Unternehmens beeinträchtigt" wird.[941] Dieser im Ergebnis vorzugswürdigen Ansicht hat sich nunmehr auch die obergerichtliche Rechtsprechung angeschlossen.[942] Der Käufer kann nach der Verkehrsauffassung nämlich nicht erwarten, dass sich sämtliche Gegenstände des Unternehmensvermögens in einem einwandfreien Zustand befinden. Gegenstand des Unternehmenskaufvertrages ist das Unternehmen selbst als Sach- und Rechtsgesamtheit und nicht die einzelnen Bestandteile des Unternehmenssubstrats. Zudem entspricht die Be-

---

938 Siehe hierzu bereits RGZ 67, 86, 90 (Absteigequartier).
939 Vgl. BGH NJW 1995, 1547.
940 Matusche-Beckmann, in: Staudinger BGB, § 434, Rn. 145; Knott, NZG 2002, 249, 251.
941 Vgl. Faust, in: Bamberger/Roth, BGB, § 453 Rn. 27.
942 OLG Köln ZIP 2009, 2063, 2065.

trachtung des Unternehmens als funktioneller Einheit auch eher den Bedürfnissen der Praxis, da anderenfalls „jeder mangelhafte Bürostuhl“[943] und sonstige Güter, die für das Äquivalenzverhältnis zwischen den Parteien ohne Bedeutung sind, zu einem Nacherfüllungsanspruch und folgendem Minderungsrecht oder Schadensersatzanspruch führen würden. Der vorbehaltslose Ausschluss jeglicher Gewährleistungsrechte im Hinblick auf Substratmängel des Unternehmens aber widerspräche der mit dem SMG intendierten Stärkung der Privatautonomie durch Festschreibung des subjektiven Fehlerbegriffes.[944] Richtigerweise wird man deshalb danach zu differenzieren haben, auf welche Weise die Beschaffenheit des einzelnen Gegenstandes in den Unternehmenskaufvertrag einbezogen wurde. Ist eine bestimmte Beschaffenheit einzelner zum Unternehmensvermögen gehörender Sachen oder Rechte ausdrücklich vereinbart worden (§ 434 Abs. 1 S. 1 BGB), besteht –ebenso wenig wie bei einer extensiven Auslegung des Beschaffenheitsbegriffes– bereits nicht die Gefahr, dass der Unternehmensverkäufer später für Umstände einzustehen hat, die von dem der Vereinbarung zugrundeliegenden Äquivalenzverhältnis nicht erfasst sind. In diesem Fall ist ein Mangel des Unternehmens daher stets zu bejahen, ohne dass er sich auf dessen Funktionsfähigkeit im Ganzen auswirken muss.[945] Dass diese Auslegung auch den Bedürfnissen der Praxis entspricht, ergibt sich aus der in der Vertragspraxis üblichen Gestaltung von Katalogen und Einzelzusagen über den geschuldeten Soll-Zustand auch bestimmter einzelner Vermögenswerte.[946] Liegt eine ausdrückliche Beschaffenheitsvereinbarung hingegen nicht vor, ist obigen Ausführungen entsprechend zu prüfen, ob sich der Mangel auf die vereinbarte Verwendungseignung iSd § 434 Abs. 1 S. 2 Nr. 1 BGB, subsidiär auf die gewöhnliche Verwendungseignung und übliche Beschaffenheit iSd § 434 Abs. 1 S. 2 Nr. 2 BGB niederschlägt. Letztlich geht es um das Ausscheiden solcher Mängel von Einzelgegenständen des Unternehmenssubstrats, die bei Unternehmen vergleichbaren Größenzuschnitts und gleicher Branchenzugehörigkeit üblich und daher für das der Vereinbarung zugrunde liegende Äquivalenzinteresse des Unternehmenskäufers nicht prägend sind.[947] Aus Gründen der Rechtssicherheit sollten jedoch diejenigen Sachen und Rechte des Unternehmenssubstrats, die das Äquivalenzinteresse der Parteien prägen, als solche gekennzeichnet werden. Wird eine Gesamterheblichkeit bei einzelnen zum Unternehmenssubstrat gehörenden Vermögenswerten verneint, kommt schließlich auch eine Haftung des Unternehmensverkäufers nach §§ 280 Abs. 1, 311 Abs. 2, 241 Abs. 2 BGB auf

943 Rödder/Hötzel/Mueller-Thuns, § 9 Rn. 33, 70.

944 In diese Richtung auch Picot, DB 2009, 2587, 2591 f.

945 Zutreffend Lieb, in: MünchKomm HGB, Anh. § 25 Rn. 84; Canaris, in: FS Georgiades, S. 71, 90; H.P. Westermann, in: MünchKomm BGB, § 453 Rn. 27; Alpmann-Pieper, in: juris PK-BGB, § 453 Rn. 40.

946 Zutreffend H.P. Westermann, in: MünchKomm BGB, § 453 Rn. 28.

947 Vgl. Canaris, in: FS Georgiades, S. 71, 91.

Grundlage der *culpa in contrahendo* nicht in Betracht. Denn anderenfalls würde das Erfordernis der Gesamterheblichkeit umgangen und die Tatsache, dass das Unternehmen im Ganzen verkauft wurde vielmehr zu einer Ausweitung der rechtlichen Verantwortlichkeit des Unternehmensverkäufers führen.[948]

b Frankreich

Auch im französischen Recht stellt sich die Frage, ob einem Mangel im Unternehmenssubstrat eine Gesamterheblichkeit zukommen muss. Aus der rechtlichen Konstruktion des *fonds de commerce* als einheitliches Immaterialgut allein kann jedenfalls nicht geschlossen werden, dass Mängel im Unternehmenssubstrat zugleich auch einen Mangel des *fonds de commerce* darstellen. Teilweise wird ein erheblicher Mangel im Unternehmenssubstrat des *fonds* nur dann angenommen, wenn er sich auf das diesen konstituierende Element der Kundschaft bezieht und sich damit im Ergebnis negativ auf deren Attraktionsfähigkeit auswirkt.[949] In der Rechtsprechung herrscht hingegen die Ansicht vor, dass ein relevanter Mangel im Unternehmenssubstrat auch dann zu bejahen sein kann, wenn er nur einen einzelnen Bestandteil des *fonds* betrifft.[950] Ob ein derartiger Mangel auch unabhängig von der Wesentlichkeit des einzelnen Bestandteils für den Betrieb des *fonds de commerce* stets zur Annahme einer Mangelhaftigkeit des *fonds* führt erscheint jedoch zweifelhaft.[951] Die Problematik wird dadurch etwas abgemildert, als die Maßgeblichkeit einer gewöhnlichen Verwendungseignung im französischen Sachmängelgewährleistungsrecht bereits auf Ebene des Tatbestandes eine gewisse Erheblichkeit des Mangels fordert.[952] Ein Mangel, der diese Erheblichkeitsschwelle überschreitet aber ansonsten keine Auswirkungen auf den Betrieb des *fonds* im Ganzen hat, ist indes nur schwer vorstellbar. Die entschiedenen Fälle gehen denn auch implizit stets von dem Erfordernis einer Gesamterheblichkeit aus. Ein relevanter Mangel kann etwa das Recht der Geschäftsraummiete betreffen, wenn die gemieteten Räumlichkeiten im Planungsgebiet einer Stadterneuerung liegen.[953] Denkbar sind ferner Mängel der Räumlichkeiten, in denen der *fonds* betrieben wird, etwa weil diese baulichen Neuerungen unterzogen werden müssen um bestehenden Standards zu entsprechen.[954]

948 OLG Köln ZIP 2009, 2063, 2065 f; Alpmann-Pieper, in: juris PK-BGB, § 453 Rn. 39.

949 Vgl. Lévi, in: Lamy Droit commercial, Fonds de commerce, n°645 mwN.

950 Vgl. Cass.com., 2. Mai 1989, n°87-16.294; Cass.com., 12. Januar 1988, n°86-15.316, beide hinsichtlich des matériel; vgl. auch Barret, Fonds de commerce, n°249 mwN; Reygrobellet, Fonds de commerce, n°64.22.

951 Barret, Fonds de commerce, n°249.

952 Malaurie/Aynès/Gautier Contrats spéciaux, n°387.

953 CA Amiens, 27. März 1968, JCP G 1968, II, n°15545.

954 Cass.com., 24. November 1992, n°90-18.768.

Ein Mangel an einer produzierten Ware etwa kann sich negativ auswirken, wenn er auf Konstruktionsfehlern beruht, bloße Fabrikationsfehler beeinträchtigen die Zukunftsfähigkeit des *fonds* und damit dessen Wert nicht hinreichend.[955]

c *England*

Da im englischen Recht kein den kontinental-europäischen Rechtsordnungen vergleichbares Gewährleistungsrecht existiert, stellt sich auch die Frage nach einer erforderlichen Gesamterheblichkeit eines Mangels im Unternehmenssubstart nicht in gleicher Weise. Da sich eine negative Abweichung der Ist- von der vertraglich geschuldeten Soll-Beschaffenheit nicht an einer abstrakten Definition eines Mangels orientiert, sondern an der nachfolgend zu erörternden, weiter gefassten rechtlichen Konstruktion des *breach of contract*, ist maßgeblich ohnehin auf die Parteivereinbarung abzustellen. Sollen dem Unternehmenskäufer bei einem Verstoß im Hinblick auf vereinbarte Beschaffenheiten einzelner Bestandteile des Unternehmenssubstrats die weitestgehenden Rechte zustehen, sind diese als *conditions* im Rechtssinne zu kennzeichnen.[956] In Ermangelung einer konkreten Parteivereinbarung muss maßgeblicher Bezugspunkt einer Pflichtverletzung aber auch hier das Unternehmen im Ganzen sein.

2 Abweichung der Ist- von der Sollbeschaffenheit

Rechtstechnisch unterscheidet sich die Behandlung der Substratmängel in den verglichenen Rechtsordnungen in der Weise, dass die kontinental-europäischen Rechtsordnungen mögliche Mängel der ihrem Gewährleistungsrecht immanenten Systematik nach in Sach- und Rechtsmängel unterteilen, während das englische Recht mit dem „*breach of contract*“ von einem einheitlichen Tatbestand der Abweichung der Ist- von der vertraglich geschuldeten Soll-Beschaffenheit ausgeht. Auch an dieser Stelle wird die größere Wertigkeit deutlich, die das englische Recht der konkreten Parteivereinbarung beimisst.

a *Umfassendes Konzept des breach of contract im englischen Recht*

Im englischen Recht wird jegliche Verletzung eines Vertrages auf Tatbestandsebene schlicht als Vertragsverletzung (*breach of contract*) behandelt, ohne dass

---

955 Reygrobellet, Fonds de commerce, n°64.22; Cass.com., 2. Juli 1968, n°67-10.736.
956 Siehe unten D II 1 b (1) (a).

einzelne Schuldverhältnisse einem typisierten Leitbild im Einzelfall durch die Vertragspartner zu beachtender Pflichten unterworfen werden. Auch der Unternehmenskaufvertrag unterfällt diesem allgemeinen Konzept. Mit diesem breiten Konzept werden Sachverhalte zusammengefasst, deren rechtliche Behandlung nach kontinental-europäischem Rechtsverständnis einerseits einem auf einzelne Schuldverhältnisse zugeschnittenen Gewährleistungsrecht und andererseits einer allgemeinen Nichterfüllungshaftung unterfallen. Da die Grundlagen des englischen Vertragsrechts auch im Bereich des Kaufes weitgehend auf Fallrecht beruhen, ist es irreführend von einem Gewährleistungsrecht in dem Sinne zu sprechen, der dem kontinental-europäischen Juristen vertraut ist. In gleicher Weise wie aber die Summe der getroffenen Vereinbarungen, die das Pflichtenprogramm des Verkäufers in den kontinental-europäischen Rechtsordnungen bestimmen, den Juristen etwa zur Annahme eines Kaufvertrages mit dem daran anknüpfenden dispositiven Normengeflecht des Vertragstyps „Kauf" führen, greift das englische Fallrecht in Abhängigkeit von der Art der getroffenen Parteiabrede ein, ohne dass jedoch ein Unterschied zwischen einzelnen Schuldverhältnissen gemacht würde.

Eine Vertragsverletzung ist allgemein gesprochen dann zu bejahen, wenn eine Vertragspartei ohne rechtlich anerkannten Rechtfertigungsgrund die vertraglich geschuldete Leistung nicht erbringt, ihre Erbringung ablehnt, schlecht erfüllt oder sich zu einer Erfüllung gänzlich außerstande setzt.[957] Der Verweigerung der Erbringung einer fälligen Leistung (*refusal to perform*) kommt im Bereich des Unternehmenskaufs keine praktische Bedeutung zu und sie soll hier nicht vertieft werden. Sachverhalte, die in den kontinental-europäischen Rechtsordnungen dem Gewährleistungsrecht unterfallen, werden im englischen Recht schlicht als nicht vertragsgemäße Leistung (*defective performance*) verstanden, ohne dass ein Unterschied zwischen Sach- und Rechtsmängeln, Quantitäts- und Qualitätsmängeln und solchen Mängeln gemacht wird, die auf eine verspätete Leistungserbringung (Verzug) zurückzuführen sind. Eine Vertragsverletzung ist schließlich anzunehmen in Situationen, in denen sich der Verkäufer selbst zur Erbringung der vertraglich geschuldeten Leistung außerstande setzt (*incapacitate oneself*), etwa durch Übereignung des Vertragsgegenstandes an eine dritte Partei und die im deutschen Recht als subjektive Unmöglichkeit einzuordnen wären. In allen genannten Fällen ist es erforderlich, dass sich die vertragsuntreue Partei nicht auf einen rechtlich anerkannten Rechtfertigungsgrund berufen kann (*without lawful excuse*).[958] Zur Entstehung des Anspruchs ist grundsätzlich kein Verschulden erforderlich (*strict liablility*).[959] Es steht den Vertragspartnern je-

---

957 Treitel, in: Burrows (Hrsg), English Private Law, 8.406 ff.

958 Treitel, Law of Contract, 17-049.

959 Vgl. Raineri v Miles [1981] AC 1050, 1086; Arnheim, Principles of Common Law, S. 251 ff; Triebel/Hodgson/Kellenter/Müller, Englisches Handels- und Wirtschaftsrecht, Rn. 138.

doch frei, durch entsprechende Vereinbarung einen bestimmten Verschuldensmaßstab als geschuldet zu erklären.[960] Eine Berücksichtigung des Verschuldensgrads wird jedoch im Rahmen der Rechtsfolgen vorgenommen.

b Sachmängelgewährleistung in den kontinental-europäischen Rechtsordnungen

Die tatbestandlichen Voraussetzungen der Sachmängelgewährleistung wurden bereits in der vorherigen Vergleichsgruppe der fehlerhaften Abschlussangaben ausführlich erörtert, auf diese Ausführungen wird vollumfänglich verwiesen. Die dort kontrovers geführte Diskussion um die Reichweite des Beschaffenheitsbegriffes spielt im Bereich der Substratmängel aufgrund der Körperlichkeit des mangelbehafteten Gegenstandes jedoch kaum eine Rolle. Im deutschen Recht wird man weitestgehend an die Judikatur zur Gewährleistungshaftung des Unternehmensverkäufers vor Inkrafttreten des SMG zurückgreifen können, wobei die Beschränkung des dauerhaften Anhaftens keine Anwendung mehr findet.[961] Im französischen Recht entfällt in diesem Bereich durch die Nichteinschlägigkeit der Fiktionswirkung des Art. L 141-3 Abs. 1 C.com. ein weiter Anwendungsbereich der Sachmängelgewährleistung.

c Rechtsmängelgewährleistung in den kontinental-europäischen Rechtsordnungen

Die zweite Gruppe einer vertragswidrigen Abweichung der Ist- von der vertraglich vereinbarten Soll-Beschaffenheit von einzelnen Bestandteilen des Unternehmenssubstrats wird in den Gewährleistungsrechten der verglichenen kontinental-europäischen Rechtsordnungen als Rechtsmangel qualifiziert. Von der vergleichbaren Terminologie darf allerdings nicht auch auf einen vergleichbaren rechtlichen Regelungsgehalt geschlossen werden. Während die deutsche Rechtsordnung auf Grundlage des Rechtsverschaffungsprinzips die Freiheit von Rechtsmängeln an einen lastenfreien Erwerb anknüpft, orientiert sich das französische Recht nach wie vor an den Grundsätzen der Eviktionshaftung und damit an der Verschaffung ungestörten Besitzes.[962] Die Eviktionshaftung betrifft daher nicht eigentlich Mängel im Unternehmenssubstrat, soll dem besseren Ver-

---

[960] Treitel, in: Burrows (Hrsg), English Private Law, 8.415.

[961] H.P. Westermann, in: MünchKomm BGB, § 453 Rn. 27.

[962] Ausführlich zu beiden Prinzipien der Rechtsmängelhaftung Bergmann, RabelsZ 74 (2010) 25, 27 ff.

ständnis wegen und aus Gründen der Vollständigkeit aber dennoch in Grundzügen dargestellt werden.

(1) Lastenfreies Eigentum im deutschen Recht

Nach der im deutschen Recht nunmehr maßgeblichen Vorschrift des § 435 S. 1 BGB ist die Sache frei von Rechtsmängeln, wenn Dritte in Bezug auf sie keine oder nur die im Kaufvertrag übernommenen Rechte gegen den Käufer geltend machen können. Neben Sicherungsrechten Dritter, von deren Existenz der Käufer nicht ausging, ist hier insbesondere an Patente, Lizenzen oder Vertriebsrechte Dritter zu denken, die die Möglichkeit zur Fortführung der bisherigen Geschäftstätigkeit einschränken und im schlimmsten Fall sogar unmöglich machen können.[963] Gravierende Rechtsmängel wie bei Beanspruchung von Patenten oder sonstigen gewerblichen Schutzrechten durch Dritte lässt die Annahme eines Sachmangels des Unternehmens, welches den Bezugspunkt der Mangelhaftigkeit darstellt, verhältnismäßig einfach sein.[964] Ansonsten ist bei der Annahme eines Mangels im Bereich der vertraglich vereinbarten oder gewöhnlichen Verwendungseignung und üblichen Beschaffenheit (§ 434 Abs. 1 S. 2 Nr. 1 und 2 BGB) besondere Vorsicht angebracht, da insbesondere dingliche Sicherungsrechte Dritter wie beispielsweise Eigentumsvorbehalte im kaufmännischen Verkehr üblich sind und somit nicht ohne Weiteres von einer Rechtsmängelfreiheit ausgegangen werden kann.[965] Ein Rechtsmangel wird allerdings dann anzunehmen sein, wenn funktionell nicht ersetzbare Einzelstücke oder ganze Bestände, ohne die die Geschäftstätigkeit des Unternehmens nicht fortgeführt werden könnte, von einem Sicherungsrecht eines Dritten betroffen sind und die Gefahr der Inanspruchnahme der Sicherheit durch den Sicherungsnehmer besteht.[966] Im Übrigen kommt der zuvor im Hinblick auf die unterschiedlichen Rechtsfolgen wichtigen Unterscheidung zwischen Sach- und Rechtsmängeln durch die im Rahmen des SMG erfolgte Gleichstellung in den Rechtsfolgen nicht mehr die frühere Bedeutung zu.

Maßgeblicher Zeitpunkt für die Rechtsmängelfreiheit ist grundsätzlich der Vollzug der nach den jeweils einschlägigen Vorschriften erfolgten Übertragung des Eigentums.[967] Jedoch müssen sich, sofern nicht eine ausdrückliche Beschaffenheitsvereinbarung vorliegt, auch Rechtsmängel an einzelnen zum Unternehmenssubstrat gehörenden Vermögensgegenständen zugleich als Mangel des

---

963 Vgl. Büdenbender, in: Unternehmenskauf und Schuldrechtsmodernisierung, S. 5, 10.
964 H.P. Westermann, in: MünchKomm BGB, § 453 Rn. 29.
965 Zutreffend Larisch, Gewährleistungshaftung beim Unternehmens- und Beteiligungskauf, S. 71 f.
966 H.P. Westermann, in: MünchKomm BGB, § 453 Rn. 30.
967 Weidenkaff, in: Palandt BGB, § 435 Rn. 7.

Unternehmens im Ganzen auswirken. Zur Bejahung des Gefahrübergangs ist auf die Einweisung des Käufers in den Tätigkeitsbereich abzustellen. Der später zu erläuternde Ausschluss der Rechte des Käufers wegen Kenntnis bzw. grob fahrlässiger Unkenntnis nach § 442 BGB kommt wie bei Sachmängeln in Betracht. Die Vorschrift ersetzt die für Sachmängel geltende Vorschrift des § 460 S. 1 BGB a.F. und die für Rechtsmängel geltende Vorschrift des § 439 Abs. 1 BGB a.F. und findet somit einheitlich auf beide Arten von Mängeln gleichermaßen Anwendung.[968] Anders als nach der vor Inkrafttreten des SMG geltenden Rechtslage, wonach zum Ausschluss der Rechte des Käufers bei Rechtsmängeln dessen positive Kenntnis der Mangelhaftigkeit erforderlich war,[969] besteht nun auch bei grob fahrlässiger Unkenntnis ein genereller Haftungsausschluss. Angesichts der oftmals eingeschränkten Erkenntnismöglichkeiten im Hinblick auf einen Rechtsmangel sollte dieser Haftungsausschluss allerdings nicht voreilig bejaht werden.[970]

(2) Eviktionshaftung im französischen Recht

Zum Verständnis des Zwecks der in Art. 1626 C.civ. statuierten, ursprünglich aus dem römischen Recht stammenden Eviktionshaftung dienlich ist ein Blick auf den etymologischen Ursprung des Begriffes: Dieser leitet sich von dem lateinischen Ausdruck *evincere* ab, was so viel wie den Rechtsverlust einer Person durch die richterliche Anerkennung des Rechts eines Dritten bedeutet und im Deutschen auch mit „Entwehrung" übersetzt werden kann.[971] In ihrer heutigen Ausprägung bietet die Eviktionshaftung dem Käufer einen umfassenden Schutz, der sich von seinem Ursprung in mehrerlei Hinsicht zu Gunsten des Käufers ausgeweitet hat. In der Rechtsprechung ist etwa seit langem anerkannt, dass ein Urteilsspruch nicht mehr vorliegen muss, vielmehr die berechtigte Furcht einer Eviktion genügt.[972] Im Bereich des Unternehmenskaufs ist die Eviktionshaftung von besonderer Bedeutung, da sowohl im Fall der Veräußerung eines *fonds de commerce* in seiner Eigenschaft als einheitliches Immaterialguts wie auch bei einem Unternehmenskauf im Wege des *Share Deals* durch die Veräußerung der nicht körperlichen Gesellschaftsanteile nicht auf die schützende Legitimationsfunktion des Besitzes zurückgegriffen werden kann.[973]

---

968 BT-Drucks 14/1640, S. 236.

969 Vgl. zur a.F. Huber, in: Soergel BGB, § 439 Rn. 31.

970 Faust, in: Bamberger/Roth BGB § 442 Rn. 14; H.P. Westermann, in: MünchKomm BGB, § 442 Rn. 3.

971 Malaurie/Aynès/Gautier, Contrats spéciaux n°349.

972 Malaurie/Aynès/Gautier, Contrats spéciaux n°356; zur Entwicklung auch Bergmann, RabelsZ 74 (2010) 25, 50 ff.

973 Vgl. Malaurie/Aynès/Gautier, Contrats spéciaux, n°350.

(a) Grundsätzliches

Der Schutz gegen Beeinträchtigungen aus der Sphäre des Verkäufers (*garantie du fait personnel*) ist umfassend und richtet sich sowohl gegen die Geltendmachung von Rechten (*troubles de droit*) als auch gegen tatsächliche Beeinträchtigungen (*troubles de fait*). Letzteres gilt selbst dann, wenn sie von dritter Seite verübt nicht zu beanstanden gewesen wären. Ein spezialgesetzliches Beispiel für ein Verbot einer Störung auf rechtlicher Ebene findet sich in Art. L 145-25 C.com., wonach der Verkäufer, der den gesamten Kaufpreis erhalten hat und selbst Eigentümer des Gebäudes bleibt, in welchem der veräußerte *fonds de commerce* betrieben wird, eine Verlängerung des Geschäftsraummietvertrages nur gegen Zahlung von Schadensersatz verweigern kann, wenn kein schwerwiegender und anerkennenswerter Grund dafür in der Person des Käufers liegt.[974] Denkbar ist weiterhin, dass der Unternehmensverkäufer durch diffamierende Äußerungen über die Person des Erwerbers zu einem wesentlichen Verlust der bestehenden Kundschaft beiträgt[975] oder im Fall eines Unternehmenskaufs im Wege des *Share Deals* seine durch Gesetz oder Satzung notwendige Zustimmung zum Eintritt des Erwerbers in die unternehmenstragende Gesellschaft nicht in dessen Sinne ausübt.[976] Weitere Situationen, in denen der ungestörte Besitz des Käufers durch tatsächliche Handlungen des Verkäufers gestört wird, sind eher selten. Insgesamt erlangt die Eviktionshaftung ihre Bedeutung in diesem Bereich durch das gesetzliche Wettbewerbsverbot des Verkäufers.

(b) Wettbewerbsverbot des Verkäufers

Da der Verkäufer also insbesondere alle Handlungen zu unterlassen hat, die geeignet sind, dem Käufer die den *fonds de commerce* prägende Kundschaft wieder zu entziehen, ergibt sich ein entsprechendes Wettbewerbsverbot nach ständiger Rechtsprechung auch ohne gesonderte vertragliche Vereinbarung.[977] Die Rechtsprechung leitet dieses aus der Verpflichtung des Unternehmensverkäufers her, alles zu unterlassen, was den Käufer im Genuss der Kundschaft stört. In der Literatur wird auch auf eine Pflicht zur Unterlassung störender Maßnahmen verwiesen, da die Kundschaft kein Rechtsgut im eigentlichen Sinne und damit keiner Garantie zugänglich sei.[978] Das Ergebnis bleibt freilich das Gleiche. Wel-

---

974 Zum Ganzen Barret, Fonds de commerce, n°228.

975 CA Rouen, 8. Januar 2004, JurisData n°2004-233835: Behauptung der Erwerber sei homosexuell.

976 Vgl. Mémento Expert Cession de Parts et Actions, n°63036.

977 Vgl. Paillusseau/Caussain/Lazarski/Peyramaure, Cession d'entreprise, n°734.

978 Vgl. Barret, Fonds de commerce, n°229.

che Aktivitäten dem Unternehmensverkäufer im Einzelnen untersagt sind, haben die Gerichte nach eigenem Ermessen zu beurteilen. Entsprechend kasuistisch ist die zu dieser Frage ergangene Rechtsprechung.[979] Tatsächlich legt die Rechtsprechung im Bereich des Unternehmenskaufs recht großzügige Maßstäbe an und bejaht die Anwendbarkeit des gesetzlichen Wettbewerbsverbots erst dann, wenn der Käufer an der Ausübung der operativen Geschäftstätigkeit des Unternehmens gehindert ist, bzw. im Fall eines *Share Deals* den satzungsmäßigen Gesellschaftszweck nicht mehr erreichen kann.[980] Der Verkäufer hat alle Handlungen zu unterlassen, die geeignet sind, den Käufer in der Ausübung des satzungsmäßigen Gesellschaftszwecks zu gefährden.[981] Nicht ausreichend ist eine bloße Hinderung in der geschäftlichen Entwicklung oder ein Wertverlust der veräußerten Gesellschaftsanteile.[982] Wesentlich ist, dass dem Erwerber die Kundschaft des *fonds de commerce* verbleibt, und zwar unabhängig davon, ob sich der Unternehmenserwerb im Wege eines *Share* oder *Asset Deals* vollzogen hat. Solange das der Fall ist, ist es dem Verkäufer durchaus gestattet, in der Nähe eine neue, ähnlich geartete unternehmerische Betätigung aufzunehmen.[983]

Trotz dieses bereits von Gesetzes wegen bestehenden Wettbewerbsverbots vereinbaren die Parteien in der Praxis meist eine Konkurrenzschutzklausel (*clause de non-rétablissement*), die den zeitlichen, räumlichen und persönlichen Geltungsbereich des Wettbewerbsverbots konkretisiert. Das bereits aus der gesetzlichen Garantie folgende Wettbewerbsverbot bleibt dennoch bedeutsam, da es mitunter über den zeitlichen Geltungsbereich einer solchen Klausel hinausreicht und der Unternehmenskäufer sich auch nach Ablauf des darin vereinbarten Zeitrahmens noch auf die gesetzliche Garantie berufen kann.[984] Auf eine vertragliche Konkurrenzschutzklausel soll sich zudem auch ein Rechtsnachfolger des Käufers berufen können, wenn diese in den Kaufvertrag aufgenommen wurde.[985] Demgegenüber ist das Wettbewerbsverbot von einem Rechtsnachfolger des Verkäufers nur dann zu beachten, wenn es sich bei diesem entweder um einen Gesamtrechtsnachfolger handelt oder er als Einzelrechtsnachfolger dem Übergang des Wettbewerbsverbots auf sich selber zugestimmt hat.[986] Eine generelle Untersagung jeglichen Wettbewerbs ist wegen Verstoßes gegen das Prinzip der Freiheit wirtschaftlicher Betätigung jedenfalls selbst dann unwirksam, wenn die beschränkende Klausel in zeitlicher und räumlicher Hinsicht beschränkt ist;

979 Vgl. Reygrobellet, Fonds de commerce, n°64.52.

980 Grundlegend Cass.com., 21. Januar 1997, RJDA 6/97 n°783.

981 Vgl. Cass.com., 9. Juli 2002, RJDA 11/02 n°1152.

982 Dies ist zumindest die Ansicht der Handelskammer des Kassationsgerichtshofes, zum Ganzen Mémento Expert Cession de parts et actions, n°63020.

983 Reygrobellet, Fonds de commerce, n°64.52 mwN.

984 Cass.com., 16. Januar 2001, RJDA 4/01 n°437.

985 Cass.com., 30. Mai 1962, Bull.civ. III, n°290; Reygrobellet, Fonds de commerce, n°64.82.

986 Barret, Fonds de commerce, n°234.

eine Beschränkung der zeitlichen oder örtlichen Reichweite hat aber in jedem Fall zu erfolgen.[987] Neuerer höchstrichterlicher Rechtsprechung zufolge darf die Konkurrenzschutzklausel zudem zu dem angestrebten Vertragszweck nicht außer Verhältnis stehen und dem Verkäufer jegliche gewerbliche Aktivität verbieten.[988] In ihrem sachlichen Anwendungsbereich können wettbewerbsbeschränkende Klauseln entweder so formuliert werden, dass dem Verkäufer eine konkrete Tätigkeit wie etwa der Handel mit bestimmten Objekten verboten wird oder –was der weitaus häufigere Fall ist– die Aufnahme einer vergleichbaren Tätigkeit untersagt wird.[989] Insbesondere zur Vergleichbarkeit der Tätigkeit hat sich eine umfangreiche Kasuistik entwickelt, die hier im Einzelnen nicht näher dargestellt werden kann.[990] Die Rechtsprechung scheint sich in diesen Fällen allerdings eher an der Vergleichbarkeit der angezogenen Kundschaft als an der ausgeübten Tätigkeit zu orientieren.[991] Im Hinblick auf den persönlichen Anwendungsbereich des Wettbewerbsverbots wird etwa unterschiedlich beurteilt, ob dieses den Verkäufer an der Aufnahme einer abhängigen Beschäftigung in einem mit dem verkauften in Wettbewerb stehenden Unternehmen hindert,[992] wobei man jedenfalls bei fehlender Einflussnahme auf die Geschäftspolitik des anstellenden Unternehmens wohl nicht von einer Verletzung des Wettbewerbsverbots ausgehen kann.[993] Ein Verstoß gegen das Wettbewerbsverbot wird dagegen angenommen, wenn der Verkäufer nur eine andere Person als Strohmann zwischenschaltet, nicht jedoch, wenn er sich lediglich beim Erwerb eines vergleichbaren *fonds de commerce* durch einen Familienangehörigen finanziell beteiligt.[994] Das Wettbewerbsverbot soll auch bei nur formeller Betätigung eines Dritten gelten, da diese Situation in gleicher Weise geeignet sei, die auf den Erwerber übergeleitete Kundschaft wieder für den Verkäufer selbst nutzbar zu machen.[995] Handelt es sich bei dem Verkäufer des *fonds* um eine juristische Person, trifft die Verpflichtung nicht nur diese selbst, sondern auch die Geschäftsführer

---

987 Paillusseau/Caussain/Lazarski/Peyramaure, Cession d'entreprise, n°734; Cass.com., 19. Mai 1987, n°85-16.840; anders Cass 3ème civ., 18. März 1987, Bull.civ. III, n°59, die sich für eine notwendige Einschränkung in räumlicher und zeitlicher Hinsicht ausspricht.

988 Vgl. Cass.com., 17. Dezember 2002, n°99-14.308.

989 Reygrobellet, Fonds de commerce, n°64.62.

990 Vgl. Reygrobellet, Fonds de commerce, n°64.64 mwN.

991 Barret, Fonds de commerce, n°232 mwN.

992 Dafür noch Cass.com., 23. April 1985, n°83-15.631; dagegen Cass.com., 22. Januar 1991, n°88-14.915.

993 Gleiches gilt im Fall der Beteiligung an einer Gesellschaft, vgl. Cass.com., 19. Juli 1972, D. 1971, somm 50 n°2.

994 Reygrobellet, Fonds de commerce, n°64.72; vgl. auch Barret, Fonds de commerce, n°230 mwN.

995 Cass.com., 23. April 1985, n°83-15.631.

und sonstige Personen, derer sich die die Gesellschaft bedienen kann um das Wettbewerbsverbot zu umgehen.[996]

(c) Störungen durch Dritte

Die Eviktionshaftung im Hinblick auf Störungen durch Dritte (*garantie du fait d'un tiers*) beschränkt sich auf Störungen durch entgegenstehende Rechte des Dritten, da der Verkäufer auf tatsächliche Störungen Dritter keinen Einfluss hat. Der Haftungsgrund liegt hier nicht im eigenen Verhalten des Verkäufers, sondern in der fehlenden, aber gebotenen Aufklärung des Käufers.[997] Art. 1626 C.civ. hatte dem ursprünglichen Sinngehalt einer Enteignung entsprechend als relevante entgegenstehende Rechte eines Dritten in erster Linie den Nießbrauch und die Dienstbarkeit im Blick, doch hat die Rechtsprechung den Schutz des Käufers vor unerwarteten Rechten Dritter im Lauf der Zeit auch auf die bloß akzessorische Hypothek und sogar auf das bloß schuldrechtliche (wenn auch mit einer verdinglichten Wirkung versehene) Recht der Geschäftsraummiete erstreckt.[998] Um Rechte aus der Eviktion herleiten zu können, muss das Recht des Dritten zudem schon bei Abschluss des Kaufvertrages existent gewesen und darf dem Käufer nicht bekannt gewesen sein.[999] Die Entwicklung der Tatsachen, die dem Käufer als bekannt zugerechnet werden, lässt sich gut am Beispiel der Dienstbarkeiten beobachten, über deren Bestehen der Kassationsgerichtshof die Aufklärungspflicht des Verkäufers stets ausgeweitet hat.[1000] Hauptsächlicher Anwendungsfall ist nach Art. 1653 C.civ. jedoch die Revendikationsklage eines Dritten.[1001] Der Verkäufer hat nur für solche Störungen Dritter einzustehen, die ihm im Einzelfall zurechenbar sind.[1002] Eine Zurechenbarkeit ist zu verneinen, wenn der Unternehmenskäufer die Eviktion hätte verhindern können, oder sie auf seinem eigenen Verschulden beruht.[1003] Im Fall des Unternehmenskaufs sind Störungen durch zuvor nicht offengelegte Rechte Dritter eher selten. Im Fall eines Anteilskaufvertrages etwa hat die Rechtsprechung die rechtliche Verantwortlichkeit des Verkäufers für eine gerichtliche Entscheidung bejaht, die die Schließung des von der unternehmenstragenden Gesellschaft betriebenen Res-

---

996 Cass.com., 24. Mai 2005, n°02-19.704 betreffend den Verkauf eines fonds de commerce, ist aber ohne Weiteres auf den Unternehmenserwerb im Wege des Share Deals übertragbar.

997 Antonmattei/Raynard, Contrats spéciaux, n°196.

998 Malaurie/Aynès/Gautier, Contrats spéciaux n°357.

999 Barret, Fonds de commerce, n°238.

1000 Vgl. Malaurie/Aynès/Gautier, Contrats spéciaux, n°362.

1001 Barret, Fonds de commerce, n°237.

1002 Barret, Fonds de commerce, n°239 mwN.

1003 Mémento Expert Cession de Parts et Actions, n°63000.

taurants verfügt hatte, so dass das Unternehmen jeglichen Wert verloren hatte.[1004]

(d) Geltendmachung des Rechts

Anspruchsberechtigter auf Grundlage der Eviktionshaftung ist in aller Regel der Unternehmenskäufer. Die erste Zivilkammer des Kassationsgerichtshofs hält bei einem Unternehmenskauf im Wege eines *Share Deals* zudem die Gesellschaft, deren Anteile veräußert wurden, für anspruchsberechtigt.[1005] Das Gesetz bestimmt keine Verjährungsfrist, innerhalb derer Ansprüche aus der Eviktionshaftung gegen den Verkäufer geltend zu machen sind. Beim Verkauf von Immobilien etwa nimmt die Rechtsprechung an, dass Ansprüche aus der Eviktionshaftung auch nach Ablauf der gesetzlichen Verjährungsfrist noch geltend gemacht werden können, da es sich bei dieser um eine immerwährende Garantie handele.[1006] Im Bereich des Unternehmenskaufs existiert soweit ersichtlich keine entsprechende Rechtsprechung. Aus Gründen der Rechtssicherheit wäre eine Beschränkung der möglichen Ausübung von Ansprüchen aus der Eviktionshaftung auf den Zeitraum bis zum Ablauf der allgemeinen gesetzlichen Verjährungsfrist sonstiger Ansprüche jedoch wünschenswert.[1007] In der instanzgerichtlichen Rechtsprechung finden sich zudem Beispiele, die eine Geltendmachung dieses Rechts nur soweit zuzulassen, als es nicht in der Verpflichtung zur Ausführung des Geschäfts in gutem Glauben seine Grenze findet.[1008] Dies entspricht dem Verwirkungsgedanken des deutschen Rechts.

II Rechtsfolgen

Die im Fall der Substratmängel zur Anwendung kommenden Rechtsfolgen sollen der besseren Übersicht wegen anders als in der Vergleichsgruppe der fehlerhaften Abschlussangaben nicht nach der Art der zur Verfügung stehenden Rechtsbehelfe vorgenommen werden, sondern in Anlehnung an die vorgenann-

---

1004 Cass.com., 12. Dezember 1972, n°71-11.080.

1005 So jedenfalls Cass. 1ère civ., 24. Januar 2006, RJDA 8-9/06, n°912.

1006 Cass. 3ème civ., 20. Oktober 1981, n°80-10.660.

1007 Vgl. Mémento Expert Cession de Parts et Actions, n°63070.

1008 CA Versailles, 20. November 1997, RJDA 4/98, n°439: Im entschiedenen Fall wurde unter Hinweis auf den Zeitablauf die Geltendmachung von Rechten aus der Eviktion gegenüber dem Verkäufer der Gesamtheit von Gesellschaftsanteilen, der zuvor zugleich als Geschäftsführer der unternehmenstragenden Gesellschaft tätig war abgelehnt, als dieser 4 Jahre später ein konkurrierendes Unternehmen gründete und leitete.

ten Abweichungstatbestände der Ist- von der vertraglich vereinbarten Soll-Beschaffenheit für die englische und die kontinental-europäischen Rechtsordnungen jeweils gesondert dargestellt werden.

1 Rechtsfolgen eines *breach of contract* im englischen Recht

Im englischen Recht erfolgt die Verknüpfung tatbestandlicher Voraussetzungen mit den jeweils einschlägigen Rechtsfolgen nicht in der gleichen konditionalen Abhängigkeit, wie sie dem kontinental-europäischen Juristen vertraut ist. Vielmehr nimmt das englische Recht in seiner ihm eigenen Art rekursiv eine Rückkopplung im Hinblick auf die im konkreten Fall gewünschte Rechtsfolge vor und bejaht auf diese Weise die notwendigen tatbestandlichen Voraussetzungen. Entsprechend der bereits bei Erörterung des Rechtsinstituts der *misrepresentation* gewählten Darstellungsweise werden neben dem bereits genannten allgemeinen tatbestandlichen Erfordernisses eines *breach of contract* für jede Rechtsfolge gesonderte weitere tatbestandliche Voraussetzungen an entsprechender Stelle abgehandelt. Dieser unterschiedlichen Relation von Tatbestand und Rechtsfolge muss man sich im Weiteren bewusst bleiben. Im Hinblick auf die einschlägigen Rechtsfolgen sind jedoch nicht alle Vertragsinhalte gleich zu behandeln. Ebenso wie im deutschen Recht die „großen" Rechte des Rücktritts und des Schadensersatzes statt der ganzen Leistung eine Wesentlichkeit der Vertragsverletzung fordern, trifft das englische Recht eine vergleichbare Unterscheidung der Wertigkeit bereits auf tatbestandlicher Ebene und differenziert verschiedene Arten vertraglicher Vereinbarungen.

a Erfüllungsansprüche im weiteren Sinne

Es wurde bereits darauf hingewiesen, dass das *Common Law* unter dem Versprechen einer vertraglichen Leistung lediglich die Garantie versteht, im Fall der Nichterfüllung Schadensersatz zu leisten, welcher stets nur als Entschädigung in Geld aufgefasst wurde.[1009] Dies ist vor dem rechtshistorischen Hintergrund zu sehen, dass die früheren *Common Law*-Gerichte nur für Vereinbarungen zuständig waren, die auf Geldzahlungen gerichtet waren. Vertragliche sonstige Leistungsinhalte konnten nur vor den erst später installierten *Courts of Equity* durchgesetzt werden.[1010] Diese entwickelten, da in bestimmten Fallgestaltungen

---

1009 Goode on Commercial Law, S. 124; auf Grundlage einer ökonomischen Analyse des Rechts Smith, Understanding Specific Performance, in: Cohen/McKendrick (Hrsg), Comparative Remedies for Breach of Contract, S. 221, 226.

1010 Triebel/Hodgson/Kellenter/Müller, Englisches Handels- und Wirtschaftsrecht, Rn. 189.

ein bloßer Schadensersatzanspruch zur Befriedigung des Interesses des Gläubigers nicht ausreichte, den Rechtsbehelf der *specific performance*, der auf Erfüllung des ursprünglichen Versprechens gerichtet ist.[1011] Dieser Anspruch entspricht den in der deutschen und französischen Rechtsordnung vorgesehenen primären Erfüllungsansprüchen und ist von den Nacherfüllungsansprüchen als speziell gewährleistungsrechtlichem Rechtsbehelf zu unterscheiden.

(1) Erfüllungsansprüche: Specific Performance

Während es sich bei den Rechtsbehelfen des *Common Law* um Rechte des Anspruchstellers handelt, steht die Gewährung einer *specific performance* als eines Rechtsbehelfs der *Equity* im Ermessen des entscheidenden Richters. Ihre Gewährung ist abhängig vom konkreten Einzelfall und dem Verhalten des Rechtssuchenden.[1012] Das dem Gericht zugestandene Ermessen ist jedoch nicht willkürlich auszuüben.[1013] Es hat sich so weit als möglich an nachstehenden Grundsätzen zu orientieren: Erfüllungsansprüche können zum einen verweigert werden, wenn sie für den Schuldner eine besondere Härte (*severe hardship*) bedeuten würden.[1014] Das kann auch dann der Fall sein, wenn der Nutzen einer Naturalerfüllung für den Gläubiger im Vergleich zu den für den Schuldner damit verbundenen Kosten völlig außer Verhältnis stehen würde.[1015] Finanzielle Schwierigkeiten (*mere pecuniary difficulties*) sind aber keinesfalls ausreichend.[1016] Zum anderen kann eine Verpflichtung zur Naturalerfüllung ausscheiden, wenn der Vertragsschluss auf unfaire Art und Weise herbeigeführt wurde, die seinen rechtlichen Bestand jedoch nicht berührt oder wenn eine völlig unangemessene Gegenleistung vereinbart wurde.[1017] Wie bei allen von der *Equity* entwickelten Rechtsbehelfen ist ferner das Verhalten des Rechtssuchenden zu berücksichtigen: Ist das entscheidende Gericht der Auffassung, dieser habe den erstrebten Rechtsbehelf durch sein eigenes vorhergehendes Verhalten nicht verdient, versagt es dass Begehren einer *specific performance*.[1018]

Erfüllungsansprüche werden traditionell hauptsächlich dann zugesprochen, wenn eine Verpflichtung zur Leistung von Schadensersatz allein keine „ange-

---

1011 Ausführlich zur historischen Entwicklung Jones/Goodhart, Specific Performance, S. 6 ff.

1012 Slapper/Kelly, English Legal System, 1.3.2; Goode on Commercial Law, S. 125.

1013 Co-operative Insurance Society Ltd v Argyll Stores (Holdings) Ltd [1998] AC 1.

1014 Treitel Law of Contract, 21-029.

1015 Tito v Waddell (No. 2) [1977] Ch 106.

1016 Francis v Cowlcliffe Ltd [1977] 33 P & CR 368.

1017 Treitel Law of Contract, 21-030 f.

1018 D & C Builders v Rees [1965] 3 All ER 837.

messene" Abhilfe schafft.[1019] Angemessene Abhilfe schafft ein Schadensersatzanspruch insbesondere dort, wo der Gläubiger der ausgebliebenen Leistung auf einem vorhandenen Markt ohne weitere Umstände einen Deckungskauf tätigen kann.[1020] Diese Möglichkeit wurde traditionell verneint im Fall von Grundstückskauf- bzw. –miet- oder -pachtverträgen, da hier typischerweise ein besonderes Interesse an der Naturalerfüllung bestehe.[1021] Die kanadische Entscheidung *Semelhago v Paramadevan*[1022] allerdings hat nun –wenn auch nur in einem *obiter dictum*– die Berechtigung zum Ausspruch einer *specific performance* nicht wie üblich an der Art des Geschäfts, dem Grundstückskauf, festgemacht, sondern an der auch in anderen Fällen maßgeblichen besonderen Bedeutung für den Anspruchsteller (*peculiar and special value*). Damit hat es die Vermutungswirkung außer Kraft gesetzt, dass Schadensersatzansprüche in derartigen Fällen grundsätzlich keinen angemessenen Ersatz darstellen. Die Entscheidung wurde heftig kritisiert[1023] und es derzeit nicht ersichtlich, dass in der englischen Rechtsprechung ein vergleichbarer Wechsel dieser grundsätzlichen Position erfolgen könnte.

Nach der zitierten englischen Rechtsprechung zum Grundstückskauf lässt sich durchaus die Auffassung vertreten, dass eine *specific performance* grundsätzlich auch beim Kauf eines Unternehmens in Betracht zu ziehen ist. Dies gilt zum einen, wenn ein Grundstück zu den maßgeblichen Werten des Unternehmensvermögens gehört, wegen der vergleichbaren Individualität des Vertragsgegenstandes aber auch in allen anderen Fällen. Zudem sind Erfüllungsansprüche nicht schlechthin auf Fälle beschränkt, in denen die Beschaffung eines vergleichbaren Gegenstandes nahezu unmöglich ist, sondern werden insbesondere auch dann gewährt, wenn ein Deckungskauf nicht ohne Weiteres vorgenommen werden kann.[1024] Auch bei einem Kauf von Gesellschaftsanteilen wird das Erfül-

---

[1019] Vgl. Bankers Trust Co v PT Jakarta International Hotels & Development [1999] 1 Lloyd's Rep 910.

[1020] Treitel Law of Contract, 21-018.

[1021] Jones/Goodhart, Specific Performance, S. 32; Henrich/Huber, Einführung in das englische Privatrecht, S. 41.

[1022] [1996] 136 DLR (4th) 1.

[1023] Die Kritik bezog sich auf die mit der Maßgeblichkeit subjektiver Kriterien verbundene Ungleichheit, damit geschaffene Rechtsunsicherheit und Unsicherheiten in der sachenrechtlichen Beziehung der Beteiigten, da ein den Käufer schützendes Sicherungsrecht an einem Grundstück (equitable beneficial interest) traditionell davon abhängig ist, dass der Vertrag einer specific performance zugänglich ist, zum Ganzen Chambers, The Importance of Specific Performance, in: Degeling/Edelman (Hrsg), Equity in Commercial Law, S. 431, 434 ff.

[1024] Chambers, The Importance of Specific Performance, in: Degeling/Edelman (Hrsg), Equity in Commercial Law, S. 431, 436. Beispielsweise wurde dem Käufer ein Taxis ein Erfüllungsanspruch gewährt, obwohl dieser vor Prozessbeginn ein anderes Taxi erworben hatte, da zum Betrieb eines Taxiunternehmens entsprechende Lizenzen erforderlich sind

lungsinteresse des Käufers durch die Zusprechung von Schadensersatz dann als angemessen kompensiert angesehen, wenn ein angemessener Deckungskauf auf einem entsprechenden Markt getätigt werden kann.[1025] Das kann jedoch nur für den Fall bejaht werden, dass mit dem Anteilskauf lediglich ein Investitionszweck verfolgt wird, die Anteile öffentlich gehandelt werden und somit ein entsprechender Markt überhaupt vorhanden ist, also allenfalls im Hinblick auf Aktien börsennotierter Gesellschaften.[1026] Beabsichtigt der Käufer jedoch einen Kontrollerwerb in einem bestimmten Unternehmen, um dieses in seine weitere unternehmerische Zielsetzung einzubinden, kann dieses Interesse regelmäßig nicht durch einen Schadensersatzanspruch angemessen kompensiert werden.[1027] Die Tatsache, dass der Käufer ohne Weiteres Anteile an einem vergleichbaren Unternehmen erwerben könnte, bedeutet nicht, dass Schadensersatz eine angemessene Kompensation darstellen muss.[1028] Die Einzigartigkeit eines Unternehmens lässt vielmehr eine dem Grundstückskauf entsprechende Vermutung naheliegen, dass die Zusprechung von Schadensersatz das Interesse des Unternehmenskäufers an einer Naturalerfüllung nicht angemessen zu befriedigen vermag, unabhängig davon, ob das Unternehmen im Wege eines *Asset* oder *Share Deals* erworben wird. Diese Annahme wird durch s 52 SOGA 1979 gestützt, wonach dem entscheidenden Gericht im Fall des Warenkaufs bei Speziesschulden ausdrücklich die Möglichkeit zur Anordnung einer *specific performance* eröffnet wird. Schließlich können Erfüllungsansprüche ausnahmsweise nämlich auch dann zu bejahen sein, wenn ein Schadensersatzanspruch nur schwer quantifizierbar ist,[1029] wenn ein Schaden schwer zu beweisen ist,[1030] weil bestimmte Schadenspositionen nicht ersatzfähig sind[1031] oder weil der Gläubiger durch langes Zuwarten das Insolvenzrisiko des Schuldners zu tragen hätte.[1032] Der gerichtliche Ausspruch einer *specific performance* kann hier allenfalls dann ausscheiden, wenn der Verkäufer eine einer Dienstleistung vergleichbare persönliche Leistung zu erbringen hat, wie dies etwa bei der geschuldeten Einweisung in den Tätigkeitsbereich der Fall ist. Denn eine Verurteilung zur *specific perfor-*

---

und daher nur wenige Taxis auf dem Markt zum Verkauf standen, Dougan v Ley [1946] 71 CLR 142.

1025 Treitel Law of Contract, 21.018.

1026 Eansor v Eansor [1946] 2 DLR 781; anders etwa Paine v Hutchinson [1868] 3 Ch App 338 und die australische Entscheidung ANZ Executors and Trustees Ltd v Humes Ltd [1990] VR 615.

1027 Vgl. Eansor v Eansor [1946] 2 DLR 781; Harvela Investments Ltd v Royal Trust Co of Canada Ltd [1986] AC 207; Jones/Goodhart, Specific Performance, S. 161.

1028 Chambers, The Importance of Specific Performance, in: Degeling/Edelman (Hrsg), Equity in Commercial Law, S. 431, 436.

1029 Treitel Law of Contract, 21-020.

1030 Decro-Wall International SA v Practitioners in Marketing Ltd [1971] 1 WLR 361.

1031 Hill v C A Parsons Ltd [1972] Ch 305.

1032 Thames Valley Power Ltd v Total Gas and Power Ltd [2006] 1 Lloyd's Rep 441.

mance bei Dienst- oder Arbeitsverträgen oder sonstigen unvertretbaren Handlungen kommt grundsätzlich nicht in Betracht.[1033] Allerdings hat die Rechtsprechung in diesem Bereich schon früher Ausnahmen zugelassen, wenn das Versprechen zur Erbringung einer persönlichen Leistung Bestandteil eines weiter gefassten Vertragswerkes war, welches selbst unzweifelhaft einer *specific performance* zugänglich fähig ist.[1034] In jüngerer Zeit zeichnet sich ohnehin eine größere Bereitschaft der Gerichte zur Gewährung einer *specific performance* auch in diesem Bereich ab.[1035] Wegen der mit der dargestellten Rechtslage verbundenen Rechtsunsicherheit sollten die Partner des Unternehmenskaufvertrages privatautonom bestimmen, in welchen Fällen eine primäre Erfüllung zwingend sein soll. Zu beachten ist, dass dieses Recht nicht gänzlich ausgeschlossen werden kann.[1036] Es ist jedoch anzunehmen, dass das entscheidende Gericht einen entsprechenden Parteiwillen bei der Ausübung des ihm zustehenden Ermessens berücksichtigen wird.[1037]

(2) Nacherfüllungsansprüche

Nacherfüllungsansprüche iSd § 437 Nr. 1 BGB sieht das englische Recht in Umsetzung der Verbrauchsgüterkaufrichtlinie in s 48A (2)(a) und s 48B SOGA 1979 entsprechend der Rechtslage in Frankreich nur für den Verbrauchsgüterkauf vor. Zu diesem Zweck ist mit s 48E (2) SOGA 1979 ausdrücklich eine weitere Möglichkeit geschaffen worden, in diesem Fall eine *specific performance* zur Verfügung zu stellen. Das dem Nacherfüllungsanspruch korrespondierende Recht des Verkäufers zur zweiten Andienung und damit ein Recht zur Korrektur einer Schlechterfüllung sieht das englische Recht darüber hinaus nur in engen Grenzen vor.[1038] Aus diesem Grund ist auch keine Nachfristsetzung zur ordnungsgemäßen Erfüllung erforderlich, bevor aus einer Vertragsverletzung folgende Rechte hergeleitet werden können.[1039]

1033 Johnson v Shrewsbury and Birmingham Ry [1853] 3 DM & G 358; vgl. auch Wishart v National Association of Citizens Advice Bureaux [1990] ICR 794; zu Ausnahmen von diesem Grundsatz Treitel Law of Contract, 21-036.

1034 Vgl. Fortescue v Lostwithiel and Fowey Rly Co [1894] 3 Ch 621, 638 ff.

1035 Jones/Goodhart, Specific Performance, S. 171 ff mwN; Smith, Understanding Specific Performance, in: Cohen/McKendrick (Hrsg), Comparative Remedies for Breach of Contract, S. 221, 226 ff.

1036 Quadrant Visual Communications Ltd v Hutchinson Telephone (UK) [1993] BCLC 442.

1037 McKendrick, Contract Law, 21.9.

1038 Anson's Law of Contract, S. 508.

1039 Anson's Law of Contract, S. 508.

b Beendigung des Vertrages (termination for breach)

Für die Beendigung des Vertrages infolge einer Vertragsverletzung finden sich im englischen Recht zwei Bezeichnungen, nämlich „*termination*" und „*rescission for breach*". Letztere bedarf des genannten Zusatzes, um nicht mit der im Rahmen der Vergleichsgruppe der fehlerhaften Abschlussangaben behandelten „*rescission for misrepresentation*" verwechselt zu werden. Die beiden Institute entfalten verschiedene Rechtswirkungen: Während die *rescission for misrepresentation* Wirkung auch *ex tunc* in die Vergangenheit hinein entfaltet und damit in ihren Rechtswirkungen einer Anfechtung deutschen Rechts vergleichbar ist, werden im Fall einer *rescission for breach* die Vertragsparteien von ihrer gegenseitigen Leistungspflichten mit Wirkung *ex nunc* nur insoweit befreit, als die Leistungen noch nicht erbracht wurden.[1040] Daher kann eine *rescission for misrepresentation* anders als die hier einschlägige *termination for breach* nicht mit einem Schadensersatzverlangen kombiniert werden.[1041]

(1) Tatbestandliche Voraussetzungen

Ein Recht zur Vertragsbeendigung kann sich zum einen aus einer entsprechenden Vereinbarung im Unternehmenskaufvertrag ergeben, in den die Vertragspartner zur Beendigung des Vertrages berechtigende Gründe ausdrücklich aufnehmen können. Sofern eine derartige Vereinbarung nicht vorliegt, ist die vertragliche Vereinbarung auszulegen. Die im Vergleich zu einem Schadensersatzanspruch weitergehende Rechtsfolge einer Vertragsbeendigung setzt voraus, dass es sich bei der verletzten Vertragsabrede entweder um eine im Kontext des gesamten Vertrages besonders wichtige Abrede (*condition*) handelt oder dass eine Vertragsverletzung von besonderem Gewicht vorliegt (*substantial failure*).[1042] Im Gegensatz zu einem reinen Schadensersatzanspruch stellt sich der Anspruchsteller mit diesem Rechtsbehelf besser, da er nur die Vertragsverletzung und nicht noch einen daraus resultierenden Schaden darzulegen und zu beweisen hat.[1043]

[1040] Photo Production Ltd v Securicor Ltd [1980] AC 827; Hurst v Bryk [2002] 1 AC 185.

[1041] Möglich ist allenfalls die Gewährung einer Entschädigung (indemnity).

[1042] Cartwright, Contract Law, S. 256.

[1043] Treitel Law of Contract, 18-039.

(a) Vorliegen einer condition

Zu unterscheiden sind zunächst *conditions* und *warranties*. Eine *condition* ist eine wesentliche Vertragsabrede, die zur Wurzel des Vertrages reicht (*promissory condition*).[1044] Sie berechtigt auch ohne eine besondere Schwere eines Verstoßes zur Beendigung des Vertrages.[1045] Wegen der mit ihr für die andere Vertragspartei verbundenen oft harten Rechtsfolgen ist eine derartige Vertragsklausel eng auszulegen.[1046] Demgegenüber handelt es sich bei einer *warranty* um eine Vertragsabrede minderer Wichtigkeit, die anders als eine *condition* grundsätzlich nicht zu einer Beendigung des Vertrages, sondern nur zu einem Schadensersatzverlangen berechtigt.[1047]

(aa) Abgrenzung von einer warranty

Die Unterscheidung zwischen beiden Arten von Vertragsabreden ist nicht immer einfach. Insgesamt gibt es drei Möglichkeiten, die eine Vertragsabrede zu einer *condition* werden lassen. Zum einen kann diese Wertung durch ein Gesetz vorgegeben werden: Früher sahen etwa die durch ss 12-15 SOGA 1979 zwingend vorgeschriebenen Vertragsinhalte (*implied terms*) zugleich deren vertragliche Qualifikation vor: Während es sich bei den Anforderungen an die marktübliche Qualität des Vertragsgegenstandes und dessen Tauglichkeit für einen vereinbarten Zweck nach s 14 (2) bzw. (3) SOGA 1979 um *conditions* handelte, stellte beispielsweise die Lastenfreiheit des Vertragsgegenstandes von Rechten Dritter nach s 12 (2) SOGA 1979 eine bloße *warranty* dar. Mittlerweile spricht das Gesetz in beiden Fällen nur noch von „*terms*". Weiterhin kommt eine Qualifizierung einer Vertragsabrede als *condition* durch das entscheidende Gericht in Betracht. Dies gilt insbesondere dann, wenn die Erfüllung der in Rede stehenden

---

1044 Diese ist nicht mit einer contingent condition (precedent or subsequent) iSd § 158 BGB (aufschiebende und auflösende Bedingungen) zu verwechseln; zur Abgrenzung Lewison, Interpretation of Contracts, 15.08; aus dem deutschen Schrifttum etwa Giesen, JZ 1993, 16 ff.

1045 Vgl. s 11 (2) SOGA 1979; Bunge Corpn v Tradax Export SA [1981] 1 WLR 711; Lombard North Central plc v Butterworth [1987] QB 527. Eine wenig relevante Ausnahme gilt, solange ein Verbraucher nicht beteiligt ist, nach s 15A SOGA 1979, wenn die Vertragsverletzung so geringfügig ist, dass eine Beendigung des Vertrages nicht nachvollziehbar ist, wobei eine gegenteilige vertragliche Vereinbarung möglich bleibt, vgl. Mukwiri, Commercial Contracts, S. 138.

1046 Rice v Great Yarmouth Borough Council [2001] LGLR 41; Treitel, in: Burrows (Hrsg), English Private Law, 8.367.

1047 Vgl. aber Cehave N.V. v Bremer Handelsgesellschaft mbH (The Hansa Nord) [1976] QB 44; anders wieder Friends Provident Life & Pensions Ltd v Sirius International Ins [2005] EWCA 601.

vertraglichen Abrede entweder derart zum Wesen des Vertrages gehört, dass die Parteien eine Qualifizierung als *condition* beabsichtigt haben mussten. Nicht erforderlich ist, dass jede Vertragsverletzung dazu führt, dass die davon betroffene Partei gänzlich der ihr aus dem Vertrag zufließenden Vorteile enthoben wird.[1048] Ferner können auch entsprechende Präzedenzfälle für die Behandlung als *condition* sprechen.[1049] Hierher ist insbesondere auch der Fall zu rechnen, dass bestimmte Arten von Vereinbarungen innerhalb einer Branche generell als *condition* qualifiziert werden.[1050] Wird der Vertrag in einem geschäftlichen Umfeld abgeschlossen, berücksichtigen die Gerichte zudem entsprechende Handelsbräuche, um die Bedeutung einer Vertragsabrede richtig einschätzen zu können.[1051] Insbesondere beachten sie auch die Entscheidungspraxis der mit derartigen Fragestellungen befassten Schiedsgerichte.[1052] Schließlich steht es den Vertragspartnern frei, eine bestimmte Abrede durch privatautonome Vereinbarung in den Stand einer *condition* zu erheben.[1053] Die Verwendung des Wortes *condition* allein soll allerdings nur ein –wenn auch starker– Indikator und nicht entscheidend dafür sein, dass die Vertragspartner die Vereinbarung einer *condition* im technischen Sinn intendiert hatten.[1054] In Anbetracht der Tatsache aber, dass die genannten Begriffe in der kautelarjuristischen Praxis selten ausschließlich in ihrem technischen Begriffsverständnis verwendet werden, ist wegen der weitreichenden Folgen jedenfalls auf eine sorgfältige Formulierung zu achten.[1055]

(bb) Abgrenzung von einem Innominate Term

Die starke Fokussierung auf die Natur der verletzten Vertragsabrede ohne Berücksichtigung der Schwere des Verstoßes und der aus dem Verstoß für die geschädigte Partei resultierenden Folgen hat zwar für Rechtssicherheit gesorgt, in manchem Fall aber auch zu Entscheidungen, die dem dem Gerechtigkeitsempfinden stark widerstreben. So konnte sich bei einem für die Durchführung des Vertragszwecks nicht relevanten Mangel auch derjenige vom Vertrag lösen, der

---

[1048] Bunge Corpn v Tradax Export SA [1981] 1 WLR 711.

[1049] McKendrick, Contract Law, 10.3; Treitel Law of Contract, 18-045.

[1050] Vgl. Maredelanto Compania Naviera SA v Bergbau-Handel GmbH (The Mihalis Angelos) [1971] 1 QB 164.

[1051] McKendrick, Contract Law, 10.3; State Trading Corpn of India Ltd v M Golodetz Ltd [1989] 2 Lloyd's Rep 277.

[1052] State Trading Corpn of India Ltd v M Golodetz Ltd [1989] 2 Lloyd's Rep 277.

[1053] Lombard North Central plc v Butterworth [1987] QB 527.

[1054] Vgl. Schuler AG v Wickman Machine Tool Sales Ltd [1974] AC 235 und die Vermutung in s 11 (3) SOGA 1979.

[1055] Guest, in: Chitty on Contracts, Vol I, 12-025; 12-031.

letztlich nur ein für ihn schlechtes Geschäft getätigt hatte, ohne dass der Mangel für diese Entscheidung auch nur die geringste Bedeutung entfaltet hätte.[1056] Dies hat zur Anerkennung einer dritter Gruppe möglicher Vertragsinhalte geführt, den sog. *innominate* oder *intermediate terms*. Deren Klassifizierung als *conditions* oder als *warranties* steht nicht von vornherein fest.[1057] Von einer *condition* unterscheidet sich ein *innominate term* dadurch, dass seine Verletzung nicht automatisch zur Beendigung des Vertrages berechtigt und von einer *warranty* dadurch, dass der Geschädigte im Fall einer Vertragsverletzung nicht notwendigerweise auf die Geltendmachung von Schadensersatzansprüchen beschränkt ist.[1058] Zu einer sachgerechten Einordnung einer bestimmten Vertragsklausel ist zum einen auf die Wertigkeit der einzelnen Vertragsklausel in Relation zum Gesamtvertrag, zum anderen auf die Schwere des jeweiligen Pflichtenverstoßes abzustellen. Zur Bewertung der erforderlichen Schwere des Verstoßes greifen die Gerichte auf einen Strauß von Indizien zurück, deren Gewichtung gemessen an den Umständen des Einzelfalls erfolgt.[1059] Maßgeblich sind demnach verursachte oder zu erwartende Schäden oder Verzögerungen, der Wert der von der nicht vertragsbrüchigen Partei erbrachten oder erhaltenen Leistung, die Kosten der Herstellung eines vertragsgemäßen Zustandes, die Kooperationsbereitschaft der vertragsbrüchigen Partei, vorhergehende oder weiter zu erwartende Vertragsbrüchigkeit und die Frage, ob die Zusprechung von Schadensersatz allein zur Kompensation der vertragstreuen Partei ausreichend ist.[1060] Für die Abgrenzung zwischen einer *condition*, einer *warranty* und einem *innominate term* haben die Gerichte keine ganz klaren Abgrenzungsleitlinien entwickelt. Es kann jedoch festgestellt werden, dass eine Klassifizierung einer Vertragsabrede als *warranty* eher selten vorkommt und sie von den Vertragspartnern im Gesamtkontext des Vertrages als solche herausgestellt werden sollte.[1061] Zudem besteht eine Tendenz in der Rechtsprechung, eine *condition* nur bei eindeutig dafür sprechenden Anzeichen anzunehmen.[1062] Die Annahme einer *condition* liegt dabei am nächsten, wo das Bedürfnis nach Sicherheit am größten ist, nämlich bei gewerblich geprägten Verträgen; ansonsten ist im Zweifel eher ein *innominate term* anzunehmen.[1063]

[1056] Vgl. etwa Arcos Ltd v E A Ronaasen & Son [1933] AC 470.

[1057] Grundlegend Hong Kong Fir Shipping Co Ltd v Kawasaki Kisen Kaisha Ltd [1962] 2 QB 26; ausführlich zur Entwicklung Atiyah's Sale of Goods, S. 87 ff.

[1058] Treitel, in: Burrows (Hrsg), English Private Law, 8.374.

[1059] McKendrick, Contract Law, 10.5.

[1060] McKendrick, Contract Law, 10.5.

[1061] Vgl. The Captain George K [1970] 2 Lloyd's Rep 21; Re Olympia & York Canary Wharf Ltd (No. 2) [1993] BCC 159.

[1062] McKendrick, Contract Law, 10.5.

[1063] Tradax Internacional SA v Goldschmidt SA [1977] 2 Lloyd's Rep 604, 612; Treitel Law of Contract, 18-052.

(b) Vorliegen einer schweren Vertragsverletzung

Als Vertragsverletzung kommen Quantitäts- und Qualitätsmängel der vertraglich geschuldeten Leistung gleichermaßen in Betracht wie deren Verspätung. In jedem Fall aber muss die Abweichung der vertraglich geschuldeten von der erbrachten Leistung erheblich sein (*substantial failure to perform*).[1064] Während eine *condition* wie gesehen in jedem Fall zur Beendigung des Vertrages berechtigt, ist dieses Recht im Fall von *warranties* oder *innominate terms* vom Einzelfall abhängig. Eine bewusste Vertragsverletzung ist nicht gleichbedeutend mit einer schweren Vertragsverletzung.[1065] Die von der Rechtsprechung oft benutzten Formulierungen, die Verletzung müsse zur Wurzel des Vertrages reichen, oder den Geschädigten um den von ihm verfolgten Vertragszweck bringen, sind keine große Entscheidungshilfe. Tatsächlich orientieren sich die Gerichte oftmals an den gewünschten Rechtsfolgen. Sie stellen also darauf ab, ob eine Vertragsbeendigung im Vergleich zu einem bloßen Schadensersatzanspruch zur Interessenwahrung des Geschädigten erforderlich ist und ob dazu nicht der bei der Gegenseite verursachte Schaden außer Verhältnis steht.[1066] Wie bei der Gewährung einer *specific performance* ist entscheidender Grund für den Ausspruch einer Vertragsbeendigung tatsächlich oft nur die Tatsache, dass ein Schadensersatzanspruch zur angemessenen Kompensation des Geschädigten nicht ausreichend wäre.[1067] Wo der Schaden umgekehrt mit relativer Sicherheit beziffert werden kann, wird eine Vertragsbeendigung dagegen oft entbehrlich sein.[1068] Ein Recht zur Vertragsbeendigung kann auch in Fällen verneint werden, in denen dem Anspruchsteller zwar vordergründig ein Schaden entstanden ist, die Beendigung aber vor allem deshalb begehrt wird, weil sich der Vertrag im Nachhinein als ein für den Anspruchsteller schlechtes Geschäft herausstellt.[1069] Beim Unternehmenskauf kann dies insbesondere Situationen betreffen, in denen Mängel im Unternehmenssubstrat zwar vorhanden sind, die das Äquivalenzinteresse des Käufers beeinträchtigen, dieser die Vertragsbeendigung aber wegen einer verschlechterten wirtschaftlichen Gesamtsituation erstrebt und damit das allgemeine wirtschaftliche Risiko einer solchen Transaktion auf den Verkäufer abzuwälzen sucht. Die genannten Gesichtspunkte sind keinesfalls abschlie-

---

[1064] Cehave N.V. v Bremer Handelsgesellschaft mbH (The Hansa Nord) [1976] QB 44.

[1065] Treitel, in: Burrows (Hrsg), English Private Law, 8.384.

[1066] Treitel Law of Contract, 18-026.

[1067] Vigers v Cook [1919] 2 KB 475; Decro-Wall International SA v Practitioners in Marketing Ltd [1971] 1WLR 361.

[1068] Treitel Law of Contract, 18-028; Treitel, in: Burrows (Hrsg), English Private Law, 8.364.

[1069] Cehave N.V. v Bremer Handelsgesellschaft mbH (The Hansa Nord) [1976] QB 44, 71; Treitel Law of Contract, 18-033.

ßend.[1070] Sie geben aber zumindest Anhaltspunkte, in welchen Konstellationen eine tiefgreifende Vertragsverletzung anzunehmen sein kann.

(2) Geltendmachung des Rechts

Die Beendigung des Vertrages tritt nicht automatisch ein, vielmehr steht dem Berechtigten ein Wahlrecht zu, ob er trotz der Vertragsbrüchigkeit seines Partners den Vertrag bestätigen oder diesen beenden möchte, woran sich die Bemessung des zuzusprechenden Schadenersatzes zu orientieren hat.[1071] Das Wahlrecht kann im Einzelfall faktisch beschränkt sein, wenn ein Schadensersatzanspruch des Berechtigten aufgrund seiner Schadensminderungspflicht (*mitigation of loss*) geschmälert würde.[1072] Die Entscheidung zur Fortführung des Vertrages muss nicht ausdrücklich geschehen, sondern kann sich auch aus den Umständen ergeben.[1073] Dann muss jedoch feststehen, dass dem Berechtigten sein Recht zur Vertragsbeendigung bekannt war.[1074] Die Beendigung des Vertrages muss vom Berechtigten hingegen ausdrücklich erklärt werden, bloßes Schweigen ist grundsätzlich nicht ausreichend.[1075] Die Ausübung des Rechts erfolgt regelmäßig durch eine nicht formgebundene Erklärung gegenüber dem Vertragspartner. Ausreichend ist, dass der Verkäufer ihr unzweifelhaft den Willen des Käufers entnehmen kann, den Vertrag als beendet zu behandeln.[1076] Eine gerichtliche Entscheidung ist nicht erforderlich; ebenso wenig muss der vertragsuntreuen Partei grundsätzlich Gelegenheit zur Heilung des Verstoßes gegeben werden.[1077] Einer Begründung bedarf es nicht, es reicht, dass eine solche tatsächlich existiert.[1078] Die Wirkungen der Ausübung des Wahlrechts entsprechen denen eines Gestaltungsrecht des deutschen Rechts, eine einmal abgegebene Erklärung ist

---

[1070] Siehe etwa Aerial Advertising Co v Batchelors Peas Ltd [1938] 2 All ER 788 wo der eine Vertragsbeendigung rechtfertigende Grund keinem der genannten zugeordnet werden kann.

[1071] Treitel Law of Contract, 18-005.

[1072] Treitel Law of Contract, 18-008.

[1073] Bentsen v Taylor, Sons & Co [1893[2 QB 274.

[1074] Peyman v Lanjani [1985] Ch 457; anders noch Kammins Ballrooms Co Ltd v Zenith Investments (Torquay) Ltd [1971] AC 850: Kenntnis der das Recht begründenden Umstände ausreichend.

[1075] Vgl. State Trading Corpn of India Ltd v M Golodetz Ltd [1989] 2 Lloyd's Rep 277.

[1076] Die Erklärung gegenüber Dritten kann ausreichen wenn der Vertragspartner nicht aufzufinden ist, vgl. Bell Electric Ltd v Aweco Appliance Systems GmbH & Co KG [2002] CLC 1246.

[1077] Cartwright, Contract Law, S. 257.

[1078] Vgl. Taylor v Oakes Roncoroni & Co [1922] 127 LT 267; Maredelanto Compania Naviera SA v Bergbau-Handel GmbH (The Mihalis Angelos) [1971] 1 QB 164.

daher unwiderruflich.[1079] Das Recht zur Vertragsbeendigung bei Verletzung einer *condition* erfährt nach s 15A SOGA 1979 bei Kaufverträgen, an denen ein Verbraucher nicht beteiligt ist, eine für den Unternehmenskauf freilich nur bedingt relevante Einschränkung. Demnach ist die Möglichkeit der Zurückweisung bei bestimmten nur mit einem unwesentlichen Mangel behafteten Waren ausgeschlossen, wenn sich die verletzte *condition* aus den in SOGA 1979, ss 13, 14 oder 15 genannten *implied terms* ergibt.[1080] Das Recht, die Beendigung des Vertrages zu erklären verjährt nach s 5 *Limitation Act* 1980 grundsätzlich mit Ablauf von sechs Jahren nach seiner Entstehung, auf die diesbezüglichen Ausführungen im Rahmen der Abhandlung des Schadensersatzanspruches wird vollumfänglich verwiesen.

(3) Rechtliche Wirkungen

Mit Beendigung des Vertrages enden die beiderseitigen Primärleistungspflichten mit Wirkung *ex nunc*. Auf bereits entstandene Leistungsverpflichtungen hat die Vertragsbeendigung keinen Einfluss,[1081] sofern der Vertrag insoweit keine andere Regelung enthält.[1082] Dies gilt jedenfalls für im Gegenseitigkeitsverhältnis stehende Leistungspflichten. Andere, begleitende Vertragsklauseln, die gerade die Beziehungen der Parteien nach Beendigung des Vertrages betreffen, wie etwa solche zur Verjährung, Konfliktlösung oder Rechtswahl sind in der Regel als fortbestehend anzusehen.[1083] Jedoch bleibt der Unternehmenskäufer gegebenenfalls für solche Verpflichtungen der unternehmenstragenden Gesellschaft persönlich gegenüber Dritten haftbar, die vor Erklärung der Vertragsbeendigung entstanden sind. Auch diese Nachteile sind dem Unternehmenskäufer im Rahmen des Schadensersatzanspruchs zu ersetzen.[1084] Auf Seiten der vertragsuntreuen Partei wandelt sich die Primärverpflichtung somit in eine Verpflichtung zur Leistung von Schadensersatz.[1085] Ihre Verantwortlichkeit bezieht sich sowohl auf die begangene Vertragsverletzung als auch auf der anderen Vertragspartei nach der Beendigung entstandene Schäden.[1086] Hier zeigt sich der Unter-

---

[1079] Motor Oil Hellas (Corinth) Refineries SA v Shipping Corpn of India (The Kanchenjunga) [1990] 1 Lloyd's Rep 391.

[1080] Cartwright, Contract Law, S. 258.

[1081] Photo Production Ltd v Securicor Ltd [1980] AC 827; Hurst v Bryk [2002] 1 AC 185.

[1082] Vgl. Harbinger UK Ltd v GE Information Services Ltd [2000] 1 All ER (Comm) 166.

[1083] Vgl. Connex South Eastern Ltd v MJ Building Services Group plc [2004] EWHC 1518; Duffen v Frabo SpA [2000] 1 Lloyd's Rep 180; Anson's Law of Contract Law, S. 582.

[1084] Vgl. Photo Production Ltd v Securicor Ltd [1980] AC 827, 849.

[1085] R V Ward Ltd v Bignall [1967] 1 QB 534; State Trading Corpn of India Ltd v M Golodetz Ltd [1989] 2 Lloyd's Rep 277.

[1086] Treitel Law of Contract, 18-015.

schied einer Vertragsbeendigung zur Auflösung des Vertrages aufgrund einer *rescission for misrepresentation*, bei welcher der Geschädigte so zu stellen ist, als habe der Vertrag niemals existiert.[1087]

c *Schadensersatz*

Die Geltendmachung eines Schadensersatzanspruches setzt tatbestandlich insbesondere das Vorliegen einer bindenden Erklärung voraus. Eine solche ist zunächst von sonstigen Erklärungen abzugrenzen ist, bevor auf die rechtlichen Wirkungen, mögliche Einreden und die Möglichkeit der Vereinbarung sog. *Liquidated Damages* und *Penalty Clauses* zu kommen sein wird.

(1) Tatbestandliche Voraussetzungen

Nicht jede im Lauf von Vertragsverhandlungen getätigte Äußerung ist im Hinblick auf eine mögliche Vertragsverletzung relevant. Bloße Meinungsäußerungen oder übertriebene Anpreisungen (*mere puffs*) stellen bereits keine rechtlich relevanten Äußerungen dar. Zu unterscheiden in diesem Zusammenhang sind jedoch die Abreden, die Vertragsinhalt werden (*terms*) und sonstige während der Vertragsverhandlungen gefallene Äußerungen, die nicht Vertragsinhalt werden (*representations*).[1088] Während erstere je nach ihrer im Folgenden zu erörternden rechtlichen Qualifizierung grundsätzlich die Rechtsfolgen einer Vertragsverletzung auslösen können, steht für letztere –stellt sich die Tatsachenerklärung später als unzutreffend heraus– ein Rechtsbehelf allenfalls im Rahmen der zuvor behandelten Vergleichsgruppe der fehlerhaften Abschlussangaben zur Verfügung und die benachteiligte Vertragspartei kann nur auf Grundlage der Rechtsfolgen einer *misrepresentation* die Auflösung des Vertrages und je nach deren Art gegebenenfalls Schadensersatz verlangen.

(a) Vertraglich bindende Abrede (*term*)

Ist eine bestimmte Aussage in den Vertragsdokumenten enthalten, kann sie auch dann als Vertragsbestandteil anzusehen sein, wenn sie für die Entscheidung des Unternehmenskäufers nicht wesentlich war, bzw. zu dessen Entscheidung zum

---

[1087] Vgl. Johnson v Agnew [1980] AC 367.

[1088] Guest, in: Chitty on Contracts, Vol I, 12-003; Goode on Commercial Law, S. 89 f.

Vertragsschluss überhaupt nicht beigetragen hat.[1089] Demgegenüber ist der Nachweis, dass bloß mündliche im Lauf der Vertragsverhandlungen gefallene Äußerungen Vertragsbestandteil geworden sein sollen, nur schwer zu erbringen und wird überdies über die dem englischen Recht eigene *parol evidence-rule*, wonach auf außerhalb der Vertragsurkunde liegende Beweismittel nur begrenzt zurückgegriffen werden kann, weiter eingeschränkt.[1090] Ist die in Rede stehende vertragliche Abrede nicht bereits im Hauptwerk der vertraglichen Vereinbarungen enthalten, kann sie auch im Wege eines zusätzliches Vertrages (*collateral contract*) in das Pflichtenprogramm des Unternehmensverkäufers einbezogen worden sein.[1091] Die grundsätzliche Bedeutung der Frage, ob eine Äußerung vertraglich bindend ist oder nicht, hat im Lauf des vergangenen Jahrhunderts allerdings zunehmend an Bedeutung verloren. Denn während Schadensersatz für eine *misrepresentation* früher nur in begrenztem Umfang verlangt werden konnte, lässt nun sowohl das *Common Law* als auch der *Misrepresentation Act* 1967 diese Verpflichtung in weitergehendem Umfang zu.[1092] Wesentlich ist die Unterscheidung jedoch noch für die Höhe des zu gewährenden Schadensersatzes.

(aa) Abgrenzung zu einer representation: Allgemeine Abgrenzungsleitlinien

Ob eine konkrete Äußerung Bestandteil des Unternehmenskaufvertrages geworden oder als eine sonstige nur anlässlich der Vertragsverhandlungen getätigte Äußerung zu qualifizieren ist, hängt letztlich von einem entsprechenden Parteiwillen ab. Zur Feststellung des maßgeblichen Parteiwillens greifen die Gerichte jedoch auf objektive Kriterien zurück. Das Fallrecht hat im Lauf der Zeit einige Prinzipien zur Abgrenzung entwickelt, wobei keines davon allein entscheidend sein kann, stets ist die relative Wichtigkeit im Einzelfall maßgeblich.[1093] Als Abgrenzungsleitlinie kann zunächst die Bedeutung der Aussage herangezogen werden. Eine Aussage wird regelmäßig als *term* und nicht als bloße *representation* zu bewerten sein, wenn sie für den Vertragspartner erkennbar von solchem Gewicht war, dass er bei Nichtvorliegen der entsprechenden Tatsache den Ver-

---

[1089] Vgl. Harlingdon & Leinster Enterprises Ltd v Christopher Hull Fine Art Ltd [1991] 1 QB 564.

[1090] Zur parol evidence-rule bereits bei den Auslegungsprärogativen des englischen Rechts, siehe oben A II 1 b.

[1091] De Lassalle v Guildford [1901] 2 KB 215, bestätigt durch Denning LJ in J. Evans & Son (Portsmouth) Ltd v Andrea Merzario Ltd [1976] 1 WLR 1078, 1081 und Howard Marine and Dredging Co v A Ogden and Sons (Excavations) Ltd [1978] QB 574, 590; Reynolds, in: Benjamin's Sale of Goods, 10-012 ff; zum Ganzen auch Krecek, Gewährleistungshaftung beim Unternehmenskauf, S. 128 f mwN.

[1092] McKendrick, Contract Law, 8.5; siehe oben.

[1093] McKendrick, Contract Law, 8.1.

trag nicht abgeschlossen hätte.[1094] Ebenso ist zu berücksichtigen, ob dem Erklärungsempfänger Gelegenheit zur Überprüfung der behaupteten Tatsache geboten oder ob eine solche als nicht erforderlich dargestellt wurde: So hat die Rechtsprechung etwa die Aussage des Verkäufers eines Bootes, dieses befinde sich in einwandfreiem Zustand, den Käufer aber zur Überprüfung aufforderte, als bloße *representation* erachtet.[1095] Demgegenüber wurde die Aussage des Verkäufers eines Pferdes, dieses sei zu dem vom Käufer anvisierten Deckungszweck vollkommen tauglich, der Käufer solle sich ohne Einräumung einer Verifizierungsmöglichkeit auf seine Aussage verlassen, als Vertragsbestandteil gewertet.[1096] Ferner kann der Zeitpunkt, zu dem eine Äußerung getätigt wurde, bedeutsam sein: Wurde eine Aussage in direktem Zusammenhang mit dem Vertragsschluss geäußert, oder im Lauf der Vertragsverhandlungen wiederholt auf einen bestimmten Sachverhalt oder Umstand hingewiesen, spricht dies eher für eine Qualifizierung als Vertragsbestandteil.[1097] Gleiches ist anzunehmen, wenn durch eine Äußerung die Vertragsverhandlungen zum Abschluss gebracht werden sollen.[1098]

(bb) Informationsgefälle zu Lasten einer Vertragspartei

Im Bereich des Unternehmenskaufs von besonderer Bedeutung ist die Konstellation, dass der Erklärende im Verhältnis zu seinem Vertragspartner über weitergehende Kenntnisse oder Erfahrungen verfügt, so dass man den Parteien eher den Willen einer vertraglich bindenden Abrede unterstellen kann. Umgekehrt wird in Fällen, in denen beide Vertragspartner über nahezu gleiches Wissen verfügen, oder in denen es vielmehr der Erklärungsempfänger ist, der über weitergehendes Wissen verfügt, eher eine *representation* anzunehmen sein. Zur Illustration seien die beiden folgenden Entscheidungen genannt: In *Dick Bentley Productions Ltd v Harold Smith (Motors) Ltd*[1099] beauftragte die spätere Klägerin einen Autohändler, für sie einen in gutem Zustand befindlichen Bentley zu suchen. Die Beklagte fand schließlich ein Exemplar, dessen Meilenstand nach Einbau eines Austauschmotors mit 20.000 Meilen angegeben wurde; tatsächlich aber hatte der Austauschmotor bereits 100.000 Meilen gelaufen. Das Gericht erachtete die Aussage über den Meilenstand als Vertragsbestandteil, da die Beklagten als Autohändler besser zur Überprüfung des tatsächlichen Meilenstandes in der Lage gewesen seien als die Klägerin. In der Entscheidung *Oscar Chess*

[1094] Vgl. Couchmann v Hill [1947] KB 554.
[1095] Ecay v Godfrey [1947] 80 Ll Rep 286.
[1096] Schawel v Reade [1913] 2 IR 64.
[1097] Cartwright, Contract Law, S. 181.
[1098] Andrews v Hopkinson [1957] 1 QB 229.
[1099] [1965] 1 WLR 623.

Ltd v Williams[1100] kam das Gericht zu einem gegenteiligen Schluss: Der spätere Beklagte hatte an die Klägerin einen Wagen verkauft, dessen Baujahr er den Zulassungspapieren entnommen hatte. Dieses stellte sich später als falsch heraus, mit der Folge, dass der Wagen weitaus weniger wert war. Die Angabe des Baujahrs wurde hier als schlichte *representation* angesehen, da der Klägerin als Autohändlerin eine zutreffende Einschätzung ebenso möglich gewesen wäre wie dem privat handelnden Beklagten. Da beim Unternehmenskauf regelmäßig ein Informationsgefälle zugunsten des Verkäufers besteht, ist mit Blick auf dessen weitergehenden Informationsstand grundsätzlich eher die Annahme berechtigt, dass eine bestimmte Tatsachenerklärung als *term* zu qualifizieren ist.

(b) Verschulden

Ein Verschulden ist zur Begründung des Anspruchs grundsätzlich nicht erforderlich (*strict liability*). Der Grund liegt darin, dass das englische Recht sämtliche vertraglichen Vereinbarungen als absolute Pflichten ansieht, deren Erfüllung der Versprechende garantiert.[1101]

(2) Rechtliche Wirkungen

Die Verpflichtung zum Schadensersatz besteht, sobald eine vertragliche Vereinbarung nicht eingehalten wurde. Deren rechtliche Qualifizierung als *condition*, *warranty* oder *innominate term* ist nicht von Belang.[1102] Anders als Erfüllungsansprüche (*specific performance*) besteht auf die Gewährung von Schadensersatz ein Rechtsanspruch, der nicht wie die von der *Equity* hervorgebrachten Rechtsbehelfe im Ermessen des Gerichts steht, sondern bei Vorliegen der jeweiligen Voraussetzungen zuzusprechen ist.[1103]

(a) Ersatzfähiger Schaden

Im Rahmen des ersatzfähigen Schadens ist zunächst festzustellen, welche denkbaren Schäden der Berechtigte ersetzt verlangen kann. Weiterhin ist die im englischen Recht vom deutschen Recht abweichende Beurteilung des erforderlichen

[1100] [1957] 1 WLR 370.

[1101] Vgl. Graf von Bernstorff, Einführung in das englische Recht, S. 84; Triebel/Hodgson/Kellenter/Müller, Englisches Handels- und Wirtschaftsrecht, Rn. 189.

[1102] Zu dieser Unterscheidung oben C. II. 1. b. (1).

[1103] Treitel Law of Contract, 20-002.

Kausalzusammenhangs zwischen der Vertragsverletzung und dem eingetretenen Schaden und schließlich die Art der Schadensberechnung zu erläutern.

(aa) Denkbare Schäden

Ziel des Schadensersatzes ist auch im englischen Recht die Kompensation des Geschädigten, nicht eine Abschöpfung eventueller Gewinne des Schädigers.[1104] Allerdings setzt ein Schadensersatzanspruch nach englischer Rechtsauffassung nicht schlechthin die Entstehung eines Schadens voraus, allein aufgrund der Vertragsverletzung kann dem „Geschädigten" nomineller Schadensersatz zugesprochen werden.[1105] Ansonsten besteht grundsätzlich ein Wahlrecht des Schadensersatzberechtigten, ob er seinen Schaden auf Grundlage seines Erfüllungsinteresses bemisst und damit so gestellt wird, als ob der Vertrag erfüllt worden wäre (*expectation interest*), ob er sich für den Ersatz des Vertrauensschadens entscheidet und damit so stellen lässt als sei der Vertrag nicht geschlossen worden (*reliance interest*)[1106] oder ob er nach Grundsätzen des Bereicherungsrecht die von ihm erbrachte Leistung zurückfordern möchte (*restitution*).[1107] Das bedeutet, dass der Geschädigte auch aus vertraglichen Rechten seinen Vertrauensschaden geltend machen kann, solange der vermeintliche Schädiger nicht einwenden kann, dass die in Rede stehenden Auslagen auch bei ordnungsgemäßer Erfüllung des Vertrages entstanden wären und sich auch nicht amortisiert hätten.[1108] Der Geschädigte soll also nicht vor einem für ihn schlechten Geschäft geschützt werden.[1109] Die Beweislast obliegt dem potentiellen Schädiger.[1110] In geeigneten Fällen können diese Ansprüche auch nebeneinander geltend gemacht werden, solange der Berechtigte für ein und dieselbe Schadensposition nicht doppelkompensiert wird.[1111] Daneben können stets die Schäden geltend gemacht werden, die dem Berechtigten ansonsten in seiner Person oder an seinem Eigen-

---

1104 Halson, in: Furmston (Hrsg) Law of Contract, 8.3; ausnahmsweise anders: A-G v Blake [2001] 1 AC 268; zur Berechnung derartiger gain-based damages Cunnington, MLR 71 (2008) 559, 560 ff, 569 ff.

1105 Cartwright, Contract Law, S. 262.

1106 Vgl. Anglia Television Ltd v Reed [1972] 1 QB 60; aus dem deutschen Schrifttum Schackel, ZeuP 2001, 248, 259 ff.

1107 Vgl. zum Ganzen Friedmann, LQR 111 [1995] 628, 629 ff.

1108 Cheshire, Fifoot & Furmston's Law of Contract, S. 754; C & P Haulage v Middleton [1983] 3 All ER 94. Dem entspricht die auch im deutschen Recht mögliche Art der Schadensberechnung auf Grundlage der Rentabilitätsvermutung nach §§ 280 Abs. 1, 283 BGB.

1109 C.C.C. Films (London) Ltd v Impact Quadrant Films Ltd [1985] QB 16, 32 f; Cartwright, Misrepresentation, Mistake and Non-Disclosure, 2.08 mwN.

1110 C.C.C. Films (London) Ltd v Impact Quadrant Films Ltd [1985] QB 16.

1111 Vgl. Schackel, ZeuP 2001, 248, 263 ff mwN.

tum entstehen (*consequential loss*), also solche Schadenspositionen, die nach deutscher Rechtsterminologie als Mangelfolgeschäden bekannt sind.[1112]

(bb) Kausalzusammenhang

Die Vertragsverletzung muss für den Schadenseintritt ursächlich gewesen sein (*causation*).[1113] Zu ersetzen sind nicht jegliche auf die Verletzungshandlung zurückzuführende Schäden, sondern nur solche, mit deren Eintritt die Vertragspartner im Zeitpunkt des Vertragsschlusses auf Grundlage ihres tatsächlichen Wissensstandes tatsächlich rechnen konnten (*remoteness of damage*): Demnach sind zunächst die Schäden ersatzfähig, die nach der Lebenserfahrung zu erwarten gewesen wären.[1114] Ersatzfähig sind ferner weitere Schäden, deren tatbestandliche Voraussetzungen sich in der Rechtsprechung erst im Lauf der Zeit herauskristallisiert haben.[1115] Zuerst wurde an das auch im Deliktsrecht maßgebliche Kriterium der „*reasonable foreseeability*" angeknüpft.[1116] Dieses hat sich als wenig praxistauglich erwiesen, da die Anforderungen an die Vorhersehbarkeit im Vertragsrecht generell wesentlich höher gesteckt sind und eine Entlastung des Schädigers somit leichter gelingt als im Fall deliktischer Ansprüche.[1117] Als maßgeblich wird nun erachtet, dass der Schadenseintritt im Zeitpunkt des Vertragsschlusses vernünftigerweise von den Parteien *bedacht* werden musste.[1118] Wenn dies zu bejahen ist, soll der Ersatzfähigkeit nicht die Tatsache entgegenstehen, dass der tatsächlich eingetretene Schaden in seiner konkreten Reichweite nicht vorhersehbar war.[1119] Die Ersatzfähigkeit von Schäden ist damit im Vergleich zum deutschen Recht nur eingeschränkt möglich, beispielsweise ist ein zu erwartender Verkaufserlös aus einem vor Erhalt von Waren geschlossenen Drittgeschäft und damit ein entgangener Gewinn nur dann erstattungsfähig, wenn der Verkäufer im Zeitpunkt des Vertragsschlusses von einer wahrscheinlichen Weiterveräußerung Kenntnis hatte.[1120]

1112 Treitel Law of Contract, 20-034; Smith v Green [1875] 1 CPD 92.

1113 Ausführlich Treitel Law of Contract, 20-094 ff.

1114 Hadley v Baxendale [1854] 9 Exch 341.

1115 Zur Entwicklung der Rechtsprechung Cheshire, Fifoot & Furmston's Law of Contract, S. 751 ff.

1116 Vgl. Victoria Laundry (Windsor) Ltd v Newman Industries Ltd [1949] 2 KB 528.

1117 Koufos v C Czarnikow Ltd (The Heron II) [1969] 1 AC 350.

1118 Koufos v C Czarnikow Ltd (The Heron II) [1969] 1 AC 350.

1119 Vacwell Engineering Co Ltd v BDH Chemicals Ltd [1970] 3 All ER 553; Brown v KMR Services Ltd [1995] 4 All ER 598.

1120 Vgl. Brading v F McNeill & Co Ltd [1946] Ch 145; Seven Seas Properties Ltd v Al-Essa (No. 2) [1993] 3 All ER 577.

(cc) Schadensberechnung

Die Schadensberechnung hat grundsätzlich auf den Zeitpunkt der Vertragsverletzung bezogen zu erfolgen. Davon lassen die Gerichte im erforderlichen Fall jedoch Ausnahmen zu[1121] und lassen etwa den Zeitpunkt der Entdeckung eines Schadens maßgeblich sein, wenn mit dieser im unmittelbaren Zusammenhang mit der Verletzungshandlung zu rechnen war.[1122] Eine Berechnung auf Grundlage des Vertrauensinteresses oder einer beim Vertragspartner bestehenden Bereicherung bereitet keine allzu großen Schwierigkeiten. Im Fall der Rückgewähr von Waren oder Dienstleistungen ist ein entsprechender Betrag in Geld anzusetzen. Problematisch kann die Bewertung des Erfüllungsschadens sein. Hier bestehen im Wesentlichen zwei Methoden der Schadensberechnung, nämlich eine Kalkulation auf Grundlage der Wertdifferenz der Ist-Beschaffenheit von der vertraglich vereinbarten Soll-Beschaffenheit (*difference in value*) oder eine Kalkulation auf Grundlage des Aufwandes (*cost of cure*), der zur Herstellung eines der vertraglich geschuldeten Soll-Beschaffenheit entsprechenden Zustandes erforderlich ist.[1123] Sind für den Vertragsgegenstand Marktpreise vorhanden, errechnet sich die Wertdifferenz nach diesen, wie s 51 (3) SOGA 1979 für den Warenkauf klarstellt.[1124] Bei dem heranzuziehenden „Vergleichsmarkt" muss es sich nicht um eine feste Institution handeln,[1125] ausreichend ist vielmehr, wenn das Objekt des Vertrages einfach wiederverkauft werden kann.[1126] Darüber hinaus hält das englische Recht für bestimmte Arten von Geschäften eine Vermutungswirkung zur einschlägigen Berechnungsgrundlage bereit, die im Einzelfall widerlegt werden kann.[1127] Für den Warenkauf etwa sieht s 53 (3) SOGA 1979 vor, dass der Käufer die Differenz verlangen kann zwischen dem tatsächlichen Wert der gelieferten Waren, und dem Wert der ihnen zugekommen wäre, wenn sie sich in einem der vertraglichen Abrede entsprechenden Zustand befunden hätten. Werden hingegen Bauleistungen geschuldet, besteht eine Vermutung für einen Schadensausgleich auf Basis der Instandsetzungskosten.[1128] Stets muss der finanzielle Aufwand in einem vernünftigen Verhältnis zum dadurch geschaffenen Mehrwert stehen.[1129] Stehen Instandhaltungskosten in keinem vernünftigen Verhältnis mehr zu dem damit erreichten Vorteil oder ist mit einer Verwendung

---

1121 Vgl. Cheshire, Fifoot & Furmston's Law of Contract, S. 755; Golden Strait Corpn v Nippon Yusen Kubishika Kaisha [2005] 1 All ER (Comm) 467.

1122 Treitel Law of Contract, 20-064.

1123 Treitel Law of Contract, 20-037.

1124 Dazu auch Cheshire, Fifoot & Furmston's Law of Contract, S. 763.

1125 So noch James LJ in Colliery Co v Lever [1878] LR 9 Ch D 20, 24.

1126 Goode on Commercial Law, S. 413 ff.

1127 Vgl. Watts v Morrow [1991] 1 WLR 1421.

1128 Mertens v Home Freeholds Co [1921] 2 KB 526.

1129 Vgl. Morris v Redland Bricks Ltd [1970] AC 652.

eines zur Instandsetzung zugesprochenen Ausgleichs für den angestrebten Zweck nicht zu rechnen, ist der gerichtliche Ausspruch zum Ausgleich der Wertdifferenz wahrscheinlicher.[1130] Die zugrunde liegenden Wertungen entsprechen denen der Versagung einer *specific performance*: In Fällen, in denen kein nachvollziehbares Interesse am Erhalt der Primärleistung besteht, soll der Schuldner weder *in natura* zu dieser verpflichtet werden, noch den zu einem vergleichbaren Zustand führenden Geldbetrag erhalten.[1131] Wo nach keiner der genannten Berechnungsmethoden ein Schaden zu bejahen wäre, kann das Gericht im Einzelfall auch einen Ausgleich für verlorene Annehmlichkeiten (*loss of amenity*) zusprechen.[1132] Schadensersatzbegehren mit Strafcharakter hingegen widersprechen dem Kompensationsgedanken des Schadensersatzes und können in Folge einer Vertragsverletzung nicht begehrt werden.[1133]

(b) Einreden

Anders als bei deliktischen Ansprüchen kann sich der Schädiger im Grundsatz nicht im Wege einer Einrede auf ein eventuelles Mitverschulden (*contributory negligence*) des Anspruchstellers berufen. Da das englische Recht die aus einer Vertragsverletzung fließenden Rechtsfolgen als Garantiehaftung versteht und nicht von einem Verschuldenserfordernis abhängig macht, ist eine Abwägung mit dem „Verschuldensvorwurf" an den Schädiger nicht möglich.[1134] Grundsätzlich sind daher durch die Vertragsverletzung entstandene Schäden nicht durch ein mitwirkendes Verschulden des Schadensersatzberechtigten zu mindern, es sei denn, dass dessen Verhalten den für den Eintritt des Schadens maßgeblichen Kausalverlauf unterbricht oder selbst als Vertragsverletzung zu werten ist.[1135] Eine Anwendung des *Law Reform (Contributory Negligence) Act* 1945 auf Ansprüche, die der vertraglichen Garantiehaftung unterliegen kommt daher grundsätzlich nicht in Betracht.[1136] Eine Anrechnung des Mitverschuldens des Geschädigten nach dem genannten Gesetz kann ausnahmsweise nur dann in Betracht kommen, wenn der Geschädigte neben seinem vertraglichen Recht einen

---

[1130] Cartwright, Contract Law, S. 263.
[1131] Cartwright, Contract Law, S. 264.
[1132] Ruxley Electronics and Construction Ltd v Forsyth [1996] AC 344.
[1133] Vgl. Ruxley Electronics and Construction Ltd v Forsyth [1996] AC 344, 353.
[1134] Cheshire, Fifoot & Furmston's Law of Contract, S. 784.
[1135] Anson's Law of Contract, S. 616.
[1136] Barclays Bank plc v Fairclough Building Ltd [1995] QB 214.

gleichgerichteten deliktischen Anspruch aus dem *tort of negligence* geltend machen könnte,[1137] welcher dann um den Mitverschuldensanteil zu kürzen wäre.[1138]

Die nur im Einzelfall mögliche Berufung des Schädigers auf ein bei der Entstehung des Schadens mitwirkendes Verhalten des Geschädigten schließt nicht eine Einwendung der Schadensminderungspflicht des Geschädigten (*mitigation of loss*) aus. Diese betrifft nicht die Entstehung des Schadens, sondern dessen Umfang. Zum einen sind keine Schäden ersatzfähig, die nicht eigentlich auf die Vertragsverletzung zurückzuführen sind, sondern durch unvernünftiges Handeln des Geschädigten nach Vertragsverletzung entstanden sind und die damit den nötigen Kausalzusammenhang zwischen Pflichtverletzung und Schadenseintritt unterbrechen.[1139] Zum anderen hat die durch eine Vertragsverletzung geschädigte Partei die ihr im Einzelfall möglichen Maßnahmen zu einer Minderung des drohenden Schadens zu ergreifen.[1140] Welche Maßnahmen dies sind, hängt davon ab, was nach der Verkehrsauffassung erwartet werden kann. Nicht verlangt werden kann jedenfalls die Entgegennahme minderwertiger Ware oder eine Beschädigung des eigenen Ansehens im Geschäftsverkehr.[1141]

(c) Verjährung

Die Verjährungsfrist beträgt nach s 5 *Limitation Act* 1980 sechs Jahre und beginnt mit der Vertragsverletzung zu laufen. Wann genau eine solche zu bejahen ist, hängt beim Kauf eines Unternehmens davon ab, ob der vereinbarte vertragsgemäße Zustand bereits im Zeitpunkt der Unterzeichnung des Vertrages (*signing*) vorliegen muss oder erst im Zeitpunkt der endgültigen Abwicklung des Unternehmenskaufvertrages, wenn alle im Einzelfall erforderlichen Bedingungen eingetreten und alle notwendigen Handlungen vorgenommen worden sind (*closing*). In der Praxis werden häufig beide Zeitpunkte für maßgebend gehalten, so dass die Verjährungsfrist bereits mit der Unterzeichnung des Vertrages zu laufen beginnt, sofern das Unternehmen schon in diesem Zeitpunkt der vertrag-

[1137] Ob das Gesetz auch Anwendung findet, wenn vertragliche und deliktische Ansprüche nicht deckungsgleich (co-extensive) sind, ist nicht geklärt, vgl. Anson's Law of Contract, S. 617.

[1138] Grundlegend Forsikringsaktieselskapet Vesta v Butcher [1989] AC 852.

[1139] Vgl. British Westinghouse Electric Co Ltd v Underground Electric Railways Co of London Ltd [1912] AC 673, 689.

[1140] Anson's Law of Contract, S. 614.

[1141] Vgl. Heaven & Kesterton Ltd v Etablissements Francois Albiac & Cie [1956] 2 Lloyd's Rep 316.

lich versprochenen Soll-Beschaffenheit nicht entspricht.[1142] Eine weitergehende Verjährungsfrist von zwölf Jahren gilt nach s 8 *Limitation Act* 1980 für Verträge, die in Form einer sog. *specialty* abgeschlossen wurden. Das früher für diese geltende besondere Formerfordernis einer Siegelung durch den Verpflichteten (*deed under seal*) ist mittlerweile entfallen. Zwar werden in England Reformvorschläge diskutiert, zivilrechtliche einschließlich vertraglicher Ansprüche in einer Frist von drei Jahren ab dem Zeitpunkt ihrer möglichen Entdeckung verjähren zu lassen, eine Umsetzung steht trotz grundsätzlichen Befürwortens in der Regierung aber noch aus.[1143] Im Bereich des Unternehmenskaufs jedenfalls ist, sofern nicht steuerrelevante Sachverhalte betroffen sind, eine Verkürzung der Verjährungsfrist auf zwei oder drei Jahre üblich, da die Vornahme von ein oder zwei Abschlussprüfungen als zur Aufdeckung derartiger Mängel als ausreichend erachtet wird.[1144] Teilweise wird von einer Abweichung von den gesetzlichen Verjährungsfristen bei einem Unternehmenskauf im Wege des *Asset Deals* jedoch abgeraten, da der Unternehmenskäufer nicht unbedingt wie bei einem Unternehmenskauf im Wege des *Share Deals* alle notwendigen Informationen zur Hand hat, die ihm eine Einschätzung der einzelnen Vermögenswerte erlauben, insbesondere was das an diesen bestehende Eigentumsrecht betrifft.[1145] Sofern steuerliche Sachverhalte betroffen sind, beträgt die Verjährungsfrist nach s 34 *Taxes Management Act* 1970 bereits sechs Jahre, gerechnet ab Ende des maßgeblichen Abrechungszeitraums. Daher empiehlt sich eine Abkürzung der Verjährungsfrist insofern nicht. Diese sollte vielmehr ebenfalls mindestens sechs Jahre ab Abschluss des maßgeblichen Abrechungszeitraums betragen.[1146]

(d) Liquidated Damages und Penalty Clauses

Um Unstimmigkeiten hinsichtlich der Schadenshöhe und Zurechenbarkeit von vornherein auszuschließen und größere Rechtssicherheit zu schaffen, können die Vertragspartner im Unternehmenskaufvertrag von vornherein eine bestimmte Höhe des zu zahlenden Schadensersatzes vereinbaren. Dies kann zum einen im Wege sog. *de minimis*-Regelungen geschehen, wonach ein Schaden, um im konkreten Fall ersatzfähig zu sein, eine bestimmte zu vereinbarende Bagatell-

---

1142 Vgl. Krecek, Gewährleistungshaftung beim Unternehmenskauf, S. 147 mit entsprechendem Klauselbeispiel; Beswick and Wine, Buying and Selling Private Companies and Businesses, S. 203.

1143 Cartwright, Contract Law, S. 268.

1144 Von Bismarck, in: Corporate Mergers & Acquisitions, S. 40; Beswick and Wine, Buying and Selling Private Companies and Businesses, S. 213; zum französischen Recht Klein, RIW 2002, 348, 352.

1145 Sinclair on Indemnities, 3-18.

1146 Sinclair on Indemnities, 3-18.

grenze überschreiten muss. Zum anderen kommen Vereinbarungen von Haftungshöchstgrenzen (sog. *caps*) in Betracht, die eine Inanspruchnahme des Unternehmensverkäufers von vornherein begrenzen.[1147] Es wurde bereits darauf hingewiesen, dass das englische Recht in dem Versprechen einer vertraglichen Leistung in erster Linie ein Garantieversprechen für die Nichteinhaltung der Zusage sieht.[1148] Vor diesem Hintergrund sind als Vertragsstrafe konzipierte Klauseln (*penalty clauses*), die weniger kompensatorischen Zwecken als der Durchsetzung der vertraglich geschuldeten Leistung dienen, im englischen Recht unwirksam.[1149] Die Beweislast für den Vertragsstrafencharakter einer Vertragsklausel obliegt dem in Anspruch Genommenen.[1150] Dagegen sind Klauseln, die lediglich eine Pauschalierung des Schadensersatzanspruches bezwecken (*liquidated damages*) grundsätzlich zulässig.[1151] Die Bezeichnung kann indikativ wirken, ist allein aber nicht entscheidend.[1152] Maßgeblich ist eine Gesamtschau des Einzelfalls.[1153] Für die Qualifizierung einer Klausel als Vertragsstrafenregelung findet sich allerdings kaum Rechtsprechung, da es weniger auf die absolut zutreffende Schätzung des zu erwartenden Schadens ankommt, als darauf, ob die Schätzung unter den im konkreten Fall gegebenen Umständen als vernünftig anzusehen war.[1154]

2 Rechtsfolgen des Sachmängelgewährleistungsrecht

Die Rechtsfolgen der kontinental-europäischen Sachmängelgewährleistung entsprechen den bereits in der Vergleichsgruppe der fehlerhaften Abschlussangaben dargestellten. Insbesondere im Bereich der im deutschen Recht auch auf den

---

[1147] Beswick and Wine, Buying and Selling Private Companies and Businesses, S. 212; ausführlich zum Ganzen Sinclair on Indemnities, 3-20 ff mit zahlreichen Klauselbeispielen.

[1148] Vgl. Triebel/Hodgson/Kellenter/Müller, Englisches Handels- und Wirtschaftsrecht, Rn. 189; Graf von Bernstorff, Einführung in das englische Recht, S. 84.

[1149] Goode on Commercial Law, S. 137; Cartwright, Contract Law, S. 201; vgl. auch Dunlop Pneumatic Tyre Co Ltd v New Garage & Motor Co Ltd [1915] AC 79; Lordsvale Finance Ltd v Bank of Zambia [1996] QB 752.

[1150] Robophone Facilities Ltd v Blank [1966] 1 WLR 1428, 1447.

[1151] Treitel Law of Contract, 20-121; Knight, Acquisition of Private Companies and Business Assets, S. 170.

[1152] Vgl. Kemble v Farren [1829] 6 Bing 141: „liquidated damages" als penalty erachtet; Elphinstone v Monkland Iron & Coal Co Ltd [1886] 11 App Cas 332: „penalty" als liquidated damages erachtet.

[1153] Vgl. die in Dunlop Pneumatic Tyre Co Ltd v New Garage & Motor Co Ltd [1915] AC 79, 87 f für maßgeblich gehaltenen Leitkriterien.

[1154] Cheshire, Fifoot & Furmston's Law of Contract, S. 790 unter Hinweis auf Alfred McAlpine Capital Projects Ltd v Tilebox Ltd [2005] 104 Con LR 39.

Unternehmenskauf anwendbaren Nacherfüllung aber ergeben sich im Vergleich zu den fehlerhaften Abschlussangaben einige Besonderheiten.

Ob bei einem Stückkauf wie einem Unternehmenskauf ein Nacherfüllungsanspruch nach § 437 Nr. 1 BGB in Form der Nachlieferung generell in Betracht kommen kann, ist in der Literatur noch immer umstritten.[1155] Von der Rechtsprechung wird diese Frage mittlerweile grundsätzlich bejaht, wenn der Vertragsgegenstand durch einen gleichartigen und gleichwertigen ersetzt werden kann und das Substitut damit letztlich der vertraglich vereinbarten Soll-Beschaffenheit entspricht.[1156] Diese Ansicht bezieht sich allerdings hauptsächlich auf Gebrauchtwagen und damit auf Güter, die einem Gattungskauf vergleichsweise nahestehen. Bei einem so komplexen Kaufgegenstand wie einem Unternehmen, das durch seine spezifischen Daten so individualisiert und konkretisiert ist, dass es nicht durch ein in etwa gleichwertiges ersetzt werden kann, ist eine Nachlieferung aber grundsätzlich ausgeschlossen.[1157] Das gilt jedenfalls solange, als eine Nacherfüllung von Mängeln des Unternehmens selbst im Raum steht. Denkbar bleibt eine solche jedoch, wenn es um die Behebung von Mängeln an einzelnen Gegenständen des Unternehmenssubstrats geht.[1158] Im Bereich der Substratmängel ist eine Nacherfüllung in qualitativer als auch in quantitativer Hinsicht, wie etwa bei defekten Maschinen oder fehlendem Inventar sowohl in Form der Nachbesserung als auch der Nachlieferung vergleichsweise einfach möglich.[1159] Ansonsten kann eine Nachbesserung für den Käufer unter Umständen unzumutbar sein, etwa dann, wenn das Erfordernis der Offenlegung von Betriebsgeheimnissen zu einer nicht hinzunehmenden Einflussnahme des Verkäufers auf das Unternehmen führt; anderes wird gelten, wenn es sich bloß um die Ablösung von Verbindlichkeiten handelt.[1160] Da Bezugspunkt der Mangelhaftigkeit das Unternehmen als Ganzes ist, vermögen Mängel bloß einzelner Gegenstände allerdings nicht die Anwendung des Gewährleistungsrechts zu rechtfertigen, sofern sie sich nicht zugleich als Mängel des Unternehmens insgesamt dar-

---

1155 Dagegen Faust, in: Bamberger/Roth BGB § 439 Rn. 27; a.A. schon Canaris, JZ 2003, 831, 835 ff.

1156 Vgl. BGH NJW 2007, 1346.

1157 Haas, in: Das neue Schuldrecht, 5. Kap. Rn. 551; Büdenbender, in: Unternehmenskauf und Schuldrechtsmodernisierung, S. 5, 38; Beisel/Klumpp, Unternehmenskauf, 16. Kap. Rn. 26 weisen darauf hin, dass dies allenfalls bei mehreren an sich gleichwertigen Zweigniederlassungen eines Unternehmens der Fall sein könne, sofern der Käufer die „Ersatzlieferung“ als Erfüllung akzeptiere.

1158 Vgl. H.P. Westermann, in: MünchKomm BGB, § 453 Rn. 44.

1159 Vgl. Schröcker, ZGR 2005, 63, 82; Kindl, WM 2003, 409, 412 Fn. 46; Gaul, ZHR 166 (2002) 35, 54.

1160 Triebel/Hölzle, BB 2002, 521, 526; Holzapfel/Pöllath, Unternehmenskauf in Recht und Praxis, Rn. 650.

stellen.[1161] Nennenswerte Probleme ergeben sich hieraus gleichwohl nicht, da es dem Unternehmenskäufer, dem es gerade auf den Erwerb bestimmter Vermögensgegenstände ankommt, unbenommen bleibt, deren Mangelfreiheit nach § 434 Abs. 1 S. 1 BGB als Beschaffenheit zu vereinbaren. Fehlen beispielsweise in der Schlussbilanz des verkauften Unternehmens erfasste Aktiva oder sonstige nach der vertraglichen Vereinbarung zu liefernde Vermögensgüter, kann der Unternehmenskäufer zunächst deren Nachlieferung verlangen.[1162] Wenn der Verkäufer im Fall quantitativer Mangelhaftigkeit entsprechende Gegenstände nicht verfügbar hat, so kann er sie, sofern sie nur der Gattung nach bestimmt sind, auf dem Markt beschaffen.[1163] Ist eine Nachlieferung jedoch nicht möglich, ist für die Erfüllungshaftung des Unternehmensverkäufers der Beschaffungswert der fehlenden Vermögensgegenstände maßgeblich, was im Gegensatz zur Anwendung der Ertragswertmethode im Rahmen des Minderungsrechts zu einer stärkeren Belastung des Verkäufers führen kann.[1164] Dann stellt sich auch in diesem Bereich das bereits angesprochene Problem der Monetarisierung des Nacherfüllungsanspruchs.[1165]

3 Rechtsfolgen des Rechtsmängelgewährleistungsrecht

Die tatbestandlich verschiedenen Anknüpfungspunkte der Rechtsmängelhaftung, Eviktionsprinzip im französischen Recht und Rechtsverschaffungsprinzip im deutschen Recht, führen auch in der Rechtsfolge zu weitreichend unterschiedlichen Lösungen, die für das deutsche und französische Recht gesondert dargestellt werden.

a Deutschland

Durch die im Rahmen der Schuldrechtsreform erfolgte Gleichstellung von Rechts- und Sachmängeln in den Rechtsfolgen kann diesbezüglich weitgehend auf die vorherigen Ausführungen verwiesen werden kann. Bei Rechtsmängeln bloß einzelner Vermögenswerte des Unternehmenssubstrats ist eine Relevanz des Mangels auch auf Unternehmensebene im Grundsatz einfacher zu bejahen

---

[1161] A.A. Gronstedt/Jörgens, ZIP 2002, 52, 61 die einen Nacherfüllungsanspruch auch dann annehmen „wenn die Mangelhaftigkeit der Einzelgegenstände bei wertender Betrachtung nicht als Mangel des gesamten Unternehmens angesehen werden könnte".

[1162] Beisel/Klumpp, Unternehmenskauf, 16. Kap. Rn. 28.

[1163] Vgl. Büdenbender, in: Unternehmenskauf und Schuldrechtsmodernisierung, S. 5, 39.

[1164] Beisel/Klumpp, Unternehmenskauf, 16. Kap. Rn. 28 und 32.

[1165] Siehe oben C II 4 a.

als bei Sachmängeln einzelner Gegenstände; man denke nur an die Beanspruchung von Patenten oder sonstigen gewerblichen Schutzrechten durch Dritte, die eine Ausübung der betrieblichen Tätigkeit nahezu unmöglich machen können.[1166] Aus dem gleichen Grund kommt dem Rechtsbehelf der Nacherfüllung eine weitaus geringere Bedeutung zu. Sowohl eine Nachlieferung als auch eine Nachbesserung wird in vielen Fällen unmöglich sein, oftmals wird es sich sogar um eine anfängliche Unmöglichkeit handeln mit der Folge der Anwendbarkeit des in § 311a Abs. 2 BGB statuierten Verschuldensmaßstabs: In geeigneten Fällen kann jedoch über eine Verpflichtung des Unternehmensverkäufers zur Ablösung belastender Rechte Dritter nachgedacht werden.[1167] Die damit verbundenen Probleme der Monetarisierung des Nacherfüllungsanspruchs wurden bereits in der Vergleichsgruppe der fehlerhaften Abschlussangaben thematisiert.

b Frankreich

Rechtsmängel im französischen Recht unterliegen hingegen einem Rechtsfolgenregime, das sich von dem der Sachmängelhaftung wesentlich unterscheidet. Die in Folge einer Eviktion zur Anwendung kommenden Rechtsfolgen privilegieren den Käufer gegenüber den ergänzend zur Anwendung kommenden allgemeinen Vorschriften des *Code civil*. Die konkret einschlägig Rechtsfolgen sind davon abhängig, ob eine totale oder eine nur partielle Eviktion vorliegt.

(1) Totaleviktion

Fälle einer Totaleviktion sind bei einem Unternehmenskauf eher selten, unabhängig davon, ob sich dieser im Wege eines *Asset* oder *Share Deals* vollzieht. Im Fall der Veräußerung eines *fonds de commerce* ist der häufigste Fall der, dass die auf dem *fonds* eingetragenen Gläubiger zur Durchsetzung ihrer Forderungen den Zwangsverkauf betreiben.[1168] Der Käufer kann sich in diesem Fall auf eine Totaleviktion freilich nur berufen, wenn die nach Art. L 141-1 Abs.1 Nr. 2 C.com. erforderlichen Pflichtangaben hinsichtlich der auf dem *fonds* lastenden Sicherungsrechte nicht ordnungsgemäß erfolgt sind. Alternativ steht ihm dann die Geltendmachung der Nichtigkeit des Kaufvertrages wegen des Fehlens dieser mitteilungspflichtigen Umstände zu.[1169] Wichtigste Rechtsfolge einer To-

---

[1166] Vgl. H.P. Westermann, in: MünchKomm BGB, § 453 Rn. 29.

[1167] Büdenbender, in: Unternehmenskauf und Schuldrechtsmodernisierung, S. 5, 39.

[1168] Reygrobellet, Fonds de commerce, n°64.42.

[1169] Barret, Fonds de commerce, n°237; zu den dann einschlägigen Rechtsfolgen siehe oben C I 1 e.

taleviktion ist nach Art. 1631 Nr. 1 C.civ. die Verpflichtung des Verkäufers zur Rückzahlung des Kaufpreises. Diese besteht nach Art. 1631 C.civ. selbst dann, wenn der Vertragsgegenstand zwischenzeitlich an Wert verloren hat oder durch eine Nachlässigkeit des Käufers oder durch höhere Gewalt erheblich an Wert verloren hat. Gleichfalls hat der Verkäufer nach Art. 1633 C.civ. einen zwischen Vertragsschluss und dem gerichtlichen Ausspruch der Eviktion geschaffenen Mehrwert des Vertragsgegenstandes zu ersetzen, selbst wenn dieser nicht durch ein Zutun des Käufers entstanden ist. Dieser Pflicht zur Erstattung des gesamten Kaufpreises einschließlich eines eventuellen Mehrwerts kommt im Bereich der Veräußerung eines *fonds de commerce* jedoch eine größere Bedeutung zu als bei einem Unternehmenserwerb im Wege des *Share Deal*.[1170] Denn zum einen ist eine Wertsteigerung der verkauften Anteile im Fall einer zur Eviktion führenden Handlung des Verkäufers eher unwahrscheinlich, zum anderen wird ein Wertverlust der verkauften Anteile dem Verkäufer oft nicht in der erforderlichen Weise zurechenbar sein.[1171] Beispiele aus der Rechtsprechung sind insbesondere im Bereich des *Share Deals* zum deshalb selten, weil die Rechtsprechung einen dem Anteilskäufer direkt entstandenen Schaden fordert, der über den erlittenen Schaden der unternehmenstragenden Gesellschaft hinausgehen und sich von diesem unterscheiden muss.[1172] Ferner sind dem Käufer –falls er zur Herausgabe an den Berechtigten verpflichtet ist– die gezogenen Früchte zu ersetzen (Art. 1630 Nr. 2 C.civ.) und die zur Geltendmachung des Gewährleistungsanspruchs dem Käufer entstandenen Ausgaben (Art. 1630 Nr. 3 C.civ.), Schadensersatz und die Kosten der Ausfertigung des Vertrages (Art. 1630 Nr. 4 C.civ.) zu erstatten. Die Bemessung des Schadensersatzanspruchs für Schäden, die dem Käufer durch eine Nichterfüllung des Vertrages entstanden sind und für welche die Vorschriften der Eviktionshaftung keine besonderen Vorgaben enthalten, bemessen sich nach der allgemeinen Vorschrift des Art. 1639 C.civ.[1173]

(2) Partielle Eviktion

Demgegenüber kommen Fälle einer nur partiellen Eviktion durchaus häufiger vor. Bei Veräußerung eines *fonds de commerce* etwa kann sich die Revendikationsklage eines Dritten nur auf einzelne Bestandteile erstrecken oder das Recht der Geschäftsraummiete kann betroffen sein.[1174] Im Fall einer nur partiellen Eviktion kann der Käufer die Auflösung des Kaufvertrages (*résolution*) nach Art. 1636 C.civ. nur dann verlangen, wenn er den Kaufvertrag ohne den betrof-

---

[1170] Vgl. Barret, Fonds de commerce, n°243.

[1171] Vgl. Mémento Expert Cession de Parts et Actions, n°63080.

[1172] Vgl. CA Lyon, 14. November 2002, n°00-06065.

[1173] Mémento Expert Cession de Parts et Actions, n°63083.

[1174] Vgl. Lévi, in: Lamy Droit commercial, Fonds de commerce, n°650.

fenen Teil nicht geschlossen hätte und dessen Aufrechterhaltung für ihn im Übrigen nicht von Interesse ist. Im Fall der Veräußerung eines *fonds de commerce* muss also ein zu dessen Betrieb wesentliches Element betroffen sein.[1175] Anderenfalls erhält der Käufer nach Art. 1637 C.civ. den Wert des von der Eviktion betroffenen Teils erstattet, den dieser im Zeitpunkt der Eviktion hatte und nicht im Verhältnis zu einem mittlerweile etwa gestiegenen oder gesunkenen Gesamtpreis des *fonds*.[1176] Im Fall eines weitergehenden Schadens kann der Käufer auch diesen ersetzt verlangen. Rechtsfolge eines Verstoßes gegen das Wettbewerbsverbot ist bei einem dem Käufer entstandenen Nachteil eine Schadensersatzpflicht des Verkäufers, deren Umfang durch die Gerichte bestimmt wird, sofern die Parteien nicht im Voraus entsprechende Vereinbarungen getroffen haben.[1177] Zudem kann dem Verkäufer die weitere Ausübung einer konkurrierenden Tätigkeit, erforderlichenfalls unter Androhung von Zwangsgeld, gerichtlich untersagt werden.[1178]

III Ausschluss wegen Kenntnis

Die vorgenannten Rechtsbehelfe des Unternehmenskäufers können ausgeschlossen sein, wenn dieser selbst oder die an den Vertragsverhandlungen beteiligten Personen, deren Kenntnis er sich zurechnen lassen muss, von einer negativen Abweichung der Ist- von der vertraglich vereinbarten Soll-Beschaffenheit des Unternehmens Kenntnis hatten. Im Zusammenhang des Unternehmenskaufs von besonderem Interesse ist dabei die Durchführung einer *due diligence*, deren rechtliche Auswirkungen auf eventuelle Gewährleistungsrechte des Unternehmenskäufers insbesondere im deutschen Recht engagiert diskutiert wird.

1 Kenntnis von Mängeln

Im deutschen Recht sind die Rechte des Käufers wegen eines Mangels nach der Vorschrift des § 442 Abs. 1 S. 1 BGB ausgeschlossen, wenn er bei Vertragsschluss den Mangel kennt. Gleiches gilt trotz fehlender ausdrücklicher gesetzlicher Bestimmung nach Sinn und Zweck des § 442 Abs. 1 BGB auch bei grob fahrlässiger Unkenntnis.[1179] Dass der Käufer einen Mangel erst nach Vertrags-

[1175] Reygrobellet, Fonds de commerce, n°64.43.
[1176] Vgl. Cass. 3ème civ., 4. Mai 1988, n°86-11.456.
[1177] Reygrobellet, Fonds de commerce, n°64.84.
[1178] Barret, Fonds de commerce, n°235; zum Share Deal Cass.com., 14. Dezember 1999, n°97-14.988.
[1179] Vgl. Weidenkaff, in: Palandt BGB, § 442 Rn. 12.

schluss, aber vor Übergabe erkannt hat und die Sache aus diesem Grunde hätte zurückweisen können, soll dem nicht gleichstehen.[1180] In Abweichung von der früheren Regelung des § 464 BGB a.F. bleiben dem Käufer seine Gewährleistungsrechte also auch dann erhalten, wenn er sich bei Annahme des Kaufgegenstandes seine Rechte wegen des Mangels nicht vorbehält.[1181] Diese Feststellung ist insofern bedeutsam, als es bei Unternehmenskäufen zur Übergabe der körperlichen Bestandteile, zur Übertragung der unkörperlichen Vermögenswerte und zur Einweisung des Käufers in den Tätigkeitsbereich des Unternehmens regelmäßig erst nach Vollzug im Kaufvertrag bestimmter Bedingungen kommt (sog. *closing*). Wird der Käufer bei den Vertragsverhandlungen, wie dies bei Gesellschaften stets der Fall ist, von seinen gesetzlichen oder rechtsgeschäftlich bestellten Vertretern vertreten, ist ihm deren Kenntnis bzw. grob fahrlässige Unkenntnis nach § 166 Abs. 1 BGB zuzurechnen. Zusätzlich hat er sich die Kenntnis seiner „Verhandlungsgehilfen" oder „Wissensvertreter" zurechnen zu lassen. Dazu gehören in aller Regel die beratenden Rechtsanwälte, Steuerberater und Wirtschaftsprüfer, zumindest soweit sie als Repräsentanten des Käufers bestimmte Aufgaben in eigener Verantwortung erledigen.[1182] Soweit nicht ein Verbrauchsgüterkauf vorliegt, gehört die Regelung des § 442 Abs. 1 BGB zum dispositiven Bestand des deutschen Rechts.[1183] Die Abbedingung der Vorschrift ist demnach möglich und in der Praxis des Unternehmenskaufs auch üblich.[1184]

Im französischen Recht sucht man eine dem § 442 Abs. 1 BGB entsprechende Vorschrift vergeblich. Dies bedeutet jedoch nicht, dass eine Kenntnis des Käufers um die Mangelhaftigkeit keine Berücksichtigung findet, vielmehr ist lediglich die dogmatische Anknüpfung eine andere. Im Bereich der Sachmängel findet die Kenntnis des Käufers bereits auf tatbestandlicher Ebene zur Ausfüllung des Mangelbegriffes Berücksichtigung, da bereits die Maßgeblichkeit der gewöhnlichen Verwendungseignung kleinere Mängel aus dem Mangelbegriff ausscheidet.[1185] Im Bereich der Rechtsmängel kommt einer möglichen Kenntnis des Käufers ohnehin eine geringere Bedeutung zu, da nach der im deutschen Recht zur Definition eines Rechtsmangels heranzuziehenden Vorschrift des § 435 BGB ein Rechtsmangel schon nicht vorliegt, wenn der Käufer diesen kennt bzw. bestehende Rechte Dritter im Kaufvertrag übernommen hat. Das im französischen Recht zur Anwendung kommende Eviktionsprinzip erfasst ohnehin nur tatsächliche Beeinträchtigungen, die der Käufer im maßgeblichen Zeit-

---

1180 H.P. Westermann, in: MünchKomm BGB § 442 Rn. 6; a.A. OLG Celle, ZGS 2004, 476.

1181 Vgl. Picot, in: Due Diligence bei Unternehmensakquisitionen, S. 331; ausführlich zur Bedeutung des § 464 BGB a.F. in diesem Zusammenhang Gronstedt/Jörgens, ZIP 2002, 52, 58 ff; vgl. auch Beisel/Klumpp, Unternehmenskauf, 16. Kap. Rn. 53 f.

1182 Vgl. Semler, in: Handbuch Unternehmens- und Beteiligungskauf, VII Rn. 49 ff; Picot, in: Due Diligence bei Unternehmensakquisitionen, S. 332.

1183 Statt vieler: Weidenkaff, in: Palandt BGB, § 442 Rn. 4.

1184 Vgl. Semler, in: Handbuch Unternehmens- und Beteiligungskauf, VII Rn. 59 ff.

1185 Ausführlich zum französischen Sachmangelbegriff oben B. II. 1. b.

punkt des Vertragsschlusses nicht kennen konnte. Auch das englische Recht enthält keine dem § 442 Abs. 1 BGB entsprechende Vorschrift, was nicht zuletzt auf die ihm immanente Abneigung gegen abstrakte Rechtsregeln zurückzuführen ist. Die der Vorschrift zugrunde liegenden Erwägungen kommen dort jedoch gleichermaßen zur Anwendung kommen, so dass die Kenntnis etwaiger Mängel dem Unternehmenskäufer sonst zur Verfügung stehende Rechtsbehelfe ausschließt.[1186]

2 Durchführung einer *due diligence*

Im Zusammenhang des Ausschlusses etwaiger Rechtsbehelfe des Unternehmenskäufers von besonderer Bedeutung sind die Auswirkungen einer Überprüfung des zu erwerbenden Unternehmens. Diese Unternehmensprüfung, die ursprünglich dem anglo-amerikanischen Rechtskreis entstammt, ist mittlerweile –zumindest bei größeren Transaktionen– auch in Deutschland und anderen kontinental-europäischen Rechtsordnungen üblich geworden.[1187] Der dafür verwendete Begriff der *due diligence* entstammt den *securities laws* des US-amerikanischen Kapitalmarkt- und Anlegerschutzrechts und bedeutet wörtlich übersetzt soviel wie „gebotene Sorgfalt“.[1188] Der Begriff bezeichnet mithin weniger die Vornahme einer Handlung als einen Sorgfaltsmaßstab.[1189] Gemeint ist eine sorgfältige, eingehende und umfassende Prüfung der rechtlichen, wirtschaftlichen, steuerlichen und sonstigen Verhältnisse des Unternehmens.[1190] Durch die *due diligence* soll der Käufer in die Lage versetzt werden, sich Informationen zu beschaffen und bereits vorhandene zu verifizieren.[1191] Auf diese Weise soll die zwischen ihm und dem Verkäufer bestehende Informationsasymmetrie ausgeglichen und der Käufer in die Lage versetzt werden, eventuelle Synergiepotentiale richtig einzuschätzen.[1192] Zudem sollen auf diesem Wege bestehende Risiken ermittelt werden, die dann gegebenenfalls durch entsprechende Garantie- oder Freistellungsvereinbarungen abgesichert werden kön-

---

[1186] Vgl. Eurocopy plc v Teesdale and others [1992] BCLC 1067.

[1187] Hierzu bereits Merkt, WiB 1996, 145, 148 und das Zahlenmaterial aus einer ersten empirischen Studie bei: Marten/Köhler, FB 1999, 337, 348.

[1188] Vogt, DStR 2001, 2027.

[1189] Vgl. Rödder/Hötzel/Mueller-Thuns, Unternehmenskauf § 3 Rn. 32; Krüger/Kalbfleisch, DStR 1999, 174.

[1190] Mielke, in: Knott/Mielke, Unternehmenskauf Rn. 23 f.; Holzapfel/Pöllath, Unternehmenskauf in Recht und Praxis, Rn. 19 mwN; Rödder/Hötzel/Mueller-Thuns, Unternehmenskauf § 3 Rn. 32.

[1191] Vgl. Kiethe, NZG 1999, 976, 977.

[1192] Vgl. Triebel, in: Mergers & Acquisitions, Rn. 330.

nen.[1193] Die *due dilgence* liefert Grundlagen für eine Bewertung des Unternehmens und damit letztlich auch für die Ermittlung eines, wenn gelegentlich auch nur vorläufigen Kaufpreises. Schließlich kann sie der Exkulpation der an der Transaktion beteiligten organschaftlichen Vertreter einer in der Käuferrolle befindlichen Gesellschaft dienen, ebenso zu Zwecken der Dokumentation und Beweissicherung der im Zuge der Vertragsverhandlungen bekannt gemachten Informationen über das Zielunternehmen. Wie detailliert eine Überprüfung erfolgt ist eine Frage des jeweiligen Einzelfalles. Generell gilt, dass bei einem *Share Deal*, bei dem die übertragenen Gesellschaftsanteile mit allen Rechten und Pflichten auf den Käufer übergehen, eine umfassendere Prüfung erforderlich ist, als wenn bei einem *Asset Deal* nur einzelne zum Unternehmensvermögen gehörende Wirtschaftsgüter gekauft werden.[1194]

(1) Deutschland

Die Diskussion um die Auswirkungen einer *due diligence* auf die Gewährleistungsrechte des Unternehmenskäufers nimmt insbesondere im deutschen wissenschaftlichen Schrifttum breiten Raum ein. Die Rechtswirkungen sind danach zu differenzieren, ob im Rahmen einer durchgeführten *due diligence* etwaige Mängel des Unternehmens zu Tage getreten sind oder ob eine solche Prüfung unterlassen oder unsorgfältig durchgeführt worden ist.

(a) Kenntniserlangung im Wege einer due diligence

Erlangt der Käufer im Rahmen der sorgfältigen Durchführung einer *due diligence* Kenntnis von einem Mangel des Unternehmens, ist eine positive Kenntnis iSd § 442 Abs. 1 S. 1 BGB zu bejahen, die zu einem Ausschluss der Gewährleistungsrechte führt. Es macht keinen Unterschied, ob der Käufer seine Kenntnis im Wege der Information durch den Verkäufer, im Rahmen einer *due diligence* oder in sonstiger Weise erlangt.[1195] Zudem sind mögliche Nachteile für den Käufer nicht so gravierend wie es auf den ersten Blick erscheinen mag, denn zur Annahme von positiver Kenntnis ist es nicht ausreichend, dass der Käufer die einen Mangel begründenden Umstände erkannt hat. Vielmehr muss er aus diesen noch den Schluss einer Wert- oder Brauchbarkeitsminderung der Kaufsache

---

[1193] Vgl. von Bismarck, in: Corporate Acquisitions and Mergers, S. 14.

[1194] Vgl. Knott, in: Knott/Mielke, Unternehmenskauf, Rn. 62 ff.

[1195] Vgl. Semler, in: Handbuch Unternehmens- und Beteiligungskauf, VII Rn. 47; Fleischer/Körber, BB 2001, 841, 847.

zum vereinbarten oder gewöhnlichen Gebrauch ziehen.[1196] Die Beweislast hierfür trägt der Verkäufer, dem ein entsprechender Nachweis nur selten gelingen dürfte.[1197] In der Praxis begegnet man diesem Problem mit einer Formalisierung des Offenlegungsverfahrens, indem die dem Käufer im Einzelfall zur Kenntnis gebrachten Umstände in sog. *disclosure letters* festgehalten werden. Schwieriger als die tatsächliche Kenntniserlangung eines Mangels im Wege einer *due diligence* ist der Fall zu beurteilen, dass eine solche Prüfung entweder gar nicht vorgenommen wurde, oder unsorgfältig durchgeführt wurde, und ein ansonsten erkennbarer Mangel aus diesem Grund schlicht übersehen wurde.

(b) Unterlassene due diligence

Da eine Rechtspflicht zur sorgfältigen Prüfung des Objekts eines Kaufvertrages und damit zur Durchführung einer *due diligence* nicht besteht, können aus dem Unterlassen ihrer Vornahme für den Käufer negative Konsequenzen allenfalls dann hergeleitet werden, wenn ihn eine entsprechende Obliegenheit trifft, bei deren Vernachlässigung ihm mögliche Nachteile durch den Verlust von Gewährleistungsrechten entstehen können.[1198] Die Vorschrift des § 377 HGB, wonach den Käufer bei einem gegenseitigen Handelsgeschäft zum Erhalt seiner Gewährleistungsrechte nach Empfang der Ware eine umgehende Untersuchungs- und Rügepflicht trifft, passt vom sachlichen Anwendungsbereich nicht direkt.[1199] Sie macht aber zumindest deutlich, dass selbst von geschäftsgewandten Personen eine vorvertragliche Untersuchung nicht erwartet wird.[1200] Letztlich steht jedoch bereits der klare Wortlaut des § 442 Abs. 1 BGB durch die Beschränkung auf Fälle grober Fahrlässigkeit der Annahme einer *generellen* vorvertraglichen Nachforschungspflicht entgegen.[1201] Bereits aus diesem Grund ist auch keine entsprechende Verkehrssitte anzuerkennen, deren Nichtbeachtung den Vorwurf grober Fahrlässigkeit iSd § 442 Abs. 1 BGB begründen könnte.[1202]

[1196] Faust, in: Bamberger/Roth BGB § 442 Rn. 15 f; H.P. Westermann, in: MünchKomm BGB § 442 Rn. 4 f; Picot, in: Due Diligence bei Unternehmensakquisitionen, S. 332.

[1197] Weidenkaff, in: Palandt BGB, § 442 Rn. 6.

[1198] Vgl. Weidenkaff, in: Palandt BGB, § 442 Rn. 13; Müller, NJW 2004, 2196, 2197.

[1199] Vgl. H.P. Westermann, in: MünchKomm BGB, § 442 Rn. 9 a.E.; Picot, in: Due Diligence bei Unternehmensakquisitionen, S. 316; Vogt, DStR 2001, 2027, 2031.

[1200] Vgl. Fleischer/Körber, BB 2001, 841, 844.

[1201] Vgl. Fleischer/Körber, BB 2001, 841, 844 in Bezug auf § 460 S. 2 BGB a.F.

[1202] Loges, DB 1997, 965, 968; Müller, NJW 2004, S. 2196, 2198; Fleischer/Körber, BB 2001, 841, 846 f; vgl. auch H.P. Westermann, ZHR 169 (2005), 248, 264 ff; Weitnauer, NJW 2002, 2511, 2516; die aus dem US-amerikanischen Kapitalmarktrecht stammende due diligence diente ursprünglich auch als Einwendung gegen die Ansprüche klagender Anleger, also der Abwehr fremder und nicht der Wahrung eigener Ansprüche, vgl. Fleischer, in: Unternehmenskauf und Schuldrechtsmodernisierung, S. 103, 109.

Zur Begründung wird darauf verwiesen, dass beim Kauf eines Unternehmens, anders als bei sonstigen von der Rechtsprechung bejahten Fällen einer Untersuchungspflicht durch den Käufer, eine typische Art von Mangel nicht zu erwarten sei.[1203] Die höchstrichterliche Rechtsprechung hat zudem klargestellt, dass allein der hohe Wert eines Kaufgegenstandes nicht zur Begründung einer Nachforschungsobliegenheit ausreiche.[1204] Ferner kann die Durchführung einer *due diligence* mit erhöhtem Aufwand und mit unter Umständen immensen Kosten für Rechtsanwälte, Steuerberater und sonstige Berater verbunden sein, mit welchen der Unternehmenskäufer nicht uneingeschränkt belastet werden darf.[1205] Selbst die Befürworter einer entsprechenden Verkehrssitte beschränken diese daher in sachlicher Hinsicht auf großvolumige Transaktionen[1206] oder in personeller Hinsicht auf einen besonders geschäftsgewandten Personenkreis.[1207] Letztlich ist eine Verkehrssitte zu verneinen, da die Art und Weise der Durchführung im Einzelfall von so zahlreichen wie unterschiedlichen Faktoren mitbestimmt wird, dass ein „generalisierbarer Kernbestand an Prüfpflichten“[1208] und damit eine einheitliche Rechtspraxis und eine bestimmte Übung der beteiligten Verkehrskreise nicht zu erkennen ist.[1209] Die zahlreichen und unterschiedlichen Ausprägungen der in der Praxis verwendeten Checklisten sind ein Indiz dafür, dass sich Art und Umfang der Prüfung an den branchenspezifischen Besonderheiten und den Gegebenheiten des jeweiligen Einzelfalles zu orientieren haben und wegen der unterschiedlichsten Schwerpunktsetzungen von einem standardisierten Verfahren keine Rede sein kann.[1210]

(c) Unsorgfältig durchgeführte due diligence

Die größten Probleme wirft die Situation auf, dass der Käufer zwar eine *due diligence* durchführt, aufgrund von Unachtsamkeit aber Tatsachen übersieht, die den Schluss auf die Mangelhaftigkeit des Unternehmens nahegelegt hätten. Teilweise wird die Ansicht vertreten, die Annahme grob fahrlässiger Unkenntnis

---

1203 Vgl. Fleischer/Körber, BB 2001, 841, 846; Müller, NJW 2004, 2196, 2197.

1204 Vgl. BGH NJW-RR 1988, 1290, 1291 betreffend eine Immmobilie.

1205 Müller, NJW 2004, 2196, 2198.

1206 Vgl. Vogt, DStR 2001, 2027, 2031 „jedenfalls bei größeren Unternehmenstransaktionen“.

1207 Vgl. Semler, in: Handbuch Unternehmens- und Beteiligungskauf, VII Rn. 55.

1208 Fleischer/Körber, BB 2001, 841, 846.

1209 Ebenso H.P. Westermann, in: MünchKomm BGB § 453 Rn. 60; a.A. Böttcher, ZGS 2007, 20, 23, der auf empirischer Grundlage zumindest für die wichtigen Bereiche der Legal, Tax und Financial due diligence ein standardisiertes Verfahren und damit letztlich auch eine Verkehrssitte annnimmt.

1210 Picot, in: Berens/Brauner/Strauch (Hrsg), Due Diligence bei Unternehmensakquisitionen, S. 337; Fleischer, in: Unternehmenskauf und Schuldrechtsmodernisierung, S. 103, 108.

in derartigen Konstellationen privilegiere ohne sachliche Rechtfertigung den unsorgfältigen, von einer Überprüfung von vornherein absehenden Käufer gegenüber demjenigen, der sorgsam handele, dabei aber etwas übersehe.[1211] Richtiger Weise wird man jedoch zu differenzieren haben:[1212] War der Mangel anhand der vom Verkäufer zur Verfügung gestellten Unterlagen nicht erkennbar, kann dem Käufer auch keine fahrlässige Unkenntnis vorgeworfen werden. Bemerkt er Indizien, die auf eine Mangelhaftigkeit hindeuten, muss er ihnen nachgehen, denn auch bei einer freiwilligen Prüfung darf der Käufer „seine Augen vor Mängeln nicht verschließen".[1213] Wäre der später zu Tage getretene Mangel aus dem zur Verfügung gestellten Datenmaterial erkennbar gewesen, hat der Käufer entsprechende Hinweise jedoch übersehen, kann grobe Fahrlässigkeit eingewendet werden. Gegen diese Annahme wird zwar eingewandt, der Käufer sei durch Nichterkennen des Schwachpunktes bereits genügend bestraft, da er damit den Zweck seiner Untersuchung verfehle und die Mangelhaftigkeit auch nicht in die Verhandlung um die Bewertung des Unternehmens einführen könne.[1214] Zudem dürfe nicht übersehen werden, dass Beweggrund zur Durchführung einer *due diligence* im gegebenen Fall neben dem Erkenntnisgewinn über das Unternehmen auch die Erfüllung der organschaftlichen Sorgfaltspflichten der Geschäftsführung aus §§ 43 GmbHG, 93 AktG gegenüber der Gesellschaft sein kann.[1215] Schließlich ist zu bedenken, dass die Durchführung einer *due diligence* in der Praxis oft unter großem Zeitdruck und oft in nur wenigen Tagen erfolgt und selbst bei äußerster Sorgfalt und Konzentration manche Umstände leicht übersehen werden können.[1216] Andererseits kann der Verkäufer den ihm gegenüber dem Käufer obliegenden Aufklärungspflichten im Rahmen einer *due diligence* nachkommen, sofern die zur Verfügung gestellten Informationen vollständig sind und in nicht irreführender Weise präsentiert werden. Wenn man auf die bloße Möglichkeit der Kenntnisnahme abstellt, wäre grobe Fahrlässigkeit des Käufers bei Nichterkennen der wesentlichen Umstände stets zu bejahen.[1217] Im Ergebnis wird man, ebenso wie im Fall des gänzlichen Unterlassens einer *due diligence* eine unsorgfältige Prüfung nicht schlechthin als grob fahrlässig werten können.[1218] Grobe Fahrlässigkeit ist jedoch im konkreten Einzelfall bei

---

[1211] So etwa Fleischer/Körber BB 2001, 841, 848; Weitnauer, NJW 2002, 2511, 2516.

[1212] Ebenso Müller, NJW 2004, 2196, 2198.

[1213] Faust, in: Bamberger/Roth BGB § 442 Rn. 22.

[1214] Müller, NJW 2004, 2196, 2198.

[1215] Vgl. etwa Fleischer/Körber, BB 2001, 841, 846; Werner, GmbHR 2007, 678, 679; Kiethe, NZG 1999, 976, 981 ff.; zustimmend auch Böttcher, ZGS 2007, 20, 22 ff; vgl. auch OLG Oldenburg DStR 2007, 635 f.

[1216] Vgl. Müller, NJW 2004, 2196, 2198; H.P. Westermann, in: MünchKomm BGB § 453 Rn. 58 a.E.

[1217] In diese Richtung U. Huber, AcP 202 (2002) 179, 199 f.

[1218] Für die so erreichte Vermeidung von Inkonsistenzen im Gesamtsystem spricht sich auch Fleischer, in: Unternehmenskauf und Schuldrechtsmodernisierung, S. 103, 110 aus.

einem Übersehen wesentlicher Umstände oder aufgrund evidenter Widersprüche zu den anderen dem Käufer gegenüber getätigten Angaben anzunehmen.[1219] Gleiches muss auch im Fall einer unvollständig durchgeführten *due diligence* gelten: Erstreckt sich die Prüfung nur auf bestimmte Bereiche, etwa weil vorrangig nur einzelne zum Unternehmensvermögen gehörende Güter von Interesse sind, kann in den nicht untersuchten Bereichen ein Gewährleistungsausschluss nach § 442 Abs. 1 BGB nicht in Betracht kommen.[1220] Übersieht der Käufer im geprüften Teilbereich hingegen wesentliche Umstände, kann grobe Fahrlässigkeit zu bejahen sein.

Die Annahme grober Fahrlässigkeit ist daher in den auch sonst von der Rechtsprechung herangezogenen Fallgruppen zu bejahen, in denen sich eine Verkehrssitte zur Prüfung etabliert hat: Dies gilt zum einen bei augenfälligen Mängeln wie offensichtlichen Schäden an der Sachsubstanz oder evidenter Funktionsuntauglichkeit,[1221] der beim Unternehmenskauf freilich keine große praktische Bedeutung zukommt. Anders als bei körperlichen Sachen, die einer Inaugenscheinnahme zugänglich sind, ist bei Rechtsmängeln wegen der engeren Erkenntnismöglichkeiten ohnehin Vorsicht bei der Annahme von Kenntnis walten zu lassen.[1222] Die Bejahung grober Fahrlässigkeit liegt ferner bei Vorliegen besonderer Verdachtsmomente nahe, wenn beispielsweise bereits der Verkäufer vor bestimmten Mängeln warnt oder aufgrund fortgesetzter seriöser Presseberichte über Zahlungsschwierigkeiten des Zielunternehmens eine nähere Prüfung seiner Liquidität nahegelegen hätte.[1223] Dagegen wird eine aus besonderer Sachkunde des Käufers folgende Erkundigungs- und Untersuchungspflicht, wie sie nach der obergerichtlichen Rechtsprechung etwa gewerbliche Gebrauchtwagenhändler trifft, die Fahrzeuge von nicht sachkundigen Privatpersonen ankaufen,[1224] beim Unternehmenskauf in den weitaus meisten Fällen nicht zu einer Untersuchungsobliegenheit führen. Derartige Geschäfte sind aufgrund der Komplexität des Vertragsgegenstandes gerade durch ein Informationsgefälle zu Lasten des außerhalb des Unternehmens stehenden Käufers geprägt und die nähere Sachkunde im Sinne eines Wissensvorsprungs kommt grundsätzlich dem Unternehmensverkäufer zu.[1225]

1219 H.P. Westermann, in: MünchKomm BGB § 453 Rn. 59; ders., ZHR 169 (2005), 248, 260; iE ebenso: Loges, DB 1997, 965, 968.

1220 Vgl. Loges, DB 1997, 965, 968.

1221 Vgl. Fleischer/Körber, BB 2001, 841, 844.

1222 H.P. Westermann, in: MünchKomm BGB § 442 Rn. 3.

1223 Vgl. Fleischer/Körber, BB 2001, 841, 845; Müller, NJW 2004, 2196, 2197.

1224 Vgl. OLGR Schleswig 2006, 2.

1225 In diesem Zusammenhang auch Picot, in: Due Diligence bei Unternehmensakquisitionen, S. 339.

(2) Frankreich

Während die Frage eines möglichen Ausschlusses der Gewährleistungsrechte des Käufers in Folge einer unterlassenen oder unsorgfältig durchgeführten *due-diligence* in der deutschen Rechtsliteratur immer wieder diskutiert wird und auch in der Rechtsprechung nicht unberücksichtigt bleibt, findet eine vergleichbare Diskussion sowohl im französischen Recht als auch im englischen Recht nicht statt. In der Sache entsprechen sich die gefundenen Ergebnisse hingegen. Im französischen Recht ist dies zum einen auf die Tatsache zurückzuführen, dass eine dem § 442 BGB vergleichbare Vorschrift, die Rechte des Käufers im Fall der Kenntnis von Mängeln ausschließt, nicht existiert. Die Vornahme einer *due diligence* (im Französischen auch als *audit juridique* bezeichnet) mit anschließender Absicherung zu Tage getretener Risiken durch die Vereinbarung entsprechender vertraglicher Garantien entspricht auch in Frankreich zumindest bei größeren Transaktionen mittlerweile der Realität. Da sich diese Praxis auch hier nicht zu einer Verkehrssitte verdichtet hat, kann aus einer unterlassenen *due diligence* kein Rechtsverlust hergeleitet werden.[1226] Eine unsorgfältige Untersuchung des Vertragsgegenstandes wirkt sich im Hinblick auf eine mögliche Sachmangelhaftigkeit bereits auf Ebene des Tatbestandes aus, da sich schon das Vorliegen eines maßgeblichen versteckten Mangels in erster Linie nach den Erkenntnismöglichkeiten des Käufers beurteilt. Tendenziell verlangt das französische Recht daher intensivere Nachforschungsbemühungen des Käufers. Verfügt dieser selbst nicht über die notwenigen Erkenntnismöglichkeiten, hat er gegebenenfalls qualifizierte Hilfe in Anspuch zu nehmen. Im Rahmen des Eviktionsprinzips kommt einer möglichen Kenntnis keine vergleichbare Bedeutung zu.

(3) England

Die Tatsache, dass eine § 442 BGB entsprechende Vorschrift im englischen Recht nicht existiert, erklärt sich bereits vor dem Hintergrund, dass die Heranziehung solch genereller Prinzipien dem englischen Rechtsdenken fremd ist. Dass eine Kenntnis des Unternehmenskäufers auch hier zum Ausschluss seiner Rechte geeignet ist, wurde bereits festgestellt.[1227] Speziell die Auswirkungen der Durchführung oder Unterlassung einer *due diligence* auf die Rechte des Unternehmenskäufers wird aber auch in der englischen Literatur und Rechtsprechung nicht diskutiert. Die Erklärung liegt in der Tatsache begründet, dass der Unter-

---

[1226] Vgl. Paillusseau/Caussain/Lazarski/Peyramaure, Cession d'entreprise, n°1715; Klein, RIW 2002, 348, 350 f; ausführlich Bogoratz/Ciret, Les risques sociaux dans le cadre des opérations d'acquisition, in: Les acquisitions d'entreprise, S. 15 ff.

[1227] Vgl. Eurocopy plc v Teesdale and others [1992] BCLC 1067.

nehmenskäufer im englischen Recht nicht auf ein vergleichbares dispositives Regelungsgeflecht zurückgreifen kann wie dies in den kontinental-europäischen Rechtsordnungen der Fall ist und das *caveat emptor*-Prinzip in diesem Bereich noch weitgehend zum Tragen kommt.[1228] Rechte des Käufers werden daher in erster Linie ohnehin nur durch entsprechende Parteivereinbarung in Form von Garantien und Freistellungen begründet. In diesem Zusammenhang hat sich im englischen Recht ein fein austariertes System zwischen der Zusicherung von Garantien und der Aufklärung des Käufers über bestimmte Sachverhalte (*warranties und disclosures*) entwickelt, das in den kontinental-europäischen Rechtsordnungen der Sache nach mittlerweile gleichermaßen zur Anwendung kommt.[1229] Der außerhalb des Unternehmens stehende Käufer wird das zu seinen Lasten bestehende Informationsgefälle zunächst durch die vertragliche Vereinbarung umfassender Garantien über die für ihn wesentlichen Eigenschaften des Unternehmens auszugleichen suchen.[1230] Da sich derartige Vereinbarungen grundsätzlich nur auf solche Sachverhalte erstrecken, von denen der Unternehmenskäufer keine Kenntnis hat,[1231] kann sich der Verkäufer dann von einer Haftung in dem Umfang freizeichnen, in dem er dem Käufer den eventuell problematischen *status quo* des verkauften Unternehmens offenbart. Wo der Unternehmenskaufvertrag auf Seiten des Verkäufers –wie dies mittlerweile gängiger Praxis entspricht– „*fair disclosure*" verlangt, muss die Mitteilung, um Rechte des Käufers wirksam ausschließen zu können, detailliert und nicht in Form eines bloßen Hinweises erfolgen, etwa indem Material zur Verfügung gestellt wird, aus dem der streitige Sachverhalt durch den Käufer hätte entnommen werden können.[1232] Wo eine derartige „*fair disclosure*" allerdings nicht gefordert wird, ist davon auszugehen, dass die Gerichte eine die Verantwortlichkeit des Verkäufers ausschließende Offenlegung nach allgemeinen Grundsätzen der Vertragsauslegung beurteilen. Eine allgemeine Offenlegung, auch durch bloßes Verfügbarmachen des relevanten Materials ohne positiven Hinweis auf problematische Sachverhalte kann daher ausreichend sein.[1233] Schließlich werden im *disclosure letter* diejenigen Umstände festgeschrieben, die den Garantien widersprechen, diese wiederum werden unter Hinweis auf die ausschließende Wirkung des *disc-*

[1228] In diesem Sinne auch Evans, ICCLR 6 (1995) 195, 202.

[1229] Vgl. Schrader/Seibt, in: Seibt (Hrsg), Formularbuch M & A, S. 120.

[1230] Zu den üblicherweise abgedeckten Sachverhalten etwa Gutterman/Brown, Advising New Businesses, S. 416 ff.

[1231] Vgl. Daniel Reeds Ltd v Em-Ess Chemists Ltd [1995] CLC 1405.

[1232] Vgl. Gibson J in Levison v Farin [1978] 2 All ER 1149, 1157: „A protection by disclosure will not normally be achieved by merely making known the means of knowledge which may or do enable the other party to work out certain facts and conclusions".

[1233] Von Bismarck, in: Corporate Acquisitions and Mergers, S. 33 ff unter Hinweis auf Infiniteland Ltd v Artisan Contracting Ltd [2004] EWHC 955.

losure letters abgegeben.[1234] Erfolgt der Unternehmenskauf im Wege eines *Share Deals* ist zudem s 397 *Financial Services and Markets Act* 2000 zu beachten, wonach der Verkäufer von Gesellschaftsanteilen im Fall des Verschweigens von Informationen, die für den Käufer wesentlich sind, ein Strafbarkeitsrisiko eingeht. Damit wird der Anreiz, kritische Sachverhalte nicht zu offenbaren und sich für den Fall der Realisierung auf eine Schadensersatzverpflichtung zu beschränken, stark eingeschränkt.[1235]

Im Ergebnis entsprechen die Auswirkungen einer *due diligence* der für das deutsche Recht dargestellten Rechtslage: Steht eine Kenntnis des Unternehmenskäufers von bestimmten für ihn nachteiligen Sachverhalten im Raum, ist unerheblich, ob er diese im Wege einer *due diligence* oder auf sonstigem Wege erlangt hat.[1236] Die Tatsache, dass die Vornahme von *due diligence*-Prüfungen gerade in den letzten Jahren selbst in der englischen Rechtspraxis noch an Umfang und Anspruch zugenommen hat, kann zwar noch eher zu einer Bejahung einer entsprechenden Verkehrssitte führen, als dies in den kontinentaleuropäischen Rechtsordnungen der Fall ist.[1237] Doch selbst wenn man eine derartige Verkehrssitte ohne Vorbehalte bejahen würde, wäre damit nicht zugleich die im deutschen Recht diskutierte Frage eines eventuellen Rechtsverlusts bei Unterlassung verbunden. Denn die weitaus meisten dem Unternehmenskäufer zustehenden Rechte ergeben sich ohnehin nicht aus Gesetz, sondern auf privatautonomer Grundlage, weshalb es sich bei der Vornahme einer *due diligence* ohnehin nur um eine Obliegenheit des Käufers handeln kann. Dieser wird der Käufer schon aus dem Grund nachkommen, als das zuvor beschriebene Gleichgewicht aus *warranties und disclosures* ansonsten zu einem Verlangen derart weitreichender *warranties* führen würde, denen der Unternehmensverkäufer faktisch nicht zustimmen würde. Zudem bietet auch eine weitreichende Absicherung des Käufers durch *warranties* keinen umfassenden Schutz, da diese in der Regel sowohl der Höhe nach gedeckelt sind, als auch ihre Geltendmachung einer Verjährungsfrist unterliegt, innerhalb derer manche Risiken, etwa solche aus Altlasten eines mitveräußerten Grundstücks, nicht entdeckt werden.[1238] Zu-

1234 Zu dieser Wechselwirkung Beswick and Wine, Buying and Selling Private Companies and Businesses, S. 201; ausführlich von Bismarck, in: Corporate Acquisitions and Mergers, S. 31 f.

1235 Vgl. Beswick and Wine, Buying and Selling Private Companies and Businesses, S. 215.

1236 Vgl. Eurocopy plc v Teesdale and others [1992] BCLC 1067; das gilt auch dann, wenn die maßgebliche Kenntnis bei einem Stellvertreter vorhanden war, vgl. Infiniteland Ltd v Artisan Contracting Ltd [2004] EWHC 955. Teilweise wird jedoch angenommen, eine Kenntnis des Käufers sei nur hinsichtlich solcher Sachverhalte relevant, die förmlich in den disclosure letter aufgenommen wurden, zum Ganzen von Bismarck, in: Corporate Acquisitions and Mergers, S. 19 f.

1237 Vgl. von Bismarck, in: Corporate Acquisitions and Mergers, S. 31 f; Evans, ICCLR 6 (1995) 195, 202.

1238 Vgl. Evans, ICCLR 6 (1995) 195, 202.

dem sichern vereinbarte Garantien den Käufer nur insoweit ab, als der Verkäufer zu einer Ersatzleistung auch tatsächlich finanziell in der Lage ist. Ob schließlich eine unsorgfältig durchgeführte *due diligence* zum Rechtsverlust führt, erscheint zweifelhaft. Grund dafür ist, dass die Annahme von Kenntnis auf Seiten des Unternehmenskäufers sich im englischen Recht auf die in einem förmlichen *disclosure letter* enthaltenen Sachverhalte konzentriert, dem auf Seiten des Unternehmensverkäufers eine ausdrückliche Mitteilung korrespondiert.[1239] Damit will man der Gefahr begegnen, dass andere im Rahmen des *due diligence*-Prozesses zu Tage getretenen Informationen, die Einfluss auf die Gestaltung der *warranties* hätten haben müssen, in dieser Bedeutung übersehen werden.[1240] Andererseits wird eine allgemeine Offenlegung wie gesehen in den von der Rechtsprechung entschiedenen Fällen nur dann als nicht ausreichend erachtet und ein darüber hinausgehender ausdrücklicher Hinweis auf bestimmte Sachverhalte gefordert, wenn der Unternehmenskaufvertrag ausdrücklich eine „*fair disclosure*" fordert. Die ansonsten maßgeblichen allgemeinen Grundsätze der Vertragsauslegung dürften im Ergebnis aber zu den der deutschen Rechtslage entsprechenden Ergebnissen führen. Ist dem Käufer in Bezug auf seine Prüfungstätigkeit also grobe Fahrlässigkeit zu unterstellen, dürfte auch im englischen Recht die fahrlässige Unkenntnis geeignet sein, Rechte aus gegebenen Garantien einzuschränken.

IV Möglichkeiten einer Haftungsbeschränkung

Zur abschließenden Beschreibung der Verkäuferpflichten ist wie in der Vergleichsgruppe der fehlerhaften Abschlussangaben noch auf mögliche Ausschlussmöglichkeiten hinzuweisen, die zum Ausschluss der dargestellten Rechte des Unternehmenskäufers auf privatautonomer Grundlage zur Verfügung stehen.

1 Ausschlussmöglichkeiten im englischen Recht

Bereits bei Erörterung der Ausschlussmöglichkeiten einer Haftung wegen vorvertraglich falscher Tatsachenerklärungen wurde angedeutet, dass das englische Recht eine Vertragspartei benachteiligende Klauseln grundsätzlich nicht verbietet. Außer im Anwendungsbereich der hierzu ergangenen gesetzlichen Vor-

[1239] Vgl. Knight, Acquisition of Business Assets and Private Companies, S. 166 f.
[1240] Beswick and Wine, Buying and Selling Private Companies and Businesses, S. 206.

schriften findet, trotz teilweise vertretener gegenteiliger Auffassung,[1241] keine allgemeine Kontrolle dahingehend statt, ob die Vereinbarung einer Ausschlussklausel im Einzelfall vernünftig war.[1242] Nicht ausgeschlossen oder beschränkt werden kann von vornherein die Haftung des Unternehmensverkäufers für Arglist.[1243] Außer an den Vorgaben des *Common Law* ist die Möglichkeit einer Haftungsbeschränkung für vertragliche Inhalte insbesondere an den Vorgaben des *Unfair Contract Terms Act* 1977 zu messen.

a Klauselkontrolle auf Grundlage des Common Law

Die Gerichte nehmen eine Klauselkontrolle nach den Grundsätzen des *Common Law* vor, indem sie zunächst einmal die wirksame Einbeziehung der beschränkenden oder limitierenden Klausel in das in Rede stehende Vertragswerk prüfen.[1244] Dies dürfte bei einem umfassenden, schriftlich fixierten Unternehmenskaufvertrag im Ergebnis stets zu bejahen sein und bedarf hier daher keiner näheren Erörterung. Im Wege der Auslegung ist dann zu ermitteln, ob die beschränkende Klausel den in Rede stehenden Schaden überhaupt erfasst. Obwohl limitierenden Klauseln gerade bei in einem geschäftlichen Umfeld geschlossenen Verträgen unter anderem die wichtige Funktion der Risikoallokation zukommt, sind diese von einer gerichtlichen Überprüfung nicht von vornherein ausgenommen.[1245]

(1) Grundsätze der Auslegung

Die Rechtsprechung geht grundsätzlich davon aus, dass haftungsausschließende oder –beschränkende Klauseln nicht schon das Pflichtenprogramm des Verkäufers festlegen, sondern dass diese vielmehr als Einreden gegen einen ansonsten bestehenden Anspruch zu verstehen sind.[1246] Dies führt dazu, dass limitierende Klauseln im Gegensatz zu sonstigen vertraglichen Abreden besonders eng auszulegen sind (*strict interpretation*).[1247] Dabei gehen die Gerichte umso strenger

---

1241 Insbesondere durch Denning LJ in John Lee & Son (Grantham) Ltd v Railway Executive [1949] 2 All ER 581, 584; vgl. auch Gillespie Bros & Co Ltd v Roy Bowles Transport Ltd [1973] QB 400, 416; Levison v Patent Steam Carpet Cleaning Co Ltd [1978] QB 69.

1242 McKendrick, Contract Law, 11.3.

1243 Goode on Commercial Law, S. 107; Anderson/Warner, Drafting and Negotiating Commercial Contracts, 5.5.22.4; Lawson, Exclusion Clauses, 3.03 mwN.

1244 Ausführlich Lawson, Exclusion Clauses, 1.01 ff.

1245 Anson's Law of Contract, S. 169.

1246 McKendrick, Contract Law, 11.5.

1247 Anderson/Warner, Drafting and Negotiating Commercial Contracts, 5.5.22.1.

zu Werke, je allgemeiner und umfassender die beschränkende Klausel gefasst ist; die bloße Beschränkung von Rechten wird daher eher aufrechterhalten als ein kompletter Ausschluss.[1248] Demnach sind zum wirksamen Ausschluss oder der Beschränkung einer sonst bestehenden Haftung eindeutige Worte notwendig, die den gewünschten auszuschließenden Haftungsgrund klar benennen.[1249] Ausdruck dessen ist nicht zuletzt die *contra proferentem-rule*, wonach eine Auslegung streng zu Lasten des sich auf eine Vereinbarung Berufenden erfolgt und dieser die aus einer zweideutigen Formulierung resultierenden Nachteile zu tragen hat.[1250] Die dem englischen Recht eigene starke Wortlautorientierung hat dazu geführt, dass viele Klauseln derart eng ausgelegt wurden, dass nicht immer zweifelsfrei war, ob das gefundene Ergebnis auch tatsächlich dem Parteiwillen entsprach. So hatte die Rechtsprechung etwa entschieden, dass der Ausschluss wegen Verletzung einer *warranty* sich nicht auf die begrifflich engere *condition* bezieht[1251] oder dass der Ausschluss jeglicher Haftung, die ansonsten auf Grundlage von Gesetz oder *Common Law* entstünde, sich nicht auf ausdrückliche Vereinbarungen erstreckt.[1252] Mit Inkrafttreten des *Unfair Contract Terms Act* 1977, der bestimmte Ausschlussklauseln gänzlich verbietet und andere einer Angemessenheitsprüfung unterwirft, ist jedoch eine leichte Tendenz hin zu einer weniger wortlautgetreuen Auslegung auch nach den Grundsätzen des *Common Law* zu beobachten.[1253] Zudem legen die Gerichte bei der Prüfung von limitierenden Klauseln in gewerblich geprägten Verträgen etwas großzügigere Maßstäbe an. Denn den beteiligten Akteuren wird ein größerer Ermessensspielraum zuerkannt, welche Risiken ökonomisch sinnvoll von ihnen übernommen werden können und welche Risikoallokation den jeweiligen Interessen am besten entspricht.[1254]

[1248] Lewison, Interpretation of Contracts, 12.03; vgl auch Ailsa Craig Fishing Co Ltd v Malvern Fishing Co Ltd [1983] 1 All ER 101: „Clauses of limitation are not regarded by the courts with the same hostility as clauses of exclusion“; kritisch zu dieser Unterscheidung Atiyah's Sale of Goods, S. 220.

[1249] Vgl. Alison (J. Gordon) Ltd v Wallsend Shipway and Engineering Co Ltd [1927] 43 TLR 323, 324.

[1250] Zur Anwendung speziell auf exemption clauses Lewison, Interpretation of Contracts, 12.05; vgl. auch die Entscheidungen Lee (John) & Son (Grantham) Ltd v Railway Executive [1949] 2 All ER 581 und Hollins v Davy (J) Ltd [1963] 1 QB 844.

[1251] Wallis, Son & Wells v Pratt & Haynes [1911] AC 394.

[1252] Andrews Bros (Bournemouth) Ltd v Singer and Co Ltd [1934] 1 KB 17: „implied“ im Gegensatz zu „express“.

[1253] Anson's Law of Contract, S. 169.

[1254] Vgl. Photo Production Ltd v Securicor Ltd [1980] AC 827, 843.

(2) *Ausschluss von Fahrlässigkeit*

Eine besondere Auslegungsregeln bleibt jedoch zu erwähnen: Da die Gerichte es als generell sehr unwahrscheinlich ansehen, dass eine Vertragspartei die andere von einer Haftung für sorgfaltswidriges Verhalten (*negligence*) befreien möchte, sind die Hürden eines wirksamen Ausschlusses, unbeschadet der strengen Handhabung auch durch s 2 *Unfair Contract Terms Act* 1977, entsprechend hoch.[1255] Ist der Wortlaut hinreichend eindeutig, kann das Gericht der Klausel die Wirksamkeit jedoch nicht versagen. Ausreichend ist die Verwendung eines Synonyms,[1256] nicht aber zu weite oder unklare Formulierungen.[1257] Ist der Wortlaut nicht hinreichend eindeutig, hat das Gericht zunächst zu prüfen, ob dieser dem gewöhnlichen Wortsinne nach weit genug gefasst ist, um Fahrlässigkeit zu umfassen. In einem zweiten Schritt ist dann festzustellen, ob der Wortlaut eng genug gefasst ist, um auch andere Haftungsgründe einzuschließen. Ist dies zu bejahen, werden dann ausschließlich diese als von der Klausel erfasst angesehen, so dass ein Ausschluss für Fahrlässigkeit nicht in Betracht gezogen wird.[1258] Nach der jüngeren Rechtsprechung darf die Anwendung dieser Auslegungsgrundsätze jedoch nicht dazu führen, dass der Wille der Vertragsparteien missachtet wird, so dass im Einzelfall eine andere Beurteilung notwendig ist.[1259] Früher wurden haftungsbeschränkende oder –limitierende Klauseln zudem nicht für anwendbar gehalten im Fall einer Verletzung zur Wurzel des Vertrages reichender Bestimmungen (*fundamental term*) sowie bei besonders schwerwiegenden Verstößen (*fundamental breach*).[1260] Diese Rechtsprechung ist aufgegeben worden.[1261] Eine Unwirksamkeit kommt nun nicht mehr wegen einer besonders schweren Vertragsverletzung *per se* in Betracht, sondern nur noch, wenn die Auslegung eine entsprechende Absicht der Parteien nahelegt.[1262] Dennoch ist bei

---

[1255] Anson's Law of Contract, S. 171; Anderson/Warner, Drafting and Negotiating Commercial Contracts, 5.5.22.2; Caledonia Ltd v Orbit Valve Co Europe [1994] 1 WLR 1515, 1523.

[1256] Vgl. Monarch Airlines Ltd v London Luton Airport Ltd [1998] 1 Lloyd's Rep 403, 409; „any act, omission, neglect or default".

[1257] Vgl. Shell Chemicals UK Ltd v P&O Roadtanks Ltd [1995] 1 Lloyd's Rep 297, 301: „loss whatsoever or howsoever occasioned".

[1258] So Lord Morton in Canada Steamship Lines Ltd v The King [1952] AC 192; kritisch zu diesen Auslegungsgrundsätzen McKendrick, Contract Law, 11.6.

[1259] Vgl. HIH Casualty and General Insurance Ltd v Chase Manhattan Bank [2003] UKHL 6.

[1260] Anson's Law of Contract, S. 174 f; vgl auch Denning LJ in Karsales (Harrow) v Wallis [1956] 2 All ER 866, 868; Lawson, Exclusion Clauses, 3.09 mwN.

[1261] Grundlegend Photo Production Ltd v Securicor Ltd [1980] AC 827; zuvor auch schon Suisse Atlantique Société d'Armament Maritime SA v NV Rotterdamsche Kolen Centrale [1967] 1 AC 361.

[1262] Anson's Law of Contract, S. 177.

der Gestaltung weitreichender limitierender Klauseln besondere Sorgfalt auf eine treffende Formulierung zu verwenden.[1263]

b Klauselkontrolle aufgrund positivrechtlicher Vorgaben

Eine Klauselkontrolle nach s 3 *Misrepresentation Act* 1967 kommt in der vorliegenden Vergleichsgruppe nicht in Betracht. Die Vorschrift ist auf die vertragliche Haftung wegen arglistig falscher Tatsachenerklärungen nicht anwendbar.[1264] Die Wirksamkeit limitierender Klauseln ist jedoch an den Vorgaben des *Unfair Contract Terms Act* 1977 zu messen. Dieser erfasst nicht nur Klauseln, die eine Haftung ausdrücklich ausschließen oder beschränken, durch s 13 (1) erfolgt vielmehr eine Erweiterung um diesen im Ergebnis gleichgestellte Vertragsabreden. Hierzu gehören nach s 13 (1) (a) UCTA Vereinbarungen, die eine Haftung oder die Durchsetzung eines Anspruchs von einschränkenden oder sonstigen belastenden Bedingungen abhängig machen. Hierunter fällt etwa eine Vereinbarung, die eine Mitteilung der Zurückweisung einer nicht vertragsgemäßen Lieferung innerhalb einer unangemessen kurzen Frist verlangt.[1265] Weiterhin gehören hierher Bestimmungen, die bestimmte Rechte oder Rechtsbehelfe auszuschließen oder zu beschränken suchen[1266] oder den seinen Anspruch durchsetzenden Vertragspartner sonstigen Nachteilen aussetzen. Schließlich kommen solche Vereinbarungen in Betracht, die den Ausschluss oder die Beschränkung sonstiger beweisrechtlicher oder prozessualer Vorschriften zum Gegenstand haben.[1267]

(1) Ausschluss von Fahrlässigkeit nach s 2 Unfair Contract Terms Act 1977

Section 2 UCTA hat Kontrollmöglichkeiten im Hinblick auf Klauseln zum Gegenstand, die den Ausschluss oder die Beschränkung einer Haftung für sorgfaltswidriges Verhalten (*negligence*) zum Gegenstand haben. Darunter ist nach der in s 1 (1) UCTA enthaltenen Legaldefinition die Verletzung einer Sorgfaltspflicht zu verstehen, die ausdrücklich oder stillschweigend auf vertraglicher oder

---

[1263] Vgl. McKendrick, Contract Law, 11.7 a.E.

[1264] Vgl. Skipskredittforeningen v Emperor Navigation [1998] 1 Lloyd's Rep 66.

[1265] Knight Machines (Holdings) Ltd v Rennie [1995] SLT 166.

[1266] Dazu gehört etwa die Begrenzung des Rechts zum Schadensersatz oder der Ausschluss des Rechts zum set-off, vgl. Stewart Gill Ltd v Horatio Myer & Co Ltd [1992] 2 All ER 257.

[1267] Ausführlich zur Reichweite von s 13 Goode on Commercial Law, S. 109 f; Macdonald (1992) 12 LS 277, 279 ff.

auf Grundlage des *Common Law* besteht. Sonstige Versuche einer Haftungsbeschränkung, etwa im Fall einer Garantiehaftung (*strict liability*), wenn die Verletzung absoluter vertraglicher Verpflichtungen im Raum steht, werden hiervon nicht berührt.[1268] Ein, im Bereich des Unternehmenskaufs freilich nur selten relevanter, Haftungsausschluss für Körperschäden einschließlich des Todes einer Person ist nach s 2 (1) UCTA 1977 unwirksam. Der Ausschluss sonstiger aus fahrlässigem Verhalten erwachsenden Schäden wird nach s 2 (2) UCTA 1977 einer Überprüfung der Angemessenheit unterzogen. Zur Beantwortung der Frage, wann diese im Einzelfall zu bejahen ist, kann vollumfänglich auf die obigen Ausführungen zu den „Leitlinien zur Bestimmung der Angemessenheit" verwiesen werden.[1269] Die Möglichkeit von Haftungsausschlüssen für sonstige Vertragsverletzungen nach s 3 UCTA 1977 ist im vorliegenden Zusammenhang nicht zu berücksichtigen, da die Vorschrift nur Anwendung findet, wenn eine der beteiligten Vertragspartner als Verbraucher handelt oder sich der Haftungsausschluss aus standardisierten Vertragsbedingungen ergibt, was im Fall individuell verhandelter Unternehmenskaufverträge trotz weitreichender Verwendung von Musterformularen wegen der notwendigen Anpassung auf den konkreten Einzelfall nicht angenommen werden kann.

(2) Anwendbarkeit auf den Unternehmenskauf

Die tatsächliche Relevanz des *Unfair Contract Terms Act* 1977 ist im Bereich des Unternehmenskaufs, ebenso wie die des SOGA 1979, letztlich begrenzt: Gar nicht anwendbar ist der UCTA 1977 auf einen Unternehmenskauf im Wege eines *Share Deals*, da solche Geschäfte als *„transfer of securities"* laut *Schedule* 1, para 1 (e) von seinem Anwendungsbereich ausdrücklich ausgenommen sind. Dass sich der aus dem amerikanischen Recht entlehnte Begriff neben Sicherungsrechten auch auf Gesellschaftsanteile erstreckt, entspricht allgemeiner Ansicht.[1270] Auf einen *Asset Deal* sind die genannten Vorschriften im Grundsatz zwar anwendbar, zum Teil jedoch nur, wenn bewegliche Vermögenswerte des Anlage- oder Umlaufvermögens betroffen sind. Denn *Schedule* 1, paras 1 (b) und (c) UCTA 1977 schließen eine Anwendung der ss 2-4 auf einen Vertrag, der ein Recht an einem Grundstück zum Gegenstand hat oder Rechte an Patenten, Warenzeichen und einigen weiteren geistigen Eigentumsrechten, ausdrücklich aus. Auch darüber hinaus sind die genannten Anforderungen nur von geringer praktischer Bedeutung, denn nach s 1 (3) UCTA 1977 kommen die Verpflichtungen nach ss 2-7 nur zum Tragen im Hinblick auf den Ausschluss einer Haf-

---

[1268] McKendrick, Contract Law, 11.10.

[1269] Siehe oben C III 3 b (a).

[1270] Vgl. Krecek, Gewährleistungshaftung beim Unternehmenskauf, S. 122.

tung, die auf der Verletzung von Pflichten beruht, die einer Person im Rahmen ihrer Geschäftstätigkeit obliegen (*business liability*).[1271] Das setzt voraus, dass der Verkauf von Unternehmen zum regelmäßigen Geschäftsbetrieb des Verkäufers zu rechnen wäre,[1272] was bei kleinen und mittleren Betrieben kaum jemals zu bejahen sein wird.[1273] Diesbezügliche Rechtsprechung ist, soweit ersichtlich, jedoch nicht vorhanden.

2 Ausschlussmöglichkeiten in den kontinental-europäischen Rechtsordnungen

Die im deutschen Recht nach § 444 BGB bestehenden Möglichkeiten eines Haftungsausschlusses wurden bereits in der Vergleichsgruppe der fehlerhaften Abschlussangaben erörtert. Im Bereich der Substratmängel ergeben sich keine Unterschiede, so dass auf die obigen Ausführungen vollumfänglich verwiesen werden kann.[1274] Auch im französischen Recht entspricht die Möglichkeit einer Haftungsbeschränkung für Sachmängel der in der Vergleichsgruppe der fehlerhaften Abschlussangaben dargestellten.[1275] Die Möglichkeit der Abbedingung oder Einschränkung einer Haftung für Rechtsmängel ist hingegen abhängig von der Person des Störers: Die Eviktionshaftung für Störungen durch eigene Handlungen des Verkäufers (*fait personnel*) kann nach Art. 1628 C.civ. nicht von vornherein abbedungen werden. Unwirksam ist daher auch eine Klausel, die das bereits von Gesetzes wegen bestehende Wettbewerbsverbot auszuschließen sucht. Dies schließt aber nicht aus, dass der vor Vertragsschluss über ein bestehendes Risiko unterrichtete Käufer das Risiko einer späteren Eviktion wirksam übernehmen kann.[1276] Hinsichtlich des Bestehens der Rechte Dritter ist ein teilweiser oder sogar vollständiger Ausschluss der Eviktionshaftung nach Art. 1627 C.civ. hingegen prinzipiell möglich, wobei der Verkäufer nach Art. 1629 C.civ. zur Erstattung des Kaufpreises selbst in diesen Fällen verpflichtet bleibt. Versucht der Dritte sein Recht in einem gerichtlichen Verfahren durchzusetzen, bestehen für den Käufer zwei Reaktionsmöglichkeiten: Er kann zum einen seine Verteidigung selbst übernehmen und im Fall eines gerichtlichen Ausspruchs der

[1271] Mit Ausnahme von s 6.

[1272] Vgl. Anson's Law of Contract, S. 189; Thompson, Unfair Contract Terms Act 1977, S. 15 ff.

[1273] Dies ist nicht zu verwechseln mit der Zugehörigkeit einer Maßnahme zum gewöhnlichen Geschäftsbetrieb (due course of a business) iSv s 14 (2) SOGA 1979, zu welchem der Unternehmenskauf hier ausdrücklich hinzugerechnet wurde.

[1274] Siehe oben C II 5 a.

[1275] Siehe oben C II 5 b.

[1276] Cass. 1ère civ., 17. Juli 1962, D. 1962, 534; Cass.com., 2. Dezember 1965, Bull.civ. III, n°623.

Eviktion im Wege der *garantie principale* Regress bei seinem Verkäufer suchen. Zum anderen kann er im Wege der *garantie incidente* den Verkäufer an seiner Stelle den Prozess weiterführen lassen, wobei das Gericht im Unterliegensfall dann zugleich eine Schadensersatzberechtigung des Käufers ausspricht.[1277] Erstgenannter Weg ist jedoch mit dem Risiko behaftet, dass eine Regressmöglichkeit auf Grund der Eviktionshaftung nach Art. 1640 C.civ. ausscheidet, wenn der Käufer in letzter Instanz oder ein aus anderen Gründen nicht mehr angreifbares Urteil kassiert und der Verkäufer nachweisen kann, dass ein anderer Prozessausgang möglich gewesen wäre.

V Zusammenfassung

Im deutschen Recht entsprechen die Rechtsfolgen den in der Vergleichsgruppe der fehlerhaften Abschlussangaben dargestellten. Das Problem einer Monetarisierung des Nacherfüllungsanspruchs stellt sich hier, sofern eine Nachlieferung eines einzelnen zum Unternehmenssubstrat gehörenden Gegenstandes unproblematisch möglich ist, nicht in gleicher Weise. Der Beschaffenheitsbegriff erfasst Mängel an einzelnen Bestandteilen des Unternehmenssubstrats unproblematisch, ohne dass es auf die in der Vergleichsgruppe der fehlerhaften Abschlussangaben dargestellte Diskussion über seine Reichweite ankäme. Im französischen Recht wird es der Käufer durch die Maßgeblichkeit des versteckten Mangels und daran anknüpfend die zur Verfügung stehenden Erkenntnismöglichkeiten insgesamt schwerer haben, Rechte aufgrund eines Sachmangels im Unternehmenssubstrat durchzusetzen.

Dass als maßgeblicher Anknüpfungspunkt der Mangelhaftigkeit das Unternehmen als Vertragsgegenstand selbst heranzuziehen ist und nicht jegliche Mängel an Einzelgegenständen relevant sein können, hat das OLG Köln durch ein jüngst in diesem Zusammenhang ergangenes Urteil für das deutsche Recht bestätigt. Die französische Rechtsprechung geht hingegen eher davon aus, dass auch geringere Mängel an Einzelgegenständen die Gewährleistungshaftung auslösen können. Im Ergebnis dürfte dies jedoch keinen großen Unterschied machen, da die Maßgeblichkeit der Eignung zur gewöhnlichen Verwendung bereits auf tatbestandlicher Ebene eine gewisse Erheblichkeit des Mangels fordert, der sich dann denknotwendig auf Ebene eines veräußerten *fonds de commerce* auswirken muss.

Im Bereich der Rechtsmängelhaftung stellt sich das deutsche Recht mit dem Rechtsverschaffungsprinzip als wesentlich käuferfreundlicher dar, da der Unternehmenskäufer anders als nach dem Eviktionsprinzip des französischen Rechts

[1277] Barret, Fonds de commerce, n°240.

bereits vorbeugend vor einem Rechtsverlust geschützt wird, ohne dass erst eine konkrete Störung auftreten muss.
Insgesamt stellt sich wie bereits in der vorangegangenen Vergleichsgruppe der fehlerhaften Abschlussangaben das deutsche Recht gegenüber dem französischen Recht als wesentlich moderner dar. Die Gleichstellung von Sach- und Rechtsmängeln in den Rechtsfolgen haben ebenso wie der hier vertretene extensive Beschaffenheitsbegriff zu einer konzeptionellen Annäherung an das englische Recht geführt, welches die negative Abweichung der vertraglich geschuldeten Soll- von der tatsächlichen Ist-Beschaffenheit durch das einheitliche Konzept des *breach of contract* sanktioniert.

Kapitel 5 Zusammenfassung der Ergebnisse

Insgesamt kann man konstatieren, dass sich das deutsche Recht zwischen dem starren Regelungskorsett des *fonds de commerce* im französischen Recht und der induktiven Entscheidungsfindung des englischen Rechts in seiner durch das SMG gefundenen Form als vergleichsweise tauglich erweist, einen Interessenausgleich zwischen den Parteien eines Unternehmenskaufvertrages zu schaffen. Es bietet trotz weiterhin bestehender Schwächen zumindest ein berechenbares dispositives Normengeflecht an, welches eine fehlende, lückenhafte oder unwirksame Parteivereinbarung ergänzen kann. Es eröffnet der Rechtsprechung durch die bloß entsprechende Anwendbarkeit des Gewährleistungsrechts zugleich den nötigen Spielraum, um die Normen auf die besondere Situation des Unternehmenskaufs im Einzelfall sinnvoll anwenden zu können, ohne die Privatautonomie durch starre und zwingende Regelungen zu sehr einzuengen. Eine den konkreten Umständen des Einzelfalls angemessene Risikoallokation macht eine privatautonome Gestaltung der vertraglichen Beziehungen dennoch nicht entbehrlich.

Die fortbestehende Notwendigkeit vertraglicher Regelungen ergibt sich bereits aus der Komplexität des Vertragsgegenstandes, welcher eine generalisierende Begriffsbestimmung nicht erlaubt. Im deutschen Recht unternommene Bemühungen, das Unternehmen unter die Kategorien des BGB einzuordnen und als Rechtsobjekt zu erfassen, sind gescheitert und werden in jüngerer Zeit auch nicht mehr unternommen. Der induktiven Entscheidungsfindung des englischen Rechts ist die Ausbildung abstrakter Definitionen und Rechtsinstitute ohnehin fremd. Die rechtliche Behandlung des im Rahmen eines *Asset Deals* im französischen Recht regelmäßig zu übertragenden *fonds de commerce* zeigt vielmehr, dass allein die spezialgesetzliche Ausgestaltung des Unternehmens als Gegenstand eines Kaufvertrages nicht zu einer wesentlichen Erleichterung des Rechtsverkehrs beiträgt. Insbesondere zeigt die auch im französischen Recht geführte Diskussion um die Rechtsnatur des *fonds de commerce*, dass mit der Zusammenfassung einzelner Vermögenswerte zu einem einheitlichen Unternehmensvermögen im Hinblick auf die praktische Handhabung bei einer Veräußerung nichts gewonnen ist. Über die selbstverständliche Feststellung hinaus, dass es sich beim *fonds de commerce* um eine faktische Gesamtheit (*universalité de fait*) handelt, besteht auch im französischen Recht keine Einigkeit hinsichtlich der rechtlichen Qualifizierung. Die bloße Zusammenfassung einzelner Vermögenswerte zu einem einheitlichen Rechtsobjekt befreit auch im französischen recht nicht von der Notwendigkeit, die einzelnen Vermögenswerte nach den jeweils einschlägigen Vorschriften zu übertragen.

Eine Vorbildfunktion des spezifischen Regelungsmodells des französischen Rechts für die deutsche Rechtsordnung ist zu verneinen. Innerhalb der französischen Rechtsordnung ist das Rechtsinstitut des *fonds de commerce* zwar der genannten Kritik ausgesetzt und seine Eignung im heutigen Wirtschaftsleben wird immer wieder in Zweifel gezogen. Das Konzept ist in der französischen Rechtstradition jedoch tief verwurzelt und die Kautelarpraxis vermag seine Schwächen auszugleichen. Nicht zuletzt die dieser Regelung nachgebildete Einführung des *fonds artisanal* spricht für eine gewisse praktische Bewährung dieses Rechtsinstituts innerhalb der nationalen Rechtswirklichkeit.

Das auf den Erwerber überzuleitende Unternehmensvermögen ist in jeder der verglichenen Rechtsordnungen letztlich eine Frage der Auslegung. Die Zusammenfassung einzelner auf den Erwerber überzuleitender Vermögenswerte in dem französischen Rechtsinstitut des *fonds de commerce* bietet zwar eine gewisse Orientierungshilfe, die gerade im Bereich der immateriellen Vermögenswerte indes nich abschließend und durch den grundsätzlichen Ausschlusss von Passiva und Immobilien aus dem *fonds* auch nicht von praktischer Bedeutung ist. Während im deutschen Recht eine widerlegbare Vermutung dahingeht, das gesamte Unternehmensvermögen auf den Erwerber zu übertragen, führt die graduell höhere Betonung der Vertragsfreiheit im englischen Recht dazu, dass von der Parteivereinbarung nicht erfasste Vermögenswerte des Unternehmens grundsätzlich nicht in die Übertragungspflicht des Unternehmensverkäufers einbezogen sind.

Im Hinblick auf das jeweilige Pflichtenprogramm des Unternehmensverkäufers fällt im französischen Recht neben den umfangreichen Aufklärungspflichten des Verkäufers eines *fonds de commerce* das vergleichsweise umfassende, auch ohne gesonderte vertragliche Vereinbarung auf Grund des Eviktionsprinzips bestehende Wettbewerbsverbot des Verkäufers auf.

Die auf den Unternehmenskauf angewendeten Normen sind in den verglichenen Rechtsordnungen sowohl in ihrer Art als auch ihrer Detailliertheit sehr verschieden. Das englische Recht hält mit den Vorschriften des SOGA 1979 und wenigen *implied terms* nur ein rudimentäres Geflecht von positiv-rechtlichen Regelungen bereit, die bei einem Unternehmenserwerb im Wege des *Share Deals* weitgehend gar nicht anwendbar sind. Das deutsche Recht bemüht sich seit Inkrafttreten des SMG darum, den Unternehmenskauf in die allgemeinen Gewährleistungsvorschriften zu integrieren. Ungeachtet der konkret gewählten Transaktionsstruktur als *Asset* oder *Share Deal* sind diese allgemeinen Vorschriften im Ergebnis zumindest entsprechend heranzuziehen. Das französische Recht hat mit spezialgesetzlichen Vorschriften für den Verkauf eines *fonds de commerce* bei einem Unternehmnserwerb im Wege *Asset Deals* hingegen ein eigenes Normengerüst geschaffen, das zum Teil sehr detaillierte Regelungen enthält. Bei einem *Share Deal* kommen hingegen in erster Linie die Vorschriften über den Rechtskauf zur Anwendung, wobei zumindest die Handelskammer des Kassationsgerichtshofes darüber hinaus die Ansicht vertritt, dass bei Betroffenheit des Gesellschaftszwecks und sonstigen Mängeln der Anteile, welche die unternehmenstragende Gesellschaft in Ausübung ihrer satzungsmäßigen Tätigkeit hindern, neben der Veritätshaftung auch sonstiges Gewährleistungsrecht zur Anwendung gebracht werden kann.

Die im deutschen Recht auch nach Inkrafttreten des SMG fortbestehende Frage, ob und unter welchen Voraussetzungen der Unternehmensverkäufer auch bei einem *Share Deal* für Mängel des Unternehmens selbst in Anspruch genommen werden kann, stellt sich im französischen Recht gleichermaßen. Dort ist die Frage sogar noch dringlicher, da neben einer Haftung für Mängel des Unternehmens die Anwendbarkeit der spezialgesetzlichen Vorschriften betreffend den *fonds de commerce* im Raum steht. Während eine nunmehr gefestigte Rechtsprechung letztere im Ergebnis verneint, wird die erstgenannte Frage in beiden Rechtsordnungen durch eine wertungsmäßige Gleichstellung beider Erwerbsvarianten zu erreichen versucht. Während die deutsche Rechtsprechung an abstrakte Beteiligungsquoten anknüpft, stellt das französische Recht die konkrete Parteivereinbarung in den Vordergrund. Dies erlaubt einerseits eine flexible Handhabung, führt aber gleichzeitig dazu, dass der Unternehmenskäufer, der das Unternehmen im Wege des *Share Deals* erwirbt, weniger weitreichend geschützt ist als im deutschen Recht, da die Gleichstellung keinem vergleichbaren Automatismus folgt und die französische Rechtsprechung hier insgesamt zurückhaltender urteilt.

Die rechtstechnische Behandlung von außerhalb des körperlichen Untenehmenssubstrat liegenden Mängeln, nämlich von fehlerhaften Abschlussangaben, ist in den verglichenen Rechtsordnungen sehr verschieden, wenn sich die Ergebnisse letztlich auch weitgehend entsprechen. Das deutsche Recht erfasst als gewährleistungsrechtlich relevante Mängel auf Grundlage eines extensiven Begriffsverständnis in weitem Umfang auch außerhalb des Vertragsgegenstandes liegende Umstände, sofern die Vertragspartner eine entsprechende Beschaffenheit vereinbaren Das französische Recht sieht bei Veräußerung eines *fonds de commerce* bestimmte Pflichtangaben vor, die über die Verweisung des Art. L 141-3 Abs. 1 C.com. den Weg in die Rechtsfolgen des Sachmängelgewährleistungsrechts eröffnen, so dass diesem im Bereich der fehlerhaften Abschlussangaben insgesamt ein breiter Anwendungsbereich zukommt. Im englischen Recht ist der Weg in die wenigen gewährleistungsrechtlichen Vorschriften des SOGA 1979 im Bereich der fehlerhaften Abschlussangaben überhaupt nicht eröffnet, denn das Unternehmen als maßgeblicher Bezugspunkt der Mangelhaftigkeit unterfällt bereits nicht dessen sachlichem Anwendungsbereich. Eine Lösung ist hier über das allgemeine Rechtsinstitut der *misrepresentation* zu suchen.

Relevant wird diese rechtstechnische Behandlung fehlerhafter Abschlussangaben im Hinblick auf die Reichweite des Beschaffenheitsbegriffes, die im deutschen Recht auch nach Inkrafttreten des SMG nicht abschließend beantwortet wird. Wenn innerhalb der nationalen deutschen Rechtsordnung eine extensive Auslegung des Beschaffenheitsbegriffes und die Möglichkeit einer weitreichenden privatautonomen Bestimmung des Äquivalenzinteresses durch entsprechen-

de Vereinbarung befürwortet wurde, ist gleichwohl zu berücksichtigen, dass sowohl die englische als auch die französische Rechtsordnung vergleichbare Sachverhalte als Willensmängel und nicht als Gewährleistungssachverhalte qualifizieren. Dies ist offensichtlich im Hinblick auf das englische Rechtsinstut der *misrepresentation*, welches weniger einen Verstoß gegen das Erfüllungsprogramm des Verkäufers als die Verursachung eines entsprechenden Willensmangels des Käufers sanktioniert. Der Sache nach trifft dieses Ergebnis jedoch auch auf das französische Recht zu, da der dortige Begriff des Sachmangels durch das Erfordernis einer Willensbeeinträchtigung des Käufers die Sachmängelhaftung ohnehin in die Nähe von Rechtsinstituten zur Geltendmachung von Willensmängeln rückt. Rechtstechnisch jedenfalls hat die Behandlung fehlerhafter Abschlussangaben vor Inkrafttreten des SMG überwiegend auf Grundlage der *culpa in contrahendo* (§§ 280 Abs. 1, 311 Abs. 2, 241 Abs. 2 BGB) eher der Handhabung in den anderen verglichenen Rechtsordnungen entsprochen. Dieser Umstand darf gerade im Bereich des Unternehmenskaufs bei einer sinnvollen Beschränkung der Reichweite des Beschaffenheitsbegriffes nicht aus den Augen verloren werden.
Die Möglichkeit, durch die Vereinbarung bestimmter Beschaffenheiten weitgehend die Erfüllungspflicht des Verkäufers auf privatautonomer Grundlage zu konkretisieren und diese vorbehaltlos oder mit Modifikationen den Rechtsfolgen des Gewährleistungsrechts zu unterstellen, lässt die deutsche Lösung einerseits als sehr modern und auch als vergleichsweise praxistaugliches Regelungsinstrumentarium erscheinen. Im französischen Recht ist die Möglichkeit einer derartigen Vereinbarung, sofern das Sachmängelgewährleistungsrecht auf direktem Wege und nicht über die Verweisung des Art. L 141-3 Abs. 1 C.com. zur Anwendung kommt, ausgeschlossen. Grund dafür ist die Beschränkung des Sachmangelbegriffs auf Eigenschaften des Vertragsgegenstandes, die einer gewöhnlichen Verwendungseignung entgegenstehen.
Die dem Unternehmenskäufer zur Verfügung stehenden Rechtsbehelfe entsprechen sich in den verglichenen Rechtsordnungen im Wesentlichen. Einer Nacherfüllung unterfallen fehlerhafte Abschlussangaben im Bereich des Unternehmenskaufs jedoch nur im deutschen Recht. In Frankreich und England ist dieses Recht des Käufers nur im Bereich des Verbrauchsgüterkaufs in nationales Recht umgesetzt worden. Diese Tatsache kann vor dem Hintergrund gesehen werden, dass der deutsche Gesetzgeber des SMG sich zur Beseitigung bestehender Diskrepanzen zwischen dem allgemeinen Leistungsstörungsrecht und dem Recht der einzelnen Schuldverhältnisse für eine große und damit auch möglichst einheitliche Lösung entschieden hat. Angesichts der Tatsache, dass gerade der Rechtsbehelf der Nacherfüllung aber stark vom Leitbild des Verbrauchsgüterkaufs geprägt ist und sich im hiesigen Zusammenhang in besonderer Weise dem nicht von der Hand zu weisenden Problem der Monetarisierung gegenüber sieht, ist dennoch über dessen grundsätzliche Beschränkung nachzudenken. Bis auf

Weiteres empfiehlt es sich jedenfalls, den Nacherfüllungsanspruch auf vertraglicher Grundlage auszuschließen. Demgegenüber erscheint ein genereller Ausschluss des Rücktrittsrechts im Bereich des Unternehmenskaufs wegen der damit verbundenen Schwierigkeiten der Rückgewähr nicht zwingend. Auch die englische und französische Rechtsordnung sehen in Form des Rechts zur Vertragsauflösung (*rescission*) bzw. der *action rédhibitoire* Instrumente zur möglichen Rückabwicklung des Unternehmenskaufvertrages vor und schließen eine solche nicht von vonherein aus.

Literaturverzeichnis

Allen, David K, Misrepresentation, 1988
Anderson, Mark/Warner, Victor, Drafting and Negotiating Commercial Contracts, 2. Aufl. 2007
Antonmattei, Paul-Henri/Raynard, Jacques, Contrats spéciaux, 6. Aufl. 2008
Arnheim, Michael, Principles of the Common Law, 2004
Atiyah, P S/Adams, John N/MacQueen, Hector, Atiyah's Sale of Goods, 12. Aufl. 2010
Atiyah, P S, Common Law and Statute Law, MLR 48 (1985) 1
ders./Treitel, G H, Misrepresentation Act 1967, MLR 30 (1967) 369
Auque, Françoise, La codification des baux commerciaux à droit «presque» constant, JCP G 2000, 2003
Ballerstedt, Kurt, Was ist Unternehmensrecht?, in: Pawlowski, Hans-Martin/Wiese, Günter/Wüst, Günther (Hrsg), Festschrift für Wolfgang Duden, 1977, S. 416
Bamberger, Heinz Georg/Roth, Herbert (Hrsg), Kommentar zum Bürgerlichen Gesetzbuch, 2. Aufl. 2007 f
Barnert, Thomas, Mängelhaftung beim Unternehmenskauf zwischen Sachmängelgewährleistung und Verschulden bei Vertragsschluss im neuen Schuldrecht, WM 2003, 416
Barret, Olivier, Les contracts portant sur le fonds de commerce, 2001
Baumbach, Adolf/Hopt, Klaus J, Handelsgesetzbuch, 34. Aufl. 2010
Baur, Jürgen, Die Gewährleistungshaftung des Unternehmensverkäufers, BB 1979, 381
ders./Stürner, Rolf, Sachenrecht, 18. Aufl. 2009
Beale, H G (Hrsg), Chitty On Contracts, Vol I, 13. Aufl. 2008
Beatson, J, Anson's Law of Contract, 28. Aufl. 2002
ders., The Role of Statute in the Development of Common Law Doctrine, LQR 117 (2001) 247
Beisel/Klumpp, Der Unternehmenskauf, 5. Aufl. 2006
Berens, Wolfgang/Brauner, Hans U./Strauch, Joachim (Hrsg), Due diligence bei Unternehmensakquisitionen, 5. Aufl. 2008
Bergjan, Ralf, Die Auswirkungen der Schuldrechtsreform 2002 auf den Unternehmenskauf unter besonderer Berücksichtigung der Gewährleistungshaftung des Unternehmensverkäufers, Münster (Westfalen), Univ., Diss., 2002
Bergmann, Andreas, Die Theorie der Rechtsmängelhaftung, RabelsZ 74 (2010) 25
Bernstorff, Christoph Graf von, Einführung in das englische Recht, 3. Aufl. 2006
Birks, Peter (Hrsg), The Classification of Obligations, 1997

Blasselle, Richard, L'erreur du consentement dans les cessions de parts sociales, Anmerkung zu Cass.com. vom 7. Februar 1995, D. 1996, jur 51

Böttcher, Lars, Due Diligence beim Unternehmenskauf als Verkehrssitte, ZGS 2007, 20

Brecher, Fritz, Das Unternehmen als Rechtsgegenstand, 1953

Bridge, Michael, The Sale of Goods, 2. Aufl. 2009

Brownsword, Roger/Hird, Norma J/Howells, Geraint, Good Faith in Contract, 1999

Bürgers, Tobias/Körber, Torsten (Hrsg), Heidelberger Kommentar zum Aktiengesetz, 2008

Bugg, Stuart G, Contracts in English, an introductory guide to understanding, using and developing „Anglo-American" style contracts, 2010

Burrows, Andrew (Hrsg), English Private Law, 2. Aufl. 2007

ders., Understanding the Law of Obligations, 1998

Burrows, J F, Contractual Co-operation and the Implied Term, MLR 31 (1968) 390

Burn, E H/Cartwright, J, Cheshire and Burn's Modern Law of Real Property, 17. Aufl. 2006

Butt, Peter, Land Law, 5. Aufl. 2006

Buxton, Sir Richard, How the Common Law gets made: Hedley Byrne and other cautionary Tales, LQR 125 (2009) 60

Canaris, Claus Wilhelm, Handelsrecht, 24. Aufl. 2006

ders., Leistungsstörungen beim Unternehmenskauf, ZGR 1982, 395

ders., Die Nacherfüllung durch Lieferung einer mangelfreien Sache beim Stückkauf, JZ 2003, 831

ders., Leistungsstörungen und Gewährleistung beim Unternehmenskauf nach der Reform des deutschen Schuldrechts, in: Stathopoulos, Michael/ Beys, Kostas/Doris, Philippos/Karakostas, Ioannis (Hrsg), Festschrift für Apostolos Georgiades zum 70. Geburtstag, 2006, S. 71

Cartwright, John, Contract Law, An Introduction to the English Law of Contract for the Civil Lawyer, 2007

ders., Misrepresentation, Mistake and Non-Disclosure, 2. Aufl. 2007

ders./Hesselink, Martijn (Hrsg), Precontractual Liability in European Private Law, 2008

Cohen, Traité théorique et pratique des fonds de commerce, 2. Aufl. 1948

Cohen, Nili/McKendrick, Ewan (Hrsg), Comparative Remedies for Breach of Contract, 2005

Chilstein, David, Le fonds de commerce, in: Le Cannu, Paul (Hrsg), D'un code à l'autre: Le droit commercial en mouvement, Études réalisées dans le cadre de Sorbonne-Affaires, Institut André Tunc, Université Paris 1 Panthéon Sorbonne, 2008, S. 305-316

Christou, Richard, Boilerplate: Practical Clauses, 4. Aufl. 2005

Cunnington, Ralph, The Assessment of Gain-Based Damages for Breach of Contract, MLR 71 (2008) 559
Danet, Didier, Cession de droit sociaux: information préalable ou garantie des vices? RTD com. 1992, 315
Dagot, Michel, Vente de fonds de commerce: Le point sur les déclarations de chiffre d'affaires et bénéfices commerciaux, Defrénois 2007, 191
Dauner-Lieb, Barbara (Hrsg), Das neue Schuldrecht in der Praxis, 2003
dies./Henssler, Martin (Hrsg), Unternehmenskauf und Schuldrechtsmodernisierung (Fachtagung der Bayer-Stiftung für deutsches und internationales Arbeits- und Wirtschaftsrecht am 6. Und 7. Juni 2002), 2003
dies./Thiessen, Jan, Garantiebeschränkungen in Unternehmenskaufverträgen nach der Schuldrechtsreform, ZIP 2002, 108
David, Réné/Grasmann, Günther (Hrsg),Einführung in die großen Rechtssysteme der Gegenwart, 2. Aufl. 1988
Decocq, Georges, Droit Commercial, 4. Aufl. 2009
Degeling, Simone/Edelman, James (Hrsg), Equity in Commercial Law, 2005
Despax, Michel, L'entreprise et le droit, 1957
Dugdale, Anthony M/Jones, Michael A (Hrsg), Clerk & Lindsell on Torts, 19. Aufl. 2006
Editions Francis Lefebvre/Charvériat, Anne (Hrsg), Mémento Expert Francis Lefebvre Cession de Parts et Actions, 2009-2010
Edlin, Douglas E, Common Law Theory, 2007
Evans, Andrew, Due Diligence: The English Way, ICCLR 6 (1995) 195
Fleischer, Holger, Die Haftung des Verkäufers von Gesellschaftsanteilen, WM 1998, 849
ders./Körber, Torsten, Due Diligence und Gewährleistung beim Unternehmenskauf, BB 2001, 841
Flume, Werner, Allgemeiner Teil des Bürgerlichen Rechts, I/2 Die juristische Person, 1983
Fondation pour l'étude du droit et des usages du commerce international (Hrsg), Les acquisitions d'entreprises, 1992
Friedmann, D, The Performance Interest in Contract Damages 111 LQR (1995) 628
Furmston, Michael (Hrsg), Cheshire, Fifoot and Furmston, Law of Contract, 15. Aufl. 2007
Furmston, Michael (Hrsg), The Law of Contract, 3. Aufl. 2007
Gaughan, Patrick A., Mergers, Acquistions, and Corporate Restructurings, 4. Aufl. 2007
Gaul, Björn, Schuldrechtsmodernisierung und Unternehmenskauf, ZHR 166 (2002) 35
Gierke, Julius von/Sandrock, Otto, Handelsrecht, 9. Aufl. 1975

Gieseke, Paul, Die rechtliche Bedeutung des Unternehmens, in: Festschrift für Ernst Heymann zum 70. Geburtstag, Band 2, Weimar: Verlag Hermann Böhlaus Nachfolger, 1940, S. 112

Giesen, Dieter, Zur Konstruktion englischer Vertragsvereinbarungen, JZ 1993, 16

Gillespie, Alisdair, The English Legal System, 2007

Glagowski, Philipp, Die Mängelgewährleistung beim Unternehmenskauf im Wege des asset deal nach der Schuldrechtsreform: Unter besonderer Berücksichtigung von fehlerhaften Jahresabschlussangaben, Bonn, Univ., Diss. 2008

Graf von Bernstorff, Christoph, Einführung in das englische Recht, 3. Aufl. 2006

Grigoleit, Hans Christoph/Herresthal, Carsten, Grundlagen der Sachmängelhaftung im Kaufrecht, JZ 2003, 118

Grobecker, Wolfgang, Implied Terms und Treu und Glauben – Vertragsergänzung im englischen Recht in rechtsvergleichender Perspektive, Regensburg, Univ., Diss., 1998/99

Gronstedt, Sebastian/Jörgens, Stefan, Die Gewährleistungshaftung bei Unternehmensverkäufen nach dem neuen Schuldrecht, ZIP 2002, 52

Gruber, Urs, Neues Kaufrecht: Umsatz- und Ertragsangaben beim Unternehmenskauf, MDR 2002, 433

ders., Zur Rolle der Rechtsvergleichung nach der Schuldrechtsreform, ZVglRWiss 101 (2002) 38

Grunewald, Barbara, Rechts- und Sachmängelhaftung beim Kauf von Unternehmensanteilen, NZG 2003, 372

Guest, A G (Hrsg), Benjamin's Sale of Goods, 7. Aufl. 2006

Guttermann, Alan/Brown, Robert L, Advising New Businesses: A practical Guide, 2003

Haas, Lothar/Medicus, Dieter/Rolland, Walter/Schäfer, Carsten/Wendtland, Holger, Das neue Schuldrecht, 2002

Häublein, Martin, Der Beschaffenheitsbegriff und seine Bedeutung für das Verhältnis der Haftung aus culpa in contrahendo zum Kaufrecht, NJW 2003, 388

Hennrichs, Joachim, Die Bedeutung der EG-Bilanzrichtlinie für das deutsche Handelsbilanzrecht, ZGR 1997, 66

Henrich, Dieter/Huber, Peter, Einführung in das englische Privatrecht, 3. Aufl. 2003

Henssler, Martin, Gewerbe, Kaufmann und Unternehmen, ZHR 161 (1997), 13

Herberger, Maximilian/Martinek, Michael/Rüßmann, Helmut/Weth, Stephan (Hrsg), Juris PraxisKommentar BGB, 5. Aufl. 2010 ff

Hoeren, Thomas/Martinek, Michael (Hrsg), Systematischer Kommentar zum Kaufrecht, 2002

Hölters, Wolfgang (Hrsg), Handbuch des Unternehmens- und Beteiligungskaufs, 7. Aufl. 2010

Holzapfel/Pöllath, Unternehmenskauf in Recht und Praxis, 14. Aufl. 2010

Hommelhoff, Peter, Die Sachmängelgewährleistung beim Unternehmenskauf, München, Univ., Diss., 1975

ders., Der Unternehmenskauf als Gegenstand der Rechtsgestaltung, ZHR 150 (1986) 255

Huber, Ulrich, Die Praxis des Unternehmenskaufs im System des Kaufrechts, AcP 202 (2002), 179

Hübner, Matthias, Schadensersatz wegen Täuschung beim Unternehmenskauf, BB 2010, 1483

Hübner, Ulrich/Constantinesco, Vlad, Einführung in das französische Recht, 4. Aufl. 2001

Hueck, Götz/Windbichler, Christine, Gesellschaftsrecht, 22. Aufl. 2009

Hugon, Xavier, Le cession du fonds de commerce, instrument d'un changement de contrôle de l'entreprise, Gaz. Pal. 2009, 1763

Huntley, John A K, Clients as Property: Protection of a Legitimate Trade Interest?, Edin LR 2007, 246

Hurstel, Daniel, Juristische Probleme beim Unternehmens- und Beteiligungskauf in Frankreich, RIW 1991, 804

Idot, Laurence, La notion d'entreprise, Rev. sociétés 2001, 191

Isay, Rudolf, Das Recht am Unternehmen, 1910

Jacques, Henning, Haftung des Verkäufers für arglistiges Verschweigen beim Unternehmenskauf, BB 2002, 417

Jagersberger, Barbara, Die Haftung des Verkäufers beim Unternehmens- und Anteilskauf, Regensburg, Univ., Diss., 2005

Jones, Gareth/Goodhart, William, Specific Performance, 2. Aufl. 1996

Keenan, Denis (Hrsg), Smith & Keenan's English Law, 14. Aufl. 2004

Kenfack, Hugues, Anmerkung zu CA Paris vom 16. Oktober 2000, D. 2001, 1719

Kersting, Christian, Die Rechtsfolge vorvertraglicher Informationspflichtverletzungen – Vertragsaufhebungsanspruch oder „Minderung" aus cic?, JZ 2008, 714

Kiethe, Kurt, Vorstandshaftung aufgrund fehlerhafter Due Diligence beim Unternehmenskauf, NZG 1999, 976

Kindl, Johann, Unternehmenskauf und Schuldrechtsmodernisierung, WM 2003, 409

Kirby, Michael, Judicial Dissent: Common Law and Civil Law Traditions, LQR 123 (2007) 379

Klein, Christian, Rechtliche Aspekte des Unternehmenskaufs in Frankreich, RIW 2002, 348

Kleinhenz, Holger Michael/Junk, Oliver, Die Haftung des Verkäufers für Falschangaben beim Unternehmenskauf, JuS 2009, 787

Knight, William J L, The Acquisition of Private Companies and Business Assets, 7. Aufl. 1997

Knott, Hermann J, Unternehmenskauf nach der Schuldrechtsreform, NZG 2002, 249

ders./ Mielke, Werner, Unternehmenskauf, 3. Aufl. 2008

Koch, Victoria, Der Fonds de Commerce: Bestandteile, Verkauf und Verpfändung unter besonderer Berücksichtigung seiner Entstehungsgeschichte, Freiburg (Br.), Univ., Diss., 1995

Kötz, Hein, Der Einfluss des Common Law auf die internationale Vertragspraxis, in: in: Lorenz, Stephan/Trunk, Alexander/Eidenmüller, Horst/ Wendehorst, Christiane/ Adolff, Johannes (Hrsg), Festschrift für Andreas Heldrich zum 70. Geburtstag, 2005, S. 771

Koh, Pearlie, Some Issues in Misrepresentation, JBL 2008, 123

Krecek, Thomas, Die Gewährleistung beim Unternehmenskauf nach deutschem und englischen Recht: eine rechtsvergleichende Untersuchung, Köln, Univ., Diss., 2001

Krüger, Dirk/Kalbfleisch, Eberhard, Due Diligence bei Kauf und Verkauf von Unternehmen, DStR 1999, 174

Lamarche, Thierry, La notion d'entreprise, RTD com. 2006, 709

Larenz, Karl, Lehrbuch des Schuldrechts II/1, 13. Aufl. 1986

ders./Wolf, Manfred, Allgemeiner Teil des Bürgerlichen Rechts, 9. Aufl. 2004

Larisch, Tobias, Gewährleistungshaftung beim Unternehmens- und Beteiligungskauf, Münster (Westfalen), Univ., Diss., 2004

Lawson, Richard, Exclusion Clauses and Unfair Contract Terms, 9. Aufl. 2008

Le Cannu, Paul, Anmerkung zu Cass.com. vom 13. Februar 1990, Rev. sociétés 1990, 252

Lee, Pey-Woan, Contract Damages, Corrective Justice and Punishment, MLR 70 (2007), 887

Le Floch, Paul, Fonds de Commerce, Essai sur le caractère artificiel de la notion et ses limites actuelles, 1986

Le Mazier, Jean-Pierre, La protection de l'acquéreur de fonds de commerce, Defrénois 1990, 271

Legais, Raymond, Grands systèmes de droit contemporains, 2. Aufl. 2008

Legais, Dominique, Droit Commercial, 18. Aufl. 2009

Lemeunir, F, Fonds de Commerce, Achat et Vente, Exploitation et Gérance, 17. Aufl. 2007

Levasseur, G, Anmerkung zu Cass. 2ème civ. vom 28. Januar 1954, D. 1954, jur 217

Lévi, Aristide, Fonds de commerce, in: Lamy Droit commercial, 2008

Lewison, Kim, The Interpretation of Contracts, 2004

Loges, Rainer, Der Einfluss der Due Diligence auf die Rechtsstellung des Käufers eines Unternehmens, DB 1997, 965
Lorenz, Stephan, Der Unternehmenskauf nach der Schuldrechtsreform, in: Lorenz, Stephan/Trunk, Alexander/Eidenmüller, Horst/Wendehorst, Christiane/Adolff, Johannes (Hrsg), Festschrift für Andreas Heldrich zum 70. Geburtstag, 2005, S. 305
Louven, Christoph, Gesteigerte Aufklärungspflicht des Verkäufers von GmbH-Anteilen, BB 2001, 2390
Lundmark, Thomas, Common Law-Vereinbarungen – Wortreiche Verträge, RIW 2001, 187
Lutter, Marcus, Due Diligence des Erwerbers beim Kauf einer Beteiligung, ZIP 1997, 613
Macdonald, Elizabeth, Exclusion Clauses: The Ambit of s 13 (1) of the Unfair Contract Terms Act 1977, 12 LS (1992) 277
Mainguy, Daniel, Contrats spéciaux, 6. Aufl. 2008
Malaurie, Philippe/Aynès, Laurent/Gautier, Pierre-Yves, Contrats spéciaux, 2. Aufl. 2005
Malinvaud, Philippe, Introduction à l'étude du droit, 12. Aufl. 2008
Marmoz, Franck, L'EIRL: nouvelle technique d'organisation de l'entreprise, D. 2010, 1570
Marten, Kai-Uwe/Köhler, Annette G, Due Diligence in Deutschland – Eine empirische Untersuchung, FB 1999, 337
Mazan, Jean-Yves/Samson, Rémy, Mentions obligatoires dans les cessions de fonds de commerce, JCP E 2009, n°19, S. 9
McKendrick, Ewan (Hrsg), Goode on Commercial Law, 4. Aufl. 2009
ders., Contract Law, 8. Aufl. 2009
Merkt, Hanno, Rechtliche Bedeutung der „due diligence“ beim Unternehmenskauf, WiB 1996, 145
ders., Grundsatz- und Praxisprobleme der Amerikanisierungstendenzen im Recht des Unternehmenskaufs, in: Berger, Klaus Peter/Ebke, Werner F/Elsing, Siegfried/Großfeld, Berhard/Kühne, Gunther (Hrsg). Festschrift für Otto Sandrock zum 70. Geburtstag, 2000, S. 657
ders., Die Zukunft der privatrechtlichen Forschung im Unternehmens- und Kapitalmarktrecht, ZGR 2007, 532
Milsom, S F C, Reason in the Development of the Common Law, LQR (1965) 496
Mitchell, Paul, The Development of Quality Obligations in Sale of Goods, LQR 117 (2001) 645
Monèger, Joël, Emergence et évolution de la notion de fonds de commerce, AJDI 2001, 1042
ders., Le fonds de commerce: mythes et réalités, AJDI 2001, 1076
Mukwiri, Jonathan, Commercial Contracts Law, 2006

Müller, Klaus J, Einfluss der Due Diligence auf die Gewährleistungsrechte des Käufers beim Unternehmenskauf, NJW 2004, 2196
Müller, Georg, Vorvertragliche und vertragliche Informationspflichten nach englischem und deutschem Recht, 1994
Münchener Kommentar zum Bürgerlichen Gesetzbuch, herausgegeben von Säcker, Franz Jürgen/Rixecker, Roland, 5. Aufl. 2006 ff.
Münchener Kommentar zum Handelsgesetzbuch, herausgegeben von Schmidt, Karsten, 2. Aufl. 2005 ff.
Oakley, A J, Constructive Trusts, 3. Aufl. 1997
Oechsler, Jürgen, Praktische Anwendungsprobleme des Nacherfüllungsanspruchs, NJW 2004, 1825
Oppetit, Bruno/Sayag, Alain, Les structures juridiques de l'entreprise, 3. Aufl. 1981
Oppikofer, Hans, Das Unternehmensrecht in geschichtlicher, vergleichender und rechtspolitischer Betrachtung, 1927
Peel, Edwin (Hrsg), Treitel Law of Contract, 12. Aufl. 2007
Petit, Bruno/Reinhard, Yves, Anmerkung zu Cass.com. vom 12. Dezember 1995, RTD com. 1996, 294
Pettit, Philip H, Equity and the Law of Trusts, 11. Aufl. 2009
Paillusseau, Jean, Le droit des activités économiques à l'aube de XXIe siècle, D. 2003, 260
ders., Entreprise, société, actionnaires, salariés, quels rapports?, D. 1999, chr 157
ders., Les vices cachés dans la cession de contrôle, Anmerkung zu Cass.com. vom 12. Dezember 1995, D. 1996, jur 278
ders./Caussain, Jean Jacques/Lazarski, Henry/Peyramaure, Philippe, Cession d'entreprise, 4. Aufl. 1999
ders., Le droit moderne de la personnalité morale, RTD civ. 1993, 705
Palandt, Otto (Hrsg), Bürgerliches Gesetzbuch, 70. Aufl. 2011
Picot, Gerhard (Hrsg), Unternehmenskauf und Restrukturierung, 3. Aufl. 2004
ders., Unternehmenskauf und Sachmängelhaftung, DB 2009, 2587
Pisko, Oskar, Das Unternehmen als Gegenstand des Rechtsverkehrs, 1907
Poole, Jill/Devenney, James, Reforming Damages for Misrepresentation: The Case for coherent Aims and Principles, JBL 2007, 269
dies./Keyser, Andrew, Justifying Partial Rescission in English Law, LQR 121 (2005) 273
Porchy-Simon, Stéphanie, Droit Civil Les Obligations, 5. Aufl. 2008
Puig, Pascale, Contrats spéciaux, 3. Aufl. 2009
Radbruch, Gustav, Der Geist des englischen Rechts, 1958
Rädler, Martin, Rechtsbehelfe des Käufers eines Unternehmens oder einer unternehmerischen Beteiligung gegen den Verkäufer im deutschen und französischen Recht, München, Univ., Diss., 2003

Raisch, Peter, Geschichtliche Voraussetzungen, dogmatische Grundlagen und Sinnwandlung des Handelsrechts, Habil.-Schrift, Bonn 1965
Reinicke, Dietrich/Tiedke, Klaus, Kaufrecht, 8. Aufl. 2009
Renner, Wolfgang, Wettbewerbsbeschränkungen in Unternehmenskaufverträgen, DB 2002, 1143
Reygrobellet, Arnaud, Fonds de Commerce, 2005/2006
Rezek, Stéphane, Vingt raisons de réformer la vente des fonds de commerce, JCP N 2006, 1716
Rezek, Stéphane, Achat et vente de fonds de commerce, 4. Aufl. 2009
Rheinstein, Max, Einführung in die Rechtsvergleichung, 2. Aufl. 1987
Ripert, G./Roblot, R. (Begr.), Traité de droit commercial, Tome 1, 18. Aufl. 2001
Rödder, Thomas/Hötzel, Oliver/Mueller-Thuns, Thomas, Unternehmenskauf, Unternehmensverkauf: zivil- und steuerrechtliche Gestaltungspraxis, 2003
Saintourens, Bernard, La réforme des mentions obligatoires relatives au chiffre d'affaires et au bénéfice lors dans l'acte de vente du fonds de commerce, RTD com. 2008, 689
Samuel, Geoffrey, Law of Obligations, 2010
Samuel, Geoffrey, Civil and Commercial Law: A Distinction worth Making? LQR 102 (1986) 569
Scarman, Leslie, The English Judge, MLR 30 (1967) 1
Schackel, Torsten, Der Anspruch auf Ersatz des negativen Interesses bei Nichterfüllung von Verträgen, ZEuP 2001, 248
Schmidt, Karsten, Handelsrecht, 5. Aufl. 1999
ders., Vom Handelsrecht zum Unternehmensprivatrecht?, JuS 1985, 249
Schröcker, Stefan, Unternehmenskauf und Anteilskauf nach der Schuldrechtsreform, ZGR 2005, 63
Sefton-Green, Mistake, Fraud and Duties to Inform in European Contract Law, 2005
Seibt, Christoph (Hrsg), Beck'sches Formularbuch Mergers & Acquisitions, 2008
ders.,/Reiche, Felix, Unternehmens- und Beteiligungskauf nach der Schuldrechtsreform, DStR 2002, 1135
Singleton, Susan, Beswick and Wine: Buying and Selling Private Companies and Businesses, 7. Aufl. 2008
Simon-Porchy, Stéphanie, Droit civil, Les obligations, 5. Aufl. 2008
Slapper, Gray/Kelly, David, The English Legal System, 10. Aufl. 2009
Soergel, Hans Theodor (Begr.), Bürgerliches Gesetzbuch mit Einführungsgesetz und Nebengesetzen, 12. Aufl. 1987 ff
Sonnenberger, Hans Jürgen/Dammann, Reinhard, Französisches Handels- und Wirtschaftsrecht, 3. Aufl. 2008

Soyer, B, Reforming Pre-Contractual Information Duties in Business Insurance Contracts: One Reform too many?, JBL 2009, 15
Spedding, Linda S, Due Diligence and Corporate Governance, 2004
Spencer Bower, George/Turner, Sir Alexander Kingcome/Sutton, Richard John, Actionable Non-Disclosure, 2. Aufl. 1990
Spencer Bower, George/Handley K R, Actionable Misrepresentation, 2000
Staub, Hermann (Begr.), Großkommentar zum Handelsgesetzbuch, 4. Aufl. 1995 ff
Staudinger, Julius von (Begr.), Kommentar zum Bürgerlichen Gesetzbuch mit Einführungsgesetz und Nebengesetzen, Neubearbeitung 2004
Stengel, Arndt/Scholderer, Frank, Aufklärungspflichten beim Beteiligungs- und Unternehmenskauf, NJW 1994, 158
Stilton, Andrew, Sale of Shares and Businesses: Law, Practice and Agreements, 2006
Swadling, William, Rescission, Property, and the Common Law, LQR 121 (2005) 123
Teeven, Kevin M, A History of the Anglo-American Common Law of Contract, 1990
Tettenborn, A M, An Introduction to the Law of Obligations, 1984
Thiessen, Jan, Unternehmenskauf: Gesteigerte Aufklärungs- und Sorgfaltspflicht des Verkäufers, DStR 2001, 1578
Thompson, Mark P, Modern Land Law, 3. Aufl. 2006
Thompson, Robert, Sinclair on Indemnities on Share and Asset Sales, 6. Aufl. 2005
Thompson, Peter K J, Unfair Contract Terms Act 1977, 1978
Trakman, Leon E, The Law Merchant: The Evolution of Commercial Law, 1983
Treitel, Sir Guenter, An Outline of the Law of Contract, 6. Aufl. 2004
Triebel, Volker/Hodgson, Stephen/Kellenter, Wolfgang/Müller, Georg, Englisches Handels- und Wirtschaftsrecht, 2. Aufl. 1995
ders., Anglo-amerikanischer Einfluss auf Unternehmenskaufverträge in Deutschland – eine Gefahr für die Rechtsklarkeit, RIW 1998, 1
ders./Hölzle, Gerrit, Schuldrechtsreform und Unternehmenskaufverträge, BB 2002, 521
ders. (Hrsg), Handbuch Mergers and Acquisitions: Strategie, Steuern, Recht, 2004
Tromans, Stephen, Commercial Leases, 2. Aufl. 1996
Virassamy, Georges, Anmerkung zu Cass.com. vom 23. Januar 1990, D. 1991, jur 333
Vogt, Gabriele, Die Due Diligence – ein zentrales Element bei der Durchführung von Mergers & Acquisitions, DStR 2001, 2027
von Bismarck, Nilufer, in: Begg, P F C (Hrsg), Corporate Acquisitions and Mergers, Loseblattsammlung, Stand: März 2010

Voß, Stefan Friedrich, Warranties in Unternehmenskaufverträgen: Struktur und Wirkungsweise anglo-amerikanischer Gewährleistungskataloge in Unternehmenskaufverträgen, die deutschem Recht unterliegen, Tübingen, Univ., Diss., 2002

Wadsley, Joan, Measures in Misrepresentation: Recent Steps in Awarding Damages, MLR 55 (1992) 698

Wagner, Franz, Informationspflichten des Verkäufers bei M+A Transaktionen und Vertragsgestaltung unter besonderer Berücksichtigung von altem und neuem Schuldrecht, DStR 2002, 958

Wahrig-Burfeind, Renate (Hrsg), Wahrig Deutsches Wörterbuch, 8. Aufl. 2006

Weitnauer, Wolfgang, Der Unternehmenskauf nach neuem Kaufrecht, NJW 2002, 2511

Werner, Rüdiger, Sorgfaltspflichten des Geschäftsführers bei Unternehmensakquisitionen, GmbHR 2007, 678

Westermann, Harm Peter, Due Diligence beim Unternehmenskauf, ZHR 169 (2005) 248

ders., Das neue Kaufrecht, NJW 2002, 241

Wilkinson, J, Care in Drafting Restraint Clauses, LS Gaz (1989), 25. Januar, 86 (18)

Wischermann, Anja, Die Rückabwicklung fehlgeschlagener Grundstückskaufverträge, Saarbrücken, Univ., Diss., 2000

Witz, Claude/Schmidt, Dominique/Zierau, Britta, Unternehmenserwerb in Frankreich, 1990

Wolf, Manfred/Kaiser, Jochen, Die Mängelhaftung beim Unternehmenskauf nach neuem Recht, DB 2002, 411

Wunderlich, Nils Christian, Die kaufrechtliche Haftung beim asset deal nach dem SchuldRModG, WM 2002, 981

Zweigert, Konrad/Kötz, Hein, Einführung in die Rechtsvergleichung, 3. Aufl. 1996

Anhang der wichtigsten zitierten ausländischen Rechtsvorschriften und des zitierten *Case Law*

I Französische Rechtsvorschriften

1 Vorschriften des Code de commerce

Art. L 141-1 C.com.
I. Dans tout acte constatant une cession amiable de fonds de commerce, consentie même sous condition et sous la forme d'un autre contrat ou l'apport en société d'un fonds de commerce, le vendeur est tenu d'énoncer:

1. Le nom du précédent vendeur, la date et la nature de son acte d'acquisition et le prix de cette acquisition pour les éléments incorporels, les marchandises et le matériel;
2. L'état des privilèges et nantissements grevant le fonds;
3. Le chiffre d'affaires qu'il a réalisé durant les trois exercices comptables précédant celui de la vente, ce nombre étant réduit à la durée de la possession du fonds si elle a été inférieure à trois ans;
4. Les bénéfices commerciaux réalisés pendant le même temps;
5. Le bail, sa date, sa durée, le nom et l'adresse du bailleur et du cédant, s'il y a lieu.

II. L'omission des énonciations ci-dessus prescrites peut, sur la demande de l'acquéreur formée dans l'année, entraîner la nullité de l'acte de vente.

Art. L 141-2 C.com.
Au jour de la cession, le vendeur et l'acheteur visent tous les livres de comptabilité qui ont été tenus par le vendeur durant les trois exercices comptables précédant celui de la vente, ce nombre étant réduit à la durée de possession du fonds si elle a été inférieure à trois ans, ainsi qu'un document présentant les chiffres d'affaires mensuels réalisés entre la clôture du dernier exercice et le mois précédant celui de la vente.
Ces livres font l'objet d'un inventaire signé par les parties et dont un exemplaire est remis à chacune d'elles. Le cédant doit mettre ces livres à la disposition de l'acquéreur pendant trois ans, à partir de son entrée en jouissance du fonds.
Toute clause contraire est réputée non écrite.

Art. L 141-3 C.com.
Le vendeur est, nonobstant toute stipulation contraire, tenu de la garantie à raison de l'inexactitude de ses énonciations dans les conditions édictées par les articles 1644 et 1645 du code civil.

Les intermédiaires, rédacteurs des actes et leurs préposés, sont tenus solidairement avec lui s'ils connaissent l'inexactitude des énonciations faites.

Art. L 141-4 C.com.

L'action résultant de l'article L. 141-3 doit être intentée par l'acquéreur dans le délai d'une année, à compter de la date de sa prise de possession.

Art. L 141-5 C.com.

Le privilège du vendeur d'un fonds de commerce n'a lieu que si la vente a été constatée par un acte authentique ou sous seing privé, dûment enregistré, et que s'il a été inscrit sur un registre public tenu au greffe du tribunal de commerce dans le ressort duquel le fonds est exploité.

Il ne porte que sur les éléments du fonds énumérés dans la vente et dans l'inscription, et à défaut de désignation précise, que sur l'enseigne et le nom commercial, le droit au bail, la clientèle et l'achalandage.

Des prix distincts sont établis pour les éléments incorporels du fonds, le matériel et les marchandises.

Le privilège du vendeur qui garantit chacun de ces prix, ou ce qui en reste dû, s'exerce distinctement sur les prix respectifs de la revente afférents aux marchandises, au matériel et aux éléments incorporels du fonds.

Nonobstant toute convention contraire, les paiements partiels autres que les paiements comptants s'imputent d'abord sur le prix des marchandises, ensuite sur le prix du matériel.

Il y a lieu à ventilation du prix de revente mis en distribution, s'il s'applique à un ou plusieurs éléments non compris dans la première vente.

Art. L 141-17 C.com.

L'acquéreur qui paie son vendeur sans avoir fait les publications dans les formes prescrites, ou avant l'expiration du délai de dix jours, n'est pas libéré à l'égard des tiers.

Art. L 142-2 C.com.

Sont seuls susceptibles d'être compris dans le nantissement soumis aux dispositions du présent chapitre comme faisant partie d'un fonds de commerce: l'enseigne et le nom commercial, le droit au bail, la clientèle et l'achalandage, le mobilier commercial, le matériel ou l'outillage servant à l'exploitation du fonds, les brevets d'invention, les licences, les marques, les dessins et modèles industriels, et généralement les droits de propriété intellectuelle qui y sont attachés.

Le certificat d'addition postérieur au nantissement qui comprend le brevet auquel il s'applique suit le sort de ce brevet et fait partie, comme lui, du gage constitué.

A défaut de désignation expresse et précise dans l'acte qui le constitue, le nantissement ne comprend que l'enseigne et le nom commercial, le droit au bail, la clientèle et l'achalandage.

Si le nantissement porte sur un fonds de commerce et ses succursales, celles-ci doivent être désignées par l'indication précise de leur siège.

Art. L 143-17 C.com.

Outre les formalités d'inscription mentionnées à l'article L. 143-16, les ventes ou cessions de fonds de commerce comprenant des marques de fabrique et de commerce, des dessins ou modèles industriels, ainsi que les nantissements de fonds qui comprennent des brevets d'invention ou licences, des marques ou des dessins et modèles, doivent être inscrits à l'Institut national de la propriété industrielle, sur la production du certificat d'inscription délivré par le greffier du tribunal de commerce, dans la quinzaine qui suivra cette inscription, à peine de nullité à l'égard des tiers, des ventes, cessions ou nantissements en ce qu'ils s'appliquent aux brevets d'invention et aux licences, aux marques de fabrique et de commerce, aux dessins et modèles industriels.

Les brevets d'invention compris dans la cession d'un fonds de commerce restent soumis pour leur transmission aux règles édictées aux articles L. 613-8 et suivants du code de la propriété intellectuelle.

Art. L 145-4 C.com.

La durée du contrat de location ne peut être inférieure à neuf ans.

Toutefois, à défaut de convention contraire, le preneur a la faculté de donner congé à l'expiration d'une période triennale, dans les formes et délai de l'article L. 145-9.

Le bailleur a la même faculté s'il entend invoquer les dispositions des articles L. 145-18, L. 145-21, L. 145-23-1 et L. 145-24 afin de construire, de reconstruire ou de surélever l'immeuble existant, de réaffecter le local d'habitation accessoire à cet usage ou d'exécuter des travaux prescrits ou autorisés dans le cadre d'une opération de restauration immobilière et en cas de démolition de l'immeuble dans le cadre d'un projet de renouvellement urbain.

Le preneur ayant demandé à bénéficier de ses droits à la retraite du régime social auquel il est affilié ou ayant été admis au bénéfice d'une pension d'invalidité attribuée dans le cadre de ce régime social a la faculté de donner congé dans les formes et délais de l'article L. 145-9.

Les dispositions de l'alinéa précédent sont applicables à l'associé unique d'une entreprise unipersonnelle à responsabilité limitée, ou au gérant majoritaire depuis au moins deux ans d'une société à responsabilité limitée, lorsque celle-ci est titulaire du bail.

Art. L 145-16 C.com.

Sont également nulles, quelle qu'en soit la forme, les conventions tendant à interdire au locataire de céder son bail ou les droits qu'il tient du présent chapitre à l'acquéreur de son fonds de commerce ou de son entreprise.

En cas de fusion de sociétés ou d'apport d'une partie de l'actif d'une société réalisé dans les conditions prévues à l'article L. 236-22 la société issue de la fusion ou la société bénéficiaire de l'apport est, nonobstant toute stipulation contraire, substituée à celle au profit de laquelle le bail était consenti dans tous les droits et obligations découlant de ce bail.

En cas de cession, de fusion ou d'apport, si l'obligation de garantie ne peut plus être assurée dans les termes de la convention, le tribunal peut y substituer toutes garanties qu'il juge suffisantes.

Art. L 145-25 C.com.

Le propriétaire ou le principal locataire qui, en même temps qu'il est bailleur des lieux, est le vendeur du fonds de commerce qui y est exploité et qui a reçu le prix intégral ne peut refuser le renouvellement qu'à la charge de payer l'indemnité d'éviction prévue à l'article L. 145-14, sauf s'il justifie d'un motif reconnu grave et légitime à l'encontre du preneur.

2 Vorschriften des Code civil

Art. 1165 C.civ.

Les conventions n'ont d'effet qu'entre les parties contractantes; elles ne nuisent point au tiers, et elles ne lui profitent que dans le cas prévu par l'article 1121.

Art. 1184 C.civ.

La condition résolutoire est toujours sous-entendue dans les contrats synallagmatiques, pour le cas où l'une des deux parties ne satisfera point à son engagement.

Dans ce cas, le contrat n'est point résolu de plein droit. La partie envers laquelle l'engagement n'a point été exécuté a le choix ou de forcer l'autre à l'exécution de la convention lorsqu'elle est possible, ou d'en demander la résolution avec dommages et intérêts.

La résolution doit être demandée en justice, et il peut être accordé au défendeur un délai selon les circonstances

Art. 1382 C.civ.

Tout fait quelconque de l'homme, qui cause à autrui un dommage, oblige celui par la faute duquel il est arrivé, à le réparer.

Art. 1582 C.civ.

La vente est une convention par laquelle l'un s'oblige à livrer une chose, et l'autre à la payer.

Elle peut être faite par acte authentique ou sous seing privé.

Art. 1583 C.civ.

Elle est parfaite entre les parties, et la propriété est acquise de droit à l'acheteur à l'égard du vendeur, dès qu'on est convenu de la chose et du prix, quoique la chose n'ait pas encore été livrée ni le prix payé.

Art. 1604 C.civ.

La délivrance est le transport de la chose vendue en la puissance et possession de l'acheteur.

Art. 1606 C.civ.

La délivrance des effets mobiliers s'opère :

Ou par la remise de la chose,
Ou par la remise des clefs des bâtiments qui les contiennent,
Ou même par le seul consentement des parties, si le transport ne peut pas s'en faire au moment de la vente, ou si l'acheteur les avait déjà en son pouvoir à un autre titre.

Art. 1607 C.civ.

La tradition des droits incorporels se fait, ou par la remise des titres, ou par l'usage que l'acquéreur en fait du consentement du vendeur.

Art. 1610 C.civ.

Si le vendeur manque à faire la délivrance dans le temps convenu entre les parties, l'acquéreur pourra, à son choix, demander la résolution de la vente, ou sa mise en possession, si le retard ne vient que du fait du vendeur.

Art. 1611 C.civ.

Dans tous les cas, le vendeur doit être condamné aux dommages et intérêts, s'il résulte un préjudice pour l'acquéreur, du défaut de délivrance au terme convenu.

Art. 1615 C.civ.

L'obligation de délivrer la chose comprend ses accessoires et tout ce qui a été destiné à son usage perpétuel.

Art. 1625 C.civ.

La garantie que le vendeur doit à l'acquéreur, a deux objets: le premier est la possession paisible de la chose vendue; le second, les défauts cachés de cette chose ou les vices rédhibitoires.

Art. 1626 C.civ.

Quoique lors de la vente il n'ait été fait aucune stipulation sur la garantie, le vendeur est obligé de droit à garantir l'acquéreur de l'éviction qu'il souffre dans la totalité ou partie de l'objet vendu, ou des charges prétendues sur cet objet, et non déclarées lors de la vente.

Art. 1627 C.civ.

Les parties peuvent, par des conventions particulières, ajouter à cette obligation de droit ou en diminuer l'effet; elles peuvent même convenir que le vendeur ne sera soumis à aucune garantie.

Art. 1628 C.civ.

Quoiqu'il soit dit que le vendeur ne sera soumis à aucune garantie, il demeure cependant tenu de celle qui résulte d'un fait qui lui est personnel: toute convention contraire est nulle.

Art. 1629 C.civ.

Dans le même cas de stipulation de non-garantie, le vendeur, en cas d'éviction, est tenu à la restitution du prix, à moins que l'acquéreur n'ait connu lors de la vente le danger de l'éviction ou qu'il n'ait acheté à ses périls et risques.

Art. 1630 C.civ.

Lorsque la garantie a été promise, ou qu'il n'a rien été stipulé à ce sujet, si l'acquéreur est évincé, il a droit de demander contre le vendeur:

1. La restitution du prix;

2. Celle des fruits, lorsqu'il est obligé de les rendre au propriétaire qui l'évince;

3. Les frais faits sur la demande en garantie de l'acheteur, et ceux faits par le demandeur originaire;

4. Enfin les dommages et intérêts, ainsi que les frais et loyaux coûts du contrat.

Art. 1631 C.civ.
Lorsqu'à l'époque de l'éviction, la chose vendue se trouve diminuée de valeur, ou considérablement détériorée, soit par la négligence de l'acheteur, soit par des accidents de force majeure, le vendeur n'en est pas moins tenu de restituer la totalité du prix.

Art. 1632 C.civ.
Mais si l'acquéreur a tiré profit des dégradations par lui faites, le vendeur a droit de retenir sur le prix une somme égale à ce profit.

Art. 1633 C.civ.
Si la chose vendue se trouve avoir augmenté de prix à l'époque de l'éviction, indépendamment même du fait de l'acquéreur, le vendeur est tenu de lui payer ce qu'elle vaut au-dessus du prix de la vente.

Art. 1634 C.civ.
Le vendeur est tenu de rembourser ou de faire rembourser à l'acquéreur, par celui qui l'évince, toutes les réparations et améliorations utiles qu'il aura faites au fonds.

Art. 1635 C.civ.
Si le vendeur avait vendu de mauvaise foi le fonds d'autrui, il sera obligé de rembourser à l'acquéreur toutes les dépenses, même voluptuaires ou d'agrément, que celui-ci aura faites au fonds.

Art. 1636 C.civ.
Si l'acquéreur n'est évincé que d'une partie de la chose, et qu'elle soit de telle conséquence, relativement au tout, que l'acquéreur n'eût point acheté sans la partie dont il a été évincé, il peut faire résilier la vente.

Art. 1637 C.civ.
Si, dans le cas de l'éviction d'une partie du fonds vendu, la vente n'est pas résiliée, la valeur de la partie dont l'acquéreur se trouve évincé lui est remboursée suivant l'estimation à l'époque de l'éviction, et non proportionnellement au prix total de la vente, soit que la chose vendue ait augmenté ou diminué de valeur.

Art. 1638 C.civ.
Si l'héritage vendu se trouve grevé, sans qu'il en ait été fait de déclaration, de servitudes non apparentes, et qu'elles soient de telle importance qu'il y ait lieu de présumer que l'acquéreur n'aurait pas acheté s'il en avait été instruit, il peut demander la résiliation du contrat, si mieux il n'aime se contenter d'une indemnité.

Art. 1639 C.civ.
Les autres questions auxquelles peuvent donner lieu les dommages et intérêts résultant pour l'acquéreur de l'inexécution de la vente doivent être décidées suivant les règles générales établies au titre Des contrats ou des obligations conventionnelles en général.
Art. 1640 C.civ.
La garantie pour cause d'éviction cesse lorsque l'acquéreur s'est laissé condamner par un jugement en dernier ressort, ou dont l'appel n'est plus recevable, sans appeler son vendeur, si celui-ci prouve qu'il existait des moyens suffisants pour faire rejeter la demande.
Art. 1641 Ci.civ.
Le vendeur est tenu de la garantie à raison des défauts cachés de la chose vendue qui la rendent impropre à l'usage auquel on la destine, ou qui diminuent tellement cet usage, que l'acheteur ne l'aurait pas acquise, ou n'en aurait donné qu'un moindre prix, s'il les avait connus.
Art. 1642 C.civ.
Le vendeur n'est pas tenu des vices apparents et dont l'acheteur a pu se convaincre lui-même.
Art. 1643 C.civ.
Il est tenu des vices cachés, quand même il ne les aurait pas connus, à moins que, dans ce cas, il n'ait stipulé qu'il ne sera obligé à aucune garantie.
Art. 1644 C.civ.
Dans le cas des articles 1641 et 1643, l'acheteur a le choix de rendre la chose et de se faire restituer le prix, ou de garder la chose et de se faire rendre une partie du prix, telle qu'elle sera arbitrée par experts.
Art. 1645 C.civ.
Si le vendeur connaissait les vices de la chose, il est tenu, outre la restitution du prix qu'il en a reçu, de tous les dommages et intérêts envers l'acheteur.
Art. 1646 C.civ.
Si le vendeur ignorait les vices de la chose, il ne sera tenu qu'à la restitution du prix, et à rembourser à l'acquéreur les frais occasionnés par la vente.
Art. 1647 C.civ.
Si la chose qui avait des vices a péri par suite de sa mauvaise qualité, la perte est pour le vendeur qui sera tenu envers l'acheteur à la restitution du prix et aux autres dédommagements expliqués dans les deux articles précédents.
Mais la perte arrivée par cas fortuit sera pour le compte de l'acheteur.
Art. 1648 C.civ.
L'action résultant des vices rédhibitoires doit être intentée par l'acquéreur dans un délai de deux ans à compter de la découverte du vice.
Art. 1653 C.civ.
Si l'acheteur est troublé ou a juste sujet de craindre d'être troublé par une action, soit hypothécaire, soit en revendication, il peut suspendre le payement du prix

jusqu'à ce que le vendeur ait fait cesser le trouble, si mieux n'aime celui-ci donner caution, ou à moins qu'il n'ait été stipulé que, nonobstant le trouble, l'acheteur payera.

Art. 1689 C.civ.

Dans le transport d'une créance, d'un droit ou d'une action sur un tiers, la délivrance s'opère entre le cédant et le cessionnaire par la remise du titre.

Art. 1690 C.civ.

Le cessionnaire n'est saisi à l'égard des tiers que par la signification du transport faite au débiteur.

Néanmoins, le cessionnaire peut être également saisi par l'acceptation du transport faite par le débiteur dans un acte authentique.

Art. 1693 C.civ.

Celui qui vend une créance ou autre droit incorporel, doit en garantir l'existence au temps du transport, quoiqu'il soit fait sans garantie.

Art. 1694 C.civ.

Il ne répond de la solvabilité du débiteur que lorsqu'il s'y est engagé, et jusqu'à concurrence seulement du prix qu'il a retiré de la créance.

Art. 2279 C.civ.

Les actions possessoires sont ouvertes dans les conditions prévues par le Code de procédure civile à ceux qui possèdent ou détiennent paisiblement.

Art. 2284 C.civ.

Quiconque s'est obligé personnellement, est tenu de remplir son engagement sur tous ses biens mobiliers et immobiliers, présents et à venir.

3 Sonstige Vorschriften

Art. L 121-10 C.ass.

En cas de décès de l'assuré ou d'aliénation de la chose assurée, l'assurance continue de plein droit au profit de l'héritier ou de l'acquéreur, à charge par celui-ci d'exécuter toutes les obligations dont l'assuré était tenu vis-à-vis de l'assureur en vertu du contrat.

Il est loisible, toutefois, soit à l'assureur, soit à l'héritier ou à l'acquéreur de résilier le contrat. L'assureur peut résilier le contrat dans un délai de trois mois à partir du jour où l'attributaire définitif des objets assurés a demandé le transfert de la police à son nom.

En cas d'aliénation de la chose assurée, celui qui aliène reste tenu vis-à-vis de l'assureur au paiement des primes échues, mais il est libéré, même comme garant des primes à échoir, à partir du moment où il a informé l'assureur de l'aliénation par lettre recommandée.

Lorsqu'il y a plusieurs héritiers ou plusieurs acquéreurs, si l'assurance continue, ils sont tenus solidairement du paiement des primes.

Il ne peut être prévu le paiement d'une indemnité à l'assureur dans les cas de résiliation susmentionnés.
Les dispositions du présent article ne sont pas applicables au cas d'aliénation d'un véhicule terrestre à moteur.
Art. L 121-11 C.ass.
En cas d'aliénation d'un véhicule terrestre à moteur ou de ses remorques ou semi-remorques, et seulement en ce qui concerne le véhicule aliéné, le contrat d'assurance est suspendu de plein droit à partir du lendemain, à zéro heure, du jour de l'aliénation; il peut être résilié, moyennant préavis de dix jours, par chacune des parties.
À défaut de remise en vigueur du contrat par accord des parties ou de résiliation par l'une d'elles, la résiliation intervient de plein droit à l'expiration d'un délai de six mois à compter de l'aliénation.
L'assuré doit informer l'assureur, par lettre recommandée, de la date d'aliénation.
Il ne peut être prévu le paiement d'une indemnité à l'assureur dans les cas de résiliation susmentionnés.
L'ensemble des dispositions du présent article est applicable en cas d'aliénation de navires ou de bateaux de plaisance quel que soit le mode de déplacement ou de propulsion utilisé.
Art. L 1224-1 C.trav.
Lorsque survient une modification dans la situation juridique de l'employeur, notamment par succession, vente, fusion, transformation du fonds, mise en société de l'entreprise, tous les contrats de travail en cours au jour de la modification subsistent entre le nouvel employeur et le personnel de l'entreprise.

II Englische Rechtsvorschriften

1 Vorschriften des Limitation Act 1980

s 2 Time limit for actions founded on tort
An action founded on tort shall not be brought after the expiration of six years from the date on which the cause of action accrued.
s 5 Time limit for actions founded on simple contract
An action founded on simple contract shall not be brought after the expiration of six years from the date on which the cause of action accrued.
s 8 Time limit for actions on a specialty
(1) An action upon a specialty shall not be brought after the expiration of twelve years from the date on which the cause of action accrued.

(2) Subsection (1) above shall not affect any action for which a shorter period of limitation is prescribed by any other provision of this Act.

s 14 A Special time limit for negligence actions where facts relevant to cause of action are not known at date of accrual

(1) This section applies to any action for damages for negligence, other than one to which section 11 of this Act applies, where the starting date for reckoning the period of limitation under subsection (4)(b) below falls after the date on which the cause of action accrued.

(2) Section 2 of this Act shall not apply to an action to which this section applies.

(3) An action to which this section applies shall not be brought after the expiration of the period applicable in accordance with subsection (4) below.

(4) That period is either—

(a) six years from the date on which the cause of action accrued; or

(b) three years from the starting date as defined by subsection (5) below, if that period expires later than the period mentioned in paragraph (a) above.

(5) For the purposes of this section, the starting date for reckoning the period of limitation under subsection (4)(b) above is the earliest date on which the plaintiff or any person in whom the cause of action was vested before him first had both the knowledge required for bringing an action for damages in respect of the relevant damage and a right to bring such an action.

(6) In subsection (5) above "the knowledge required for bringing an action for damages in respect of the relevant damage" means knowledge both—

(a) of the material facts about the damage in respect of which damages are claimed; and

(b) of the other facts relevant to the current action mentioned in subsection (8) below.

(7) For the purposes of subsection (6)(a) above, the material facts about the damage are such facts about the damage as would lead a reasonable person who had suffered such damage to consider it sufficiently serious to justify his instituting proceedings for damages against a defendant who did not dispute liability and was able to satisfy a judgment.

(8) The other facts referred to in subsection (6)(b) above are—

(a) that the damage was attributable in whole or in part to the act or omission which is alleged to constitute negligence; and

(b) the identity of the defendant; and

(c) if it is alleged that the act or omission was that of a person other than the defendant, the identity of that person and the additional facts supporting the bringing of an action against the defendant.

(9) Knowledge that any acts or omissions did or did not, as a matter of law, involve negligence is irrelevant for the purposes of subsection (5) above.

(10) For the purposes of this section a person's knowledge includes knowledge which he might reasonably have been expected to acquire—
(a) from facts observable or ascertainable by him; or
(b) from facts ascertainable by him with the help of appropriate expert advice which it is reasonable for him to seek;
but a person shall not be taken by virtue of this subsection to have knowledge of a fact ascertainable only with the help of expert advice so long as he has taken all reasonable steps to obtain (and, where appropriate, to act on) that advice.

s 32 Postponement of limitation period in case of fraud, concealment or mistake

(1) Subject to subsection (3) below, where in the case of any action for which a period of limitation is prescribed by this Act, either
(a) the action is based upon the fraud of the defendant; or
(b) any fact relevant to the plaintiff's right of action has or been deliberately concealed from him by the defendant; or
(c) the action is for relief from the consequences of a
mistake;
the period of limitation shall not begin to run until the plaintiff has discovered the fraud, concealment or mistake (as the case may be) or could with reasonable diligence have discovered it.
References in this subsection to the defendant include references to the defendant's agent and to any person through whom the defendant claims and his agent.

s 36 Equitable jurisdiction and remedies

(1) The following time limits under this Act, that is to say-
(a) the time limit under section 2 for actions founded on tort;
(b) the time limit under section 5 for actions founded on simple contract;
(c) the time limit under section 7 for actions to enforce awards where the submission is not by an instrument under seal;
(d) the time limit under section 8 for actions on a specialty;
(e) the time limit under section 9 for actions to recover a sum recoverable by virtue of any enactment; and
(f) the time limit under section 24 for actions to enforce a judgment;
shall not apply to any claim for specific performance of a contract or for an injunction or for other equitable relief, except in so far as any such time limit may be applied by the court by analogy in like manner as the corresponding time limit under any enactment repealed by the Limitation Act 1939 was applied before 1st July 1940.

2 Vorschriften des Misrepresentation Act 1967

s 1 Removal of certain bars to rescission for innocent misrepresentation

I. Where a person has entered into a contract after a misrepresenattaion has been made to him, and
   (a) the misrepresentation has become a term of the contract
   (b) the contract has been performed

or both, then, if otherwise he would be entitled to rescind the contract without alleging fraud, he shall be so ebtitled, if otherwise he would be entitoled to rescind the contract without alleging fraud, he shall be so entitled, subject to the provisions of the Act, notwithstanding the matters mentioned in paragraphs (a) and (b) of this section.

s 2 Damages for misrepresentation

(1) Where aperson has entered into a contract after a misrepresentation has been made to him by another party theretó and as a result thereof he has suffered loss, then, if the person making the misrepresentation would be liable to damages in respect thereof had the misrepresentation been made fraudulently, that person shall be so liable notwithstanding that the misrepresentation was not made fraudulently, unless he proves that he had reasonable ground to believe and did believe up to the time the contract was made that the facts represented were true.

(2) Where a person has entered into a contract after a misrepresentation has been made to him otherwise than fraudulently, and he would be entitled, by reason of the misrepresentation, to rescind the contract, then, if it is claimed, in any proceedings arising out of the contract, that the contract ought to be or has been rescinded, the court or arbitrator may declare the contract
subsisting and award damages in lieu of rescission, if of opinion that it would be equitable to do so, having regard to the nature of the misrepresentation and the loss that would be caused by it if the contract were upheld, as well as to the loss that rescission would cause to the other party.

(3) Damages may be awarded against a person under subsection (2) of this section whether or not he is liable to damages under subsection (1) thereof, but where he is so liable any award under the said subsection (2) shall be taken into account in assessing his liability under the said subsection (1).

s 3 Avoidance of provision excluding liability for misrepresentation

If a contract contains a term which would exclude or restrict—

(a) any liability to which a party to a contract may be subject by reason of any misrepresentation made by him before the contract was made; or

(b) any remedy available to another party to the contract by reason of such a misrepresentation,

that term shall be of no effect except in so far as it satisfies the requirement of reasonableness as stated in section 11(1) of the Unfair Contract Terms Act 1977;

and it is for those claiming that the term satisfies that requirement to show that it does.

3 Vorschriften des Sale of Goods Act 1979

s 2 Contract of sale

(1) A contract of sale of goods is a contract by which the seller transfers or agrees to transfer the property in goods to the buyer for a money consideration, called the price.

(2) There may be a contract of sale between one part owner and another.

(3) A contract of sale may be absolute or conditional.

(4) Where under a contract of sale the property in the goods is transferred from the seller to the buyer the contract is called a sale.

(5) Where under a contract of sale the transfer of the property in the goods is to take place at a future time or subject to some condition later to be fulfilled the contract is called an agreement to sell.

(6) An agreement to sell becomes a sale when the time elapses or the conditions are fulfilled subject to which the property in the goods is to be transferred.

s 5 Existing or future goods

(1) The goods which form the subject of a contract of sale may be either existing goods, owned or possessed by the seller, or goods to be manufactured or acquired by him after the making of the contract of sale, in this Act called future goods.

(2) There may be a contract for the sale of goods the acquisition of which by the seller depends on a contingency which may or may not happen.

(3) Where by a contract of sale the seller purports to effect a present sale of future goods, the contract operates as an agreement to sell the goods.

s 11 Stipulations about time

(2) Where a contract of sale is subject to a condition to be fulfilled by the seller, the buyer may waive the condition, or may elect to treat the breach of the condition as a breach of warranty and not as a ground for treating the contract as repudiated.

(3) Whether a stipulation in a contract of sale is a condition, the breach of which may give rise to a right to treat the contract as repudiated, or a warranty, the breach of which may give rise to a claim for damages but not to a right to reject the goods and treat the contract as repudiated, depends in each case on the construction of the contract; and a stipulation may be a condition, though called a warranty in the contract.

(4) Where a contract of sale is not severable and the buyer has accepted the goods or part of them, the breach of a condition to be fulfilled by the seller can only be treated as a breach of warranty, and not as a ground for rejecting the

goods and treating the contract as repudiated, unless there is an express or implied term of the contract to that effect.
(5) repealed
(6) Nothing in this section affects a condition or warranty whose fulfilment is excused by law by reason of impossibility or otherwise.
(7) Paragraph 2 of Schedule 1 below applies in relation to a contract made before 22 April 1967 or (in the application of this Act to Northern Ireland) 28 July 1967.
s 12 Implied terms about title etc.
(1) In a contract of sale, other than one to which subsection (3) below applies, there is an implied term on the part of the seller that in the case of a sale he has a right to sell the goods, and in the case of an agreement to sell he will have such a right at the time when the property is to pass.
(2) In a contract of sale, other than one to which subsection (3) below applies, there is also an implied term that—
(a) the goods are free, and will remain free until the time when the property is to pass, from any charge or encumbrance not disclosed or known to the buyer before the contract is made, and
(b) the buyer will enjoy quiet possession of the goods except so far as it may be disturbed by the owner or other person entitled to the benefit of any charge or encumbrance so disclosed or known.
(3) This subsection applies to a contract of sale in the case of which there appears from the contract or is to be inferred from its circumstances an intention that the seller should transfer only such title as he or a third person may have.
(4) In a contract to which subsection (3) above applies there is an implied term that all charges or encumbrances known to the seller and not known to the buyer have been disclosed to the buyer before the contract is made.
(5) In a contract to which subsection (3) above applies there is also an implied term that none of the following will disturb the buyer's quiet possession of the goods, namely—
(a) the seller;
(b) in a case where the parties to the contract intend that the seller should transfer only such title as a third person may have, that person;
(c) anyone claiming through or under the seller or that third person otherwise than under a charge or encumbrance disclosed or known to the buyer before the contract is made.
(5A) As regards England and Wales and Northern Ireland, the term implied by subsection (1) above is a condition and the terms implied by subsections (2), (4) and (5) above are warranties.
(6) Paragraph 3 of Schedule 1 below applies in relation to a contract made before 18 May 1973.

s 13 Sale by description

(1) Where there is a contract for the sale of goods by description, there is an implied term that the goods will correspond with the description.

(1A) As regards England and Wales and Northern Ireland, the term implied by subsection (1) above is a condition.

(2) If the sale is by sample as well as by description it is not sufficient that the bulk of the goods corresponds with the sample if the goods do not also correspond with the description.

(3) A sale of goods is not prevented from being a sale by description by reason only that, being exposed for sale or hire, they are selected by the buyer.

(4) Paragraph 4 of Schedule 1 below applies in relation to a contract made before 18 May 1973.

s 14 Implied terms about quality or fitness

(1) Except as provided by this section and section 15 below and subject to any other enactment, there is no implied term about the quality or fitness for any particular purpose of goods supplied under a contract of sale.

(2) Where the seller sells goods in the course of a business, there is an implied term that the goods supplied under the contract are of satisfactory quality.

(2A) For the purposes of this Act, goods are of satisfactory quality if they meet the standard that a reasonable person would regard as satisfactory, taking account of any description of the goods, the price (if relevant) and all the other relevant circumstances.

(2B) For the purposes of this Act, the quality of goods includes their state and condition and the following (among others) are in appropriate cases aspects of the quality of goods—

(a) fitness for all the purposes for which goods of the kind in question are commonly supplied,

(b) appearance and finish,

(c) freedom from minor defects,

(d) safety, and

(e) durability.

(2C) The term implied by subsection (2) above does not extend to any matter making the quality of goods unsatisfactory—

(a) which is specifically drawn to the buyer's attention before the contract is made,

(b) where the buyer examines the goods before the contract is made, which that examination ought to reveal, or

(c) in the case of a contract for sale by sample, which would have been apparent on a reasonable examination of the sample.

(2D) If the buyer deals as consumer or, in Scotland, if a contract of sale is a consumer contract, the relevant circumstances mentioned in subsection (2A) above include any public statements on the specific characteristics of the goods made

about them by the seller, the producer or his representative, particularly in advertising or on labelling.
(2E) A public statement is not by virtue of subsection (2D) above a relevant circumstance for the purposes of subsection (2A) above in the case of a contract of sale, if the seller shows that—
(a) at the time the contract was made, he was not, and could not reasonably have been, aware of the statement,
(b) before the contract was made, the statement had been withdrawn in public or, to the extent that it contained anything which was incorrect or misleading, it had been corrected in public, or
(c) the decision to buy the goods could not have been influenced by the statement.
(2F) Subsections (2D) and (2E) above do not prevent any public statement from being a relevant circumstance for the purposes of subsection (2A) above (whether or not the buyer deals as consumer or, in Scotland, whether or not the contract of sale is a consumer contract) if the statement would have been such a circumstance apart from those subsections.
(3) Where the seller sells goods in the course of a business and the buyer, expressly or by implication, makes known—
(a) to the seller, or
where the purchase price or part of it is payable by instalments and the goods were previously sold by a credit-broker to the seller, to that credit-broker,
any particular purpose for which the goods are being bought, there is an implied term that the goods supplied under the contract are reasonably fit for that purpose, whether or not that is a purpose for which such goods are commonly supplied, except where the circumstances show that the buyer does not rely, or that it is unreasonable for him to rely, on the skill or judgment of the seller or credit-broker.
(4) An implied term about quality or fitness for a particular purpose may be annexed to a contract of sale by usage.
(5) The preceding provisions of this section apply to a sale by a person who in the course of a business is acting as agent for another as they apply to a sale by a principal in the course of a business, except where that other is not selling in the course of a business and either the buyer knows that fact or reasonable steps are taken to bring it to the notice of the buyer before the contract is made.
(6) As regards England and Wales and Northern Ireland, the terms implied by subsections (2) and (3) above are conditions.
(7) Paragraph 5 of Schedule 1 below applies in relation to a contract made on or after 18 May 1973 and before the appointed day, and paragraph 6 in relation to one made before 18 May 1973.

(8) In subsection (7) above and paragraph 5 of Schedule 1 below references to the appointed day are to the day appointed for the purposes of those provisions by an order of the Secretary of State made by statutory instrument.

s 15 Sale by Sample

(1) A contract of sale is a contract for sale by sample where there is an express or implied term to that effect in the contract.

(2) In the case of a contract for sale by sample there is an implied term—

(a) that the bulk will correspond with the sample in quality;

(b) repealed

(c) that the goods will be free from any defect, making their quality unsatisfactory, which would not be apparent on reasonable examination of the sample.

(3) As regards England and Wales and Northern Ireland, the term implied by subsection (2) above is a condition.

(4) Paragraph 7 of Schedule 1 below applies in relation to a contract made before 18 May 1973.

s 15A Modification of remedies for breach of condition in non-consumer cases

(1) Where in the case of a contract of sale—

(a) the buyer would, apart from this subsection, have the right to reject goods by reason of a breach on the part of the seller of a term implied by section 13, 14 or 15 above, but

(b) the breach is so slight that it would be unreasonable for him to reject them, then, if the buyer does not deal as consumer, the breach is not to be treated as a breach of condition but may be treated as a breach of warranty.

(2) This section applies unless a contrary intention appears in, or is to be implied from, the contract.

(3) It is for the seller to show that a breach fell within subsection (1)(b) above.

(4) This section does not apply to Scotland

s 17 Property passes when intended to pass

(1) Where there is a contract for the sale of specific or ascertained goods the property in them is transferred to the buyer at such time as the parties to the contract intend it to be transferred.

(2) For the purpose of ascertaining the intention of the parties regard shall be had to the terms of the contract, the conduct of the parties and the circumstances of the case.

s 18 Rules for ascertaining intention

Unless a different intention appears, the following are rules for ascertaining the intention of the parties as to the time at which the property in the goods is to pass to the buyer.

Rule 1.—Where there is an unconditional contract for the sale of specific goods in a deliverable state the property in the goods passes to the buyer when the con-

tract is made, and it is immaterial whether the time of payment or the time of delivery, or both, be postponed.
Rule 2.—Where there is a contract for the sale of specific goods and the seller is bound to do something to the goods for the purpose of putting them into a deliverable state, the property does not pass until the thing is done and the buyer has notice that it has been done.
Rule 3.—Where there is a contract for the sale of specific goods in a deliverable state but the seller is bound to weigh, measure, test, or do some other act or thing with reference to the goods for the purpose of ascertaining the price, the property does not pass until the act or thing is done and the buyer has notice that it has been done.
Rule 4.—When goods are delivered to the buyer on approval or on sale or return or other similar terms the property in the goods passes to the buyer:—
(a) when he signifies his approval or acceptance to the seller or does any other act adopting the transaction;
(b) if he does not signify his approval or acceptance to the seller but retains the goods without giving notice of rejection, then, if a time has been fixed for the return of the goods, on the expiration of that time, and, if no time has been fixed, on the expiration of a reasonable time.
Rule 5. (1) Where there is a contract for the sale of unascertained or future goods by description, and goods of that description and in a deliverable state are unconditionally appropriated to the contract, either by the seller with the assent of the buyer or by the buyer with the assent of the seller, the property in the goods then passes to the buyer; and the assent may be express or implied, and may be given either before or after the appropriation is made.
(2) Where, in pursuance of the contract, the seller delivers the goods to the buyer or to a carrier or other bailee or custodier (whether named by the buyer or not) for the purpose of transmission to the buyer, and does not reserve the right of disposal, he is to be taken to have unconditionally appropriated the goods to the contract.
(3) Where there is a contract for the sale of a specified quantity of unascertained goods in a deliverable state forming part of a bulk which is identified either in the contract or by subsequent agreement between the parties and the bulk is reduced to (or to less than) that quantity, then, if the buyer under that contract is the only buyer to whom goods are then due out of the bulk—
(a) the remaining goods are to be taken as appropriated to that contract at the time when the bulk is so reduced; and
(b) the property in those goods then passes to that buyer.
(4) Paragraph (3) above applies also (with the necessary modifications) where a bulk is reduced to (or to less than) the aggregate of the quantities due to a single buyer under separate contracts relating to that bulk and he is the only buyer to whom goods are then due out of that bulk.

s 48 B Repair or replacement of the goods

(1) If section 48A above applies, the buyer may require the seller—
(a) to repair the goods, or
(b) to replace the goods.
(2) If the buyer requires the seller to repair or replace the goods, the seller must—
(a) repair or, as the case may be, replace the goods within a reasonable time but without causing significant inconvenience to the buyer;
(b) bear any necessary costs incurred in doing so (including in particular the cost of any labour, materials or postage).
(3) The buyer must not require the seller to repair or, as the case may be, replace the goods if that remedy is—
(a) impossible, or
(b) disproportionate in comparison to the other of those remedies, or
(c) disproportionate in comparison to an appropriate reduction in the purchase price under paragraph (a), or rescission under paragraph (b), of section 48C(1) below.
(4) One remedy is disproportionate in comparison to the other if the one imposes costs on the seller which, in comparison to those imposed on him by the other, are unreasonable, taking into account—
(a) the value which the goods would have if they conformed to the contract of sale,
(b) the significance of the lack of conformity, and
(c) whether the other remedy could be effected without significant inconvenience to the buyer.
(5) Any question as to what is a reasonable time or significant inconvenience is to be determined by reference to—
(a) the nature of the goods, and
(b) the purpose for which the goods were acquired.

s 48 E Powers of the court

(1) In any proceedings in which a remedy is sought by virtue of this Part the court, in addition to any other power it has, may act under this section.
(2) On the application of the buyer the court may make an order requiring specific performance or, in Scotland, specific implement by the seller of any obligation imposed on him by virtue of section 48B above.
(3) Subsection (4) applies if—
(a) the buyer requires the seller to give effect to a remedy under section 48B or 48C above or has claims to rescind under section 48C, but
(b) the court decides that another remedy under section 48B or 48C is appropriate.
(4) The court may proceed—

(a) as if the buyer had required the seller to give effect to the other remedy, or if the other remedy is rescission under section 48C
(b) as if the buyer had claimed to rescind the contract under that section.
(5) If the buyer has claimed to rescind the contract the court may order that any reimbursement to the buyer is reduced to take account of the use he has had of the goods since they were delivered to him.
(6) The court may make an order under this section unconditionally or on such terms and conditions as to damages, payment of the price and otherwise as it thinks just.

s 51 Damages for non-delivery

(1) Where the seller wrongfully neglects or refuses to deliver the goods to the buyer, the buyer may maintain an action against the seller for damages for non-delivery.
(2) The measure of damages is the estimated loss directly and naturally resulting, in the ordinary course of events, from the seller's breach of contract.
Where there is an available market for the goods in question the measure of damages is prima facie to be ascertained by the difference between the contract price and the market or current price of the goods at the time or times when they ought to have been delivered or (if no time was fixed) at the time of the refusal to deliver.
Where there is an available market for the goods in question the measure of damages is prima facie to be ascertained by the difference between the contract price and the market or current price of the goods at the time or times when they ought to have been delivered or (if no time was fixed) at the time of the refusal to deliver.

s 52 Specific performance

(1) In any action for breach of contract to deliver specific or ascertained goods the court may, if it thinks fit, on the plaintiff's application, by its judgment or decree direct that the contract shall be performed specifically, without giving the defendant the option of retaining the goods on payment of damages.
(2) The plaintiff's application may be made at any time before judgment or decree.
(3) The judgment or decree may be unconditional, or on such terms and conditions as to damages, payment of the price and otherwise as seem just to the court.
The provisions of this section shall be deemed to be supplementary to, and not in derogation of, the right of specific implement in Scotland.

s 53 Remedy for breach of warranty

(1) Where there is a breach of warranty by the seller, or where the buyer elects (or is compelled) to treat any breach of a condition on the part of the seller as a breach of warranty, the buyer is not by reason only of such breach of warranty entitled to reject the goods; but he may—

(a) set up against the seller the breach of warranty in diminution or extinction of the price, or
(b) maintain an action against the seller for damages for the breach of warranty.
(2) The measure of damages for breach of warranty is the estimated loss directly and naturally resulting, in the ordinary course of events, from the breach of warranty.
(3) In the case of breach of warranty of quality such loss is prima facie the difference between the value of the goods at the time of delivery to the buyer and the value they would have had if they had fulfilled the warranty.
(4) The fact that the buyer has set up the breach of warranty in diminution or extinction of the price does not prevent him from maintaining an action for the same breach of warranty if he has suffered further damage.
(5)This section does not apply to Scotland.

s 61 Interpretation

(1) In this Act, unless the context or subject matter otherwise requires,—

"action" includes counterclaim and set-off, and in Scotland condescendence and claim and compensation;

"bulk" means a mass or collection of goods of the same kind which—

(a) is contained in a defined space or area; and

(b) is such that any goods in the bulk are interchangeable with any other goods therein of the same number or quantity;

"business" includes a profession and the activities of any government department (including a Northern Ireland department) or local or public authority;

"buyer" means a person who buys or agrees to buy goods;

"consumer contract" has the same meaning as in section 25 (1) of the Unfair Contract Terms Act 1977; and for the purposes of this Act the onus of proving that a contract is not to be regarded as a consumer contract shall lie on the seller

"contract of sale" includes an agreement to sell as well as a sale;

"credit-broker" means a person acting in the course of a business of credit brokerage carried on by him, that is a business of effecting introductions of individuals desiring to obtain credit—

(a) to persons carrying on any business so far as it relates to the provision of credit, or

(b) to other persons engaged in credit brokerage;

"defendant" includes in Scotland defender, respondent, and claimant in a multiplepoinding;

"delivery" means voluntary transfer of possession from one person to another; except that in relation to sections 20A and 20B above it includes such appropriation of goods to the contract as results in property in the goods being transferred to the buyer;

"document of title to goods" has the same meaning as it has in the Factors Acts;

"Factors Acts" means the Factors Act 1889, the Factors (Scotland) 1890, and any enactment amending or substituted for the same;

"fault" means wrongful act or default;

"future goods" means goods to be manufactured or acquired by the seller after the making of the contract of sale;

"goods" includes all personal chattels other than things in action and money, and in Scotland all corporeal moveables except money; and in particular "goods" includes emblements, industrial growing crops, and things attached to or forming part of the land which are agreed to be severed before sale or under the contract of sale; and includes an undivided share in goods;

"plaintiff" includes pursuer, complainer, claimant in a multiplepoinding and defendant or defender counter-claiming;

"producer" means the manufacturer of goods, the importer of goods into the European Economic Area or any person purporting to be a producer by placing his name, trade mark or other distinctive sign on the goods;]

"property" means the general property in goods, and not merely a special property;

"repair" means, in cases where there is a lack of conformity in goods for the purposes of section 48F of this Act, to bring the goods into conformity with the contract;

"sale" includes a bargain and sale as well as a sale and delivery;

"seller" means a person who sells or agrees to sell goods;

"specific goods" means goods identified and agreed on at the time a contract of sale is made and includes an undivided share, specified as a fraction or percentage, of goods identified and agreed on as aforesaid;

"warranty" (as regards England and Wales and Northern Ireland) means an agreement with reference to goods which are the subject of a contract of sale, but collateral to the main purpose of such contract, the breach of which gives rise to a claim for damages, but not to a right to reject the goods and treat the contract as repudiated.

(2) repealed

(3) A thing is deemed to be done in good faith within the meaning of this Act when it is in fact done honestly, whether it is done negligently or not.

(4) A person is deemed to be insolvent within the meaning of this Act if he has either ceased to pay his debts in the ordinary course of business or he cannot pay his debts as they become due, whether he has committed an act of bankruptcy or not, and whether he has become a notour bankrupt or not.

(5) Goods are in a deliverable state within the meaning of this Act when they are in such a state that the buyer would under the contract be bound to take delivery of them.

(5A) References in this Act to dealing as consumer are to be construed in accordance with Part I of the Unfair Contract Terms Act 1977; and, for the pur-

poses of this Act, it is for a seller claiming that the buyer does not deal as consumer to show that he does not.
(6) As regards the definition of "business" in subsection (1) above, paragraph 14 of Schedule 1 below applies in relation to a contract made on or after 18 May 1973 and before 1 February 1978, and paragraph 15 in relation to one made before 18 May 1973.
s 62 Savings: rules of law etc.
(1) The rules in bankruptcy relating to contracts of sale apply to those contracts, notwithstanding anything in this Act.
(2) The rules of the common law, including the law merchant, except in so far as they are inconsistent with the provisions of this Act, and in particular the rules relating to the law of principal and agent and the effect of fraud, misrepresentation, duress or coercion, mistake, or other invalidating cause, apply to contracts for the sale of goods.
(3) Nothing in this Act or the Sale of Goods 1893 affects the enactments relating to bills of sale, or any enactment relating to the sale of goods which is not expressly repealed or amended by this Act or that.
(4) The provisions of this Act about contracts of sale do not apply to a transaction in the form of a contract of sale which is intended to operate by way of mortgage, pledge, charge, or other security.
(5) Nothing in this Act prejudices or affects the landlord's right of hypothec in Scotland.

4 Vorschriften des Unfair Contract Terms Act 1977

s 1 Scope of Part I
(1) For the purposes of this Part of this Act, "negligence" means the breach—
(a) of any obligation, arising from the express or implied terms of a contract, to take reasonable care or exercise reasonable skill in the performance of the contract;
(b) of any common law duty to take reasonable care or exercise reasonable skill (but not any stricter duty);
(c) of the common duty of care imposed by the M1 Occupiers' Liability Act 1957 or the M2 Occupiers' Liability Act (Northern Ireland) 1957.
(2) This Part of this Act is subject to Part 111; and in relation to contracts, the operation of sections 2 to 4 and 7 is subject to the exceptions made by Schedule 1.
(3) In the case of both contract and tort, sections 2 to 7 apply (except where the contrary is stated in section 6(4)) only to business liability, that is liability for breach of obligations or duties arising—

(a) from things done or to be done by a person in the course of a business (whether his own business or another's); or
(b) from the occupation of premises used for business purposes of the occupier; and references to liability are to be read accordingly but liability of an occupier of premises for breach of an obligation or duty towards a person obtaining access to the premises for recreational or educational purposes, being liability for loss or damage suffered by reason of the dangerous state of the premises, is not a business liability of the occupier unless granting that person such access for the purposes concerned falls within the business purposes of the occupier.
(4) In relation to any breach of duty or obligation, it is,immaterial for any purpose of this Part of this Act whether the breach was inadvertent or intentional, or whether liability for it arises directly or vicariously.

s 2 Negligence liability

(1) A person cannot by reference to any contract term or to a notice given to persons generally or to particular persons exclude or restrict his liability for death or personal injury resulting from negligence.
(2) In the case of other loss or damage, a person cannot so exclude or restrict his liability for negligence except in so far as the term or notice satisfies the requirement of reasonableness.
(3) Where a contract term or notice purports to exclude or restrict liability for negligence a person's agreement to or awareness of it is not of itself to be taken as indicating his voluntary acceptance of any risk.

s 3 Liability arising in contract

(1) This section applies as between contracting parties where one of them deals as consumer or on the other's written standard terms of business.
(2) As against that party, the other cannot by reference to any contract term—
(a) when himself in breach of contract, exclude or restrict any liability of his in respect of the breach; or
(b) claim to be entitled—
(i) to render a contractual performance substantially different from that which was reasonably expected of him, or
(ii) in respect of the whole or any part of his contractual obligation, to render no performance at all,
except in so far as (in any of the cases mentioned above in this subsection) the contract term satisfies the requirement of reasonableness.

s 11 The „reasonableness“ test

(1) In relation to a contract term, the requirement of reasonableness for the purposes of this Part of this Act, section 3 of the Misrepresentation Act 1967 and section 3 of the Misrepresentation Act (Northern Ireland) 1967 is that the term shall have been a fair and reasonable one to be included having regard to the circumstances which were, or ought reasonably to have been, known to or in the contemplation of the parties when the contract was made.

(2) In determining for the purposes of section 6 or 7 above whether a contract term satisfies the requirement of reasonableness, regard shall be had in particular to the matters specified in Schedule 2 to this Act; but this subsection does not prevent the court or arbitrator from holding, in accordance with any rule of law, that a term which purports to exclude or restrict any relevant liability is not a term of the contract.
(3) In relation to a notice (not being a notice having contractual effect), the requirement of reasonableness under this Act is that it should be fair and reasonable to allow reliance on it, having regard to all the circumstances obtaining when the liability arose or (but for the notice) would have arisen.
(4) Where by reference to a contract term or notice a person seeks to restrict liability to a specified sum of money, and the question arises (under this or any other Act) whether the term or notice satisfies the requirement of reasonableness, regard shall be had in particular (but without prejudice to subsection (2) above in the case of contract terms) to-
(a) the resources which he could expect to be available to him for the purpose of meeting the liability should it arise and
(b) how far it was open to him to cover himself by insurance.
It is for those claiming that a contract term or notice satisfies the requirement of reasonableness to show that it does.

s 13 Varieties of exemption clause

(1) To the extent that this Part of this Act prevents the exclusion or restriction of any liability it also prevents—
(a) making the liability or its enforcement subject to restrictive or onerous conditions;
(b) excluding or restricting any right or remedy in respect of the liability, or subjecting a person to any prejudice in consequence of his pursuing any such right or remedy;
(c) excluding or restricting rules of evidence or procedure;
and (to that extent) sections 2 and 5 to 7 also prevent excluding or restricting liability by reference to terms and notices which exclude or restrict the relevant obligation or duty.
(2) But an agreement in writing to submit present or future differences to arbitration is not to be treated under this Part of this Act as excluding or restricting any liability.

SCHEDULE 1 Scope of Sections 2 to 4 and 7

Sections 2 to 4 of this Act do not extend to—
(a) any contract of insurance (including a contract to pay an annuity on human life);
(b) any contract so far as it relates to the creation or transfer of an interest in land, or to the termination of such an interest, whether by extinction, merger, surrender, forfeiture or otherwise;

(c) any contract so far as it relates to the creation or transfer of a right or interest in any patent, trade mark, copyright [F1or design right], registered design, technical or commercial information or other intellectual property, or relates to the termination of any such right or interest;
(d) any contract so far as it relates—
(i) to the formation or dissolution of a company (which means any body corporate or unincorporated association and includes a partnership), or
(ii) to its constitution or the rights or obligations of its corporators or members;
(e) any contract so far as it relates to the creation or transfer of securities or of any right or interest in securities.

SCHEDULE 2 "Guidelines" for Application of Reasonableness Test

The matters to which regard is to be had in particular for the purposes of sections 6 (3), 7(3) and (4), 20 and 21 are any of the following which appear to be relevant—
(a) the strength of the bargaining positions of the parties relative to each other, taking into account (among other things) alternative means by which the customer's requirements could have been met;
(b) whether the customer received an inducement to agree to the term, or in accepting it had an opportunity of entering into a similar contract with other persons, but without having a similar term;
(c) whether the customer knew or ought reasonably to have known of the existence and the extent of the term (having regard, among other things, to any custom of the trade and any previous course of dealing between the parties);
(d) where the term excludes or restricts any relevant liability if some conditionwas not complied with, whether it was reasonable at the time of the contract to expect that compliance with that condition would be practicable;
(e) whether the goods were manufactured, processed or adapted to the special order of the customer.

5 Sonstige Vorschriften

Law Reform (Contributory Negligence) Act 1945 s 1 Apportionment of liability in case of contributory negligence

(1) Where any person suffers damage as the result partly of his own fault and partly of the fault of any other person or persons, a claim in respect of that damage shall not be defeated by reason of the fault of the person suffering the damage, but the damages recoverable in respect thereof shall be reduced to such extent as the court thinks just and equitable having regard to the claimant's share in the responsibility for the damage:
Provided that—

(a) this subsection shall not operate to defeat any defence arising under a contract;
(b) where any contract or enactment providing for the limitation of liability is applicable to the claim, the amount of damages recoverable by the claimant by virtue of this subsection shall not exceed the maximum limit so applicable.
(2) Where damages are recoverable by any person by virtue of the foregoing subsection subject to such reduction as is therein mentioned, the court shall find and record the total damages which would have been recoverable if the claimant had not been at fault.
(3) repealed
(4) repealed
(5) Where, in any case to which subsection (1) of this section applies, one of the persons at fault avoids liability to any other such person or his personal representative by pleading the M1 Limitation Act 1939, or any other enactment limiting the time within which proceedings may be taken, he shall not be entitled to recover any damages from that other person or representative by virtue of the said subsection.
(6) Where any case to which subsection (1) of this section applies is tried with a jury, the jury shall determine the total damages which would have been recoverable if the claimant had not been at fault and the extent to which those damages are to be reduced.
(7) repealed

Financial Services and Markets Act 2000 s 397 Misleading statements and practices

This subsection applies to a person who—
(a) makes a statement, promise or forecast which he knows to be misleading, false or deceptive in a material particular;
(b) dishonestly conceals any material facts whether in connection with a statement, promise or forecast made by him or otherwise; or
(c) recklessly makes (dishonestly or otherwise) a statement, promise or forecast which is misleading, false or deceptive in a material particular.
(2) A person to whom subsection (1) applies is guilty of an offence if he makes the statement, promise or forecast or conceals the facts for the purpose of inducing, or is reckless as to whether it may induce, another person (whether or not the person to whom the statement, promise or forecast is made)—
(a) to enter or offer to enter into, or to refrain from entering or offering to enter into, a relevant agreement; or
(b) to exercise, or refrain from exercising, any rights conferred by a relevant investment.
(3) Any person who does any act or engages in any course of conduct which creates a false or misleading impression as to the market in or the price or value of any relevant investments is guilty of an offence if he does so for the purpose

of creating that impression and of thereby inducing another person to acquire, dispose of, subscribe for or underwrite those investments or to refrain from doing so or to exercise, or refrain from exercising, any rights conferred by those investments.
(4) In proceedings for an offence under subsection (2) brought against a person to whom subsection (1) applies as a result of paragraph (a) of that subsection, it is a defence for him to show that the statement, promise or forecast was made in conformity with price stabilising rules or control of information rules.
(5) In proceedings brought against any person for an offence under subsection (3) it is a defence for him to show—
(a) that he reasonably believed that his act or conduct would not create an impression that was false or misleading as to the matters mentioned in that subsection;
(b) that he acted or engaged in the conduct—
(i) for the purpose of stabilising the price of investments; and
(ii) in conformity with price stabilising rules; or
(c) that he acted or engaged in the conduct in conformity with control of information rules.
(6) Subsections (1) and (2) do not apply unless—
(a) the statement, promise or forecast is made in or from, or the facts are concealed in or from, the United Kingdom or arrangements are made in or from the United Kingdom for the statement, promise or forecast to be made or the facts to be concealed;
(b) the person on whom the inducement is intended to or may have effect is in the United Kingdom; or
(c) the agreement is or would be entered into or the rights are or would be exercised in the United Kingdom.
(7) Subsection (3) does not apply unless—
(a) the act is done, or the course of conduct is engaged in, in the United Kingdom; or
(b) the false or misleading impression is created there.
(8) A person guilty of an offence under this section is liable—
(a) on summary conviction, to imprisonment for a term not exceeding six months or a fine not exceeding the statutory maximum, or both;
(b) on conviction on indictment, to imprisonment for a term not exceeding seven years or a fine, or both.
(9) "Relevant agreement" means an agreement—
(a) the entering into or performance of which by either party constitutes an activity of a specified kind or one which falls within a specified class of activity; and
(b) which relates to a relevant investment.

(10) "Relevant investment" means an investment of a specified kind or one which falls within a prescribed class of investment.
(11) Schedule 2 (except paragraphs 25 and 26) applies for the purposes of subsections (9) and (10) with references to section 22 being read as references to each of those subsections.
(12) Nothing in Schedule 2, as applied by subsection (11), limits the power conferred by subsection (9) or (10).
(13) "Investment" includes any asset, right or interest.
(14) "Specified" means specified in an order made by the Treasury.

Marine Insurance Act 1906 s 18 Disclosure by assured

(1) Subject to the provisions of this section, the assured must disclose to the insurer, before the contract is concluded, every material circumstance which is known to the assured, and the assured is deemed to know every circumstance which, in the ordinary course of business, ought to be known by him. If the assured fails to make such disclosure, the insurer may avoid the contract.
(2) Every circumstance is material which would influence the judgment of a prudent insurer in fixing the premium, or determining whether he will take the risk.
(3) In the absence of inquiry the following circumstances need not be disclosed, namely:—
(a) Any circumstance which diminishes the risk;
(b) Any circumstance which is known or presumed to be known to the insurer. The insurer is presumed to know matters of common notoriety or knowledge, and matters which an insurer in the ordinary course of his business, as such, ought to know;
(c) Any circumstance as to which information is waived by the insurer;
(d) Any circumstance which it is superfluous to disclose by reason of any express or implied warranty.
(4) Whether any particular circumstance, which is not disclosed, be material or not is, in each case, a question of fact.
The term "circumstance" includes any communication made to, or information received by, the assured.

Patents Act 1977 s 30 Nature of, and transactions in, patents and applications for patents

(1) Any patent or application for a patent is personal property (without being a thing in action), and any patent or any such application and rights in or under it may be transferred, created or granted in accordance with subsections (2) to (7) below.
(2) Subject to section 36(3) below, any patent or any such application, or any right in it, may be assigned or mortgaged.

(3) Any patent or any such application or right shall vest by operation of law in the same way as any other personal property and may be vested by an assent of personal representatives.
(4) Subject to section 36(3) below, a licence may be granted under any patent or any such application for working the invention which is the subject of the patent or the application; and—
(a) to the extent that the licence so provides, a sub-licence may be granted under any such licence and any such licence or sub-licence may be assigned or mortgaged; and
(b) any such licence or sub-licence shall vest by operation of law in the same way as any other personal property and may be vested by an assent of personal representatives.
(5) Subsections (2) to (4) above shall have effect subject to the following provisions of this Act.
(6) Any of the following transactions, that is to say—
(a) any assignment or mortgage of a patent or any such application, or any right in a patent or any such application;
(b) any assent relating to any patent or any such application or right;
shall be void unless it is in writing and is signed by or on behalf of the parties to the transaction (or, in the case of an assent or other transaction by a personal representative, by or on behalf of the personal representative) or in the case of a body corporate is so signed or is under the seal of that body.
(7) An assignment of a patent or any such application or a share in it, and an exclusive licence granted under any patent or any such application, may confer on the assignee or licensee the right of the assignor or licensor to bring proceedings by virtue of section 61 or 69 below for a previous infringement or to bring proceedings under section 58 below for a previous act.

Taxes Management Act 1970 s 34 Ordinary time limit of six years

(1) Subject to the following provisions of this Act, and to any other provisions of the Taxes Acts allowing a longer period in any particular class of case, an assessment to tax may be made at any time not later than six years after the end of the chargeable period to which the assessment relates.
(2) An objection to the making of any assessment on the ground that the time limit for making it has expired shall only be made on an appeal against the assessment.

Trade Marks Act 1994 s 24 Assignment of registered trade mark

(1) A registered trade mark is transmissible by assignment, testamentary disposition or operation of law in the same way as other personal or moveable property. It is so transmissible either in connection with the goodwill of a business or independently.
(2) An assignment or other transmission of a registered trade mark may be partial, that is, limited so as to apply—

(a) in relation to some but not all of the goods or services for which the trade mark is registered, or
(b) in relation to use of the trade mark in a particular manner or a particular locality.
(3) An assignment of a registered trade mark, or an assent relating to a registered trade mark, is not effective unless it is in writing signed by or on behalf of the assignor or, as the case may be, a personal representative. Except in Scotland, this requirement may be satisfied in a case where the assignor or personal representative is a body corporate by the affixing of its seal.
(4) The above provisions apply to assignment by way of security as in relation to any other assignment.
(5) A registered trade mark may be the subject of a charge (in Scotland, security) in the same way as other personal or moveable property.
(6) Nothing in this Act shall be construed as affecting the assignment or other transmission of an unregistered trade mark as part of the goodwill of a business.

III Verzeichnis des zitierten Case Law

A v Bottrill [2003] 1 AC 449
A-G v Blake [2001] 1 AC 268
A-G of Belize v Belize Telecom Ltd [2009] 2 All ER 1127
Aerial Advertising Co v Batchelors Peas Ltd [1938] 2 All ER 788
Ailsa Craig Fishing Co Ltd v Malvern Fishing Co Ltd [1983] 1 All ER 101
Akerhielm v De Mare [1959] AC 789
Alati v Kruger [1955] 94 CLR 216
Alfred McAlpine Capital Projects Ltd v Tilebox Ltd [2005] 104 Con LR 39
Alison (J. Gordon) Ltd v Wallsend Shipway and Engineering Co Ltd [1927] 43 TLR 323
André & Cie v Etablissements Michel Blanc & Fils [1979] 2 Lloyd's Rep 427
Andrews v Hopkinson [1957] 1 QB 229
Andrews Bros (Bournemouth) Ltd v Singer and Co Ltd [1934] 1 KB 17
Anglia Television Ltd v Reed [1972] 1 QB 60
Angus v Clifford [1891] 2 Ch 449
ANZ Executors and Trustees Ltd v Humes Ltd [1990] VR 615
Archer v Brown [1985] QB 401
Arcos Ltd v E A Ronaasen & Son [1933] AC 470
Armstrong v Jackson [1917] 2 KB 822
Barclays Bank plc v Fairclough Building Ltd [1995] QB 214
Barclays Bank plc v Estates and Commercial Ltd [1997] 1 WLR 415

Bankers Trust Co v PT Jakarta International Hotels & Development [1999] 1 Lloyd's Rep 910
Banque Keyser Ullmann SA v Skandia (UK) Insurance Co Ltd [1990] 1 QB 665
Bell Electric Ltd v Aweco Appliance Systems GmbH & Co KG [2002] CLC 1246
Bentsen v Taylor, Sons & Co [1893] 2 QB 274
Bettison v Langton [2000] Ch 54
Bisset v Wilkinson [1927] AC 177
Borland's Trustee v Steel Bros & Co Ltd [1901] 1 Ch 279
Bradford Equitable Benefit Building Society v Borders [1941] 2 All ER 205
Brading v F McNeill & Co Ltd [1946] Ch 145
Bristol and West Building Society v Mothew [1998] Ch 1
British Westinghouse Electric Co Ltd v Underground Electric Railways Co of London Ltd [1912] AC 673
Brown v KMR Services Ltd [1995] 4 All ER 598
Brown v Raphael [1958] Ch 636
Buchanan-Jardine v Hamilink [1983] SLT 149
Bunge Corp v Tradax Export SA [1981] 1 WLR 711
Byrne v Pain & Foster [1999] 1 WLR 1849
Calcutta and Burmah Steam Navigation Co v De Mattos [1863] 32 LJQB 322
Caledonia Ltd v Orbit Valve Co Europe [1994] 1 WLR 1515
Canada Steamship Lines Ltd v The King [1952] AC 192
Caparo Industries plc v Dickmann [1990] 2 AC 605
Car and Universal Finance Co Ltd v Caldwell [1965] 1 QB 525
C.C.C. Films (London) Ltd v Impact Quadrant Films Ltd [1985] QB 16
Cehave N.V. v Bremer Handelsgesellschaft mbH (The Hansa Nord) [1976] QB 44
Charter Reinsurance Co Ltd v Fagan [1996] 1 Lloyd's Rep 261
Clinicare Ltd v Orchard Homes and Developments Ltd [2004] All ER (D) 244 (Jul)
Clough v London and North Western Rly Co [1871] LR 7 Exch 26
Collins v Hopkins [1923] 2 KB 617
Commercial Banking Co of Sydney Ltd v R.H. Brown & Co [1972] 2 Lloyd's Rep 360
Conlon v Simms [2006] 2 All ER 1024
Connex South Eastern Ltd v MJ Building Services Group plc [2004] EWHC 1518 (TCC)
Co-operative Insurance Society Ltd v Argyll Stores (Holdings) Ltd [1998] AC 1
Couchmann v Hill [1947] KB 554
C & P Haulage v Middleton [1983] 3 All ER 94
Credit Lyonnais Bank Nederland v Export Credit Guarantee Department [1996] 1 Lloyd's Rep 200

D & C Builders v Rees [1965] 3 All ER 837
Daniel Reeds Ltd v Em-Ess Chemists Ltd [1995] CLC 1405
De Beers Abrasive Products Ltd v International General Electric Co of New York Ltd [1975] 1 WLR 972
De Lassalle v Guildford [1901] 2 KB 215
Decro-Wall International SA v Practitioners in Marketing Ltd [1971] 1 WLR 361
Deepak Fertilisers and Petrochemicals Corp v ICI Chemicals & Polymers Ltd [1999] 1 Lloyd's Rep 387
Deen v Andrews [1986] 52 P & CR 17
Derry v Peek [1889] 14 App Cas 337
Deutsche Genossenschaftsbank v Burnhope [1996] 1 Lloyd's Rep 113
Dick Bentley Productions Ltd v Harold Smith (Motors) Ltd [1965] 1 WLR 623
Dimmock v Hallet [1866] LR 2 Ch App 21
Dobell v Cowichan Copper Co Ltd [1967] 65 DLR (2d) 440
Donoghue v Stevenson [1932] AC 562
Dougan v Ley [1946] 71 CLR 142
Doyle v Olby (Ironmongers) [1969] 2 All ER 119
Duffen v Frabo SpA [2000] 1 Lloyd's Rep 180
Dunkirk Colliery Co v Lever [1878] LR 9 Ch D 20
Dunlop Pneumatic Tyre Co Ltd v New Garage & Motor Co Ltd [1915] AC 79
Eansor v Eansor [1946] 2 DLR 781
East v Maurer [1991] 2 All ER 733
Easterbrook v Hopkins [1918] NZLR 428
Ecay v Godfrey [1947] 80 Ll Rep 286
Edgington v Fitzmaurice [1885] LR 29 Ch D 459
Eichholz v Bannister [1864] 17 CBNS 708
Elphinstone v Monkland Iron & Coal Co Ltd [1886] 11 App Cas 332
Erlanger v New Sombrero Phosphate Co [1878] 3 App Cas 1218
Elitestone v Morris [1997] 1 WLR 687
Esso Petroleum Ltd v Mardon [1976] QB 801
Eurocopy plc v Teesdale and others [1992] BCLC 1067
Evans Marshall & Co Ltd v Bertola SA [1976] 2 Lloyd's Rep 17
FAI General Insurance Co Ltd v Ocean Marine Mutual Protection and Indemnity Association [1998] LRIR 24
Forsikringsaktieselskapet Vesta v Butcher [1989] AC 852
Fortescue v Lostwithiel and Fowey Rly Co [1894] 3 Ch 621
Fox v Mackreth [1788] 2 Cox Eq Cas 320
Francis v Cowlcliffe Ltd [1977] 33 P & CR 368
Friends Provident Life & Pensions Ltd v Sirius International Ins [2005] 2 All ER (Comm) 145
George Mitchell (Chesterhall) Ltd v Finney Lock Seeds Ltd [1983] 2 AC 803

Gillespie Bros & Co Ltd v Roy Bowles Transport Ltd [1973] QB 400
Golden Strait Corporation v Nippon Yusen Kubishika Kaisha [2005] 1 All ER (Comm) 467
Gosling v Anderson [1972] EG 1743
Government of Zanzibar v British Aerospace (Lancaster House) Ltd [2000] 1 WLR 2333
Gran Gelato Ltd v Richcliff (Group) Ltd [1992] Ch 560
Hadley v Baxendale [1854] 9 Exch 341
Harbinger UK Ltd v GE Information Services Ltd [2000] 1 All ER (Comm) 166
Harbour Assurance Co (UK) Ltd v Kansa General International Insurance Co Ltd [1992] 1 Lloyd's Rep 81
Harlingdon & Leinster Enterprises Ltd v Christopher Hull Fine Art Ltd [1991] 1 QB 564
Harmer v Cornelius [1958] 5 CBNS 236
Harvela Investments Ltd v Royal Trust Co of Canada Ltd [1986] AC 207
Haward v Fawcetts [2006] 1 WLR 682
Heaven & Kesterton Ltd v Etablissements Francois Albiac & Cie [1956] 2 Lloyd's Rep 316
Hedley Byrne & Co Ltd v Heller & Partners Ltd [1964] AC 465
Heilbut Symons & Co v Buckleton [1913] AC 30
Henderson v Lacon [1867] LR 5 Eq 249
Henderson v Merrett Syndicates Ltd [1995] 2 AC 145
HIH Casualty and General Insurance Ltd v Chase Manhattan Bank [2003] UKHL 6
Hill v C A Parsons Ltd [1972] 1 Ch 305
Hivac Ltd v Park Royal Scientific Instruments Ltd [1946] Ch 169
Hollins v Davy (J) Ltd [1963] 1 QB 844
Hong Kong Fir Shipping Co Ltd v Kawasaki Kisen Kaisha Ltd [1962] 2 QB 26
Howard Marine & Dredging Co Ltd v A. Ogden & Sons (Excavations) Ltd [1978] QB 574
Hurst v Bryk [2002] 1 AC 185
Infiniteland Ltd v Artisan Contracting Ltd [2004] EWHC 955
Inntrepreneur Pub Co v East Crown [2000] 2 Lloyd's Rep 611
Investors Compensation Scheme Ltd v West Bromwich Building Society [1998] 1 WLR 896
Irish National Insurance Co Ltd v Oman Insurance Co Ltd [1983] 2 Lloyd's Rep 453
J. Evans & Son (Portsmouth) Ltd v Andrea Merzario Ltd [1976] 1 WLR 1078
Jarvis v Swan's Tours [1973] QB 233
JEB Fasteners v Marks, Bloom & Co [1983] 1 All ER 583
Jewson & Sons Ltd v Arcos Ltd [1933] 47 Ll Rep 93
Jones v Bright [1829] 5 Bing 533

John Lee & Son (Grantham) Ltd v Railway Executive [1949] 2 All ER 581
Johnson v Agnew [1980] AC 367
Kammins Ballrooms Co Ltd v Zenith Investments (Torquay) Ltd [1971] AC 850
Karsales (Harrow) v Wallis [1956] 2 All ER 866
Kemble v Farren [1829] 6 Bing 141
Kleinwort Benson Ltd v Lincoln City Council [1999] 2 AC 349
Knight Machines (Holdings) Ltd v Rennie [1995] SLT 166
Koufos v C Czarnikow Ltd (The Heron II) [1969] 1 AC 350
Kuddus v Chief Contable of Leicestershire Constabulary [2002] 2 AC 122
L'Alsacienne Première Societé Alsacienne et Lorraine d'Assurances contre l'Incendie des Accidents at les Risques Divers v Unistorebrand International Insurance A.S. [1995] LRLR 333
Laceys Footwear (Wholesale) Ltd v Bowler International Freight Ltd [1997] 2 Lloyd's Rep 369
Lagunas Nitrate Co v Lagunas Syndicate [1899] 2 Ch 392
Lambourn v McLellan [1903] 2 Ch 268
Laurence v Lexcourt Holdings Ltd [1978] 1 WLR 1128
Law Society v Sephton & Co [2005] QB 1013
Laws v Society of Lloyds [2003] EWCA Civ 1887
Leaf v International Galleries [1950] 1 All ER 693
Levison v Patent Steam Carpet Cleaning Co Ltd [1978] QB 69
Linden Gardens Trust Ltd v Lenesta Sludge Disposal Ltd [1994] 1 AC 85
Locker and Woolf Ltd v Western Australian Insurance Co Ltd [1936] 1 KB 408
Lombard North Central plc v Butterworth [1987] QB 527
Lonrho plc v Fayed (No. 2) [1992] 1 WLR 1
Lordsvale Finance Ltd v Bank of Zambia [1996] QB 752
Macquerie Generation v Peabody Resources Ltd [2000] NSWCA 361
Maredelanto Compania Naviera SA v Bergbau-Handel GmbH (The Mihalis Angelos) [1971] 1 QB 164
Mathias v Yetts [1882] 46 LT 497
Mertens v Home Freeholds Co [1921] 2 KB 526
Mofatt v Kazana [1969] 2 QB 152
Monarch Airlines Ltd v London Luton Airport Ltd [1998] 1 Lloyd's Rep 403
Morris v Redland Bricks Ltd [1970] AC 652
Motor Oil Hellas (Corinth) Refineries SA v Shipping Corporation of India (The Kanchenjunga) [1990] 1 Lloyd's Rep 391
Murphy & Sons Ltd v Johnston Precast Ltd [2008] EWHC 3024 (TCC)
Museprime Properties Ltd v Adhill Properties Ltd [1990] 2 EGLR 196
Mutual Life & Citizens' Assurance Co Ltd v Evatt [1971] AC 793
Nocton v Lord Ashburton [1914] AC 932
Nordenfelt v Maxim Nordenfelt [1894] AC 535

Occidental Worldwide Investment Corp v Skibs (The Siboen and the Sibotre) [1976] 1 Lloyd's Rep 293
Oscar Chess Ltd v Williams [1957] 1 WLR 370
Overseas Tankship (UK) Ltd v Morts Dock & Engineering Co Ltd (The Wagon Mound) [1961] AC 388
Paine v Hutchinson [1868] 3 Ch App 338
Palmo Shipping Inc v Continental Ore Corpn (The Captain George K) [1970] 2 Lloyd's Rep 21
Pankhania v Hackney London Borough Council [2002] All ER (D) 22 (Aug)
Peekay Intermark Ltd v Australia and New Zealand Banking Group Ltd [2006] 2 Lloyd's Rep 511
Peninsular & Orient SN Co v Youell [1997] 2 Lloyd's Rep 136
Pennsylvania Shipping Co v Compagnie Nationale de Navigation [1936] 2 All ER 1167
Peyman v Lanjani [1985] Ch 457
Phillips v Ward [1956] 1 WLR 471
Photo Production Ltd v Securicor Ltd [1980] AC 827
Production Technology Consultants v Bartlett [1986] 1 EGLR 82
R v Shivpuri [1987] AC 1
R V Ward Ltd v Bignall [1967] 1 QB 534
Rabin v Gerson Berger Association Ltd [1986] 1 WLR 526
Re Birmingham, Savage v Stannard [1959] Ch 523
Re Olympia & York Canary Wharf Ltd (No. 2) [1993] BCC 159
Re Reese River Silver Mining Co [1867] LR 2 Ch App 604
Re The Mount Morgan (West) Gold Mine Ltd [1887] 56 LT 622
Redgrave v Hurd [1881] 20 Ch D 1
Regus (UK) Ltd v Epcot Solutions Ltd [2009] 1 All ER (Comm) 586
Rice v Great Yarmouth Borough Council [2001] LGLR 41
Robophone Facilities Ltd v Blank [1966] 1 WLR 1428
Rookes v Barnard [1964] AC 1129
Royscot Trust Ltd v Rogerson [1991] 2 QB 297
Ruxley Electronics and Construction Ltd v Forsyth [1996] AC 344
S Pearson & Son Ltd v Dublin Corp [1907] AC 351
Seven Seas Properties Ltd v Al-Essa (No. 2) [1993] 3 All ER 577
Schawel v Reade [1913] 2 IR 64
Schuler AG v Wickman Machine Tool Sales Ltd [1974] AC 235
Semelhago v Paramadevan [1996] 136 DLR (4th) 1
Shankland & Co v Robinson & Co [1920] SC 103
Sheffield Nickel and Silver Plating Co Ltd v Unwin [1877] 2 QBD 214
Shell Chemicals UK Ltd v P&O Roadtanks Ltd [1995] 1 Lloyd's Rep 297
Shirlaw v Southern Foundries [1939] 2 KB 206
Shogun Finance Ltd v Hudson [2004] 1 All ER 215

Wallis, Son & Wells v Pratt & Haynes [1911] AC 394
Walsh v Lonsdale [1882] LR 21 Ch D 9
Watts v Morrow [1991] 1 WLR 1421
Watts v Spence [1976] Ch 165
Wauton v Coppard [1889] 1 Ch 92
Wedderburn [1959] CLJ 58
Western Bank of Scotland v Addie [1867] LR 1 Sc & Div 145
Whittington v Seale-Hayne [1900] 82 LT 49
William Sindall plc v Cambridgeshire CC [1994] 1 WLR 1016
Wilson v Secretary of State for Trade and Industry [2003] UKHL 39
Wishart v National Association of Citizens Advice Bureaux [1990] ICR 794
With v O'Flanagan [1936] Ch 575

Saarbrücker Studien zum Privat- und Wirtschaftsrecht

herausgegeben von
Prof.em. Dr. Johann Paul Bauer
Prof. Dr. Dr. Dr. h.c. mult. Michael Martinek
Prof. Dr. Dr. h.c. Helmut Rüßmann

Die Schriftenreihe "Saarbrücker Studien zum Privat- und Wirtschaftsrecht" bildet in erster Linie ein Forum für rechtswissenschaftliche Doktorarbeiten der Universität des Saarlandes auf zwei juristischen Schwerpunktgebieten. Zum einen sollen Dissertationen im klassischen Privatrecht, vor allem im bürgerlichen Vermögensrecht der ersten drei Bücher des BGB und ihrer Nebengesetze vorgestellt werden. Zum anderen findet das Wirtschaftsrecht im Sinne des Wirtschaftsprivatrechts besondere Berücksichtigung, womit namentlich die Gebiete des Handelsrechts einschließlich des Bilanzrechts, des Personen- und Kapitalgesellschaftsrechts einschließlich des Konzernrechts, des Gewerblichen Rechtsschutzes sowie des Wettbewerbs- und Kartellrechts bezeichnet sind. Es versteht sich, daß nicht nur rechtsdogmatische Studien, sondern auch rechtstatsächlich, rechtspolitisch oder interdisziplinär angelegte Arbeiten in die Schriftenreihe Aufnahme finden. Denn die Rechts- und Wirtschaftswissenschaftliche Fakultät der Universität des Saarlandes vereinigt unter *einem* Dach die Fachbereiche Rechtswissenschaft und Wirtschaftswissenschaft und regt damit Studenten und Hochschullehrer in besonderer Weise zu fachübergreifender Lehre und Forschung an. Die Schriftenreihe steht aber nicht nur sehr guten und ausgezeichneten Dissertationen, sondern auch anderen "Studien" zu privat- und wirtschaftsrechtlichen Themen offen, bis hin zu Materialien und Skripten des akademischen Unterrichts. Die drei Herausgeber, die zugleich stellvertretend für ihre anderen Saarbrücker Fakultätskollegen des Privat- und Wirtschaftsrechts handeln, verbinden mit den "Saarbrücker Studien zum Privat- und Wirtschaftsrecht" den Wunsch, daß die hier veröffentlichten Arbeiten die verdiente Resonanz in der breiteren juristischen Fachöffentlichkeit finden.

Saarbrücker Studien zum Privat- und Wirtschaftsrecht

Herausgeber:
Johann Paul Bauer, Michael Martinek und Helmut Rüßmann

Band 1 Susanne Jaschinski: Die Haftung von Schwestergesellschaften im GmbH-Unterordnungskonzern. Ein Beitrag zum Konzernverfassungsrecht. 1997.

Band 2 Roman Sascha Ahnert: Die *actio individualis*. Ein Beitrag zur verfassungsrechtlichen Fundierung der Aktionärsklage bei sogenannten Aktien-Interessenverbänden. 1997.

Band 3 Torsten Peters: Der Cateringvertrag. Rechtstatsachen, Rechtsnatur und Rechtsprobleme eines modernen Dienstleistungsvertrags. 1998.

Band 4 Michael Meissner: Persönlichkeitsschutz juristischer Personen im deutschen und US-amerikanischen Recht. Eine rechtsvergleichende Untersuchung des allgemeinen Persönlichkeitsrechts juristischer Personen. 1998.

Band 5 Thomas Tegen: Joint Venture-Vertrag und Projektträgergesellschaft im amerikanischen und deutschen Recht. 1998.

Band 6 Gerhard Wolter: Treuhandrecht im Umbruch? Ein Blick nach Frankreich, Luxemburg, in die Schweiz und in den Libanon sowie auf das Haager Trust-Übereinkommen. 1999.

Band 7 Thomas Dehlfing: Das Recht der irreführenden Werbung in Deutschland, Großbritannien und Frankreich. 1999.

Band 8 Hanno Dornseifer: Börsentermingeschäfte und Börsentermingeschäftsfähigkeit. Zur börsengesetzlichen Behandlung von finanzwirtschaftlichen Festgeschäften, Options- und Optionsscheingeschäften. 1999.

Band 9 Patrick Lenz: Absatzförderung durch *zinssubventionierte* Darlehen. Eine wettbewerbs- und kartellrechtliche Studie zur Zulässigkeit von Niedrigzins-Kreditangeboten unter besonderer Berücksichtigung des Automobilmarktes. 1999.

Band 10 Mansur Pour Rafsendjani: Der Goodwill-Ausgleichsanspruch des Franchisenehmers. Ein Vergleich des deutschen, französischen und US-amerikanischen Franchiserechts. 1999.

Band 11 Jörg Hartmann: Juristische und ökonomische Regelungsprobleme des Insiderhandels. Eine rechtsvergleichende Darstellung USA – Deutschland. 1999.

Band 12 David Altmeier: Rückstellungsbilanzierung in Deutschland und Frankreich. Eine vergleichende Untersuchung der französischen Rückstellungsbilanzierung aus der Perspektive des deutschen Bilanzrechts. 1999.

Band 13 Barbara Günther: Aktivische Bilanzierungshilfen im deutschen und französischen Bilanzrecht. 1999.

Band 14 Bernhard Glasow: Vertikale Preisbindung, Wettbewerbstheorie und Wettbewerbsrecht in den USA, Deutschland und Europa. Bestandsaufnahmen, Kritik und Zukunftsperspektiven. 2000.

Band 15 Dorota Nowak-James: Der Börsenzugang für Anleger in Deutschland und Polen. Eine rechtsvergleichende Untersuchung zum deutschen Finanzkommissionsgeschäft und zum polnischen Brokerauftragsvertrag. 2000.

Band 16 Mathias Queck: Der Nießbrauch am Anteil einer offenen Handelsgesellschaft. Eine Form der (un-)mittelbaren Unternehmensbeteiligung. 2000.

Band 17 Ina Roth: Umweltbezogene Unternehmenskommunikation im deutschen und europäischen Wettbewerbsrecht. 2000.

Band 18 Jörg Preiss: Die Anwendung des markenrechtlichen Erschöpfungsgrundsatzes auf Dienstleistungsmarken. 2000.

Band 19 Kevin M. McDonald: Der Begriff der Dienstleistung im europäischen Binnenmarkt und WTO-System (GATS). 2001.

Band 20 Carolin Opgenhoff: Die europäische Fusionskontrolle zwischen Wettbewerbsrecht und Industriepolitik. 2001.

Band 21 Susanne Schäfer: Die Deliktsfähigkeit juristischer Personen. Eine rechtsvergleichende Untersuchung zur Übertragbarkeit des englischen Modells. 2001.

Band 22 Kay Diedrich: Die Interventionswirkung – Ausprägung eines einheitlichen Konzepts zivilprozessualer Bindungswirkung. 2001.

Band 23 Michael Fröhlich: Zentrale Institutionen des deutschen Urheberrechts und des französischen Droit d'auteur auf dem Prüfstand der elektronischen Netzwerke. 2001.

Band 24 Joël Benjamin Münch: Abtretungsverbote im deutschen und französischen Recht. Rechtsvergleichende Untersuchung der Übertragungshindernisse im deutschen und französischen Forderungsverkehr als Beitrag zu einer weiteren Schuldrechtsvereinheitlichung in Europa. 2001.

Band 25 Monika Prieß: Der Begriff des Sachmangels im deutschen und englischen Kaufrecht. Reformbedarf aufgrund der Verbrauchsgüterkauf-Richtlinie 1999/44/EG. 2001.

Band 26 Katharina Siegel: Produkthaftung im polnischen, tschechischen und slowenischen Recht. 2001.

Band 27 Carolin Kühne: Die gesetzliche Form der Rechtsgeschäfte im deutschen und italienischen Recht. Eine rechtsvergleichende Untersuchung. 2002.

Band 28 Nina Scherf: Die Nachschußpflicht im Gesellschaftsrecht. Eine rechtsformübergreifende Bestandsaufnahme, Analyse und Kritik. 2002.

Band 29 Marc Laukemann: Fernsehwerbung im Programm. Die zunehmende Kommerzialisierung des Fernsehprogramms im Zeitalter einer Ökonomisierung der Aufmerksamkeit als verfassungs-, wettbewerbs- und rundfunkrechtliches Problem. 2002.

Band 30 Michael Bo Jaspers: Nachträgliche Rechtswahl im internationalen Schuldvertragsrecht. Unter besonderer Berücksichtigung der Rechtspraxis in England, Frankreich, Dänemark und Deutschland. 2002.

Band 31 Christina Pernice: Die Insolvenzverschleppung durch das Geschäftsführungsorgan der kleinen Kapitalgesellschaft im deutschen, französischen und englischen Recht. Eine rechtsvergleichende Untersuchung zur Entwicklung eines europäischen Lösungsansatzes. 2002.

Band 32 Anne Christine Janert: Der sachliche und persönliche Anwendungsbereich des deutschen Verbraucherkreditrechts und des britischen Consumer Credit Act 1974. Ein Beitrag zu den Möglichkeiten und Grenzen verbraucherrechtlicher Harmonisierung in Europa. 2002.

Band 33 Annette Trost: Faktische Sitzverlegung unter Sitz- und Gründungstheorie im Vergleich. Unter besonderer Berücksichtigung ihrer gesellschafts- und zivilrechtlichen Folgewirkungen. 2003.

Band 34 Esther Cordula Hilpert: Die Gründerhaftung in der Gesellschaft mit beschränkter Haftung in Deutschland, Frankreich und England. 2003.

Band 35 Wei-ming Liao: Die Schiedsgerichtsbarkeit in Taiwan. Unter besonderer Berücksichtigung der internationalen Handelsschiedsgerichtsbarkeit und mit Hinweisen zu der Entwicklung in Deutschland. 2003.

Band 36 Stefan Stork: Sitzverlegung von Kapitalgesellschaften in der Europäischen Union. Zur Reichweite der Niederlassungsfreiheit unter Berücksichtigung der positiven und der negativen Integration. 2003.

Band 37 Marc Pfeffer: Interbrand-Kartellverbot und Intrabrand-Vereinbarungen. Die Ablösung horizontaler und vertikaler Eingriffsmerkmale im GWB zu Gunsten einer Betrachtung produktexterner und -interner Wettbewerbsfaktoren. 2003.

Band 38 Nicole Burkardt: Der arbeitsrechtliche Aufhebungsvertrag. Einvernehmliche Beendigung von Arbeitsverhältnissen unter Berücksichtigung der Rechtslage nach der Schuldrechtsreform. 2004.

Band 39 Christian Schmeling: Die Entlastung von Mitgliedern geschäftsführender Organe im Recht der Kapitalgesellschaften. Eine rechtsvergleichende Studie zum deutschen, schweizerischen und französischen Recht. 2004.

Band 40 Andreas Wolf: Wege zur virtuellen Haupt- und Gesellschafterversammlung. Eine vergleichende Untersuchung über die Einbeziehung elektronischer Medien in die Hauptversammlung einer Aktiengesellschaft und die Gesellschafterversammlung einer GmbH. 2004.

Band 41 Bianca Natalie Baldus: Der elektronisch geschlossene Vertrag mit Schiedsabrede. Zulässigkeit und anwendbares Recht in nationalen und internationalen Schiedsverfahren. 2004.

Band 42 Vania Dilek: Der Wettbewerbsschutz in Bulgarien und in der Russischen Föderation während des Übergangs vom Dirigismus zur Privatautonomie. 2004.

Band 43 Rudolf Lenders: Treuhand am Gesellschaftsanteil. Die Einbindung des Treugebers in das gesellschaftsrechtliche Organisationsgefüge. 2004.

Band 44 Weizuo Chen: Rück- und Weiterverweisung (Renvoi) in staatsvertraglichen Kollisionsnormen. 2004.

Band 45 Stefan Hahn: Neue Ansätze im Anlegerschutz durch die Ad-hoc-Publizität des § 15 WpHG. 2004.

Band 46 Pietro Graf Fringuelli: Internet TV. Filmurheberrecht im Internet. 2004.

Band 47 Caspar Frhr. v. Schnurbein: Missbrauch von Minderheitsrechten im deutschen und italienischen Aktienrecht. 2005.

Band 48 David Kereselidze: Der allgemeine Teil des Georgischen Zivilgesetzbuches von 1997. Eine rechtsvergleichende Untersuchung. 2005.

Band 49 Miguel A. García Mateos: Das neue Recht der Namensaktie. Bestandsaufnahme, Analyse und Kritik. 2005.

Band 50 Christine Eckstein-Puhl: Prozessbetrug im Schiedsverfahren. Eine Studie zu den vom erschlichenen Schiedsspruch aufgeworfenen Fragen des Aufhebungsverfahrens gemäß § 1059 ZPO. 2005.

Band 51 Steffen Paulmann: Wirksamkeit von Haftungsausschlüssen und -begrenzungen im deutsch-französischen Warengeschäftsverkehr. Unter besonderer Berücksichtigung der UNIDROIT-Principles und der Principles of European Contract Law. 2005.

Band 52 Ina Krischek: Wirtschaftsmediation als alternatives Streitbeilegungsverfahren. Gerichtsverfahren, Schiedsverfahren und Mediation im Vergleich. 2005.

Band 53 Olaf Pick: Verkehrspflichten und Handlungsfreiheit des „Schädigers". 2005.

Band 54 Thomas Paul: Die Gesellschafterfähigkeit von Gesamthandsgemeinschaften. 2005.

Band 55 Dieter Friedrich Unger: Das Recht der Kapitalaufbringung und -erhaltung bei der Aktiengesellschaft im Rechtsvergleich Deutschland, Österreich und Schweiz. Eine Analyse des Kapitalsicherungsrechts in Deutschland, Österreich und der Schweiz. 2006.

Band 56 Nicole Schröder: Perspektiven der Europäisierung des GmbH-Rechts und der Europäischen Privatgesellschaft vor dem Hintergrund der Europäischen Aktiengesellschaft. 2007.

Band 57 Ivo du Mont: Die Kombination von Rücktritt und Schadensersatz im neuen Schuldrecht. Eine ökonomische und rechtsvergleichende Analyse am Beispiel des Kaufvertrags. 2007.

Band 58 Matthias Kühn: Umweltschutz durch Privatrecht. Eine Studie zur ökologischen Analyse der privatrechtlichen Schutzrechte und des Vertragsrechts in Deutschland und England. 2007.

Band 59 Komninos Komnios: Die elektronische Signatur im deutschen und griechischen Recht. 2007.

Band 60 Matthias Kühl: Die Gewinnzusage nach § 661a BGB. Dogmatische Einordnung und rechtsvergleichende Untersuchung. 2007.

Band 61 Barbara Jeanne Attinger: Der Mittelpunkt der hauptsächlichen Interessen nach der EuInsVO – erfolgreiches Konzept oder Quelle der Rechtsunsicherheit? Eine Auseinandersetzung mit dem Zuständigkeitskriterium der Europäischen Insolvenzverordnung unter Heranziehung der Erkenntnisse der ökonomischen Analyse des Rechts. 2008.

Band 62 Dorothee Stober: Der deutsch-schweizerische Erbfall. Eine rechtsvergleichende und international-privatrechtliche Analyse. 2009.

Band 63 Daniel Marc Protz: Das zivilrechtliche Anforderungsprofil mezzaniner Strukturen der Unternehmensfinanzierung. 2009.

Band 64 Manuela Schäfer: Die Verträge zur Durchführung des Schiedsverfahrens. Analyse und Vergleich zweier Lösungsmodelle am Beispiel des deutschen und US-amerikanischen Rechtsraums. Teil I und Teil II. 2010.

Band 65 Ionut Raduletu: Der Schutz von Minderheitsaktionären nach rumänischem und deutschem Aktienrecht unter Berücksichtigung des EU-Acquis. 2010.

Band 66 Christoph Köhler: Lastschriftverfahren in der Insolvenz des Schuldners. Im Lichte der neuen BGH-Rechtsprechung. 2010.

Band 67 Stefan Weiland: *Par condicio creditorum.* Der insolvenzrechtliche Gleichbehandlungsgrundsatz und seine Durchbrechungen zugunsten öffentlich-rechtlicher Gläubiger. 2010.

Band 68 Philipp Ehring: Die Due Diligence im Spannungsverhältnis zwischen kaufrechtlichem Haftungssystem und vertraglicher Gestaltung. 2010.

Band 69 Jochen Hell: GmbH-Mantelverwendung. Haftung und Verantwortlichkeit jenseits der „wirtschaftlichen Neugründung“. 2010.

Band 70 Ge Jiang: Das GmbH-Recht in China aus rechtsvergleichender Sicht. Analyse, Kritik und Verbesserungsvorschläge. 2011.

Band 71 Michael Helmut Wildscheck: Das Recht des Unternehmenskaufs in Deutschland und Frankreich unter besonderer Berücksichtigung von Garantieklauseln. Eine rechtsvergleichende Studie zur deutschen und französischen Kautelarpraxis. 2011.

Band 72 Britta Wagner: Haftungsrisiken aus Liquiditätszusagen und Patronatserklärungen in der Unternehmenskrise. 2011.

Band 73 Manuel Karb: Energiepreiskontrolle. Eine Untersuchung der Entgeltkontrolle auf den verschiedenen Energiemärkten nach Energiewirtschaftsrecht, deutschem und europäischem Wettbewerbsbeschränkungsrecht und allgemeinem Zivilrecht. 2011.

Band 74 Bernd Steffen Bertelmann: Das BGB-Zahlungsdiensterecht im Kontext der Single Euro Payments Area. Leitlinien zur richtlinienkonformen Auslegung unter vergleichender Berücksichtigung des britischen und französischen Rechts. 2011.

Band 75 Susanne Niesse: Die leistungsstörungsrechtlichen Grundstrukturen des deutschen, französischen und englischen Unternehmenskaufrechts im Vergleich. 2012.

www.peterlang.de